白玉帝

不在的秋天

程 维 著

百花洲文艺出版社
BAIHUAZHOU LITERATURE AND ART PRESS

图书在版编目（CIP）数据

皇帝不在的秋天 / 程维著. –– 南昌：百花洲文艺出版社, 2016.5
ISBN 978-7-5500-1725-2

Ⅰ.①皇… Ⅱ.①程… Ⅲ.①长篇历史小说 – 中国 – 当代 Ⅳ.①I247.5

中国版本图书馆CIP数据核字(2016)第080936号

皇帝不在的秋天

程　维　著

出 版 人	姚雪雪	
责任编辑	游灵通　胡志敏　王丰林	
书籍设计	方　方	
制　　作	何　丹	
出版发行	百花洲文艺出版社	
社　　址	南昌市红谷滩新区世贸路898号博能中心A座20楼	
邮　　编	330038	
经　　销	全国新华书店	
印　　刷	江西千叶彩印有限公司	
开　　本	720mm×1000mm　1/16　　印张　21.5	
版　　次	2016年5月第1版第1次印刷	
字　　数	350千字	
书　　号	ISBN 978-7-5500-1725-2	
定　　价	36.00元	

赣版权登字　　05-2016-108

邮购联系　　0791-86895108
网　　址　　http://www.bhzwy.com
图书若有印装错误，影响阅读，可向承印厂联系调换。

目 录

卷壹

陡暗

月亮像一枚遗落在黑蓝天幕的久远朝代的古老铜钱，被夜晚小心翼翼地收藏着。月光下的豫章城如同静物。鱼鳞般的屋瓦似敷着薄的银粉，敲更之声把夜敲得更加空旷和幽深……

第一章

1

这年春天，当栀子花香混合着苦艾的气息在南方的空中像游丝般飘来荡去的时候，少帝在微服南巡途中遇到一女子，是个易于令人心动的舞者。他像普通看客一样打量着她，像是在看一块活动的肉。起初少帝只专注于舞者的身体：颈、肩、胸、腰、腿。这些部位都十分可观，但他忽略了一个舞者的手。她的手至少有六个部分格外突出：指甲、指节、手掌、手腕、手肘、手臂。她的舞基本上是通过这几个部分表现出来的。有时她的手在虚空中变幻着姿势，仿佛为你的眼睛织了一张网，把你整个都罩在网里。然后这双手又将网一点一点撕开，把它还原为一根根丝线，扔向空气中，成为缕缕耀眼的光芒。少帝对此视而不见，他知道自己看中的只是个美丽女子。他嗅到了女子肉体的香气，也感知到了自己体内蓬勃的欲望。他觉得每次出行都要比待在紫禁城中要快活百倍，他甚至越来越觉得那座宫殿老气横秋，不仅建筑老得像个古董，而且那些大臣百官的脸也像古董。纵使后宫有那么多美人，也觉味同嚼蜡，令他既扫兴又没有胃口，所以即便待在京城，他也只愿逗留在豹房取乐。而以微服出巡的借口出京游玩则是他乐此不疲的事。

少帝在热闹的人堆里感到自己才像个人，才是个有丰沛七情六欲的少年，不仅精力旺盛，而且好奇心和猎艳心一样强烈。他绕着那舞女悠悠转了一圈，掉头走开时朝身后同样身着便服的随行者略微勾了一下手指，随行者当即会意。少帝若无其事地站在一棵杨树下，树已绿枝婆娑了，斑驳的日影透过绿色的枝叶落在少帝脸上，他仰起头，用手挡住刺眼的阳光，看了看天。长风淡扫，天空的云散逸成片片浮羽，如同从一只巨大的天鹅身上脱下来的，好像一个美人的衣裙被撕碎，到处散落的是裙裳的绮丽碎片。

舞者随后被邀来单独为少帝在一座临时搭起的帐篷里献舞。

为了安全，侍卫要舞者脱光衣裙上场，其实少帝认为她裸着身子跳舞一定比刚才穿着衣裙更可观。那种要命的香气也会释放无遗。

美丽的舞者没有反对，她好像能够满足观者在她职业范围内最大限度的需求。只提出要求保留手指上的指环、手腕上的玉镯，并分别让她在手肘、腰部和脚腕系上红纱巾。

少帝对赤裸如雪的女子在几处特别部位稍加点缀也颇为赞赏。女子的舞蹈让少帝看得眼花缭乱。这眼花里完全是缭乱的野性，弄得他激动不安。据说，那女子在献给少帝的一支舞里竟藏了七手杀招。这七手杀招分别杀死了替少帝挡死的七名侍卫。其余侍卫冲过来，将舞者围在核心。一副裸女之姿，被刀剑困住，更是一个令人感到过瘾刺激的场面。她闭上眼睛，嘴唇狠狠抿成一道血线，却仍在舞蹈。少帝边退，边看，边大声叫好。他的腿甚至被贴身侍卫的一只脚绊住，少帝摔倒，扑地吹灰，被侍卫迅速拎起。少帝怪侍卫打搅，你干什么呀你？快挪开你的猪蹄子！

舞者终于发出了藏在七手杀招里的第八手杀招。她自杀于这灵感袭来的最后一手美艳而凄绝的杀招里，仿佛是美被美丽收回。少帝眼里，竟是幽芳零乱，柔影参差，好似纤罗飘带、起舞回雪的身姿，寂灭于一次华丽之死。

少帝为这种死法喝了一声彩，他甚至不打算让她死。舞者还是死了，少帝有些伤怀。灰尘满面的颊上竟挂了泪水，还有一袭鼻涕在翕动。

他在那具凝固于最后一个舞姿的尸体边站定，侍卫粗鲁地掰动她的手指，要看里面到底藏了什么暗器。

少帝愤怒喝止：别动她，你们这班俗物！

他的目光定在已不能动的女子身上，收不回来。俯身，在对方的唇上吻了一下，黏黏的，手一触，是血迹。他满是怜香惜玉之情。良顷，才道：这么一个美妙女子，为什么要这么凶呢！唉……

少帝在感叹中发现，自己起初不仅忽略的是一个舞者的手，更为忽略的是她的面孔，面孔上一对若有灵魂的眼睛死后却大张着，似要洞穿这个身为任性皇帝的苍白美少年，将他钉死在彻骨忧伤的瞳孔里。少帝似乎能够闻到一种忧伤的气息，那又像是栀子花的香味，在灰尘般的阳光里游来荡去。风中飞来几只麻头苍蝇叮在舞者的伤口上，它们一边贪婪地吸血，一边快活地摩动双脚。

少帝叫人赶紧将舞者好好安葬。"她还是个孩子，只有十五六岁吧。"少帝对身边随行者说。其实这年九月，少年皇帝才到十七岁。特殊的身份使他比看上去要老成许多。他垂下眼睛，大地也仿佛在瞬间会裂开伤口。

侍卫将舞者抬出少帝视线，就扔在地上往旷野拽，像是拽一袋垃圾。尘土上拖出一溜血迹，舞者的头发和灰尘搅在一起变成一团肮脏的破布。浮荡的血腥味把几只依依不舍的苍蝇又牵了过来，它们在这种气息中陶醉且癫狂，绕着尸体忙前忙后地飞舞着。侍卫没有照少帝的意思好好安葬舞者。一名侍卫从屁股上拔出佩刀，像斩猪腕一样剁下舞者双手，抬脚把尸体踢进臭水坑。这名侍卫的胞兄就是死于那双手下的七侍卫之一。他掂着瞧着两只断手，除了系在上面的红纱巾，什么也没有。侍卫怒从心起朝断手上吐了两坨浓痰，狠咒了几句，便使劲分别朝两个相反的方向抛了出去。临走时，尚不解气，咧开裤裆朝臭水坑猛滋一泡老尿，黄色的尿水在舞者雪白的肚皮上发出粗壮的响声并冒起白烟，臊气夹杂着血腥味急骤升腾，苍蝇快活得像是在过节。侍卫有了复仇的快感，收拾家伙走开了。

抛于旷野的断手，一东一西。在初春嫩绿的幽草中，手上的红纱巾鲜艳而触目。

多少年后，民间便有着名侠女飞红巾的传说。那传说始于南方，又流行至漠北，经人添油加醋少不了夸张成分与不同说法，乃至飞红巾的任侠史遍及南北，成为民间颇有影响和被喜爱的英雄之一。据说飞红巾的出现并没有影响少帝的游兴，而是此后不久，一个南方老太太中止了他的南巡。当时少帝正向这个满脸慈祥如外祖母般的老太太故作问寒问暖状，老太太竟用一支状似民间玉簪的利锥突施暗刺，所幸少帝外衣里穿了护身软甲，便逃过一劫。被侍卫当场杀死的老太太竟还带着生前的满脸慈祥，令人于心不忍而又不寒而栗。少帝看了看那张脸，轻声对随从道：返京。

后来有人说，那个老太太与飞红巾有关，一说是其母亲为女复仇，一说是她师父。随行官员要地方查明身份，回报却语焉不详。还是少帝开口：不过就是个想杀皇帝的老太婆嘛！他对随从们说，皇帝人人都想做，做不到皇帝的人除了歌颂皇帝就是来杀皇帝，如此而已。

随从面面相觑，觉得这皇上还真他妈有点人小鬼大。

2

通往豫章城的路有好几条，像些蚯蚓，一色哀黄。我知道就近的一条，但哪一条都得经过樵石。数不清的人影、马蹄、车轱辘从这里路过，没有把它带走——我是说那块石头地标，或者说就是那块叫作樵石的石头。它待在原地，静若尘埃。我的主人唯独舍弃了最近的一条路，而绕了最远的一条朝豫章城兼程。在那条时断时续像烂草绳般的路上，连续杀了几个人。我觉得他把一种看似简单的路程变得繁冗而漫长了，主人说：行者还怕路远吗？他说这话的时候，我闻到了浓郁的鲜血气息，还有女人黑色头发里散发出的无以名状的芳香。粗野的道路在脚下像雨林里的树枝向天空恣肆地伸展，一堆硕大的牛粪屙在路中央，空气中混杂着灰尘、牛粪和草腥味。银灰色的天空如此结实，鸟飞过，没有留下任何痕迹。

主人跑这么多路，就是为了杀那些人。仿佛让黑暗终止在黑暗里。还有一个人，是在几条道的交叉口遇上的，他是一个眼睛望着天空的瞎子。瞎子戳在那里，明显是要跟人过不去，他若是一个人干这事又两眼一抹黑，就绝对是自负有本事的；若他仅仅是个幌子，便自然藏有一伙人，这伙人是要阻止主人进豫章城的。这个地点就是樵石。准确地说，此处有个悦来客栈，以供进城出城的人到这里打尖和投宿。不远，就是那条自江南名楼滕王阁下流经的河流，人称为赣水。我忘不了它的黛青色波光，以及两岸稻金色的平原，这里自古便是南方豫章之地。在那里我目睹了整个杀人经过。当时一个红脸汉子，像是灌饱了黄汤，又跑到野外撒尿，正从客栈旁的一截乌黑的颓墙后转出来，面对大路将家伙不以为然地塞入裤裆。那家伙一双心有不甘的眼睛盯着主人，直觉告诉我，这个家伙将栽于主人的剑下。没有激烈的交手或争斗，从武技的角度看甚至平淡无奇，仅仅是杀人和被杀。兵器出鞘，在空中划出弧光，弧光并不优美，显得还有点刺眼，使我讨厌。那光扑哧进入肉体，出来时已成了血线。对平庸的武者而言，手上握住的不是生，而是死，甚至是一种招引死亡的标志式死神颁发的信物。有的人血还没溅出就死了，也许一切都发生得太快。

七八具尸体，只有一具是立着的。那是主人进豫章城前杀的最后一个人，他就是那个瞎子。支撑他不倒的，是他两手紧捏的盲人棍，那是一根铁家伙。他死在那里挂着自己的铁棍，久久不肯倒下，如一截戳向豫章城的路标，他空洞的眼睛像鸭屎一样盯着混沌的天空。几声鹧鸪的啼鸣不紧不慢地传来，如老僧坐禅，悠远而飘忽，把一座山啼空了，把人的心带远了。这时我才知道，豫章城终于快到了。主人这时候轻松地吐了一口气，说：好，这下可以进城了。

他进城的目的不是为别的，是为了杀另一个人。我的主人是被人无端叫作行者之类的人物，他有着不羁的俊美的外表和匀称的体形、修长的十指与结实的腿，如同上天遣下的使者，在人世迷失了方向，找不到返回天国之路，只有在尘世沉沦。他的沉沦，我总觉得是另一种优美之死。像我的主人这般人物，多是出现在民间说书人的嘴里的好汉，比如武松、林冲，还有小李广花荣，或者赵子龙、马超之类。但他不是这些人里的任何一个，他叫归无骥。我是他的马，他给我取了个俗不可耐的名字，叫风奴，仿佛是对我跑起来速度还令他满意的一种浅薄的恭维。

进豫章城的官道上，马蹄和车辙多了起来，马车、牛车、手推车、独轮车、板车的辙迹，像是相互赌气般彼此反复碾压着，交差覆盖着，旧辙犹在，新迹又起。一坑一坑的雨后泥水明晃晃的，车马过处，泥水四溅，浑黄且污浊。待过了些时又平静下来，坑底的泥浆浑黄沉落下去，积水面上仍显得很清。四月天气，雨说来就来，路面上的积水，也就隔三岔五地荡开了。行人走路，脚下少不得躲闪，几步一跳，像只猴子。阳光照射，干燥处顿起尘埃。

主人进城时，天却阴晦起来。乌云像一泡一泡烂泥，糊在天边。豫章城上空，在我的眼睛里如同一个暗藏无数死者白骨的巨大沼泽，我是马，我或许比人更能看清事物表象背后的东西，那可能是一种深度危险。

3

朱宸豪惨叫一声，从梦里惊醒。他看见一把明晃晃的宝剑，从自己的头顶直贯而下。剑身闪耀着美丽的龟背纹和符咒似的鸟篆。它饥渴、迫切地欢叫着，像打开一条黑暗通道穿越头颅，蛮横地刺碎阻碍它进程的头盖骨，割裂遇到的颅内组织，经过喉咙，没入胸腔，刺进搏动的红色心脏。剑尖在抵达这个位置时舒适地顿了一下，仿佛尘埃落定，找到了它的所在。他听到一个严厉而冷冰冰的嘶哑的嗓音对着他的耳朵里说：你是武士，你是王。这把剑，要插在你的心上。他甚至能闻到说话人嘴里散发出来的阴暗墓穴里的腐烂气息。

——怎么了，夫君？睡在旁边的娄妃慌忙爬起身，云鬓蓬松，衣襟斜耸，一张粉白脸上的双眼紧张地盯着惊慌失措的宁王朱宸豪。晕红而温暖的烛光下，朱宸豪不顾一切地撕开身上的绸质衣衫，撕开，乱撕。他拼命喘息着坐在榻上，目光惊恐地看着撕裸的胸口，汗如雨下。娄妃关切地摸了摸他的胸口，汗涔涔的。朱宸豪眼光散乱而迷茫，像是不相信身在自己的卧房，朱柜、画屏、铜镜、帐帏、香炉、瓷瓶、连枝灯，一切都好端端的，在柔软而明丽的光影里闪着铜的、金的、银的、瓷的、漆的，各色不同的炫目的亮光。

朱宸豪梦呓般呢喃：我是武士？我是王？娄妃边用香巾为他揩汗，边说：夫君，你又说梦话了。

梦？不是梦，不像是梦！又说：我这是怎么了？说罢又倒身睡下，娄妃却伸手到后脑将散乱的发髻盘好。她有着一双丹凤眼，眼角挑得很高，像凤鸟的一根翘起的美丽的尾翼。她看着夫君朱宸豪慢慢又入睡了，用纤细的手为他掖好锦被，自己只静静地坐着，像是守护着一个受惊而怕黑的孩子。

海棠花在暗夜凋落。黑暗中的红，无人看见。暗红色的海棠犹如豫章宁王府中夜的眼睛，眼睑轻轻合起，雕栏玉砌上的花瓣。熏香透过绿纱窗，在王府庭院花园的茑萝上袅绕。王府的夜是静谧而安详的。而月季、茶花、玉兰、桃花、棠棣，在庭院中次第开放。缥缈的香气，使人恍惚而迷离。

朱宸豪忽然发现起风了，树木都被吹得斜向一边。接着天空惊雷骤起，大雨滂沱。雨水竟跟肮脏的血水混在一起，地上犹如滚沸的泥汤。他看见一个似曾相识的中年武士的面容，疲惫而苍白，狂乱的头发和雨血粘连着，遮覆了半张脸。他的手，衣袖带血，似乎骨头已断了，无力而痛苦地摸索着伸向腰间，他要寻找剑。炸雷天崩地坼地不断惊响着，闪电照彻四周，旷天野地里的凄惨死亡和浩劫般的败绩历历在目。武士战袍破碎不堪，只有护身的铁衣在胸前，尚令他保存着作为交战一

6

方主帅的某种难以言喻的最后尊严。箭矢般的大雨里，武士的双目燃着雨浇不灭的火花，那火花像是铁与铁交碰时迸溅而出的，此时，更像是顽铁断裂，藏在内部的灵魂蹦出，发出嘶嘶鸣叫，又似雷电击木闪射的电光。武士倔强而又心有不甘地面对自己不堪的命运、败绩与死亡，有着狮王的悲哀和绝望——我的剑呢？剑。朱宸豪哭喊着再度从另一个梦里醒来时，天色已破晓了。

他哭喊着：爱妃，爱妃！娄妃抱着他的头，温存地拥在怀里，让他的脸贴着她的乳房，嘴里不住地说，我在这里，夫君。我在这里。她的胸脯能感觉到宁王朱宸豪周身的颤抖，以及他内心的悲伤。

4

金红的王府大门油漆一新，像是穿了鲜亮衣裳，显得油光水滑，过往的人都好奇似的多看几眼。新漆的气味仿佛还停留在空中，人深吸一下把新鲜的气味和感觉一同心满意足地带走。这天王府武卫、门人、府役、进出人等似乎也个个鲜艳夺目，和新漆的大门十分协调。阳光如一群小动物，在王府后花园里活蹦乱跳。新芽腐叶的气息。一只黄蝶骑在阳光上飞动，起伏弧度极大，好像有意要把阳光扭出一道道曲线。

娄妃从花径走来，她身后跟着贴身侍女君枝。这样的散步从娄妃一进宁王府就开始了。园丁在清扫园径。落叶在扫帚的作用下不得已腾起身，低低打几个旋，又落下。妃说不要扫，让它罢。她的声音慵懒而无力，也像一片落叶。

她喜欢脚踩在落叶上的感觉，那种柔软和窸窣之声，像给内心梳痒。她喜欢呼吸花园里各种树叶花草混合的气息，这种气息里穿梭着几声清亮鸟啼，像是滴在咽喉的甘露。她觉得陈腐的王府里，后花园的这个时候是蛮好的。君枝追着一撮阳光的黄蝶儿，两袖轻展，一扑一扇的样子也像蝶儿。

娄妃觉得嘴里有股苦味，像吃了苍蝇，很不舒服，她用手轻轻挨着嘴唇，打了个尽量不让人觉察的哈欠。

宁王朱宸豪是披着一身疲倦来到王府圣剑堂的。他甚至没有像往常一样早起先去如厕，而是从卧房出来，穿过厅堂，走过庭廊，经过花径，一路不断放着响屁，登上数级汉白玉台阶就跨了进去。

面对昨夜一再梦到的宝剑，他来到圣剑堂祈望从中得到某种启示。这把被王府上下视作圣物而专门供奉的宝剑，是先祖洪武皇帝赐给世袭宁王家族的至高荣誉和镇府之宝的太阿剑。它供奉在圣剑堂里已有很多年头，除了鎏金纹线装饰的剑柄和精美剑鞘，朱宸豪至今没有看到过剑身。因为它很多年就没抽出过，这是王府禁忌。圣剑堂昧暗的光影里，宁王府的镇府宝剑已然蒙尘。

朱宸豪站在剑案前，面对先祖皇帝的画像，终于伸出了手，想把宝剑拿过来。

王儿，你没有忘了祖训吧？一个有些干涩，又不失严厉的质问声传来，像锯子在朱宸豪心头拉了一下。朱宸豪的母亲——碧薇夫人不知什么时候已站在后面，她的话使他的手停在空中。哦，母亲，孩儿给您请安了！他只看见母亲的粉袍，像一朵硕大的牡丹，袍上有着考究的织金凤纹，尽管华贵，朱宸豪却看得有些不太自在。

剑案两旁，立着青铜般守护宝剑的王府武士，他们好像从朱宸豪一出生就立在那里，但只有经过王府严格选逃的既忠诚又武功高强的人才堪当此任。

王儿，你知道娘有偏头痛，到这里来就好些。碧薇夫人扫视圣剑堂四周，目光定在案中的那柄宝剑上，说：人老了，看到这些老东西，就会想起一些老事，好像又活了回去。她又以手拍拍头，唉，只是这颗要命的头哇。

头？母亲的絮叨，令朱宸豪的头也有些眩晕。他胸部起伏着，隐约又有一种睡在梦中的窒息感，抑或还有一层人到中年的恍惚。他只有先静下心来听母亲说些岁月如烟之类的话，然而这些话最终又会绕到这把剑上来。她说，洪武皇帝给我家豫章宁王留下的祖训是什么？

朱宸豪当然记得曾祖洪武皇帝朱元璋留下的祖训：如奸臣难制，可以此剑清君侧。碧薇夫人听到儿子说出这话，两眼不由迸出炯炯的光来，仿佛感到一种莫大的安慰，又带有一种莫大的期冀。

现在是动用此剑之时吗？朱宸豪的手自然不能使自己信服，它只有缩回来。尽管这只手本能地感知到那个时候近了，近了。

5

赣水南岸，是豫章古老的名楼滕王阁，江流如带，西山空蒙。阁楼的回廊里，一男一女两个孩子嘻嘻哈哈捉着迷藏，像一前一后两只蝴蝶。待嬉闹得累了，两人坐到阁檐下，天上飞过一羽孤鹜，像一行断句，没有人能读懂。男孩让女孩猜谜，女孩鼓起红扑扑的腮帮子兴致勃勃地听着——黄屋子，红帐子，里面躲个白胖子。是什么？

花生。女孩不假思索就答出，脸上挂着得意。

错！男孩很坚决地说：是国王。

女孩无奈，只有说：好好，那你猜猜我的——一片瓦，两片瓦，中间一个白小姐。说，又是什么？

男孩见女孩脸上隐约有着一丝坏笑，便有些没有把握，还是说：可能是瓜子吧。

不对。是王妃！

男孩只有搔搔脑壳，哦地张圆了嘴巴。

第二章

1

娄妃与宁王朱宸豪之间的隔阂，始于入春以来第一场性事的失败。其实这个春天的早晨到处都潜藏着不可遏制的激情，空气中弥漫着软香，激发着雄性的欲望。繁花压枝，像一个少年不胜女子的美丽与迷狂。而豫章的天空像铺开的银灰色绸缎，带着阴晴不明的暧昧。人身上却感到光照似的温热，撩起躁动与不安。仿佛万物都在等待一场宏大性事的发生，似乎这个春天的早晨完全是为性事准备的，这其中隐秘着一种同样宏大的不可抗拒的如斯天意。当时他们在绣榻上折腾了很久。朱宸豪兴致勃勃，娄妃的体香与缠绵几乎把绣衾笼罩。在燃烧着白雪的包围中，宁王的激情几欲喷薄，娄妃也以无限的渴意与兴奋竭力迎纳，而就在这个时候，朱宸豪却沮丧了。他的尊严受到了不容置疑的挫伤。那一段时间，他甚至害怕娄妃的目光，也再没有与她共榻。

娄妃提出想到别业杏花楼去住些日子，宁王一口答应，并派人着意修缮一番，还在闲云馆和临水轩之间建了座别致的梳妆台。梳妆台下的湖水，如黑色的昂贵绸缎，娄妃可以在此临水梳妆。

朱宸豪没有陪娄妃同去杏花楼。但当娄妃看到梳妆台时，还是感动了，那感动里掺杂着甜蜜与忧伤。梳妆台是为她的一头美发准备的。她的如云乌发黑似暗夜，每缕发丝都有天然的幽香。梳妆时，乌发散开，像是开启了一座神秘而芬芳的夜花园，她的面容美若新月。为了这一头美发，朱宸豪让人到豫章城有名的谭木匠梳铺，定制了一把鸾凤和鸣的花梨木梳。

娄妃接过那把精美木梳，纤细的手指抚摸着上面的鸾凤，知道是在抚摸一颗心。那是她和宁王情爱的纪念物。

娄妃永远不能忘怀的，是宁王一边为她梳发，一边说出的话——有一头好发的女人，必定要有一把好梳；有一把好梳，必定要有一个善梳的人。

那个善梳的人，就是她的情人。

娄妃听了这话，就像被电流击中，她几乎为英俊的宁王给她的这份柔情而战栗。上天对我真是太厚爱了，娄妃心里想。感谢上苍，你确实待我不薄。那些日子娄妃常常会产生莫名的感动、莫名的喜悦，甚至还有莫名的忧伤，她觉得自己是个幸运的女人，但无意中又害怕幸运失去。这次虽口头说到杏花楼住些日子，可住了两天，她就回到了王府。朱宸豪却显然对她冷淡了。好像一夕之后就把她撂到一边，如同王府后院的花，她寂寞地在那里美丽。

寂寞的美丽是一种奢侈。一个美丽的女人害怕自己的美变为奢侈，因为它与多余是等义的。洞箫细碎的长廊，女子袅袅的背影迈着细碎的步子，在洞箫上消失。那怅惘回首的人，已不知道心的去向。

箫声在风中，若有若无。多么幽怨的月白之夜啊！

2

宁王朱宸豪有难言之隐。自从梦见了那把令他失魂落魄的宝剑，他和娄妃共行性事每至关键，就出现了障碍。他已害怕与娄妃同榻。这晚，他一合眼，就看见一棵黑暗之树。树上最后一片叶子凋零的时候，突然生出了上百颗头颅。怪兽般的头颅，号叫着，从树干伸过来张开血盆大口，白惨惨的牙齿幽光闪烁，欲将他嚼碎、吞噬。他挥剑。剑，竟特别的长，而且柔软无力，举不胜举，一时竟挥不起来。黑色的头颅涌过来，他急得浑身冒汗。耳边又传来那个熟悉而嘶哑的声音：你是王，你是武士，你的勇气就是你的剑，你还等什么？！

是啊，等什么？他一使劲，那把剑随之一震，令他感到它的分量与锋利。劈面砍去。一颗头颅。十颗头颅。几十颗头颅。滚在脚下的却是一地柚子。黑暗之树，转瞬又结满了脑袋，如累累果实。那些头，示威似的向筋疲力尽的宁王狰狞哄笑。宁王握剑的手向树上乱砍一气，竟停不下来了，他的手绑在剑上，被剑挥动着，身体也随剑而动。砍。砍。砍。砍。拼命地砍：还是砍。剑就是他，他就是剑。他越累，头颅就哄笑得越厉害，无论是树上的，还是地下的。这其中有一颗美人头，淫邪而妖冶，她对宁王的每一次侵袭，都极尽致命与放荡的挑逗。宁王把剑在她面前一扬，那头就缩开，当他去对付另一面，她又迅速凑到背后，在耳畔、腮旁不住地撩拨、引诱。宁王以剑指她的脸大喝：别过来！再过来就砍了你！

砍呀！砍呀你，你来砍呀！美人头媚笑着，春情荡漾的脸上毫无惧意。我真要砍你了。宁王叫嚷着竟朝那颗头追去。他几乎是快乐而心甘情愿地落入了黑暗之树的怀抱。美人头在树端，咯咯地笑了起来。笑得他心旌不定。一觉醒来，发现自己昨晚竟梦遗了。他头疼欲裂，感到那个蹊跷的梦明显在向自己发出强烈的暗示。他隐约感到一种说不清的危险。

他要和宋之白谈谈这个梦，当然得省略那颗美人头。那个女人的头，确实很美。她怎么会有一棵树的身子？这个身子扭动起来，又是那样柔软，给了他要命的体验。

宋之白随宁王贴身侍卫残夕来到王府。穿过花径时，他注意到残夕的左腿跛得确实有点厉害，上天真是不公，在这样一个武者身上竟安排一条如此糟糕的腿，唉。宋之白边走边发出一声说不出是怜悯还是抱不平的叹息。残夕恍若未闻，只顾领他经过甬道、花厅，进入一扇房门。

朱宸豪已在书房静候。他的眼睛里满是芜杂。一脸很重的心事，等着朋友来排解。当宋之白在他面前坐定，朱宸豪的脸色憔悴而苍白，谈话似乎是在掐头截尾中进行的。宋之白只听他说：过去我的梦里多是繁花似锦，哪里有你杀我，我杀你的事出现啊！可我昨夜在梦里只有不停挥舞着剑，像个疯子一样，不停地杀，才能不死，这是什么预兆？看着宁王心神不宁的样子，作为他的至交密友——宋之白只能试着为他解梦：你回想一下，梦里还出现了什么？他提示道，你手上挥舞的剑，还有别的什么东西？朱宸豪说，还有该死的树。柚子树。后花园有那种树。朱宸豪似乎找到了一点与现实对应的东西，怪不得感觉很熟悉！他说，早年，祖父请过江南最好的剑士教我习剑。我能用一个招式在一棵树上连砍三剑，让三截树干同时断落。南方剑士说，这是他的绝技。

绝技？宋之白说，你不可能同时在一个人身上砍三剑。否则人家给你一剑，致命的一剑就够了。他连说带比画，显得既内行又老练，语气不容置疑：当你一剑将别人击中，其余两剑都是多余的。还有什么能接上像树一样砍断的躯干呢？朱宸豪知道宋之白不会使剑，纯粹是一介书生，但这并不影响他们谈论剑理。

我没有杀过人，你是知道的。宁王说，像是要向宋之白求证。

我的剑只是砍在树上。后花园的树。他说道：就是那种柚子树。它们早就长起来了。

若是人头砍落了，就再也长不起来了。宋之白像有意在抬杠。你说得对，这就是我至今没有杀过人的原因。朱宸豪却答得坦然。

你在梦中杀人。满地都是脑袋。不是吗？宋之白眼睛瞧着地面。好像地上都是脑袋。不！是柚子。朱宸豪坚决地纠正。他有意走到宋之白眼前的空地上，以证实那些脑袋的不存在。柚子？真是柚子吗？那只是假设，是梦的伪装。宋之白摆摆手，像是要拨开那层假象。

或许是吧，朱宸豪说，但我感到威胁，死亡的威胁，我身不由己，那把剑要我拼命砍杀那些头颅。

那些头颅。那把剑，他嘴里重复地说。那颗头颅。——他若有所思。那是一把怎样奇怪的剑和一颗怎样美丽的头颅啊！

后一句话，宁王朱宸豪没有对他的朋友说出口。

3

他不说，里面的空白和省略部分我也知道。有人认为我是天才谋士或心力交瘁的臆想家，对前一种认定我以为是言过其实，而后一种说法倒符合我一些天性。交友、读书与臆想，是我的三大嗜好。江湖游侠、绿林响马、文人骚客、奇人异士这样的朋友让我懂得生命中还有"痛快"二字。我与宁王朱宸豪的友谊要追溯到少年时代。

我的祖父是一个甘隐于人后的墨客，我不知道这样称呼他是否合适，但他与受封于豫章的第一代宁王朱权有笔墨交。

我的祖父，也就是一个表面看似无闻的墨客，却被老宁王朱权以独到的眼光看中，并赏识，礼聘为王孙朱宸豪的授业之师。我随之有了进入王府的机会，得以认识朱宸豪。老宁王朱权大概觉得我不笨，和他所格外看重的王孙朱宸豪也还相处得来，便让我陪读。王府浩大，好玩，对孩提的我有巨大吸引力。所以早年的友谊是在读书和玩耍中混出来了，后来就觉得这情谊不轻，放不下。朱宸豪承袭藩位，要把我安排到府中，我是个闲散性子，哪受得了那种束缚？告诉他有事就记着我，有好玩的也别把我忘喽。他虽在王府专门为我备了房舍，但我仍住在城东。我首先把他看成朋友，好朋友，过命的朋友。其次才把他当王。

宁王。背负着这么个诸侯王的宗室身份，活得有多累，不干什么就像一个狗屁，干什么弄不好又会成一堆狗屎。他的心里从来就不轻松。

这一回，我这个为王一方的诸侯朋友终于让要命的家伙给惦记上了，王府后院那班异图之士更有事干。整个王府都将笼罩在危机中。黑暗之树。王府。……剑。满地的头颅啊！我臆想着这幅恐怖的图画，也就是宁王梦里的情景可能迟早要出现。

4

豫章街头的疯子，马的屁股和肮脏饭铺，以及沉香弥漫的青楼，帮助行者归无骥完成了入城仪式。豫章城不是太大，但他在街头转转就感到了这座城的繁复。他经过几处客栈酒肆，就有几处的伙计挡着他，从他的马开始说事。多骏的马呀，客官，一定跑了不少路吧！该到这儿歇歇了，我会把它侍候好的。归无骥不是招摇的人，是那匹雪白的大宛马风奴太惹眼了。一个满身尘灰的行者牵着一匹身无一点杂痕的白色骏马，这使归无骥看起来像个马贩子——是该找地方先安顿下来再说。他牵马穿过洗马池的热闹之地，见不远有片樟树林，甚是幽凉清静，便走了过去。这片樟树林就像一群不怀好意又对别人十分提防的同伙，风一吹，就有密谋的声音。令归无骥感到意外的是，林里有个很有内容的亭子，他将风奴系在亭栏上，自己到里面歇息。亭内有碑，上书：灌婴亭。

是一块年深日久的石头，青石。上面有一道蚯蚓似的裂纹。灌婴亭始建于西汉，那个朝代古拙而凝重。豫章人现在已懒得去想它。灌婴亭也就像汉朝出现又消失后的孤证，热热闹闹的却是滕王阁。灌婴亭比滕王阁要老出八百多年，亭名是一位将军所题。灌婴亭本身纪念的也是武将，自然就成了豫章的武亭，与建成之日起便宴饮歌舞不断、文士题咏不绝的文阁滕王阁相比，灌婴亭苍凉而寂寞，多少年来只有一片老林相伴。它也就像个守着老林的过时的老者。当年汉朝大将灌婴行军路过此地，阔大丰茂的巨樟吸引了他的目光，当他手搭凉棚朝那里张望的时候，仿佛看见了一座城池。樟树，是豫章城的父性之树。而这位父亲其老不死，也就不能刨坑活埋，剩下的只有遗忘。那经久不凋的老绿，已然呈现黑色，树上吹来的风都似一股墨绿，像一件古老的袍子被许多手撕扯着。

归无骥背靠阴凉的碑石坐下，走了太远的路，他已经疲惫，这给那张英俊的面孔像是罩了一层灰。他习惯了尘埃弥漫的味道，他只有疲惫，好像这是行者游荡世界这么多年来的全部收获。一个孤独的游侠，一个疲惫的江湖客。疲惫与无奈，使他有了一种宿命感——他永远要面对新的对手，旧的很快退出，他自己却不能随之退场。他知道要保存实力，不能轻易和对头交手，他明白等待自己的将是持久的战斗。他决不可以过早投出太多力量，而宁可慢慢使用，在追逐与杀戮的游戏中，谁能坚持到底，谁就是胜出者。他对马儿说：风奴，在这里我会给你找到一位好朋友。一匹和你一样骏美的马。

主人的目光像是穿越了绿林，夕阳下呈现出镀金的开阔地，我隐约听见神驹鸣风之声。开阔地上一块闪亮的黑金由远而近。一匹乌色快马驮着太阳奔来，整个大地匍匐在它蹄下。它所经过的地方，只留下焰迹与霜痕。我想，这就是主人说的宝马了。再看主人，他已在亭中睡着，发出很粗重的鼾声。没有神驹奔来，甚至没有开阔地。驮着太阳飞驰的骏马，只是我眼里的幻象。也许它出现过，它消失，也是允许的。就像一个影子，它的出现和消失都是迅疾的。迅疾的影子在大地上不会留下痕迹。据说，最好的马就是飞驰无痕。你看，鸟从天空经过，哪里会有痕迹呢？天黑了，我也该睡了。

今夜的梦中，我只想在月亮上奔跑。

5

月亮像一枚遗落在黑蓝天幕的久远朝代的古老铜钱，被夜晚小心翼翼地收藏着。月光下的豫章城如同静物。鱼鳞般的屋瓦似敷着薄的银粉，敲更之声把夜敲得更加空旷和幽深。

陈徒手感觉很糟，他知道老婆不愿意跟他同房，是因为他数度失手。他赌气，又开始愤愤不平，为自己不解风情的老婆对于这春夜的辜负。他使劲拧了一把，是拧自己的大腿，便转过身去。这样的夜晚不干点什么，实在是可惜，是对大好月色的辜负与浪费。陈徒手蹑手蹑脚起了身。他穿上夜行衣，并且带上那口寸步不离的刀。不知道是为了防身，还是为了犯罪，总之，他认为带上那口刀是很有必要的。他从楼阁的窗户踏上邻户屋瓦，开始幽没地潜行，他像蹿蹿在灰色屋顶上的猫，只是一团黑影倏忽而过。

屋顶上的瓦对他的脚似有吸附力。

他轻巧的足上力量恰好让瓦能承受，至多也就发出蹦脆的微响，像瓦上撒过一把沙子。黑夜的屋顶几乎是很诱人的地方，在陈徒手的眼里，没有一个屋顶是相同的，比平地、高山、河流都有意思。有飞的感觉，还有凌驾于别人之上而自由自在我行我素的感觉，这是他看重和喜爱的，他活着就离不开这种感觉。有的屋顶像船，人在上面，有起伏的跌宕感；有的屋顶如巨石或悬崖之巅，那种危险的濒临感紧紧攫住内心；有的屋顶似水上薄冰，每一步都惊心动魄。

雨夜、月夜、无星之夜，乃至雪夜，四季的屋顶各不相同，更何况屋顶下的隐秘永远是最大的诱惑。他以独有的技巧，在屋顶上驰骋。屋顶，是夜行人的另一片大地。他的快感在于脚心接触屋瓦那一瞬的惬意与优势，这成为一个夜行人的迷恋。每到夜色弥漫，从小窗看到屋瓦，他就有踏瓦夜行的冲动。他的暗窥、盗窃，甚至偷香窃玉之能令自己情难自禁，欲罢不能。一个夜行人不能抵抗来自屋顶之夜的诱惑，不能拒绝危险的快感。

他从没有想过，自己的行为会成为别人今晚的噩梦。陈徒手觉得几次失手之后，这回不能空手而归。人们因夜深睡得更香而松懈对于梁上君子的警觉。

他打算去偷一件贵重东西给自己的老婆，但蹿过数家房顶落地之时，在婆娑月影下又忽然改变了主意。因为他遇到了另一个夜行人，当他刚从瓦上落足到建德观的地面，就被人挡了道。

他还没有拔出刀来，就给对方缴了。

如果还想游弋在美好的月色下，就替代我办件事。对方不容置疑地说。

一个秉持月光为武器的人出现在眼前。一把剑在夜晚闪光，仿佛在向月色诉说无辜，这使许多在黑暗中发光的事物都变得可疑。但陈徒手还不愿就范：凭什么？

就凭你是有名的豫章飞贼陈徒手，我的这把剑就非要你替它办件事。对方答得不含糊。

你，你是什么人？

和你一样，我也是一个喜欢在夜晚游逛的人。

陈徒手笑了，原来是同行。对方却道，我和你最大的不同在于你是盗人财物，我只取人头颅，比如：你。陈徒手本能地摸着自己的头，后退两步。

那你的事与我何干？

对方笑道：我说过我只善于取人的头，却不善于取人的物。所以才找你替我到宁王府去取一样东西。

宁王府？什么东西？

剑，一把圣剑堂的太阿宝剑。

那不等于把我杀了吗？

我知道圣剑堂的人杀不了你，否则就不会找你了。依你的本领，我半个时辰后在原地等你交货，否则将你一家七口杀个不剩，我说到做到。

陈徒手一听，居然怔在那里，老婆、孩子，天呐。

在他再次轻身上房潜向王府之前，对方扔下的话还在耳边沉沉作响。那人说：我不是月光下挥剑起舞的翩翩武士，我没有那种雅兴。我的剑是要噬血的，它只会使月色变得凄惨无光。

陈徒手明白从现在开始，他一家七口都命系于半个时辰里。他必须把圣剑堂的宝剑盗来交给夜行人。圣剑堂是何等去处，陈徒手不是不清楚，以往他想都不敢想偷那把剑。至于王府，他自信在黑夜里他比里面的人更熟悉。哪个地方是黑的，哪个月亮门好出入，乃至哪个窗棂门缝可以偷窥到王府隐私与秘藏，他皆了然于胸。但他除了偶尔盗一两件王府不太重要的物件外，能引起王府高度警觉的东西一概不予染指。他趁黑到王府溜达，更多是出于满足好奇心。要想偷到圣剑堂的剑他绝无把握，除非是侥幸。半个时辰，从建德观到宁王府，如果得手的话，依他的速度，时间是够的。

半个时辰后，陈徒手果然回到了原地，他手中拿着一样东西，只是他身后多了一个人。那个人身上覆满月色，像片片杨花。但在夜行人眼里，那个人可以忽略不计。

东西取来了吗？他冷冷地问，迫切的话音里多了一层杀气。

陈徒手站在十步之遥，已不敢上前，将手中的东西晃了晃，取、取来了……

为什么不递过来？！

后面那人上前伸手取过陈徒手的东西，哈哈笑道：他虽是一个飞贼，却也知道在一个剑术高超的人面前，七步以外是安全的。如果他上前三步，肩上的脑袋就很难被自己看管了。若是我没认错的话，你是七步之内能置人于死地的七步剑步七。

他边说着话边大大咧咧向前迈近了数步，进入距对方七步的范围之内。

明知我是步七，而又能走进七步之内的人不多，想不到豫章竟有这等人物，失敬得很哪！后几个字，是从步七的牙缝里迸出的。

那人却不以为然道：昔赵文王喜剑，剑士加门客三千余人，日夜相击于前，死伤者数百余人，好之不厌。庄子乃见文王，曰：臣闻大王喜剑，故以剑见王。王曰：子之剑何能禁制？曰：臣之剑十步一人，千里不留行。王大悦之，曰：天下无敌矣。

庄子说剑。步七嘿嘿一笑，我听说江湖上喜欢在动手之前跟人家掉文的剑客只有一位，那就是千里不留行的行者归无骧。

归无骧笑道：好眼力。昔日剑士十步一杀便能天下无敌，而阁下却能七步一杀，可与七步诗的曹子建媲美了，我倒想领教这绝妙的剑术，尤其是在同样美妙的月光下。

说罢，他一抖手中的东西，一层包裹的黑布落地，是一把剑。行者的剑。月色飘在上面也像羽毛一样无声而断，露出耀眼的伤口。

月亮的伤口。这场打斗眼看就没法避免了。两个高手的打斗已不是打斗，而是一场豪华的舞蹈。尤其在羽毛般美妙的月色中，他们剑来剑往之间，精妙的剑术已和月光融为一体，挟巨力和致命之击，却显得又轻又薄，彼此的剑尖一触即避开，像是不忍碰落对方剑上的月色。在这场绝顶的剑术交锋中，剑士的手法、身形、飘荡的衣袂、疾闪的跳跃与回转、影子，以及不易觉察中滑落的汗珠，都如此华美，而又显得那样奢侈。他们尽兴使出来的剑招源源不绝，像美妙的月光一样在今晚不计成本地挥霍。尽情地挥霍。三丈开外，花木不惊，尘土不扬。力量只在两个人的剑上推来推去，在空气里落脚。杀气在彼此的生命周围游走，寻找缝隙而入，死神窥伺在侧，只有他们感觉得到。

但今晚的死神好像成了他们剑术比斗的欣赏者，甚至忘记了自己裁夺的身份，仅是一个观众。在如雪的月色里，居然绅士般不好意思地露出狰狞的原形。

趁他们斗得忘形之机，陈徒手赶紧开溜。回到家里他看见五个孩子都在熟睡，才安下心来，不管老婆乐意与否，抓过来又亲又搂。老婆很是不满，发疯啊，怎又没带什么回来？陈徒手停住动作，怎么，你不见我今晚带回的东西是最好的么？老婆看看左右，摇摇头，我什么也没看见。陈徒手拍拍自己的脑袋：难道我能把自己的头从剑底下带回来不是最好的吗？

老婆果真望着他的头，哦。脸上也有了惊喜之色。她明白自己的丈夫捡回了一条命，却不知是保住了包括她在内的一家七口命。

　　月光下的白马，像是一锭银子。四个方向的风，都在被她牵着跑。那是月亮里的银匠精心打制而成的马。风上的马。银子的宁静被风驱动。藏在大静里的大动被释放。它的奔跑没有声音，像是踏在风上。它的主人踏在月光上，而月光又轻轻踩在它主人的剑上，直到一场没有胜负的剑击被黎明告停。

　　两个剑士在剑击中开始怜惜对方剑上的露珠之光。两把剑在没有取胜的剑击之后，带着比取胜更大的光荣返归各自的剑鞘。

　　剑士的身影在天亮以前，被夜色收回。

第三章

1

残夕和他那件古怪兵器是怎么联系到一起的，几乎无人问过。就连对他的武技和忠诚最信任的宁王朱宸豪也没有在意。好像那就像手臂原本就是长在身体上一样，一点也不奇怪。宁王觉得自己虽时处险境，但贴身侍卫残夕就是他生命存在的保证，就是他最厉害的武器。可宁王却不知道残夕从来没有认为自己是最厉害的。世上厉害的人太多，说不定哪天就蹦出一个来，让你好看。

但只要那件古怪兵器在手，他就有对付任何突如其来危险的把握，所以宁王朱宸豪对他的信任并非盲目，只是残夕的把握是完全建立在对于手中兵器的信任上。那件古怪的兵器也硬被他取了个稀奇古怪的名字，叫作非戈。

非戈上缠绕着一个死魂灵，每天晚上都哀号着寻找他的故人，他被他的敌人杀死过去，又醒过来。他又开始了日复一日的哀号。残夕的兵器也就浸透了哀伤。哀伤的兵器，具有超出常规刀剑的恐怖的力量。

随着春日渐浓，娄妃的忧虑也在加深。在娄妃的感觉中，春天的夫君朱宸豪，是激情汹涌的，总把她的身体当作朝拜的圣殿。而今健壮的夫君已不热衷于床笫，却将全部雄性激情专注于武事，每天总是笠雪堂晨读后，便到后花园习武，再去射步亭跑马射箭，然后又大汗淋漓地穿过王府的一道一道门。

娄妃初进王府时，被无数道门几乎弄晕了头。那一道道有着考究石头雕饰的门，曾令她迷恋不已。她记不清王府内到底有多少门，众多的门，使她感受到王府的繁复浩大，而那每道门里似乎都有夫君宁王朱宸豪魁梧的身影。

一座偌大王府在王的生命里居然也显得局促。

王的雄杰之气与豪阔之势，令整个豫章城也狭小了。好像他的家伙在床上使不上劲，就都用去对付一张更大床上的东西了，他要在那里用剑找回男人的自尊。这正是娄妃日益为之不安的。

宁王朱宸豪的欲望不是一夕之间由床笫转向野心的，对此，娄妃心里清楚。春天以来他与娄妃便没有性事，人竟反而愈亢奋了。从王府到射步亭校场的道上，总能听到宁王和他的武士们如炒豆般爆裂的马蹄声。

一次，娄妃差府役老忠去射步亭看看，却不见王的影子。

空荡荡的校场上，一匹发情的公马正不屈不挠地死缠一匹母马。公马用油亮而动情的唇部在母马私处软磨细蹭，母马频频发出咴咴的欢叫。这似乎的确是个雄心勃勃、激情四溢的季节。

2

一个男人的欲望除了来自女人外，还来自剑。而王府圣剑堂供奉之剑却来自天庭。这是巨大的荣誉，也是巨大的诱惑。一个男人可能接受得了荣誉，却经受不住诱惑。娄妃当然明白，剑的诱惑对于夫君朱宸豪这样的男人来说，是很难拒绝的。对于一把至高无上的宝剑，你不是作为它的守护者，就是充当运用它的行动者。守护者永远属于黑暗的沉默与孤独。行动者便必须面对死亡的深渊。对此，娄妃与夫君朱宸豪是有分歧的。她需要的是一个恪守为臣之道的丈夫，而不是一心想去取代那个荒唐少帝，也就是宁王朱宸豪侄儿的人。

宁王为此曾经袒露过自己的心胸：我能够选择你，却不能选择王府。他说：我可以拒绝婚床的引诱，却无法拒绝家族宝剑的意志。因为我是男人，我是武士，我是王者之剑的持有者。你知道吗？他的目光覆盖着娄妃的脸。金红的王府巨柱间，宁王朱宸豪的眼睛如燃烧的炭火。

娄妃如冰。她沉静的瞳孔是炭火也燃烧不到的水晶。而火在成为灰烬之前，只有燃烧。

娄妃听到的是燃烧的声音。

这是一把令天下臣服的剑，它的鞘里封存着一个轰轰烈烈的时代。宁王朱宸豪一说到那把剑，就激情满怀，娄妃觉得他的声音都有些颤抖。

我的母亲之所以每天盛装坐在这把剑的旁边，就是为了等待着那个启封的时刻到来。但是那样一个时刻，不是谁都能说定的，而是由剑的意志来定夺。否则，历史和现在都会见血。当年燕王以清君侧之名邀祖父共谋天下，约定事成则共享天下，结果燕王不践承诺，一人独享帝位，祖父只有回到豫章。今日天下沦入一个荒淫玩乐的小儿之手，宦官专权，忠良受害，朝廷上下腐败成风、乌烟瘴气，先祖皇帝开创的伟业怎能遭受如此辱没？我豫章宁王府是至今唯一世受先祖皇帝所赐开国宝剑的王族，光荣的姓氏、高贵的血液到了接受剑的呼唤之时。我必须响应这种呼唤，去赶赴光荣的盛会，领受我的天职和宿命。母亲每天盛装以待，隆重出现在我的面前，就是要把她的儿子送上光荣之途。

夫君。娄妃痛苦而又无奈地叫了一声，她仿佛看到自己的丈夫正在远去。因为他的激情越是炙人，娄妃的内心就越是凄凉。

也许你身着盛装的母亲是要将她亲爱的儿子送上死亡之途呢?

娄妃内心这样哭喊,嘴里却不发一言。

王府里只回荡着宁王朱宸豪的声音,使王府大殿显得更加空阔。

娄妃突然看到,一架马车从殿门飞驰而入,直往正殿冲来。她挺身上前,试图阻挡碾向夫君的车驾。但马车不仅没有停顿,驱车者反而高举长鞭抽出霹雳声响,直朝她撞来。

娄妃眼尖,驱车者不是刺客,竟然是宁王朱宸豪本人。

没容她从惊愕中回神,马车就像一股劲风、一片玻璃、一道光影,切开娄妃的身体,穿胸而过。

娄妃在揪心剧痛中睁开眼睛。她面色苍白,气喘吁吁,惊异于身体竟毫无伤损。是幻觉。但,宁王已不见。她要找一个地方大哭,最好哭得自己也化成一泓泪水。她心甘情愿。就让宁王的马车从那泓泪水上驶过。

如果真是那样,妃的泪水肯定要王用尽蹚过一条河的力气,才能驶过。

马车,又怎能驶过一条河?那些蹚过女人泪水的男人,面孔多么模糊。如果是那样,我情愿化成一条河。让王的马车永远停在岸边,成为陪伴河流的风景。马车,停止速度。我向你大哭!

3

很久以后,当我的身体在水中下沉,我才恍然大悟,原来很久以前我就知道河流是我的归宿啊。作为王的女人,我居然是水命。在没有回归水之前,我只是一块冰,那是水的立体形式。这就是我的命运。

如果有一天,你看见一场雨在淋湿一辆马车,为它的疯狂减速;如果有一天,你看见一条河挡在马车前面,要把它留在岸边,你应该知道那场雨和那条河是一个女人的化身。

因为死亡在前方招手,要毁灭她的爱人。

她要舍命赶到他的前面,形成一场雨,或汇成一条河。

4

"圣剑堂",黑底飞金匾额。

悬挂匾额的屋宇是王府神圣之地,亦是供奉宗器之所,其受尊崇甚至超过了先祖皇帝御笔题匾的王府宁和殿。"圣剑堂"是由朱宸豪的祖父,也就是先祖皇帝第十七子,当年受封的第一代宁王朱权题写的。

"圣剑堂"三字运笔粗重,如苍头皂服,难掩其内敛的沉雄。但这与有"草书圣手"之称的朱权以往天马行空、风飞云动的书法相比，截然两副面目。仿佛一位文武全才的藩王，曾经虎视幽燕。面对万马千军，如同独行于空巷，他只悠然镇定地想自己的心事，走自己的道，人们从他身上看到了一种大从容。而另一个玄风道骨的隐者，偏嗜禅机茶趣。在山水都改变方位的地方，坐看云起云飞，他的脸上却满是雷电之威。曾经追随过他的武士，仍不会忘记当年他说过的那些激动人心的话语——真正的武士总是在他的爱妻睡熟以后告别而奔赴疆场，其实他的妻子在他出门时就睁开了眼睛。眼睛里有泪水。武士就是为这双眼睛战斗的，他们不是懦夫，从来不是！他们不是不爱自己的亲人，他们爱！我要大声说，是的，是爱！他们为爱而战，这就够了。

正如朝中当时某位权臣所说：一字虽改，权还是王。

他是一位有武士之威的王者。

记忆犹如翩翩蝴蝶，有时是蹈舞在花树里，有时是穿飞在廊柱间，有时是悬浮在幽冥中。朱宸豪记得儿时，祖父带他来到殿后。面对形如庙堂却守卫森严的建筑，祖父打算让王孙看件东西。进门之前，祖父指着门楣上的匾额，要他仰起头来认三个字。见祖父兴致勃勃，三岁的朱宸豪小嘴开始嗫动：圣？剑？堂？

每读一个音，就带有一个疑问；每读一个字，都侧头以求证的目光看祖父一眼。不苟言笑的祖父有意回避他的目光，用沉稳、镇定的吐字方式纠正他的疑惑，每吐出一字，都似金属落地，铁钉入木。圣。剑。堂。朱宸豪只有硬着头皮跟着念：——圣——剑——堂。祖父对朱宸豪的表现不甚满意，他几乎食言了，也就是说朱宸豪那次根本没有看到什么东西。朱宸豪觉察到祖父的不快，他灵猫似的飞快一瞥祖父脸色，发现他利刃般的胡子上沾有一粒鼻屎，像只小小的苍蝇，他不敢点破，好像那是自己弄上去的。那扇厚重而又斑驳的赭红大门没有打开。

他随祖父的影子离去之际，还回头张望，木雕般的守卫武士居然动了一下，又赶紧站直。他吐吐舌头，做了个顽皮鬼脸。武士装作没看见。

呸。

巍峨的红色廊柱下，一张孩子的鬼脸一伸一缩，开始是尝试性的，后来又增加了一张，有时两个孩子的鬼脸一上一下，同时出现在廊柱背后。武士视而不见。孩子放肆了。廊柱间，两个蝴蝶般的影子穿绕着游戏起来，在前边跑的是童年的王，后面追的是他的小伙伴宋。空中浮荡着游戏的童谣——我们都是木头人，不许笑来不许哭，谁先笑了谁就输，谁先哭了谁是猪。

两个小小的身影，一会儿贴着柱子做木头人状，一会儿禁不住又咯咯笑着追闹不休。只有一动不动的武士，才是高大廊柱的最好模仿者，童谣游戏中的木头人。

5

那天，朱宸豪踩着祖父的影子小心地跟到后堂。祖父心事重重，步履如磐。

圣剑堂——朱宸豪的清亮童声将日渐衰老的宁王朱权略感昏昧的眼睛又吸引到那块匾上，这是一次促使祖父践约的提醒，更是朱宸豪幼小心灵的一次谋算。老宁王显然乐意接受这次来自孙儿的提醒与谋算。

他伸手在孙儿的后脑勺上慈爱又不失有劲地摩动几下，仿佛证实自己还不太老，说过的事并没忘记。

朱宸豪觉得那只手挺大，却薄弱，像落山前的夕阳余晖。但他很感动，是受宠若惊的感动。他无比快活地眨动眼睛，见祖父的两撇已然耷拉的胡子竟然微微上翘，银光闪烁，似张开的鸟翅，要飞起来，祖父突然也高兴了。

老宁王用眼神深处的威严稍予示意。两位武士反应迅速地打开了厚重的大门。朱宸豪随祖父挺着小肚子神气活现地迈上台阶，他惊讶于木头人般武士的复活，其中一个还朝他暗中呶了舌头，朱宸豪想上去揍他。

祖父在门内故意传来咳嗽声，他连忙跟入。

咳嗽。朱宸豪最早是被祖父的一声威严而又混浊的咳嗽带进圣剑堂的，这与后来史学者认为的是在庄严仪式中进入简直南辕北辙，但这是他有生以来第一次走进生命中的宿命与隆重之地。作为朱宸豪的引进者，年事已高的宁王朱权如释重负。看着殿堂正中供奉的宝剑，朱宸豪只感到寒气袭人，而圣剑堂外的菊花正开得无比惨白，像是若有暗示。

老宁王出来时交代武士：这门，也该重漆一遍了。颜色，可以红得更深一些。

祖父去世多年以后，宁王朱宸豪独自待在圣剑堂。明灭不定的烛光中，他想起祖父当年在此对他说过一句很有分量的话——天下有多少人梦寐以求想进这房子里来，知道是为什么吗？

年幼的朱宸豪其实不可能深味祖父的语意，但还是听清了下一句话。

——就是因为这里供着的是至高无上的皇室太阿剑。

太阿剑。祖父在说出这把剑时，声音变得苍劲有力。他嗓中的浓痰使发声粗重，有一种特别的厚度。在那次教诲中，祖父尤其指出，太阿剑是天下神器、家国至宝，事关江山社稷等等。朱宸豪却从祖父的嘴里嗅到了口臭味。他奇怪：祖父这么伟大的人物怎么有口臭呢？朱宸豪记得祖父几乎是喃喃自语般叙说着太阿剑的来历与传奇，每至动情处，他甚至忘了叙说对象是个孩子。朱宸豪只盼望祖父的叙述尽快结束，取剑下来让他瞧个究竟。祖父没有如朱宸豪所想的那样。他滔滔不绝：一半是叙述，一半是怀念。

朱宸豪开始心不在焉，他只盯着供案上的那把剑。乌黑发亮的剑鞘。

烛光下，能看见一些古怪文字，后来朱宸豪知道那是鸟篆，刻着剑名和最初持有者的姓名，含有一种古老剑客的尊严。

那个最初持有这把剑的剑客，或许也面孔黧黑吧。他的脾气一定古怪，有白的山羊胡子，脸部皱纹如墨笔勾出来的。对，他就像祖父，是一位威严孤独的古老之王。朱宸豪怔怔对着那把剑，有些想入非非。那把剑看似如此诡异，以至十几岁时朱宸豪都觉得用一所偌大房子来藏一把剑，有小题大做之嫌。太阿剑在朱宸豪的第一印象里并不好。只是祖父朱权耐心告诫他，你慢慢会喜欢的，并会发现离不开它，但它只能封藏在鞘里，不到该出鞘的时候，不能让它出鞘。祖父的语气不容置疑，可能这也就是他不将剑取出来让朱宸豪看的原因。

你的使命或许就是等待这把剑出鞘的日子。朱宸豪十八岁的时候，祖父对他说。其时，他已隐约感到了这把剑对他，乃至整个宁王家族的重要性。精美的剑鞘里，藏着的是世代宁王的雄心与运命。

圣剑堂檐下廊柱间蝴蝶般穿梭、嬉戏的孩子，已经成了剑案前冷峻凝重的宁王朱宸豪。——我们都是木头人，不许笑来不许哭，谁先笑了谁就输……遥远的童谣，有时还会从门外传来，在梁柱上回荡、萦绕。但门外的童年已回不来，好像他一跨过圣剑堂门槛，那一时刻就永远留在门外。是祖父过早终结了他的童年。祖父曾告诫他说：像普通人那样生活是我们宁王府的奢侈。

一动不动的武士，仍是巍峨廊柱最好的模仿者。

对。我们都是木头人。不许笑来不许哭。

这首听似轻松的童谣里，早就蕴含着一种古老而又无情的世间游戏法则，朱宸豪深味到这一点，便觉得即使是童年的游戏，也都隐藏着残忍与沉重。

这个世界游戏法则的基础，就是要做木头人。谁动一动，谁就犯规。

孩子总是以哭或笑的方式向规则挑战的。而持剑的武士，怎么能在木头里沉沦？

6

明月之夜像一件漂白了的长袍，飘荡在风里，散发着未洗净的皂香味。这样的夜晚是夜行人的最大禁忌。陈徒手恰是以犯忌来显示其夜行潜户的超绝本领，所以他是豫章著名飞贼。夜行人能够敏感地嗅出各个夜晚的不同气息，嗅出月色下的安谧的皂香味，或黑暗里隐约的险恶的酸菜坛子的气息。夜行人仿佛是背负黑暗之名的月光的使者。他的影子是离月亮最近的一片云，或一块擦净它的抹布。一个在月白之夜乱窜的夜行人，就是做着擦拭月亮的活儿。谁叫他是受雇于月亮的清洁工呢？每当这种时候，陈徒手就得出活儿了。

陈徒手的夜行生涯，或者说他的喜乐悲愁都是在脚底接触到的屋瓦上传递的。雨的瓦，雪的瓦，冰的瓦，霜痕之瓦，白露之瓦，月光的瓦，湿，滑，黏，爽，清。秋天和夏夜的瓦是陈徒手最喜欢的，这时踏在瓦上是很适宜与月亮说说话的，那两个季节是他夜行最多的，但不一定都为攫获，有时仅仅是释放心情。夏夜纳凉的人发现屋上轻风掠过，却吹不上身，只有嗳一声又拼命摇蒲扇。一个夜行人最好与最坏的时光都是在屋瓦上度过的。

他的行止、逗留、徘徊，与停顿，都和每处屋顶高低、屋脊倾斜、马头墙错落，以至飞檐陡峭和屋瓦厚薄相关。

他的心境在瓦上。凭脚踏瓦的触觉，他就能判断出哪户瓦下人家当晚的心情，甚至财物多寡。薄瓦下边无富户，这是夜行者的普遍经验。但有时薄瓦之下也有不义之财，广厦之中也会空无一物。陈徒手只信直觉，他认为自己脚底就是真理，但直觉并不告诉他脚底有财物就可以取，或就能取。

不是这样的，有时脚下有财物却往往是不能取的，或者即使取，也不能太多，这就是他的另一种信条：盗而不贪。更有的时候，陈徒手完成一次夜行目的，在返回自家阁楼的途中，脚会告诉他，瓦下人家有难。他会巧妙地施以援手，将一包财物悬置瓦下人家不经意可看见的地方，悄悄化解燃眉之急。

豫章飞贼虽声名在外，却多是些义贼故事，官府也悬告捉拿，但因为没有民愤，一直便线索寥寥。

明月之下，他是屋顶上一只玄色之猫。

王府武卫没有料到，那只玄色之猫竟突然出现在圣剑堂的飞檐上，觊觎着太阿剑。

一声惊呼，打断了两位故人相见时欢快的秉烛夜谈。归无骥正捏着茶杯，眯眼看着瓷上的青花感慨：武人混世，饱食之时，衣冠束发，在市上逍遥，也像别人那么活。一夕家破，就散发覆面，一把头发拎着脑袋走江湖，成了轻快的游侠。残夕劝他，那就到我这住下来吧。无骥没吭声，眼睛像被茶杯上的青花瓷攫住了。外面就嚷起来。残夕率先奔出，就见几个武卫围着圣剑堂朝屋顶上吆喝，却没人上得去。残夕赶到，武卫只说屋上有动静，但一下就不见了。残夕心道：谁有这么大的胆子？审身借着一棵楝子树跃上屋顶。

月光下，屋顶像罩了一层白霜。或许是有夜行人踏月，来去无痕。屋顶风凉，残夕却惊出一身汗。难道我抓贼的本事也没有了吗？！四顾逡巡，就有一起一伏两个影子落入眼帘，是归无骧把夜行人撵出了王府院墙。残夕松了口气，但不敢丝毫懈怠，在屋上巡回。直至东方既白，圣剑堂屋顶上才有一翼大鸟飞下。一个夜行人碰上了职业行者，脚上的功夫，高低立判。残夕可以这样肯定。

残夕奔出房门，归无骧却没闲着。他侧耳听清了捉飞贼的叫声，纵身踏窗上了房顶。登高望去，隔几十米的屋脊上划过一道影子。好在王府的主要屋宇之间都有甬廊相通，归无骧沿廊顶射了过去。他的身形迅疾而轻巧。

一只发现猎物的夜鹰，把目标可能遁逃的范围覆盖在其翼下。

在四处嚷着捉飞贼的时候，屋顶上的飞贼陈徒手竟放了一个屁。屁不响，几乎是吱着声音出去的，这使后来他逃起来轻松了不少。起初他总觉得有点什么在肚子里古古怪怪打转，那种转法以前从未有过，有兜头被人拦住的感觉，从那时起便憋上了，就那么回事。

陈徒手知道王府高人无数，但这么快就有人撵来，出乎他意料。依自己的本事，是根本无法与王府武士交手的，他心有不甘，还又不得不逃。

今晚倒霉，怎么尽遇到硬手。瓦片轻轻一托，他的脚就飘飞起来。他也不回头，只顾跃过几个屋顶，发狠劲逃。瓦片只是承受着他的脚尖之力，又随之将其弹起。

归无骧连追过三个屋顶，暗赞叹飞贼：好俊功夫。

他知道飞贼多无大恶，也怜惜起这人的一身功夫来。追至第五个屋顶，他一把将陈徒手拽下地来，一个影子转瞬变成了实体。夜行人落地，就像失水之鱼。陈徒手慌忙说我本无盗剑之意，纯粹是为一家大小性命而迫不得已。归无骧问清缘由，令他领自己到皇殿侧去会真正要盗剑的人。步七，不是一般的江湖剑士。归无骧知道，他是锦衣卫的一流高手。锦衣卫竟向王府下手了。归无骧不禁对好友残夕有了一层担心。

7

在得到古怪兵器之前，残夕徒手和人对搏。凭着超拔的武艺，也就是他对为武之道的艺与技的独到掌握与领悟，而不是蛮勇武力，很少人能成为他的真正对手。但别人使上武术器械，比如刀或剑（这是最常见的武器），与他动手时，他多半也能赢，却无必胜的把握。尽管他也用过多种常规兵器，这其中也不乏好的刀剑，宁王就由他在王府武库挑选，都无很中意的。那些武器他使在手中，觉得不对路，和他所理解的武学精义完全是两码事，他的武技也就从中无法很好发挥出来。

这是兵器的问题。

尤其进入王府，残夕作为不是军人的准军人，他深感与以往游侠江湖不同，这是个兵器的时代和军人的世界，没有一件满意的兵器很难站住脚。

好的兵器可遇不可求，到哪儿找去？在使过不称心的刀剑后，残夕总是这样感叹。一日，他突然心血来潮，在纸上画了一种奇形怪状的兵器图样。像古代的戈，又不是戈。残夕觉得这东西顺眼，心里来了兴致。看着自己若受神示似的画出的兵器设计图，他不禁颇为自得地嘿嘿笑了起来。

残夕预感到自己需要的兵器很快就会出现。他首先找到棋盘街有名的铁器铺。老铁匠是熟人，与王府素有生意往来，一见残夕就满脸堆笑，说：是要打把好刀使吗？残夕也不答，只把那图纸往又黑又脏的案上一摊，你就按这打一件，拣最好的铁！老铁匠在皮围裙上揩着手，将目光递到案头，竟咦地说这是啥玩意？我打了一辈子铁器，还真没见过这样的东西。

残夕盯着他，铁匠的回应好像吃不准这活。

你能不能试试？

老铁匠很当回事地把图纸横看竖看，皱着眉琢磨，这有刺又不是矛，开口又不是斧，更非刀非剑。他又瞧瞧残夕迫切的眼神，疑惑地说，你要这个，能使吗？残夕狠劲点头。老铁匠只有再看图，最终还是歉意地摇摇头，我还是弄不明白这东西，手头没把握的活也就自然不好接喽。

你就不能试一试么？残夕在恳求。

瞧不明白，怎么试啊？老铁匠像是反而有了拒绝的理由，他的声音比残夕还大一点。这令残夕满腹的期待化成了失望。他伸手从案上取回图纸，负气道：我不信就没人能打出一种像样的活！拔腿出了铺子。

老铁匠在后面哈哈笑着扔出一句话，不信你就试试，我老铁匠做不出的活，这豫章城里也便没第二个能做出。

残夕觉得那话也说大了，他发疯似的跑遍了城里所有铁匠铺。结果真如棋盘街老铁匠所言，偌大个豫章城大大小小数十处铁匠铺，还真没一家接得下这张图。那些个个看似好手的铁匠，对着那张稀奇古怪的图纸，唯有摇头的份。

残夕来到顺化门，眼看出门就到城外了。他有说不出的沮丧，趄进一家酒店，拣了处靠窗的坐头，要了半边猪头，一坛李渡高粱，独自闷喝起来。

刚喝一半，窗外扔过来一串叮当的铁器敲打声，烦。他掉转身，背对窗，暗骂：这些不动脑筋只会打锄头铲子的废物。

但那叮当声却时不时又像一串什么似的扔过来，扔过去，不依不饶地紧粘他的耳膜。

残夕有些愤然，掏锭银子拍在桌上，逃也似的出了酒店。一个武者为找不到合适的兵器而苦恼。转机是在顺化门外一口臭水塘的歪脖子老柳树下发生的。当时残夕正为没有一个铁匠能打出他设计的兵器而心灰意懒。这帮无能的东西，他愤愤不平，同时对自己心血来潮的构思也有了怀疑。他坐在一截烂树蔸上，心事如尘埃。尘埃的气息刺激得他打了个凶猛的喷嚏，他索性用那张纸狠揩了揩鼻子，揉作一团地抛到地上。他觉得只有这样才能平息内心的不满。叮叮当当，铁器敲打声又响了起来，好像跟着他，这次反倒使他心里感到平静。

一个瘦高个的铁匠，正消遣似的，有一锤子没一锤子地敲打着一件什么。这家城外铁器坊生意清淡，也没有伙计。只铁匠一人在歪斜的棚子里，既专注又心不在焉地打着一件什么玩儿。铁匠脸鬐黑粗糙，竟十分庄严，像一块生铁。

残夕走来，铁匠没有反应，仿佛他手里的活已做了很久，并打算继续这么做下去。残夕不吱声，看这位只顾埋头打铁的铁匠，他隐约觉得这才像个真正的铁匠。不浮不躁、专心致志打他的东西，那东西才能真的成器。才真正是：器。

等到铁匠拿起那件铁器来端详，脸上有几丝不易觉察的得意，残夕却心头一震。铁匠打制的，不正是他心头的那件古怪兵器吗？

残夕听到自己的心在咚咚剧跳，一摸身上，图纸被他揩鼻涕扔了，他一阵惶恐，生怕那张图被风吹跑了。

幸好由于纸揉着鼻涕还粘在那儿，他赶忙捡起，小心地擦干净，那件古怪的图形还完好如初，他又唯恐铁匠转瞬会不见似的，赶回那间作坊。

铁匠手中的铁器和残夕图上的兵器极为相似。只是还有几个部位不甚合拍，若稍作修改，那就是件不得了的东西。铁匠恰恰是在那几个部位上举棋不定，他反复修改了几次，总是拿捏不准，很是不满意。

老哥，你替我看看这个。残夕忍不住开了口。

铁匠转过头，一脸冰冷。他的眼却被草纸上的东西俘住了。

残夕手指兵器上几个与他铁器不同的部位，铁匠顿呼：是了！是了！喜上眉梢。

他将铁器放火炉里，残夕为他猛拉风箱。铁匠待铁器烧红，从火里抽出，一阵酣畅淋漓地敲打。半炷香工夫，一件特别的兵器竟赫然成形。残夕大喜过望。铁匠更是激动不安，他握着兵器的手竟不由自主地哆嗦，嘴里却说：你看，这像戈，又不是戈的，不就是一把非戈吗？

残夕几乎是叫道是非戈，这是非戈啊！

铁匠见残夕不胜欢喜，便慷慨让他拿去把摸。

残夕将朝思暮想的兵器拿在手上，有一种说不出的舒适。尤其是那种手感，是他过去握各种兵器时，从未有过的。

铁匠在一旁面孔肌肉由于激动不安而抽搐，而扭曲，他突然用粗黑的大手蒙住脸，蹲到地上喜极而泣。口里还哭喊道：十年，我等了它十年哪……

铁匠这一哭倒把残夕弄得惶惑了。心想这件宝贝花了铁匠十年的光阴，他肯定舍不得脱手！

铁匠情绪稍稳定，残夕试探地问，这件活计你要卖多少银子？

银子？你就给我多少金子也不卖！这是我的命呐。

铁匠很坚决，不客气地将非戈抢过来。

喂，那你能不能让我使一回？使完我还给你就走。残夕只能提这么个小小请求。铁匠见残夕实在是爱那活儿，便说，你也是个会家子，若不是我十年来等着就要用它，倒会送给你。你既喜欢，也便由你使一回吧。

残夕将非戈持在手里，用怜惜的目光看着它。它的嶙峋之姿也在向武者显示独有的光芒。那种光芒是致命的诱惑——致命的死亡。残夕舞动非戈，身上便包裹了一层死亡的光芒。光芒乱窜，残夕的身体便成了一个影子的幻象。影子也被光芒替代，空间便弥漫了夹带尘土的风声。铁器坊里的苍蝇也落不住脚。也就是说，通过手中家伙，残夕全部的武力都得到了酣畅的发挥。那层罩在残夕身上的光芒，把铁匠看惊了，看傻了，乃至绝望了。

残夕将身上的光芒抖落，地上重现武者的身影，光就消失在古怪兵器里。连残夕自己也有些不相信地咦了一声，竟定定地看着地上的影子。

8

我这是干什么了我？当非戈在残夕手里开始动起来，铁匠就觉出了无奈，这件东西的主人不是自己，而是正在舞动它的汉子。铁匠心道：罢了，罢了，这费了自己十年心血的宝贝竟然与自己无缘。他从心底升腾起一股悲怆。

残夕舞过一回后，双手将非戈捧还铁匠。铁匠竟以手拒绝。他甚至是用不甘情愿的哭腔说：这件活儿，是你的。

他掉转头一摆手，抑制自己的情绪，你拿去吧！

这、这怎么成？！残夕感到既突然又茫然，我怎能平白收受你的爱物。

铁匠只说：拿去吧。声音里充满了芜杂和荒凉。

只是这件兵器，它是要饮主人的血的。铁匠意味深长地说。只有在那以后，它才能成一件真正的利器。你若不肯收，我就斗胆请你为我办件事作为交换它的代价，你便可坦然拿走它了。

残夕这才有了底。

你说吧，你托的事我一定办到。

铁匠长舒口气，说：实不相瞒，我费了十年心血打制这件兵器是为了报一桩血仇。不是由于仇人武功太高下不得手，而是由于他手下太强，依我的本事没有特别的利器相助，根本报不了仇。你既已答应我，那么我就死也无憾了。

铁匠将家伙从残夕手上要过来，像是在与它告别。铁匠血着眼再看残夕，一字一句道，我知道你是君子，答应我的事就一定能办到，我先行谢过了。说罢把手一扬，将非戈刺进自己的咽喉。

残夕施救不及，血从铁匠脖子上喷溅而出。残夕觉得那根脖颈像是冒血的管子，怎么也捂不住。铁匠仍说出了最后的话。

我请你帮我杀的仇人是宁王朱宸豪。

更令残夕吃惊的是，铁匠竟挣扎出一丝诡谲的笑意道：我知道你是他的侍卫。现在，这把饮过主人血的活儿，是、是、是真正的，利器，利器喽。

眼前发生的一切，使残夕觉得稀里糊涂便跌入了别人的圈套。他看看那把沾满血又旋即毫无一点痕迹的兵器，再看看自杀而死的铁匠。

不，这只是个巧合，一切都是巧合。他心里说道。

离开那个歪斜的铁器坊时，他有些仓皇，影子乱了。

只是那件古怪的兵器从此便带有一个特殊的使命依附在残夕身上，像是死去的铁匠的鬼魂。

非戈是有血魂的兵器啊！

第四章

1

　　漫天散云如同灰烬，豫章不是天国。它是被天国遗弃的一个城邦，或一处遗址。尽管它也被史籍、典册、诗赋乃至方志、通鉴之类反复书写和诠释，但仍隐身于帝国浩荡国史的边缘，或在国史里湮没与沉埋。豫章还有很多别名、曾用名、代称等等。但在人们口中它仅仅是一个遥远的、读音清晰却指向不明的符号。是草黄的木刻图纸上一节手指的模糊投影。它的印象使外省人总是在猜度中虚构它往昔和现时的存在，以至令它接近一座臆想的城市。这座南唐一帝幽梦的废都，渐已沦为散发出颓废气息的迷宫。城中年久苍苍的陈迹，尘封的古代荣誉，失语传奇，未经记载的隐秘神话和南方宗教故址，寺庙、楼阁、墓陵、旌表、亭台、碑碣、廊坊，在一层湿润的水汽中，随处可见又乏善可陈。它以豆芽和筷子命名幽巷、古老石桥与嫩柳轻絮共同钩沉的湖光魅影；乱石铺街，杂花生树。明朝的豫章透着一种似是而非的阴郁，是个适宜冥想的城市。永久性的粉墙黛瓦，银杏木雕砖饰，汩汩井泉，及暧昧慵面，似乎昭示着持续的性事在连接着一个又一个夜晚，却排除了高潮的到来，如一场华丽而萎靡的沦丧。唐初诗人语焉不详的献辞把豫章比附成了一座繁华奢侈的欲望之城。阴性的河流在城中穿插迂回，消除了千年冲动，使它色情的身姿有了自慰的嫌疑。南来北往的游宦者对偶然发现的一株"充满疯狂欲望与情色幻想的银杏"，流露出天大的兴趣。又是作赋，又是吟诗，很是热闹了一阵子又不了了之。朱宸豪从宋之白口中听到这事，付之一笑，说：无聊文人嘛，总是喜欢小题大做的，偌大个豫章城，他们眼里只看到一株银杏了，我府里还有好几株呢。闲暇之时，又逢天气晴好，他会邀宋之白登上江门城楼极目远眺。

　　站在章江门城楼，可见西山如黛。伟大的西山此时在宁王朱宸豪眼里，像一条刚撕下来的布片。撕扯不均的残破，成全了山的轮廓，在其轮廓之上是广袤的苍穹。几处雪亮的云团簇拥在一起，妖娆而庄重，就像升向天空的雪山，散发出超拔万物的气势。那是冲击长天的坚硬的水。什么时候，它软下来，就是河流。就是立体和坚硬的死亡。他对宋之白说：河流，是雪山的尸体啊！宋之白一愣，他突然觉得朱宸豪是个诗人。宁王朱宸豪的目光静静穿过粼粼赣水，以及对岸野渡、树林，直抵远在的那天阔山低的云黛，他的目光停顿在奇妙的云象上。一只黄蜂嗡叫着闪过，像是阳光的灰烬。

在那云象之下，宁王朱宸豪的祖父早已静静地躺在西山之麓猴岭的冰冷墓室里。这也是朱宸豪常在城楼眺望西山的原因所在，他把这种眺望当作一种凭吊与寄怀。他似乎能感受到西山墓室里阴湿的黑暗，像一团又黏又腥的烂泥——时间的尘土终究要埋掉生命的肉身。祖父的晚年对大千世界已多有悟，他往往出口就是箴言偈语，唯有此刻朱宸豪才悟到所谓时间的尘土，不是土本身，而是黑暗。祖父曾说：生命的尊严总是受到疾病和死亡的嘲弄，人生的真正价值是为了体面的死亡而活着。

墓里的黑暗。从那黑暗中朱宸豪好像又听到了那句恐怖而苍凉的声音：天黑了，要当心……

这是老宁王临终前说的最后一句话。他眼睛不看守候在侧的亲人，只盯着一片虚无。在那片虚无里似乎有个让他恐骇的东西，他眼盯拧了，便断了气。

祖父陪葬物里给朱宸豪印象最深的莫过于一只半透明的玉玲蝉。它比真实的蝉要薄，含在死者口中成为最后一句凝固的遗言。朱宸豪弄不清或已然正在明白，具有大智谋和大勇略的祖父，用几近大半生的宁静淡泊之姿所封守与化解的，难道就是那潜藏于心底的恐惧吗？这恐惧在他临终之际得以用告诫的形式传喻后代。是不是意味着宁王府的存在，就是恐惧的存在，抑或宁王府就存在于恐惧之中？

在朱宸豪的眼里，祖父是有帝王之风的，这与未曾谋面的太祖皇帝的形象在他脑中产生重叠。或许太祖就是祖父的样子，朱宸豪常这样想。他觉得纸上的丹青是把太祖夸张到不可信的程度。一张黄纸怎能承受住一个伟大生命呢？笔墨的夸张只能让灵魂不在场。老宁王一出现，就使人感到遇到了真神。他努力藏起光芒，尽量不显山露水，可仍掩饰不住真气，他知道这弄不好会给自己带来灾难。尽管他能扛住，甚至慑服，但他只要安稳、宁静，不愿在晚年再经动乱。老宁王晚年以佛、道之学与艺事来冲淡身上的锋芒，像是小心地用手帕或布来包裹一件耀眼的银器。

成年后的朱宸豪对祖父的晚年是不甚满意的，他认为祖父热衷的品茗、下棋、扯淡和天象都是对自己雄才大智的否定，好像是用抹布里最不洁与暧昧的部分去擦拭和敷衍华美的图案。他怀揣着一个强悍的世界却如履薄冰地活了大半辈子。什么样的压力能击碎祖父的世界？那曾经放缰云应、戎兵平莽、勒马关山、虎视四极的一代雄豪，何至于斯？

宁王朱权，这个曾经象征宁王府最高荣誉乃至在大明帝国享有神话传说般的尊崇的男人，曾令无数男女心折过，可他晚年不仅苍茫，而且还是个如同枯枝似的老家伙。一个从小就崇拜朱权的女孩，待长到自己可以嫁给他的年龄时，突然发现对方已如此之老，不由感叹：一代美男，也让时间给毁了。她不可能再去与即将死去的王者交欢。

朱权说过一直要把宁王做到死，并传下去。他做到了，然而他留给后代的最终遗言竟是对于黑暗的恐惧。那种恐惧好像在他心里藏了一辈子，以至最后他不得不说出。

那甚至是一种孩子般脆弱的语言，竟在这样一个曾经那么强大的帝国亲王口中说出，使所有听到这句话的人都不敢相信自己的耳朵，但却是真的。

也许恐惧的价值，就是安宁的护身符。

2

在母亲碧薇夫人眼里，儿子朱宸豪的行事、个性与气质已愈发逼近宁王朱权早年的风神，甚至就是英武当年的朱权的再现。她端坐府中，有时嘴里情不自禁地会喃喃自语般吟诵着那诗句：——后院的雪，终年不散。我儿的雪花，被华盖挡开，他富贵的气息，使母亲感伤。我不是贫家的女子，我的儿，他的威仪，仍令我万分惊慌。

碧薇夫人身着织金凤纹冠服端坐于府中，像一幅陈年的画。她对身边的侍女御香说：好女人的面孔是一幅经久不衰的画，纵使她老了，也是——画。御香说：夫人，您总是这么美啊！碧薇夫人笑着说，什么美呀，美就是化妆，女人化妆也是维护做女人的尊严，这种尊严就是尽量给人一个美好的印象。御香说：夫人说的是。

碧薇夫人的面孔在过白的厚重脂粉敷抹下，显得不甚真实，但画眉描唇的笔画，仍在临摹曾经真实的美丽。

静默里依稀残存的美似在言说，而包裹这日渐衰朽贵妇的华丽衣饰，也难掩一种对已逝青春丰美岁月的无语凭吊。似乎越华丽的盛妆，越显示出她对衰老的恐惧，愈表现出她对往昔的追怀、忆恋与惋惜。紫檀坐榻之前，一只同样华美而舒适的绣墩，好像每天都在期待一次别人对她的诉说，而她则永远是倾听的姿势：沉静、娴雅、优美且雍容。碧薇夫人的这种等待在冥冥中隐约接近一个天机。

有人说：王府的女人美丽且奢侈，美丽于她们，如同毒素，对于权力旋涡中的男人，却如同暗器。碧薇夫人的美貌是公认的，当无情的岁月向她发起攻击，要将她的美貌摧毁，把她视如生命的美拿去时，她只有以浓妆来与岁月做最后的抵抗，这种抵抗是软弱的，其结果便是让她陷入了浩繁的衣饰。碧薇夫人身为一枝美艳的花正在枯萎，而另一枝却在王府灼灼耀眼地吐出繁艳——娄妃正在取代碧薇夫人作为王府美丽象征的位置，这是她不忍目睹，也不愿接受的现实。于是在一枝开到极致而日趋衰枯的花里，有了对另一枝花的嫉妒。她们的争斗没有语言，全在目光里。碧薇夫人的身子似随年华老去，但她的目光仍然像娄妃一样年轻。从这双眼睛里可以看出她不甘于被岁月击溃的顽强，也可以看出她当年是何等艳丽。她的生命如此华贵，却又仿佛不堪一击。

最华贵的东西，往往脆弱。美丽的女人老起来又迅速又可怕。在娄妃的目光中，她唯恐从那堆繁复的衣饰里看到将来的自己。

碧薇夫人曾说：世上很多事，想想都是心酸的。往事？往事也不过是外表撒了些糖的酸心或苦涩。晚年的她也会谈到死，侍女御香总是睁大眼睛极为不解地听她自语般地说着：我们要活，就身不由己，除非死去，但那又不是最好的方法。她望着御香，问：活着为什么？又自答：不就是为了活么？然后感叹：却是这样艰难。御香不可能知道碧薇夫人的早年生活和心路历程，她只能充当一个不吱声的最好聆听者，听老夫人的人生感慨：活着就是因为怕死，为了让死来得慢一些，再慢一些，但死终究会来。你逃不掉死，却又被活牢牢抓在手里，被死的愿望和害怕死的恐惧所折磨。如果人真的不怕死，会活得更好。停顿一会儿，她用手摸了摸膝上的绸缎，说：活着就会怕死，死总在提醒我们，活的时间是多么有限。而有限的活的日子又总是活不新鲜，还不如一死了之，可又抛不下，抛不下亲情啊！这就是活的责任。责任要你活，却不一定给人活路——活路永远在死与不死之间，在什么鬼东西手里捏着。让你难受……

侍女御香每日在她身边已能愈发深切地感到，肉体与精神的双重挽歌在碧薇夫人周围无声而起。

在碧薇夫人的记忆里，宁王朱权是冷峻孤傲与慈爱或暧昧相混合的。权力与威严曾经在他身上达到过无欲则刚的境界。而他临死前说出的话，却使碧薇夫人对记忆里的老宁王产生了怀疑。

天黑了，老头子断气的时候正当日暮。黑夜将要来了。他说：要当心！

当心什么？是当心他的死亡，还是当心宁王府的什么潜在危险将会到来？

为什么这句话像笼罩在头顶不散的幽魂，遮蔽了所有通向太阳的道路？

3

残夕轻声提醒在城楼上站了很久的宁王：天快黑了，主公。

他的声音像枚虫子小心而坚执地钻入朱宸豪的耳孔，他不由一震，城楼的翘檐上似停着一只巨大的黑色蝙蝠，正在渐渐张开乌翅。再看残夕，他的面部如黑底飞金，透出刀锋般的轮廓。残夕就是宁王的一把忠实的刀。这把刀不一定完美，如他的跛腿，但宁王从不怀疑它的锋利，所以即使面对将要降临的黑暗，宁王也没有太大的畏惧。朱宸豪步下章江门城楼的脚，虽一步压一步，但有些滞重，有些迟缓。身后残夕的步态时实时虚，似真似幻的有些空洞。尽管残夕是个跛子，但在豫章他无疑是最优秀的武者。朱宸豪一见到他，就觉得可以把性命交给他保管。朱宸豪信赖他，这种信赖甚至是来自他们第一次见面时刹那间的直觉。

朱宸豪看重这种直觉，直觉比任何表现更真实。他相信残夕，会像保护自己的那条完好的腿那样，护住他的信任。残夕的脚步似落叶，即使从树的最高处飘下，也空幻如云。一个体格健壮的武者，其全部重量集中在一只完整的脚上，居然轻似片羽，这其中是藏有怎样的莫测高深的技艺！

天黑了，要当心。在步下年久失修的城楼时，残夕竟说破了宁王心中的秘密。但他是提醒宁王下楼要小心。

朱宸豪心事重重又故作不经意地嗯了一声，他闻到了天黑的气息。

王府在不远处为他空候着，如同一个巨大的等待。

王府门前硕大的石兽在薄暮的安闲中镇定着它的投影，直到淡青的暮色将那对影子逐渐暗合。掌灯时分，王府传出一声：王爷回府啰！划破了擦黑的静谧。也缝合了昼与夜的最后一道缝隙。刚才还似在偃卧的王府顿时活络起来，再现浩大与繁复的气氛。一处处甬道、月门、厢房、花厅、园径、厩舍、轩窗、阁楼，都有人在活动。侍女、府役、丫鬟、童仆、护卫、家人，进进出出。灯火也好像是被那叫声带得亮了起来。一条狗从王府大门的石兽下经过。另一条狗撵上去，不发声就搅到了一起，两条狗匆忙间便共同成为一堆黑影在抖动。

牵花的狗。府卫捡了块石子朝暗影无聊地扔去。狗仍只顾自做，石子打在石兽上。门卫骂了句难听的话，第二块石子准确地击中暗影。公狗嗷的一声就撩脚欲逃，不想两腿间的东西却被母狗夹住不放，只有痛苦又快活地嗷嗷叫。府卫恶作剧地笑起来，嘴里冒出一串过瘾的脏话。

蒙昧而晕红的光线中，娄妃款步走入厢房。她擎着头颅的玉颈，如高贵的天鹅，让美向四周辐射。所有丫鬟都靠到一边，略微低头，以示恭敬。娄妃坐到宁王旁边的紫檀木椅上，侍女君枝奉上香茗，她轻啜了一口，将细瓷的茶盏搁下。宁王朱宸豪隐约觉得娄妃华贵的手指闪动着甲光。朱宸豪没有饮茶，他手边的精美细瓷盛的茶，仿佛只是代表着一种坐姿，或一次没有发生的晤谈。

王府的家宴是在闷声不响中进行的。对于满桌佳肴，宁王朱宸豪恍若未见，他没举筷子，都不敢动。大家知道他在等什么。

一个佝偻着手脚的身影过来，是府役老忠，他手捧一黑得发亮的小罐，到宁王面前稳稳放下。朱宸豪有些迫不及待一手抓起筷子，另一只手启开罐的封口，先吸吸鼻子，嘴里说真香，再伸筷子进去，不乏小心地拈出一小块奇臭无比的豆腐乳，赶紧盖好罐口，唯恐跑了气味。这时，家人都要屏息，待老忠将罐子抱离饭桌，才暗透一口气。只见宁王的筷尖剔一下豆腐乳，点在舌上，认真执着而又津津有味地吃起来。府役老忠的女人做的臭豆腐乳是他的命根子。

大家动起筷子，谁也没有留意到桌上多了一道特别的菜。当宁王朱宸豪夹到嘴里感觉味道非同寻常，又向那道菜下箸时，侍立在侧瘦骨嶙峋的管家老卜凑上去介绍，这是帝京传来的佳肴金枪菇。他说话的声音正好只有朱宸豪能听清，但特别提到：这道菜皇上非常爱吃并着力推崇。一时京里官宦富贵人家，大小酒店都极盛行。此菇为菌类植物，鲜美异常，产生于西北边塞之地。说到这里，管家老卜又压回到原先的音量：据说是大宛马在春天发情之期交配时，精液掉在土里滋生的一种植物，此物健硕柔韧，酷似男根。传说是寂寞塞妇们蹲下身来的泄欲之物。听到这里，宁王朱宸豪原已出现笑意的脸又收敛了，他有些不快地欲摞筷子。管家老卜赶忙又说，此物上桌不仅壮阳，且极味美，其之流行，乃因壮阳之名远大于味美，这才使食客们趋之若鹜。听说司礼监瑾公公府上都少不得这道菜，好像金枪菇吃进体内，阉了的家伙也会从下面长出来。管家老卜是见宁王朱宸豪的脸色由阴转晴才越说越放肆的，但其说话的音量又控制得恰到好处，继而被宁王的笑声覆盖。

见宁王的筷子果敢地伸向金枪菇，管家老卜退到一边。

管家老卜有着一副螳螂似的面孔，鼻下人中至唇部几乎与鼻尖相齐。尽管他有一只从眉心而下呈上升状的鼻梁，但这种高度因与人中达到相等程度，而使整个面部像螳螂的面目一样呈侧凸状。他下颚稍短，两眼有一种无神的淡漠而铭入人心。在说得宁王朱宸豪或笑或恼时，他始终面无表情，像宁王晃在墙上的背影。

4

这个晚上，宁王朱宸豪仍没和娄妃多说话，只感到当她扬起天鹅般的颈项，用清澈的眼神定定地看着自己时，就像一个会走路的梦。那个梦里没有暗示，只有华丽的光焰，里面像住了一个神。宁王朱宸豪就是娄妃眼里的神，可在那空茫的眼睛里，显然可以发现那个神的缺席，纵使有再华丽的光焰也掩藏不住一种虚无。

我为你请的画师也该到了。

或许是对娄妃眼眸里那份光焰的回应，宁王朱宸豪没头没脑地说了一句，便起身走向自己的书房。

娄妃突然觉得肚子疼了起来，一种痉挛的疼。不知是不是吃坏了东西，她想去如厕，又打算先忍一阵子。望着与自己话语越来越少的夫君，娄妃似乎听到从院子里传来的忧郁而荒凉的箫声。想起那些曾经的绮缱与柔情，娄妃不禁悲从中来，她怎么也不会忘记好像就是在昨天，但事实是很久以前的一次刻骨铭心的对话。

那时，他们是在王府后花园的笠雪亭。娄妃伏在栏杆上，朱宸豪站在身后。他们的目光和心思好像都被一对蹁跹于花草间的彩蝶牵引着，柔软而缠绵。

5岁时，我感到了父亲的严厉。那些刻板的家训，使我害怕。娄妃说。她的目光一直随彩蝶在飞。她的话也勾起了朱宸豪的记忆，一种交流的欲望很强烈，两个人的记忆在穿插中互相倾诉。他说：7岁时，祖父带我去西山射猎。他送给我一张弓，说是天下最好的，一定要射一头豹子。可我只射到一只豺狗。那是个冬天。他挪近一步，轻轻用手挨着娄妃的肩。娄妃的手，搭在他的手上，她说：10岁时，我随同父亲到成都。那个天府之国对我而之言，只是整天闷在家的无聊。我开始作诗、作画，打发无聊的时光。娄妃抬头，不无情怀地望了朱宸豪一眼。

朱宸豪接着说：13岁时，祖父辞世。我看见既冷漠又威严的祖父，竟像一片枯叶一样躺在棺材里。他活着时是多么强大，在我眼里，他曾经是神呵。朱宸豪拈开娄妃鼻尖上的一缕风中之丝。娄妃说：14岁那年春天，我强烈地渴望离开那个家，离开成都，回故乡饶州去。我不能沉沦，我要摆脱。我的画笔下总是出现飞鸟、蝴蝶等意象，它们飞呀飞呀，你看，它们飞得多美……朱宸豪似乎看到娄妃作势放飞的手里，飞出了鸟和蝴蝶。他的目光也被那看不见的飞翔带远了。这使他的记忆也彩翼翩翩——15岁吧，我阅读了祖父留下的遗著，《通鉴博论》《史断》《文谱》《诗谱》《神奇秘谱》。天啊，他竟写了那么多！我发现我这个家族伟大的另一面。我的文学和艺术禀赋也许正来源于此。那些已经发黄的书卷，纸质虽然异常脆薄，触指即碎，但我却看见了一个高贵生命的坚韧。由于激动，朱宸豪的嘴里溅出了些许唾沫星子。娄妃却无声地笑了。她也没有停止自己的倾诉：16岁的那年夏天，我乘一辆马车随父亲途经豫章回乡省亲。一路虽然饱受颠簸之苦，却也领略了山川之美，黄昏穿过林中的情景终生难忘，夕阳下的树林像酒似的泛起金红的色彩，连鸟儿都成了精灵，只是那辆马车跑了太长的路简直像要散架了。把人也颠得松松垮垮。哦，我真想快点到家。马车经过德胜门时，车夫老梁说宁王在城楼上呢！我撩开车帘抬眼望去，一个风华正茂的英武少年在城楼上指点江山。他的目光只在手指上，而那手势又多像是两只白鸽在翩翩飞舞，它要飞向哪里呢……不知为什么，我忽地感到内心隐秘的那根弦被触动了。回到饶州我就生了病，父亲寻遍百里外郎中，总医不愈。以至父亲省亲完后要赴回任上，我竟不能随行。娄妃说着竟有些害羞似的剥起了指甲。朱宸豪觉得清脆的指甲声有点顽皮，像转瞬即逝的童年。

朱宸豪说：18岁那年春天我到饶州巡视。一个独有着饶州灵气与美丽的女孩出现在我的眼前。她像一只灵鹿，使我感叹，饶州自古就是个出美女之地。朱宸豪的话中有着一种神往，眼神里闪烁着星星点点的光。他感染了娄妃，拨动着她内心柔软深情的弦。

好像是上天早有安排。我是千里迢迢从成都赶来做你妻子的。娄妃说，那场病就是为你而患的，我患着病等你来拯救我。当我再次见到你时，我的病竟奇迹般地好了。也就是那个英武少年拯救了我，一个在理学世家里极度苦闷而沉沦的苍白灵魂。当我再来到豫章，进入德胜门时，我已是宁王正妃了。娄妃说到这里，脸上漾着说不出是幸福还是满足的红晕。

朱宸豪说：20岁，我第一次为女子着迷，并且沉浸在诗词书画里。——春日并辔出芳郊，带得诗来马上敲。着意寻芳春不见，东风吹上海棠梢。记得这是当时那个女子，也就是我的美丽王妃写的诗，它记录着我们的快乐与幸福。但母亲告诫我，我是尊贵的宁王，宁王有着天赋的使命，怎能整日在儿女私情里沉迷？

朱宸豪话锋一转，一次甜蜜的对话竟透出了苦涩。

可没有人能剥夺我们相爱的权利！没有人！娄妃口气坚决地说，没有，永远不能有！

朱宸豪：永远？

是的，永远！娄妃仍是决绝地说。

笠雪亭是宁王朱宸豪与娄妃曾经深爱的纪念物。只是那次对话往下发展很可能是一场危险的争论，虽然娄妃会尽量控制自己的情绪，但她显然已发现在笠雪亭里自己和朱宸豪两人的脚下，一条极欲分开他俩的裂痕已经不可避免地产生。那把洪武皇帝的遗物太阿宝剑使朱宸豪疯狂。他的母亲几乎要把儿子绑上疯狂的马车。娄妃明白丈夫是要用那把剑去指涉今日的帝位。他说：剑是男人的命根子，何况一个王。

但是爱一个男人，并被这个男人所爱，是一个女人的生命情结！娄妃的话，每及此，也由热烈而转向凛然。她在捍卫，在阻挡，在抵抗。

没有剑的男人还算什么男人？有剑不能用的男人，又算不算是个男人？宁王沉吟道：一把剑就是一个男人的宿命啊。

娄妃没有往下想，她觉得自己得赶紧如厕，解决一下肚子的痛苦。其实，她只尝了一小根金枪菇。吃到口里倒是滑腻鲜嫩，落到肚里竟会搅出事来。

这该死的管家老卜。娄妃边如厕，边骂管家老卜。

5

王府书房，一批幕僚早就在静候宁王。这又将是个不眠之夜，守在书房外的残夕心里道。他把自己的身影挪开，让宁王走进门去。残夕是那种一半暴露在光线下，一半隐藏在黑暗里的人。宁王一进门，残夕就感到里面的人都恭敬地站起来，口呼主公，却不是王爷。那声音里交织着激动和隐秘的亢奋。

花园的馥郁之气转移了残夕的感受。春夜的花蕾正被月光的马蹄轻轻击破，每朵花蕾里都暗藏着一条芬芳的大河。作为春夜的守护者，他似乎听到了月华在屋瓦上流淌，那是一层很薄很薄的水声，有一种空旷苍凉之美。

书房里宁王朱宸豪目光炯炯、难抑内心的兴奋与激动，言语坚定又意味深长：如果我成功了，世人不会吝啬赞美；如果我失败了，世人会把我推进万劫不复之地，他们会说我是个野心家和十恶不赦的朝廷反贼。但事实上哪一个开国皇帝不是从反贼开始起家的？

听到这话的每个人都受到感染，甚至觉察到一种悲壮，但不知怎么搞的龙正广恰在这时蹦出个响屁，这使他觉得自己很不严肃，甚至是很对不起众人。举人叶知秋责怪地捅了他一下，他赶忙认错地低下头来。宁王大度，装作没听见屁响。在屁臭弥散气息中，他很坚决，也很激昂地说：我们不是阴谋者。他的眼睛在每个人的脸上颇有内容地扫了一遍，迅速清一下喉管的痰，声音就愈显爽利了。与坐在朝堂上公然把国家推入黑暗与逆行中的人相比，我们只是怀藏光明在黑暗里为国家求取公义之道，这也许从一开始就注定了我们要背负黑暗之名。

他把一场见不得光的黑色密谋，变成了一次慷慨激昂的壮丽陈词。以至一只有些肥硕的蛾子在烛前来回飞绕，也没人产生驱赶的意思，飞蛾的影子便时不时地在每个人的脸上晃过，像在试探人的耐性和容忍程度。

我们所要做的既是要为国家扫清障碍，也是要搬除自己身上的黑暗。朱宸豪做了个斩钉截铁的手势，差点弄翻案上的茶杯，茶水洒了一袖子。宦官专权，国家丧失了阳气，它所需要的正是我们为之奋力求取的。我真盼望它能阳刚起来，国家也像男人一样需要找到自己的尊严，需要亢奋、需要勃起。说到这里，宁王无比庄严地陷入了沉默。大家也没发声，好像都沉浸在激动中。

一伙男人似乎就这样以阴谋的方式，彻夜不眠地为国家考虑它的男根的问题。宁王朱宸豪曾不止一次地提醒大家：我宁王府的太阿宝剑就是国家的男根，这副男根在我们手上，是天意，它要我们接受它的意旨去做。他每说到此都会握拢拳头，人们发现他的拳头很像一颗硕大的睾丸。

下半夜的烛光在人眼里变得混沌的时候，朱宸豪正式点名要他的密友宋之白为军师，豫章指挥使龙正广为三卫提督，郯大千掌控王府密探，举人叶知秋为谋士兼文书主管。宋之白手掩口角，打了个呵欠，未置可否。他的袖子在扬起的瞬息，带过一股风。烛焰晃了几晃，险些黑了。他心里知道，这是换过的第四根蜡烛了。蜡烛的气息提醒他，这个夜还长。

第五章

1

　　豫章城夜晚的声色部分是从百花洲畔的青楼坊间开始的，软绵绵的歌舞繁弦和暧昧的烛光灯影飘荡在水上，像一层浮华凄艳的垃圾，弥散着沤腐气息。青楼女子夜夜向来客呈献极乐的身体，灯影里迷茫的眼神一次次惊讶于婊子的身体竟如花朵灿烂。谁也无法说清一个嫖客对于青楼女子的感受。或许解决，是最好的说法。解决什么？解决自己，还是解决对方？一个男人闯入她的梦境，唤醒她的身体，发出的赞叹却是：这狗日的。每当这种时候，利苍眼前就会出现一个场景。大雨中，他立在那儿，等待被杀——这狗日的。

　　拔刀出鞘的声音，冷然地穿越大雨的喧嚣，像是剖开了一滴一滴的雨珠，从身后朝他扑来。不止一把刀的声音，至少有三把，出鞘的声音像是生锈的刀从粗粝的石头上磨过。他闻到了刀锋下流淌的酱色锈水的气味。这种气味很过瘾，有一种锋利起来的感觉。利苍每次把女人压在身体下的时候，隐约也能闻到这种气味，使他莫名地亢奋。

　　铁锈的水，酱黄色的，他略微想了一下。瓢泼的大雨，从头顶浇到脚跟。

　　他立在雨中，纹丝不动，快解决吧。利苍做好了死的准备，身上的肌肉反而特别放松，没有一点反抗的念头。他知道这一刻早晚会到来，他打算迎接它，并承受它。他闭上眼帘，雨珠找到了桥板，嗖地就过去了。

　　那是一卧新雪，粉红的烛光照在上面，像是要将他融化，他感到雪的气息既清新又温热。而温热，便意味着雪的融化，地上融化的雪，不管新旧，都是一泊污水。一只沾着狗屎的靴子也可以轻轻快快地踩过去，那泊污水里又有了狗屎的气息。

　　他闭着眼睛，站在雨中，心道：就要解决了。

　　解决？你怎么说这种鸡巴毛的屁事？男人到这里来不图解决个痛快，还图个屁？利苍尚记得那个嫖客用鼻涕样的目光甩在他脸上，令他很难受，他真想一下把这颗脑袋扇扁了，但接着这颗脑袋却说出了很有意思的话，他用一张尖尖的猴嘴努了努乎是揸着利苍身子过去的一个女子屁股，说：青楼给爷们的，就是堕落。你若把这堕落变成了享受，就舒坦了。说罢，有些得意，又有些起疑，竟开始上上下下打量起眼前的这个外地乡巴佬来，老哥，你该不是第一回到这里来找乐吧？

利苍竟被他不经意问住了。嗯，是，刚从乡下来。他有点老实地招了，不好意思地低头笑笑。

嫖客点点头，揶揄道：不敢小瞧哇，一个乡下人，一到豫章来，就逛芙蓉院，真他妈鸡巴大呀！嗳，看上哪个姐儿哪？

那一晚利苍在芙蓉院根本没找女人，后半夜，在状元桥头，他把那嫖客解决了。他到芙蓉院就是要杀那人的。据说那家伙鸡巴雄伟，以至让他操的婊子既卖力又享受，完事后仍留恋不已，要他再干一回，不收银子也心甘情愿。第二晚利苍用杀那嫖客的酬金，把那个从他身上搋过去的女子的屁股放倒在榻上，进行了痛快解决。那女子走过来的时候，摆动着胯部，像是端着满身香艳，让人感到有点情不自禁又承受不起。

当利苍看着一卧新雪被自己化成了水，挺过意不去，他好像还说了些挺感慨的话。这已是很多年前的事了。

2

他攫取肮脏的报酬，却以执法者的感觉杀人。他杀过很多人，脸上竟是一种无辜表情。每杀一个人后，会有茫然和空落，会感到无形的、神的威慑。每杀死一个人都会接到一种无声的警告，使他不寒而栗。杀的人多了，手也软了。每次拿着手里的银子，就像拎着别人的脑袋。他知道有人在找他，从几个地方一直跟到豫章，要把他解决掉。

他一到豫章，也就被当地仇家盯上。这次也照例收了人家的银子，大把的银子。他想做了这最后一桩就收手。收手？又能干什么呢？他很茫然。他甚至有些想芙蓉院里的那卧雪。很多年了，那卧雪早已是一泊臭水了。他很沮丧。他要在豫章取宁王的头，而别人也要在豫章取他的头，仿佛豫章成了他的宿命之地。他觉得自己杀过那么多人，只错杀了一个。真是千不该万不该，那一错就把他一生都改写了。

三年前他收人银两，在京都天宁寺杀死了一位便服进香的朝廷命官。当时，那老头进完香，正转到寺院后头悠然欣赏几丛花木，被他一剑穿心。

次日才知道，被自己杀死的是朝中著名谏臣归有亮。归有亮是与权阉瑾公公对立的人物。那一错，使他沮丧至今。他突然发现自己也成了一个面目可憎的人，甚至想让自己马上死掉。那些日子他像一个最无耻的醉鬼，把自己泡在酒里，醉成一摊泥。打烊的时候，总被人拽到门外。他就在那只发出馊水和沤腐气息的破瓦缸边与一条大腹便便却又饿得发慌的母狗，躺了一个夜晚。他呕吐出来的污物，总是很快被母狗津津有味舔个精光。

大雨之夜，他醉倒在破缸边不省人事，一条闲汉用锋利的瓷碗片把他整张脸划走了样，剧痛中醒来，只见那条狗在舔阴沟里一块明亮瓷片上的血迹。他一阵眩晕，眼发黑。他几乎是踉跄地离开了那个酒店，那只破缸，那条狗。

被毁的脸，结了痂，剥了痂壳之后，他都不敢认自己。他觉得丑陋的样子，更合乎现在的心境，居然感到踏实。一天，他路过以往买醉的酒店时，小二竟不识得他。他笑了笑，心说，很好。要了一坛酒，这次，他没醉。

走出酒家，他发现那条母狗瘦削了，腿跟绊着三只活蹦乱跳紧咬奶头的狗崽。他回头，扔银子进去，要了半边猪腿。向狗嗷嗷几声，将猪腿小心放在瓦缸旁，瓦缸的馊臭气息如旧。

在狗崽们欢快享受猪腿肉时，母狗用感激的目光看着他一步步走开。

很久以后，利苍都感到那母狗的目光是湿津津的。

他又开始接活儿，并且专拣大的，和几乎要命的活儿。有不少主顾找了他，别人做不了的，他都做。但从此开始他怕血，见血就晕。

直到最近，他终于遇到最大的主顾。

那位曾找他在天宁寺做下那桩活儿的主顾，他明白这主顾的背景和来头就是东厂，就是瑾公公。他只咽了口唾沫就接下了来豫章的银子。

上次杀了一个谏臣。这次他要杀一个帝国的亲王。他有一种罪恶的兴奋感，但又为这种兴奋感到可耻。他觉得自己活着就是杀人，或等待被杀。他拿别人的银子，就是替人解决一些不好解决的事。那么，谁来帮他解决？

——谁来解决自己？

他隐约能听到追踪而来的马蹄声。蹄声。蹄声。蹄声。蹄声。蹄声。大路上一堆牛粪，他是绕着那堆牛粪走的。

他知道有一匹马，从那堆牛粪上飞跃而过。

3

蹄声，变成了耳边的大雨。多年前，他就受雇收拾了王府的一名总管，这个总管很喜欢女人，尤其喜欢芙蓉院的女人，那家伙是个不折不扣的嫖客。他把堕落变成了一种享受。他，杀了他。现在他也有了这种感觉，却是既麻木又茫然。

雨中的三把刀，是王府已故总管的同伙，不是那匹马上已经追踪了他三年的行者。行者和他一样，也是一名剑手。他甚至想过，自己可能会命丧那把剑下，但这是他极不情愿的，不是不愿意死在行者手下，而是绝不能死于一把剑下。天下的剑，都是一个祖宗教的，自己玩了一辈子剑，若是被剑杀了，岂不是学艺不精？这样一想心里就不舒坦。

他可以被刀砍死。眼前这个雨夜，雨中的三把刀。好像是冥冥中的一种安排，又像是一个选择。他努力想把它当成安排，就让自己在大雨中得到最后解决。那道湿津津的目光在雨中闪现。那条母狗的目光，在这个残酷的世界里竟然充满了温暖。他的心一颤，险些滚出泪水。很多年了，我还真不明白泪水是啥滋味。他觉得流泪有些可耻。一个无耻的人，可以做可耻的事，怎么能有可耻的感觉呢？他常常奇怪。该死！他骂自己。雨，把那道湿津津的目光隔开了。

雨。雨。雨。雨。

许多次杀过人后，他也有一种试图被杀的冲动。死在他手下的人，几乎没有痛苦，在利苍的剑下，一切都是很快解决的。他甚至为死于自己剑下的人庆幸，厌恶自己还痛苦地活着。他渴望死在一场大雨中。死于一把刀，甚至是无数把乱刀之下。那才叫痛快淋漓。他想象自己的血被大雨冲走，流到阴沟里，或是被泥土吸收，或是被野狗舔……

他不愿死在剑下。用剑的人，只能死在他的剑下。他如果死，就得死在刀下，作为一个剑士被剑所杀，他认为是一种侮辱。他承受不起这样的侮辱。

他要死，只能选择刀，他属意于这样的死亡。

大雨中，刀手在逼近。他感到了背后刀锋的寒意。大雨，仿佛使杀人的刀突然变得干净而无辜起来，但握刀的人即将下手，使这种暂时的无辜成为零。

来吧，混账东西，别畏畏缩缩的。

快点动手吧！他心里暗喝道。

三把刀：粗野、笨重、裸着全身，带着夺命的杀气，在雨中朝一滴滴水珠嚷叫着让开让开，向前方一动不动的人影扑去。

三把刀：一把高举；一把平握；一把横撑。

三把刀将分别从目标的头部、腰部和腿部三个方位砍下去。

雨中人身体的三个部位好像同时感到疼痛。

不！他猛然转身，将泼在身上的大雨拧成了一股巨力，朝那使他感到疼痛的三个刀手推过去。

三把飞速向前的刀，突然一迟疑，便被扭转刀口奔向自己主人的咽喉。

三把刀，瞬间就把三个主人的血释放。——他的头，一阵血晕。

三个刀手死也不敢相信，他们死于自己的刀下仅仅是由于雨中人的本能反应。作为著名而又长期埋名隐身的杀手，他对"杀"太过敏了。这种过敏使他又一次拒绝了死亡。

这是出乎他意料的，一个以伺机暗杀为业的人，他对生已没有了兴趣，而对死反而充满了一种渴望或莫名的冲动，因为使他生的世界是黑暗的，他的存在只是偃卧于黑暗中的黑暗，或许只有他的死才是别人的生，他的生则永远意味着别人的死，所以他向死而生的生命里充满了黑暗，他甚至毁弃了自己的剑。一个放弃了剑的剑士的空手，只想握住死亡。但死亡总是对他敬而远之。

看见躺在烂泥里的三具尸体，雨并没有冲掉他们身上的血，使他们变得干净，好像还弄得更糟，把污泥和血都溅在他们身上。

他在眩晕里感到侥幸，他差点一厢情愿地把自己杀死在雨中的烂泥里，那可真糟糕。

死是早晚的事，他一直都在考虑要让自己死在一个干净的地方。

这个雨夜，他抹过一把脸上的雨水后，觉得内心的危机正在过去。他像是对雨，又像是对雨后的不明确地点说：远方的死亡，等我。便迈开双腿，朝大雨深处走去。芙蓉院里的笙箫之夜开始以后，一个女子的华丽转身就会美艳而凄凉地把这一切抛在背后，独自凭栏，望着一湖迷茫、散漫的灯影现出无限惆怅。

4

"辛追"是给她开苞的一位男子叫出来的。那男子的脸清俊得如同刀锋，瘦身，下面的东西奇大。当高潮带来激情的分泌物，混合在汗水、眼泪、奶汁和精液里，她竟感到从未有过的快乐。事后，那男子用细长的手指怜惜地抚摸他，轻轻撩开几缕散发，她的脸上竟是笑靥。男子说，你是辛追，一个古代长沙国美女的转世。不错，你就是她。她就若有魂灵附体般成了辛追，也便忘了以前的自己是谁。男人走的时候告诉辛追，他叫利苍。

利苍。一匹马影，贴在阳光上，消失。

此后，她就不断打听这个名字，好不容易才从一个路过豫章的客人口中得知，利苍不是他的本名，而是古代长沙国国王之名，他的妻子就是美人辛追，利苍还是位著名剑士。

辛追热爱他，就想象憧憬着死在他的剑锋下。

现在的辛追已有了一种脱胎换骨的转世之美，但她从小就有的特征，两颗玉贝般的门牙之间有道很宽的缝隙仍然存在。只是在她的嘴唇似张非张时，正好从微翘的上唇可见那条牙缝，有种特别的性感。她成熟丰盈的体态散发出雌兽的暗香，令男人欲望蓬勃。她与别的客人在一起时，常常会想起那个神秘的男子，心里便会生出感伤。此生此世能否再遇上他，成了辛追生命里挥之不去的追问与忧伤的期待。

　　一个知道辛追隐秘私情的嫖客对此曾说过一段颇有意思的话，他说：高级的婊子像夜一样，淫荡而贞洁，这就是高级之处。在辛追的记忆里，遥远的初夜已成了一场欢爱的盛宴。有时辛追对自己这种多愁善感也有所不解，她嘲笑自己，一个婊子的多愁善感多么可疑！可她仍无可救药地怀念那个时辰，追忆随风而逝的情人利苍。奢望他能从古代转世而来与她相会，哪怕一晚；或者一次碰面，一次拥吻，一次交合，一次让他的手指自脸上滑过，一次让他再看一眼。她只为他而美丽到如今，她只为他而不肯老去。她怎么能不让他看一眼就容颜衰朽呢！

　　她要听他再叫一次自己为辛追。

　　是的，我就是辛追，是利苍的妻子，是你永生永世的情人。

　　哪怕最后和他坐在一起，共同呼吸一次空气，一次，只要一次，她便情愿为这一次而死。

　　她在泪水中怀恋他刀锋般的面孔，像是从水底浮起的一块冰。他瘦削的身影在风中行走，不因她的呼吸而丝毫改变方向。他洁净得好像只能用以取食入口的手指，即使干别的都是对这双手的玷污。他的极富磁性的外地口音，轻柔中却有巨大吸附力。他硕大的男根，几乎无人能及，在同他干过之后，天下就没男人了。

　　她怀念那个古人的名字，就像若干年后的诗人所言：因为你是皇后啊，是最初还是最后的一个？因为你是皇帝，便是唯一或最后的情人。

　　每当念出那个名字，就有心痛的感觉。爱而未得，她便会永远去爱，去让那个心中的空位永远留给那个爱而未得的人。

　　她用几成灰烬的柔情拥抱一个人的可疑存在；在一个最为堕落的地方，用她至死也不肯随同自己的肉体一同堕落和沉沦的灵魂，捧着那个虚妄的名字在地狱里上升。她经常莫名其妙地梦见自己变成了一棵柚子树，上面长满了脑袋般的黑色柚子，在中秋之夜被一把月亮般的剑砍落。月亮边上的阴云像一团破布，握住了剑柄。

　　她看不清握剑的人，只感觉到那把剑的锋利。

5

　　那个人的脸像一团破布，辛追有点恍惚。她甚至弄不清是身在现实还是梦里，总之一股大力和不可遏制的狂乱把她收拾了。那几乎是一顿强暴。她没有叫。风暴过后，那团破布在一边喘息。汗水像一条条透明的蚯蚓在爬动。辛追用了不小的劲，才睁开眼皮，她说出的话，令自己也感到吃惊。——明晚，还来吗？

　　这怯生生的声音，使那团东西动了一下，没吱声，却好像得到了提醒，他竟赶紧起身有打算离开的意思。

辛追却有了强烈的跟对方说点什么的欲望。

——我是说，我可能认识你。仍然是怯生生的声音。虽然你的样子不似从前，她稍微停顿，又鼓足勇气，说：但我觉得你还和从前一样，我没有认错，你就是利苍。

客人转头，他咧嘴想朝她笑一下，竟笑出了一脸的疤痕，像是布上的补丁。

我嫖过你吗？哦，也许吧。他又故意补充道，我不太记得。他边穿衣边说，可能你记错了，我是初次到豫章来。听说你是豫章名妓，果然名不虚传。

他说着话又从褡裢里掏出几大锭银子搁到桌上。

我该走了，只是我再对你说一遍，我不是你认识的人，你记错了。喏，好好看看我这张脸，你其实从来就不认识我。刚才你不过是叫别人的名字，对不对？

客人穿好衣服，他的头有些歉意似的向辛追啄一啄。辛追随便披着粉袍，一只光脚踏在绣墩上，像一块香皂。伸手拎桌上的玉壶，对两只瓷盏，把酒斟成一条银色的线。那条线有些耀眼，很好看，仿佛一种心境。

那么，客官也不想让我陪你再喝一杯么？

她用眼风瞟过去，十分勾人，嘴唇像鲜艳的伤口，美得让人感到疼到肉里。肉是什么感觉？它不是暧昧，比内心更直接。

客人站住，两根手指捏过瓷盏，不停顿地将两盏酒都流畅地饮尽，还要去拿酒壶，像是要把壶中酒也一口干了完事。

辛追将壶拎开，藏在怀中，粉袍掩住了一只酒壶，却暴露了一只乳房。

我是说明晚，还来吗？辛追有些狡黠，又有些期待地再次问。她有意将"还来吗"三字的声音吐得又低又长，让人不好拒绝。

客人的手，没有去取她怀里的玉壶；目光，也没有落在那只猕猴桃似的乳房上。他只说：如果我是你认为的那位利苍，明晚肯定会来；如果不是，也肯定就不会来。

说罢，挑帘栊出去。他的后脑勺上隐约感到有眼汪汪泪光印有的湿意。

6

利苍正下楼梯，就被人"嗳"的一声，挡住了。这是一堵很高大很结实的声音。声音里有一些顽皮，有一些认真，更有一些挑衅。利苍侧身，想闪过去。那人又"嗳"的一声，挡了回来。他没有抬起头，只盯着"嗳"的靴子，这不是一般的靴，只有王府的人才能穿。"嗳"的后面还有几双类似的靴在挪动，像寻食的鸡。

阁下，我碍你什么事了么？他仍低着头，沉沉地问。

我见你低着头，是不是有毛病！"嗳"找茬道。

你说对了，我正是有毛病。利苍缓缓抬起头。

"嗳"看到一张破布似的脸。他感到一惊，又有些起疑。楼上帘栊掀动处，一袭粉袍难掩春情：客官，走好哇，明晚可要再来哟！

利苍赶紧吭声，趁"嗳"的目光在辛追半露的乳房上晃荡之际，插身下楼，出了芙蓉院。

主府官兵像是捉拿什么人，至芙蓉院。乌烟瘴气中，几对男女纠缠在一起。一官兵扯开一对，那男人不情愿地从女人怀里扭过脸来，正欲发作。眼见是一把刀，顿不吭气。女人敞怀。那把刀在浑圆的乳房上不怀好意地转悠，然后用刀背拨弄乳头，似在玩赏。女人鄙夷地瞅他，来呀！当兵的，想吃老娘的奶吗？

小兵把刀移开，鼻子哼了声，掉头走开。男女浪笑。

亏你还是王府的人，就见不得我有生意么？辛追说。

不是，豫章出现了杀手和飞贼，宁王有令要全城搜查，不独是你这儿！领兵来芙蓉院的王府武士洛昼解释。哦，我说你还真做得绝，不想让我做生意呐。辛追一屁股坐在"嗳"的大腿上，一手扬着酒壶为他斟酒。

嗳，不是这个意思。我是说……

没容对方说下去，辛追便用沾了酒渍的手拍拍他的脸，洛昼，洛昼，你若想做我兄弟，就别再说为我赎身的事。我知道你心里有我，只管来找我就是了，姐姐我什么花样都陪你玩。

我是说，你不待在这个鬼地方就不成么？

怎么？辛追夸张地睁大了眼睛，要劝我从良啊，做你的老婆？

洛昼被说得反而不好意思，我、我哪敢娶你哩！

辛追咯咯地笑了。

我可以和你亲热，但你不能爱我，懂不？她近乎用一种怜悯的眼光看着这个王府年轻的武士。

他却一脸茫然，像个无援的孩子。辛追一边用手使劲搓弄洛昼的头发，一边说：你要爱一个人，必须和她亲热；你要忘记一个人，也必须和她亲热。这就是我在芙蓉院这么多年学到的。来吧，你想做什么？

辛追很大方地撩开粉袍。洛昼傻傻地张了张嘴，却没发出"嗳"声来。

7

月亮，一抹灰黑的云，慢慢将它遮住，像个蒙面人。风费劲地努力着，试图扯去蒙面的布。先是扯开下巴处的一角，再扯，就露出残月，一张刀锋般的脸，其余的布仍蒙着。辛追很焦急，她的双手在空中舞动着，要去扯掉蒙着月亮的乌云，她知道只要再扯一下就能真相大白。她相信乌云后面的那个人肯定是他。一张丑陋的满是疤痕的脸，不，那些疤不过是蒙住月亮的云，是一团遮掩真实面容的破布。她熟悉那张脸，只要扯掉布，他就不得不认她。辛追双手扯住那层布。她觉得自己被布提了起来。

她悬在空中，离开了芙蓉院，离开了豫章。她想这次终于可以跟他走了，走到很远很远。她很满足。心想，你再也躲不掉我了。

只要用手将布揭开，就能在一起了。她觉得手上的布很薄，很柔软，像是一层纱。辛追轻轻一抬手，就扯了下来。

她看那个人的脸。利苍，我是你的辛追呀！

可那完全是一张陌生的脸，脸上一层银灰色，像是罩着霜，一股寒意袭上心头——我是王，我是武士！

脸上的嘴巴发出寒气彻骨的声音。辛追一惊，那块布从那人脸上滑下来。

她惊骇地尖叫着从空中往下坠。她眼睁睁看着滑掉那层布的脸变成了一把冰雪般的剑。那把剑又在她不断坠落的过程中变成了一根雪白的鹅毛。她在下坠，那根鹅毛跟着向她飘来。她觉得那是根不祥的鹅毛，它不怀好意地飘着，向她接近。辛追大喊：不要——

洛昼好不容易才推醒她。哦，是个梦。辛追手捂心口，好险哪。

洛昼说：我又听到你在叫利苍利苍的，他究竟是什么人，弄得你这样？洛昼话里显然有着浓浓的醋意。辛追只道睡吧，睡吧。

洛昼转身躺下，酸溜溜扔出一句：利苍肯定是个嫖客吧。

辛追在衾中假寐，这一夜她都在想这个奇怪的梦。想梦中奇怪的人。辛追不知道，她在这个奇怪的梦里梦见了宁王朱宸豪。

卷贰

飞白

　　画师寅初到豫章，混在熙来攘往的行人里边走边看，见到牌坊就停步多瞧几眼，经过庙观也探几下头，而发现颓圮的塔与字迹漫漶的石碑，总要搜肠刮肚般细加辨识与考证一番。待回过神来，自己也发笑，觉得还是丢不了文人的臭毛病。

第一章

1

那个在豫章兜了一圈又溜了的画师不是我。

是狗日的一混蛋，也是以虚名到处蹭饭的人，善在粉壁上以一手行草题桃花诗，能画人物花鸟，尤其仕女图还行，山水很臭，人却十分疏狂。好像性格画风都有些与我相似，但不是我，不是。姑且叫他无名氏吧。这种人何时何地都有，像到处乱飞的苍蝇，却被人叫作清客，又尊称为先生。后人总是在这里语焉不详，把我和他纠扯到一起，好像我是画师寅，他就是唐。我们的名字甚至还可以互调一下，或者组合在一块儿，这些扯淡的事，就这么发生了错位、并置与重叠，许多事也就显得很是糊里糊涂，无足轻重。我必须言明，我此时在豫章出现，是因为接受了宁王的正式聘请，到王府谋个教习绘事的闲差，如此而已。

我自金陵来。作为一个诗客和专注于绘事与艺途的求索者，我的叙述与其说是来自对史事的临摹，不如说是来自前生的回忆和转世轮回中挥之不去的忧郁与怅惘。来自天空变幻不定的云霓对于大地的虚构或倒映。

谁也没有指责大地和天空的权利。谁也没有！

豫章三月，混沌、暧昧而潮湿。城上空总是灰蒙蒙的，像是被肮脏的抹布越抹越糊涂了。我是怀着激动的心情接近豫章——接近这座水边之城的。河流如同天空投向大地的影子。赣水自豫章北面逶迤而逝，把古老城郭清晰投映在水上，如幻影或假象。当滕王名阁遥遥向我招手，章江门城楼在望，我没有想到此时的自己是一只扑火之蛾，还以为是一翼早春的蝴蝶闻到了芳香，翩翩飞来。

在这个烟花之月我欣然买舟而往，纯粹是游历者的心境，神州之大，各地都有一些佳景名胜来等待你的游赏。在我的经验里，它总是诱人前去，一再使我从一个地方到另一个地方。

我是画师寅，你们还可以说我是个不错的诗人，总之，我的闲散一如我的喜好。我的一生或许就是游历的一生，它最终的停泊之处在我初到豫章时尚无法预料。关于我的豫章之行，后人有多种猜测。

诸多猜测几乎都认为那天早上我是从章江门码头上岸，随即便被王府马车接走，并认为我实际上是前一晚便宿舟于城下，为的就是等王府来接。通过我在王府的全部经历和结局，他们还推论，我是历史上继李青莲追随永王璘之后，又一个步其后尘追随叛王的诗人。尤其我后来得知唐永王璘墓竟在豫章东郊十余里处，墓身的护墙像一件夏制短衣，青色石碑上镌刻着李青莲的《永王东巡歌十一首》呢！如此毫不费力的联想自然与此有关。这种和事实大相径庭的推论，似乎满足了某些食史（尸）动物的虚荣，他们不知道自己错得竟是如此彻底。

然而，我却不想为自己辩护，让事实来说吧。

2

那天一早，色如古旧的天空有些含混不清，江上未走的雾还在虚构着章江门城楼，水汽浸染的城墙爬满了苔藓，颜色深一块浅一块，空气中有些水腥和陈腐粪坑的气息。还没等我登岸，就听到公差在上面吆喝：要接官了，所有船只赶快让开！船家告诉我，新任的豫章知府到了。船家还不无牢骚地说，豫章这地方没治了，听说新来的知府夏铁一可是个厉害角色。船家边说边把船划开。章江门历来是接官送府之处，我一介布衣若是在此登岸，看来是有些不知高低了。在一阵噼里啪啦如摔碎碗碟的鞭炮声中，果然有只气派的官船靠向岸来，一些洋溢的衣袂袍袖也就充满了迎逢之态，而我所乘的客舟却有些灰溜溜地沿黑色的城墙滑入抚河。墨绿的水上，飘荡着我的一袭青衫。河面浮着的死鱼和污物散发出扑鼻腥臭，抚河故道帆樯云集，船家一边小心撑船，一边忙着与来往相熟的船只招呼不断。

我是在南浦登岸的。是时正值杨花吐絮，斜柳轻飞，南浦亭掩映在一派春日的翠绿中，它宁静地面对恍若未动的河流，在无惊的岁月里凭吊往昔，任翘角飞檐崭露时间的峥嵘。我上岸的第一件事就是瞻仰南浦亭江淹的《别赋》碑刻，由此还想到《诗经》和屈子《九歌》里有关南浦的名句，但最令我心动的还是：黯然销魂者，唯别而已矣。送君南浦，伤如之何。我似乎看见一个满头银发的吹笛者。他从银笛里吹出的是一颗银色的魂灵。我吟诵着千余年前江淹用华词丽句写下的伤别之作，却迎着和煦荡漾的春风从广润门步入豫章。

也许当时我该注意到，豫章是以千古送别著称的南浦迎纳了我这位漂泊的来客，冥冥中像是预先就藏伏着暗示，竟被我欣欣然的游兴忽略了。其实，在我抬腿登岸之时，就已陷入了命运里永远无法逃脱的瞬间。

后人竟认为，我一踏入豫章便直接去拜见了宁王，这似乎像一种别有用心之说。来豫章时我早已断了举业仕途之念，在金陵经过再三思考之所以接受宁王的礼聘前来，一是为了谋饭，另外还有一个不愿与人提及的隐秘愿望，而绝非如他人所说是想投效宁王，一展自己长期怀才不遇的雄心襟抱。

我是个闲散的人，充其量也只是一介书生罢了，这一点我比谁都明白。

到豫章那天，首先让我领略到的，是它扑面而来的市井风情。

豫章是一座沉湎于漫长历史的城。当初筑城者驻足洗马之地，已成了闹市，其名也就叫洗马。途经洗马池，我只看见一摊面积极其有限的污水，上面浮着发臭的垃圾，烂菜叶以及一只钩似的三寸破鞋。如果说现今的洗马池对往昔建城者的伟大尚存有颂仰、暗喻与纪念的话，那只有这只破鞋可以牵强附会了。也就是说，在当时画师寅的眼里是一只破鞋成了洗马池的中心，周围的摊贩、茶肆、酒楼、布庄、书铺、客栈、米店、银号、杂货无不以此为轴心衍生开来，也就是说一座偌大的豫章城如果从历史的角度来看，它也是从当时诗人画师寅眼里的一只污水里的破鞋展开的。

历史有时就是那么一只破鞋。

这只破鞋周围簇拥着熙来攘往的人众、马车、轿子、骑驴者，以及硕大伞盖下的交易，兴高采烈的吆喝，层出不穷的来者与去者，包括刚从金陵来的还没有成为豫章宁王府画师之前的诗人画师寅。围着一只破鞋转的人群里，有的是闲汉、密谋者、小贩、官吏、媒婆、公子哥儿、屠户、富绅、杀人者、公差、游客、僧人、理头匠、酒鬼、扒手、秀才、通奸者、师爷、老妇、脚夫、说书人、捕快、小姐、婢女、道士、乞丐、老者、杂耍艺人、告密者、稚子等，人们看似各忙各的，却被一种向心力牵引着，集中在一个地方，一个城里。贫穷、繁杂，与浮华共存。

画师寅初到豫章，混在熙来攘往的行人里边走边看，见到牌坊就停步多瞧几眼，经过庙观也探几下头，而发现颓圮的塔与字迹漫漶的石碑，总要搜肠刮肚般细加辨识与考证一番。待回过神来，自己也发笑，觉得还是丢不了文人的臭毛病。

3

画师寅觉得肚子有些空落，才想起一早忙着上岸进城，竟没往肚里填东西，便就近找上一家酒楼，拣靠窗一张桌子坐下，酒保端来酒菜，为他斟满，便自去了。画师寅举起酒杯，眼睛却瞄向窗外。正见那摊污水，一顽童端着小小的有些硬直的鸡巴对着那只破鞋尿得兴高采烈。画师寅有些无奈地摇摇头，笑笑，抿一口酒。他觉得这酒有点异味，像尿臊味，却过瘾。画师寅不会想到，数月之后，他竟因好上这酒，雨夜狂饮之后，走出酒楼，醉跌在那摊污水里。

他酒醉的最后意识里，竟感到自己身在一处极其波澜壮阔的水里遨游，次日，人们才发现著名画师寅在洗马池的一摊污水里死得很难看，一只破鞋紧贴着他的脸，像是最后的安慰。这自然是后话了。

画师寅步出酒楼，回头看一眼招牌，记住了天宝楼。

嘴里那股有点尿臊味的酒劲还不轻，过瘾。他甚至想为此写首诗，改日吧，改日再来天宝楼，画师寅打算在壁上为那种尿熏熏的酒，题诗一首。酒保告诉他，这种酒是洗马池的特产，是以建城的将军命名的，叫灌婴老酒。据说是当年灌婴将军夜起时迷迷糊糊将尿滋到了一坛酒里，此酒味浓烈，军中无不争饮，轰动一时，名传于今。酒保将故事讲得绘声绘色，仿佛自己一直陶醉其中。

画师寅觉得好笑，弄来弄去，自己喝的竟是千年以前那个家伙的一泡尿，当然，这尿因有了年头，也就成了名酒，豫章这地方也真够古怪的。

画师寅打个酒嗝，在街市负手而行。

人群里一位气宇轩昂的行者牵着白马过来，行者的目光在画师寅的脸上逡巡。这位，你认识我吗？画师寅笑着问。对方面无表情，将目光挪开，没事似的擦肩而过。画师寅回头，已不见行者，只看到长长的马尾在优美地甩动着，渐渐消失于人流中。真是匹骏马，画师寅赞叹。

这就是豫章，这就是我在金陵为之产生巨大徘徊的地方。画师寅深吸一口气，心里道。

正当画师寅对豫章的市井风物左右观瞻，从道旁的垃圾堆里猛然窜出个疯女人，满是污垢的面孔几乎分不清五官，她咧嘴一笑，竟露出一口雪白的牙齿：你该死，该死！女人发咒似的说，眼睛却不是望着他。画师寅避开，眼角还是瞥见了衣不遮体的两只黑色乳房，竟出奇的饱满。

若洗洗干净，说不定还是个美人。画师寅脑中一闪念，又觉得无耻，只有不回头往前走。

我在豫章拜访的第一个人不是宁王朱宸豪。

几经打听，费了一些周折，在豫章人发音很重的方言指点下，踅入一条旧马缰般名之为系马桩的古巷，该巷可能是灌婴过去系过马的一截缰绳。我踏入一家清静而拙朴的草堂，看见满眼的书堆，以及如僧的草堂主人——豫章诗坛祭酒万古愁。

万古愁其时年事已高，双目几近失明，一身粗布衣衫已旧得辨不清颜色。得知我的到来，他喜出望外，一定要用家制的薄酿与我痛饮。看着他吩咐老伴取出贫寒之家舍不得吃的一刀腊肉，面露难以自禁的喜色，我又是辛酸又是高兴，几乎流出了眼泪。我们兴致很高地连干数杯，万古愁还要我与之即兴联句唱和，他的老伴却用粗旧的裙裳抹着眼泪对我说，他从来没有今天这么快活过。我即兴吟出：如此巨大的狂喜，把我高举在酒的漩涡，随同风暴，眼泪和血，席卷而过。（《和万古愁句》今译）

这是位不求闻达的隐士，他才高八斗却不愿出仕为官，早年曾多次拒绝官府征召，长期身居穷街陋巷，以卖豆腐为生。他醉心诗艺、书法、辞章、医卜、绘事、校勘，乃至声律研究等，皆有极高造诣，竟名不出闾里。街邻只知道他是个喜欢读书、脾气古怪的老家伙，一手豆腐却做得地道，谁能想到此人竟是一代大隐呢。十年前我见过他的字画。他的线条在飞呀！大虚中见大实的飞。那线条上骑着的，是一颗怎样的灵魂啊！早年他游历金陵，诗墨迹《金陵帖》声动一时，在江南士林一纸风行。

我到来时，万古愁正以接近失明的眼睛凑在书卷上，校勘他呕尽毕生心血之作汇要《万古集》四、五卷，我知道他是在拼将所剩的最后一点力气为自己做最后一桩事。

他家里除了几件简陋家什，唯有几壁书在草堂中显得异常沉静、扎实。他远离名利之所，其草堂便取陶潜句——结庐在人境——而名之为：人境斋。在一个看似繁花似锦的盛世，他却写着具有亡国气息的句子，这是一个诗人与时代的最精彩的脱节。在这种脱节里，万古愁完成了和其名字意蕴相同及分量相等的著述。这个人在时间深处是应该有他的位置的，但往往被忽略。江右自古出过不少堪为名家大匠式的人物，而作为江右的中心之城豫章，相对别处竟保持着一种空位，这种空位里却有着出奇的静默。我甚至怀疑那些内心和创造力更为博大的巨匠有可能是在这种宏大和持久的静默里做着他们的隐士，他们看似寻常的身影里怀藏绝学与惊世才艺，却甘愿淡泊在穷街陋巷里，直到消失。也许在他们消失后，那在街坊手中引火生炉的纸卷有可能是璀璨杰作，但其璀璨也只能催生一炉旺火，并在锅鼎下化为灰烬。那些灰烬是隐士们消失前最后的真实背影，那些背影随风而散化作蝶舞，便意味着他们最终的消亡。

豫章是一座不善张扬之城。灌婴建城后，豫章有史以来的第一位名人徐稚就是大隐士，他的处世方式为这座城市铺垫了最初的人文底色，使之成为它的品质之一。作为外地人，对于以隐士著称的豫章我是有大敬畏的，在穷街陋巷里，我甚至感到自己的空名和才能是多么可疑。但也为那些在隐没中消失的英才而惋惜，同时又不能不感到，英才的自动性隐没，假如不是因为外在原因，而是一种性格的使然，实质上便无异于悲哀的自悼或浪费。在万古愁的草堂里，我仿佛听到了悲凉的天鹅之声。

起身告辞时，万古愁竟小心而谨慎地请我为他的集著题笺，见老人如此恳切，我又怎忍拂其抬举，只有选用一支中缝羊毫为之题写了"万古集"三个字，他的欣喜若狂之态，令我惭愧且惶惑。

系马桩，乱石铺街，像是随意横陈的悠久岁月。一截旧马缰般的小巷，被一个身为诗人的老者，用歪歪斜斜的脚步，走成了万古的愁肠。我踏着这些脚步走出来，百感交集。

第二章

1

就在豫章出现锦衣卫和东厂暗杀者的踪迹时，金陵画师寅的客舟静静泊岸于章江门外。身为热爱游历的诗人，此时画师寅的心境正月明风轻，一首诗在沉吟中尚未完成最后推敲，这成为他当晚留宿舟中的唯一理由。侧望城头灯火，画师寅打算明日一早进城。月照下，碎银般的细浪款住船身，发出如同私语的微响，江风把诗人乘渡千里的遄飞逸兴还没有拢住，船家又在催：客官，该用饭了。画师寅才闻到了鱼鲜的香味。赣水之鱼自长江一路泅来，不仅鲜美异常，还兼有客中羁旅的乡愁。画师寅啜了口鱼汤，心中的诗句居然和泪而出：一千张白帆，从眼前经过，把内心的激流带走。山崖上，只剩一袭古风。（《夜泊章江》今译）

船家从浮动的香气里，看到了诗人敏感而激动的脸。那张脸在月光的照耀下，像是水的伤口与高潮，有着一种过分的美和疼痛般的动人，暗示出这张脸上藏有混乱与危险。船家隐约觉得，客人的脸与他傍晚所捕到的一尾鲤鱼的白色肚皮并无二致，只是那鱼肚在刀锋切入时才呈现了血色。现在，他们正把那条鱼当作美食。船家和客官都将一条鱼吃得很欢快。不一会儿，水里，一具鱼的骨架在下沉。刀似的月亮，叠映在那副狰狞的鱼骨上。一群小草鱼围着一具大大的鱼骨快活地打转，像是沉浸在盛大的节日中，它们以在骨架上啄动为能事，好像要制止其下沉，抑或还要将这副鱼的骨架从水中抬起来，抬到天上去，让它成为月亮的骨头。

月亮没有骨头。月亮在光芒暗淡时，酷似一个骷髅。

豫章夜空的骷髅，已经将一种不祥呈现了出来，但在一个与往常相同的，只是简单重复的，貌似宁静的夜晚又有谁能够觉察到呢？

到豫章的次日，我才知道是宁王府美丽的正妃娄夫人二十三岁的生日。我的到来竟然成了宁王朱宸濠送给娄妃的一份礼物。这当然是指我的诗艺、画技与薄名了。娄妃的才名，我在金陵就有耳闻，但并不知道她对我的推崇到了极致的地步。像我这么一个闲散文人，能被美貌高贵的夫人推崇，自然是件愉快的事，可我还不至于张狂。我知道许多官僚贵妇往往以对艺事的一知半解附庸风雅。对于娄妃，宁王虽礼聘我来充任她的画师，但我毕竟没有领略她的画艺，所以也不敢贸然断言什么，更没有攀龙附凤之心。我来豫章的一个不愿提及的愿望，就是想领略一下传说中娄妃的美貌和她的才情。因此，就算宁王朱宸豪把我当作一份礼物献给娄妃，我也无丝毫受辱之感。毕竟作为一份送给美丽女人的礼物，对于一个男人而言，是一件很有趣的事。

那么，就让我以一种礼物的身份，或从一个礼物的角度去接近娄妃吧。

2

我还没有领略到王府的浩大，便先领受了王府的华宴。

那天，王府为娄妃生日，也为我的到来，遍请了豫章各色头面人物。他们接踵而至，张灯结彩的王府里一派热闹繁华景象。宴席之豪奢是我平生仅见，令我感到宁王的盛情，然而却没有意识到宁王府表面繁华里潜伏的巨大危机。后来我知道，像这样的奢华宴饮，在王府是常事。只要有宴饮的理由，或只要找到了合适的借口，这种场景就会乐此不疲地重现。宁王喜欢奢华场面。喜欢聚众纵饮的狂放热烈。

席间，宁王向我引见了不少豫章名流贵胄。他们中有些人是冲着我的诗画薄名，有些人完全是看着宁王的面子对我客气有加，我也只有一个个口称久仰以作回应。其实我清楚，换过一个场合，他们很多人见了我，都会装作不认识，而在这里就不得不皮笑肉不笑地应酬着。说实话，我不习惯这种应酬，那些人脸上戴着的假面具，以及言不由衷的说辞，令人厌恶。我不该是这种场合中人，又鬼使神差地出现在这种场合。我就像一具徒有其形的木偶，不仅不会像别人那样巧舌如簧，还会变得又蠢又傻，但我既不能拂掸宁王的美意，便只能成为宁王牵动的木偶了。

王府华宴的档次，不是以珍馐美酒来决定的。是由主持者宁王，及被邀请者，也就是前来享用这些美酒珍馐的宾客决定的。这些宾客大致可分三类。一类是官场人物，像这次在席间广受人注目的一个芋头般头脸的大人物，是江右布政使汤慎吾。汤慎吾之所以像芋头，是因为他在宁王面前，只能是芋头，还是刚刨出来的，有点老土。在这种场合，汤慎吾只有让自己像芋头那样，方能衬托出宁王的王者风度，这并非其不智，乃是他有心。身为官场中人，在公众场合，逢着比自己级别高的主儿，你得把自己的才智尽可能地降低，以显出上级不仅地位比自己高，才智也比自己高，这才符合官场惯例。同样，你的才智是在下属面前显示的。在下属面前，一个官员才能找到自己的自尊。

汤慎吾旁边坐的江右按察使胡世安是个满面红光的胖子，总是挂着几丝固定的笑意，像是用笔勾上去的，但其嘴鼻之间的张扬态势，又显然使人觉得这副面孔的笑意是那么不可靠，或许转眼之间，就可能变脸。当然，那绝不可能是在王府，而是在他的权势区域内。

　　与胡世安对首而坐的，是刚到任的豫章知府夏铁一，他居然矮小到了有点滑稽的程度。不知是人地两疏还是性格使然，他不说话，面无表情，看不出高兴还是不高兴，锅烟色的面孔显现出一种疲惫。不知怎的，他的屁股老在挪来挪去，像是坐到了一泡鸡屎，很难受。跟他并坐在一起的豫章兵马指挥使龙正广以为他憋了一泡尿，几次想告诉他厕所的位置，又怕唐突了，只有为之干着急。其实夏铁一刚落座，裤裆及其皮肉就被座椅上一道缝隙夹住了。王府的椅子居然也松松垮垮。那条专夹裤裆及其皮肉的缝隙，就像预设的机括，极其阴险狡猾，令他只有不断挪动屁股，才能一次次在缝隙刚要夹住裤裆时，又侥幸逃脱，化险为夷。这一晚的宴饮，由于暗中专事于屁股对付椅子的游击，或裤裆机括的牵扯纠缠，一桌丰盛酒菜在夏铁一嘴里硬是没吃出鸟味。离席时，那只椅子像是深情挽留，死劲拽住了老夏裤裆不放。老夏急，用力一挣，竟扯破一道口子，若不是官袍遮身，说不定当众显了芦花。

　　给画师寅留下印象的另一类豫章人物，是具有万种风情的已故前阁老严相国年轻的遗孀蕊夫人，豫章大旅行家汪巨渊之后汪一行，名士宋之白、叶知秋，富绅南宫迁等。还有一类便是骚人、术士与剑客、歌伎，他们出现在王府华宴上，大大丰富了其色彩和内容，使一场酒宴不止于口舌，而扩展到了观赏。于是，宾客们也就领略到王府的歌赋、燕舞、剑击，与术士的奇技。据说，这才是宁王所好华宴的真正内容。总之，王府华宴，在某种意义上，可算是个舞台，所有自认为身具才学之士，无论辞赋歌舞，还是武技秘术，皆可来此露一手。

　　据说有位诗人，是个大虾米似的驼子。在这里吟咏了一首由酒而直指苍天的诗篇，便得到了宁王百镒黄金之赏。驼子诗人激情满怀，几乎是用鸡叫般的声音，把他的诗塞入人们耳朵，他的身体却像一条永远弯曲着无法勃起之物，也许正因为如此，他这首有关勃起的诗，才有点震撼人心，使闻听者产生的共鸣复杂而暧昧。不知是怜悯驼子不举的无望，还是哀悼自身的难言之隐。总之驼子的诗是扇动男人的雄心，把天捅出个洞来。这倒很合乎宁王的心思。当然，诗人的吟咏没有如此直白、露骨，而是调动了很多意象，通过象征、隐喻、暗示，以及铿锵音韵与平仄格律，来完成整个具有天人合一气势的抒情。也就是说，诗人的才具还表现在良好的技术上。那个驼子由此差一点被宁王留在府上，据说是宁王的母亲碧薇夫人觉得有碍观瞻，才让他领赏而去。

　　王府里的不少武士剑客，也是在华宴上表演技击被选中的，包括一些江湖奇人术士等，这已是公开的秘密。

　　据说曾有过一个叫壶主儿的北方佬，在宁王面前出示个尿壶似的玩意儿，壶里边若有若无地冒出难闻的臊味。壶主儿说这壶能把整个王府都装进去。宁王相信世上有奇人，但不相信眼前这人真有能把偌大个宁王府装进去的本领。他只对壶主儿说，怎么个装法？我倒要看看。

壶主儿的方式有点像变戏法，他只将一块已经很旧了的黑布蒙在壶上，那布还有几个破眼。然后叽叽咕咕念了几声咒，将布一扯，便大言不惭地说，王府已在壶里了。

宁王环顾左右，便笑，说谁信你呢，我这王府还不在这里吗？壶主儿却说，那只是假象，真的在我壶里。不信，你跟我进壶瞧瞧。

宁王神情便有些复杂，心想我王府真是招来了无耻的江湖骗子了。正待发作，壶主儿竟自不见。破瓦壶里竟传来叫声：宁王，你若不信，就下来试试！

宁王大奇，围着壶绕了几圈，壶里仍叫声不迭。

宁王一下决心便对壶中道，我准备进去，可怎么进哪！

壶主儿在里面说，你只需闭上眼睛，我自会引你进去。

宁王闭上眼。睁开时，果然在壶里，只是这壶内居然也是个大千世界，无所不有，他的王府好端端在里面。宁王惊讶于这个世界竟在一把破尿壶里，只是身在壶里才闻到一种奇怪的异香味。壶主儿面对宁王的吃惊，只是嘿嘿地笑，驴脸上抖动着得意。出来后宁王便要赏他，被王府的郦大千制止，说：一点微末的邪道妖术，也敢骗到宁王府来，是欺王府无人么？宁王大惑，眼珠子也不知道该往哪边转。郦大千告诉他，壶主儿卖弄的是一点小小的催眠术，你自己感觉进到壶内去了，我见你还立在那儿哩。你只是被催眠后，产生了幻觉，着了他的道儿而已。这时候，壶主儿的脸上像是当众被人抹了一把鼻涕，尴尬地愣在那里，狡黠的目光变成了两坨鸡屎。宁王若有所悟，也只笑笑，郦大千要破了那壶，宁王只道：罢，罢，让壶主儿带着他的尿壶走人。

到王府玩这种小伎俩骗吃骗喝的人虽有，却少，因为江湖上知道宁王府有不少高人，一般的道行，混不过法眼。更多想到王府一露身手的人，还都真有些本事。

王府华宴开放性一面，有那么点不拘一格降人才的意思。这似乎也成了传说中宁王怀有异图的由头之一。

我为大明帝国搜揽人才，有什么不好？宁王道，别人爱怎么说由他说去。

宁王府华宴照样不断。各色人等，也就依旧在华宴上轮番登场。

王府的宴席一直持续到夜晚，像一场性事的高潮还未到来。

在美酒、彩灯、弦歌、舞袖和笑颜中，我隐约感到一双捉人的眼睛，在搜捕这热闹中的一缕游丝，一个局外人的新奇、忐忑与不安。那双眼睛，时而湿亮，时而隐没，像是在华灯与美酒中游弋的鱼。后来我才知道拥有那样夺魄美目的女人，就是蕊夫人。据说蕊夫人的已故丈夫虽然官至相国，声威显赫，却是个上不得台面的人物，生性矮小而猥琐，其追随者只能根据他的地位和名气通过想象来弥补其不足，根据金钱或权力来认定其超乎寻常的强大。猥琐的人由此而成为一个非同一般者，这或许也是一些很美的女人跟随一些看似不起眼的男人的原因。

那一夜，蕊夫人的目光像是在酒中荡漾。此时的蕊夫人，早已是豫章上流社会的地下夫人。那些飞短流长、迷醉的生活碎片，几乎成了这个女人的定义。她包裹着碎步的华丽裙裾，像一条火狐之尾，无声地曳入一道又一道门槛。

嘉宾满席，花样年华。可见，每个在豫章施政的官员乃至混出头脸的人物，都难以抵御宁王府覆盖豫章的影响，都成为王府华宴的座上客。豫章所有头面人物，又没有一个可以抵御那条狐狸之尾般妖媚华丽的裙裾。

裙裾中的碎步，是隐秘的，却又是走在目光之上的。像蚂蚁，在皮肤上爬动，令人痒痒。美人之痒是致命的。

3

我是在朱宸豪引见过所有嘉宾后，才见到娄妃的。

这位饶州美女，有着一种恍若隔世的神秘气质，或者说，她即使面带笑意，也能把你隔开。遗世独立，这不是修辞，仿佛就是她全部美的存在意义，也是造物主在娄妃身上显现出来的惊世骇俗本领。这种美因为有了距离，不会给人带来危险，却使人感到高贵。高贵之美容易令人产生谦卑或自惭，这是一种压力。它要你来承受。在这个高贵的女人面前，我甚至有些窘迫、失态。一贯的潇洒不羁转眼变成了拘谨与张皇。

其实这个时刻是我期望已久的。此前，我曾有意无意间设想过多种与娄妃见面的情景，但在那些设想中，没有眼前这个场面，这让我意外。现实总是修改人们的想象。我希望给娄妃有个初次见面的好印象，以不负她的推崇，可我的失态，竟使酒洒在了她的身上。

她仍是不失分寸地微笑着，好像酒洒在她身上，都是预料中会发生的。她的沉静给我内心的颠簸以平衡，这种平衡她是以不露痕迹的方式给我的，像是某种暗示。这种暗示让我踏到了一条狭窄而危险的独木桥，使仿佛遗世独立的她有了接近的可能。我能感受到她的善解与宽容，我旋即以一个只有她能领会的眼神示以谢意。初次见面，我们之间尽管没发一言，却好像就有了一种难以言明的心领神会，这使我有些莫名的激动和亢奋。所以当宁王举杯对我说：先生一代才俊既莅豫章，而我却没有重修滕王名阁，否则又该有一篇新赋可传扬天下了。我的应答竟从容婉转起来，以宁王之力，重修滕王阁是举手之劳。但以画师寅之薄才，要想再作滕王阁新赋，则是难上之难。

宁王对我的恭维显然受用，却故意淡着脸道：先生过谦了。

杯盏之中，宁王朱宸豪兴致勃勃和我谈起了游历见闻，以及艺文绘事，皆有不俗见解，给我出乎意料的好感。

没有见到宁王之前，总以为他是个骄横跋扈又不乏阴险的藩王。我惊讶于眼前的他居然是位不乏儒雅的英武王者。据我所知，他不仅写得一手还过得去的草书，而且尚能诗善画，谈吐之间，气定神闲，目光炯炯。这似乎与外界和金陵人士对他的看法距离甚大。

很多人都认为豫章宁王府在酝酿大阴谋，宁王朱宸豪是个用心险恶之人。来豫章前，金陵旧友阳明君为我饯行。

阳明君曾任金陵兵部主事，现为金都御史，朝廷数度命他剿贼平乱，但我与他纯粹是文人之交，没有别的攀附牵扯。

在阳明君单独为我设的饯别宴上，他一改此前极力反对我赴豫章的态度，反而托付我为他留个心眼，关注宁王府的一举一动，他会派人和我秘密联络。阳明君说，你只要稍微留一份心，就是为国家朝廷出了大力，成就了一桩事功。不知怎的，我竟从这位故人的话语中听出了一种怪味，这使对方在我眼里一下变得比什么都陌生。

我觉得这是故人在为我下套。

阳明君开口向我托付此事，是对我人格的污辱。使我一时觉得阳明君和传言里的宁王没有差别。

你们都是阴谋者。

我将酒往桌上一顿，拂衣而去。

阳明君不愠怒，他应该懂我的性格，我在前面走，他竟跟着我，像鸡啄米一样，一步步将我送至府门。

这个自称有事则王，无事则圣、剿山中贼，灭心中寇的家伙，外表装得像个老实的乡下人，却是个大智者、哲学家和军事家。他看似呆头呆脑，但谁也不知道他脑子里有多少名堂。阳明君门下有许多得其理学心法，以玩脑筋而著称的虔诚弟子。阳明君帐下更有不少武学精湛、忠实有加的武士。

凭着这两项优势，他便敢夸口说下大话，接下朝廷交办的一桩桩棘手差事，拿几个山头匪类还不是小菜一碟，但估计这次他是有心要拿豫章宁王的。如其所言：这可是一桩大的事功。

阳明君酒桌上所说的话，加重了我此行的精神负担，又促使了我再三犹豫后赌气出行的果决。

我走了很远，仍能感觉到阳明君在门前向我揖别的手势，但我没有回头，甚至就这样头也不回地离开了金陵，希望一乘上白木客舟就随江流一起把不愉快忘掉。

坐于行往豫章的舟中，我已无心观赏两岸风景，只想着阳明君毕竟和我不是同一路人。他的饱学是为了做官，而我只不过是个江湖的泛舟之客，照理他根本不该向我提那种事。可见，一个专心事功的人，是多么令人讨厌，又多么可怕。他所做的，就是要让每个用得上的人，都成为他的棋子。他是下棋的人。下棋者为达到目的，不在乎牺牲手中的棋子。

阳明君要把他的朋友，也当棋子去下了。这就是儒林政客丑恶之处。

一个能在官场上下其手，文事上又左右逢源的人是可怕的，我视之为阴阳人。我想，阳明君之所以不叫阴阳君而执意在阳性上，大概有区别于那一类双栖动物的意思在内。但在我眼里，他自号阳明，似乎是此地无银，该兄我以为仍属奸猾者流。不管他日后的文事武功如何，其两面性的人格，足可置疑。据说他在福建一带剿贼帮了朝廷大忙，可权阉也未放过他，宁王也希望他和自己联手，都被他泥鳅般地滑过。此人滑稽可见。正邪是非混合，他只拣腿粗的抱，腿最粗的当然是朝廷，尽管那个十几岁的少帝对女人已有很特别的胃口，阳明君仍忠事于他，尽管他任用宦官胡作非为。这是阳明君的老奸之处，扳倒一个皇帝，远比跟随一个皇帝要难千百倍。

4

对于宁王朱宸豪的判断，难道是阳明君的失察或错误？抑或他希望通过我的亲身接近，来印证他的判断？我是画师寅，我怎么可能成为一个无耻的间谍或坐探呢？那是东厂，那是锦衣卫，甚至卖身求荣的小人干的事，却绝不会是我。我是诗人，我是画家，我是画师寅。

我的思想完全服膺于洁净的诗意和美好构图。我的双手只忠实伺候美妙丹青。我喜欢穿白色的衣衫，乃是缘于我志在清白做人。我知道历史是怎么回事。史书从来就是最强硬的人站在最软弱的人背后，用咳嗽左右和暗示软弱的笔写成的。书成之后，软弱的笔旋即就会被强硬的手毫不犹豫地折断，史书也便成为铁券。折断的笔，也仅在如山的尸骨里归位。

对于宁王朱宸豪，我一己之见最初的印象，自然是不可能成为最终的判断。也许在堂皇其外尚有我未能勘破的内情，那只有待以时日了。但我觉得朱宸豪在王府夜宴上有时笑起来的样子，的确像个皇帝，也许那是他与生俱来的皇家血液所赐的帝王风范吧。

宴饮在热烈的气氛里进行着。

一个名叫崔久的自命为不醉者的家伙上场了，他声言要向尊贵的宁王和娄妃夫人献上他的绝技。他的绝技就是行云流水般喝酒。他先是让人用最大的碗给他盛，他一连干了十几碗，还口呼不过瘾。宁王便叫人抱来一只大大的酒坛，撤到崔久面前，问：壮士果能喝了这坛酒吗？

崔久答：这般大小的酒，尽管抱个十坛八坛来。我若醉了，就将这身子扔进茅厕去！宁王见对方说得果决，便笑，让人如数为壮士抱上酒坛来。

面对十大坛酒，崔久要人一一启封，闻闻酒香，口呼好酒。

人要拿碗，他道不必，只有些作势地撸衣襟，露出肚皮，在头一坛酒前站定，提一口气。人以为他要拎起酒坛倒灌。不想艺高人却奇，他只顾提气一吸，坛里的酒竟乖乖成一条线似的吱溜溜直往他嘴里钻，一时将众宾客都看傻了，待宁王喝得一声彩来，众人皆叫好。

眼前崔久如法炮制，将十大坛酒都吸尽了。人们再瞧他肚皮竟然还像原来那样，并不见鼓胀，那么多的酒通过崔久的口却不知跑到哪儿去了。众人啧啧称奇。

便有人道，你是不是在使障眼法啊？崔久便说，的确有人会使这般障眼法，但我不是。我这一张嘴饮了十坛酒，还不过瘾，身上却没尝到酒味，——那位爷是不是请你上来？他招呼那说他使障眼法的王府宾客，上来的竟是大大咧咧的龙正广。

崔久见是位大人，便多了几分恭敬道：大人若有兴致，不妨借您的刀在我身上开几张口，让我身上也尝尝王府佳酿。

龙正广眼珠就圆了，你是说让我捅你？

只要朝我身上招呼，由大人怎么着都成，不就几道口子嘛。崔久剥光了上身，袒着肉，说得轻快。

龙正广反有些不好意思似的，他自寻了个台阶说，这样，我借刀给你，你身上哪儿合适便自己摆弄，行不？

也成。崔久拿着刀，也不犹豫便在自己的膀子、胸口几处地方割开了口子。弄得接过刀来的龙正广心里有点哆嗦，这，成吗？

崔久也不答，只向人展示新鲜的伤口，说，我身子口渴，要通过这几张刚开的口来饮酒，请哪位大人能赏几碗。

龙正广朝众人看看，脸上有些讪然。

席上便有几只酒碗递到崔久面前，崔久口称谢了。便往伤口里倒酒，众人能听到咕嘟一声，酒碗即尽。一连数碗皆是如此。

脚跟下的碗便码起一摞。崔久抱拳向人再次称谢，身上的伤口居然不见，好像是喝够了酒，嘴就闭拢了。

崔久的绝技开了王府宾客的眼界，人们只议论那许多酒灌入崔久的身体他竟没事一样，酒到哪儿去了，却忘记了关注饮者不醉这个事实。

这令不醉者崔久有点委屈，有点悲哀，觉得众人都把他当成了个耍把戏的骗子。

崔久完事后，把宁王府最大的一处茅厕尿得喷溢而出，他真想将这散发着酒香的尿发狠劲兜头撒到众人头上去。但他没这么做，也因为崔久没有告诉众人那些酒的去处，所以他是王府华宴上绝技惊人，却是第一位没有得到赏赐的人。据说后来宁王还扔下话来，说崔久这人充其量不过是个酒囊。这就令不醉者伤心了。崔久撒完尿，酒宴还没结束。他立在门前考虑进去还是不进去。一条黑狗讨厌地立在旁边，眼珠都要落出来似的，死盯一个门口啃骨头的府卫。他发泄地，狠踹了一脚黑狗的屁股，狗的身子歪了一下，结结实实地承受了一脚，它兴奋而迫切的眼神从那块骨头上调过来，有些冤枉地望他，眼里尽是无辜和委屈，崔久觉得自己有些像它。

5

不醉者崔久不管怎么饮酒都是不醉。

我在崔久表演他的不醉里竟自醉了。我几乎是被自己灌醉的。王府夜宴的高潮却是在我醉成烂泥趴在桌上以后到来的。

我似乎听到了众人的再度欢呼与尖叫，以及有些仓皇乃至抵死的刀剑之声。我以为那是我酒醉中的幻觉。我以为酒醉的幻觉为我制造了一场谋杀。据说是两死七伤。也就是王府的这次夜宴是在两死七伤的高潮中结束的。我不喜欢这样的结局。为什么要有谋杀呢，在那样近乎狂欢的场合？

难道酒和血真是分不开吗？

酒饮入体内，就和血渗到了一起，这是看不见的；如果看见，那就要付出死亡的代价。不醉是一种境界。我觉得不醉者崔久不是真的不醉，他只是醉在自己的清醒里，他清醒的时候是醉的，只有饮酒才能使其不醉。

崔久拼命饮酒，是为了保持他的不醉。

他是越饮越清醒了，我却不得不一醉了之。我向来以为：饮酒，是在一种沉香中沦陷。

我是谁？我不是王府的宾客。——我只是一个饮者。

醉酒，是饮者的天职；而不醉，可能是犯了忌。

第三章

1

那天，我又碰到了崔久，在瓦子角。作为一个不醉者，他只有在这里摆个场子混饭了，只是观者寥寥。酒是没有的，他只有以几坛水充当道具，表演的不是不醉，而是那么多的水通过他的嘴之后到哪里去了。水也不浪费，几大坛子水吸入嘴里，又自鼻孔滋了出来，落回坛子里。有人喝彩，便有零星小钱抛入一顶满是灰尘的毡帽。在瓦子角摆场子的不醉者崔久，看来只能表演一点哄人的转移术来混日子了。我是在他的破毡帽里放下一锭银子时，被他认出的。他说先生，是您哪！竟是一脸劫后余生般的惊喜。我觉得这样的碰面没必要那么夸张。估计是那锭银子，让他惊喜有之。但接下来的谈话证实，我错了，是小人心思的那种错误。

作为曾经不醉者，崔久在天宝楼详细告诉了我王府夜宴后来的变故。说完之后，他还心有余悸，为自己毫发无伤而庆幸。

崔久说刺客就是在他下场时上场的，他们擦肩而过。崔久还用眼睛客气地跟对方打招呼，只是刺客没有回应。

他的眼光很节制，好像没有看到我，崔久说：他脸上的疤，像屁股上打了补丁。没想到那么厉害，王府武士可吃了亏。

这回酒楼的小酌，使我和崔久成了朋友。他已完全不在乎王府表演的得失，却对王府发生的事，及我在王府做事很关切。崔久觉得王府很凶险，要我当点心。我说，谁会跟一个吟诗作画的人过不去呢？崔久便笑笑，说得也是。让我感到意外的是，天宝楼小酌数杯，不醉者崔久竟有了醉意。见我奇怪，他只说：无心喝酒，就是再多，人也不会醉。有心饮酒，三杯两盏，便自醉了。

我道，也在理。

不。崔久说，天下没有几个人喝酒是喝出了自己心情的。

在这里，只有你和我。他以手做扇形掩嘴，对我的耳朵说。

我的耳朵有些痒痒，像只虫子钻了进去。

崔久举两根手指头仿佛撑着两小人，醺醺然。他打了个酒嗝，有一种熟悉的尿臊味。

一个不醉的人，难得醉了。

我嚷道：酒家，结账！不醉者崔久已像一坨粪便，发出了醉眠的鼾声。

不知不觉天竟落起哑巴雨。出门已是泥汤满地，脚像踩在泡软的馒头上，一落一个塌，也就趔趄了无数起落有度的脚印。脚印一出，旋被水淹，顿为泥坑。

雨，竟越下越潦草了。

2

宁王府画师寅和崔久在天宝楼小酌时，距数桌，有一背对他们的独饮者。那背影在画师寅和崔久不经意浮荡的目光里，只是一件灰旧布袍的后半部。平常得一如酒楼的石灰壁。是陈旧、倦怠、庸常的随便落入眼中的一类事物，挑不起瞳孔的丝毫敏感。除了关注生意上门的酒家，谁又会在意别的酒客呢！他的笠帽压得偏低，一张脸都在阴影里，笠帽上有黑色湿意。崔久心有余悸地对画师寅所说的王府夜宴中的刺客，就是这个坐在东角酒桌身形有些落寞的酒客。酒家知道，这人是这段时间来酒楼的常客。话少，每次只独饮，除一碟花生米，几乎没点过别的菜。

总是右手举杯，左手拈一粒花生米，却不扔进嘴，只在拇指和无名指间捏动着。待要再次喝酒，好像才发现这中间没吃菜，便将花生米抛进嘴巴。酒家也不跟他扯闲话，每回他都得喝个把时辰才走，酒量每回不一，由喝的速度而定。

酒家觉得这人性格孤僻，豫章可能也没甚熟人，才总到天宝楼来消磨。

谁晓得他是秘密受雇于东厂的杀手利苍。

王府夜宴的失手，早在利苍预料之中。开始，他只想与不少试图得到王府赏识的江湖客一起，以献技者的身份混入府中，伺机而动。原本猜测王府预选献技者会很严，没料到他仅说了个流浪剑客想找碗饭吃的理由，就蒙过了问话。测试专长，也只有几个半吊子货看他花拳绣腿地伸展了几下，然后摆了几个剑式，就算过关。利苍有点奇怪，觉得王府还真不像传说那么神秘，使他突然觉得，这趟买卖会较轻松。

赴王府之前，他来天宝楼小坐。其时酒楼人稀，仅斜对的西角一桌，有个酒客，也背对他。利苍熟悉那个身影，他跟踪自己很久了。也是个孤独的人，他的孤独与自己有关。想到这，利苍有点悔恨，有点伤情。他甚至想主动过去，对那人说点什么。一个孤独的人想安慰另一个孤独的人。但说点什么，忏悔吗？一个杀手，只能向死亡忏悔，那种忏悔，也就是杀手之死。一个剑客，只能对剑忏悔。那种忏悔，就是用剑斩断双手，再向剑交出。这两点，利苍现在都做不到。

他只有等待。利苍知道那个人也在等待，不是等待别的，而是等待适时取自己的性命。

因为利苍是对方的弑父者。想到这里，利苍的眼里就有些茫然了。

王府夜宴的献技，应该说是精彩。

说不清什么原因，他想在宁王面前很好地舞一趟剑，让宁王看过以后，明白自己是死于一个真正剑客的手上，而不是一个不要脸只要钱的雇佣杀手剑下。隐约中，利苍似乎觉得自己有这层意思，他甚至为自己能有这层意思而欣慰，也就是说，他每次在杀死别人时，都想先在灵魂中拯救自己。

他觉得应该真正地为一个即将死在剑下的王者，认真地舞好一场剑。这不是婊子的做法。我再怎么做婊子，也是让自己来享受。他又想起了初次到芙蓉院的情景。想到了那个被他杀死之前的嫖客说的话，他甚至想到了辛追。那个婊子的屁股和她的乳房一样，晃眼而撩人。利苍走到王府夜宴的献技场上时，发现宁王的面孔也像婊子的屁股一样，令他产生冲动。

他已不记得自己说了些什么扯淡的开场白，便在眼上蒙条黑布，众人稀奇，他几乎是有些亢奋地舞起剑来。他的剑，看似无数流畅的曲线、直线和被这些线咬着、圈着的一个影子，但那些线归根结底又是一根线。

他是在和自己的影子比剑。这就使一场表演变成了对自我剑术的真实挑战，而这挑战对手的全部真实又建立在一个虚无的影子之上，其难度的直指，便是剑客自我。

王府夜宴的座中不乏剑术行家。几条线一出来，就明白舞剑者的高妙。

站在宁王身后的残夕也就留上了心，如此剑术高超的剑客贸然在这种场合献技，目的是可疑的。他十分专注地盯着线条的走势。隐约中，他发现那些线条的走势竟是书法。

献技者的剑是以在空中书写的字为走势。

书空剑！残夕猛然一惊。发现那剑的走势非同一般，看似上下左右乱窜的线条，竟是被剑客按几个字写出来的。

残夕从耀眼纷纭的剑光中敏锐地捕抓到四个字：壮、士、拂、剑——对，是司空图的壮士拂剑。

残夕松了口气，因为按这四个字的笔画走势，"剑"的最后必然是向下收剑，而且字意也只在于献技。

也就是说那些被剑客舞出的，看似张扬的线条，都是仪式性，或表演性的，没有伤害性。

出乎意料的是，剑客舞到最后，居然将"剑"字的立刀，反笔向上书空。剑的走势霎时自下而上，直奔坐于上首的宁王而去。

这一剑处理得绝妙，在一趟剑术中也是剑走偏锋的神来之笔，于险处见雄奇。宾客喝彩声雷动,根本没有察觉那一剑的凶险。宁王也看得心神俱醉。只有残夕料到那一剑是要取宁王首级的,但已来不及阻止。他口呼刺客,发力将宁王推倒在桌下,杯盘狼藉洒宁王一身。却是躲过了要命的一剑。

分散于席间的王府武士骤然涌上,一部分将宁王护卫严实,一部分将刺客团团围住。可见王府之宴表面是开放状的,实则如利苍所料,暗里防备严密,坐席间高手遍布、滴水不漏。

3

至少有九个以上的府卫来拿利苍。他一开始就撂下对方两具尸首。王府武士也就血了眼。接下来的激斗,是在酒桌一张张被踢翻或击破,巨大的帷幔,一幅幅被挑烂、撕碎与震落的过程中进行的。在惊叫、发泄、谩骂、怒吼与兵器的交碰声中,王府宾客是越撤越少,勇猛的府卫却越来越多。打倒一拨,马上又堵过来一批。他们好像是要把刺客绊死在这里,仿佛王府是个夹鼠板,老鼠既然撞上来了,就要夹住不放。激斗中,利苍打得兴起,一时竟不愿离开。难得有这么多抡刀使剑的,陪他玩得热闹。从交手中,他也领会到王府武士的实力的确不可低估。利苍指东打西的书空剑,适宜和顶尖高手个对个地打。真正面对十个,几十个对手,围得严实,剑的挥洒空间也就受了限制。要求每一剑都必须落到实处,同时不给众多对手急欲杀人的兵器留下缝隙。因此,这种打斗,没有太多发挥余地,只是考验一个武者的耐力。

身为独行剑客,利苍的劣势也就渐渐显露了。他便由一个突袭者,而变为受到众多训练有素武士夹击的围攻者。王府似乎也不打算以一名高手来和他决高下。这样持续下去,利苍还真感到自己不一定出得了王府。他是在一气呵成的一串快式剑术中,连续挑倒七名武士,才冲出了王府。在印象里,那七名武士的血,像一些鲜艳破布的碎屑,斑斑驳驳地飘洒在地。他觉得那些血,很好看,却很无辜。

据说宁王后来从桌底下钻出来,满头色彩斑斓,尽是酒菜。他什么话也没说,目睹死于刺客剑下武士的尸体,面无表情,缓缓将眼光移向残夕。残夕从宁王眼里读到的内容颇为复杂。那种复杂里包含着感恩、痛惜、愤恨、期望、嘉许和失落。他隐约觉得,宁王的目光里,还有一丝孩子看大人的神情。那一丝神情,使残夕的心受到了感动。他甚至认为,那是像宁王这样的人不该有的神情,这种神情,可以随便出现在任何一个人眼里,却不能是宁王眼里,但它恰恰在不该出现者身上出现了。尽管不好说那是脆弱。

但残夕的心,却被拨动了。

其实一身都是酒菜污渍的,岂止是宁王,所有参加了夜宴中激斗的武士,都是血汗中裹着菜渍酒香。人们预先绝没有想到，一场酒香里的战斗，竟是如此惨烈。

王府武士与刺客整个激斗过程中，残夕没有出手。他一边护卫宁王，一边仔细观察刺客的剑术。

书空剑虽然高妙、凌厉，但不是没有缺陷。剑士在书空过程里，如果有字出了书法上的错误或字体错误，那就很可能是剑士的破绽，如果能抓住这些错误，并咬定它，是或可破解此剑的。但一个使用书空剑的剑士，对自己书空的字绝对是烂熟于胸，很难出错的，他平常练剑，肯定将那些字写了千百遍。要钻这样的空子，恐怕极难。

如果能计算到他要写的字，也可以掌握书空剑的大体剑招。

但这必须从剑士出手的一二剑里，也就是书法笔画中，就要有个准确的判断，否则反而是一种误导。

若是第一个字都无法判断，那么接下来的字就更难预料。残夕从刺客表演的剑式中是看出了名堂的，那是晚唐司空图《诗品》中"壮士拂剑，浩然弥哀里"的一句。然而，谁又能够料定，使书空剑的人总会用成句的剑式呢！

书空剑更有可能随心所欲，书写每一个前后无关的字来作为他的剑式，完全打破句子的路数。

只是达到高层次的剑士会不屑用单字法，他肯定会使出合乎自己情趣，或能抒发胸臆的句子，来做剑式。那类句子有可能是古语、诗，甚至有的还是自撰之言。只有这样，才能显出书空剑高手的品位、自矜和睥睨对手的风度。

残夕可以断定，刺客一定是成了名的剑士，敢在王府当众下手的刺客，绝非等闲。所以他推断，对方若是单打独斗，肯定会使用成句的剑式。

能算计到对方剑术中的字，却算计不到对方会怎么写。书空剑高手的本领往往就体现在对敌人已然料定的字的书写方式上，他的剑招变化的奇妙也就在此。同样一个字的各种写法，令人难以预料。

书空剑在这时便往往因字而设陷阱，人若以常规思路与写法去判断那剑的书空走势，必然栽于剑下。

因此，就残夕这样一个悟性极高的武者，也感到书空剑实在是防不胜防。若要有人能对付书空剑，他必须既是个诗人，又精通书法，同时又是一个剑术高超者。残夕在默想这些事的时候，脑子里不断随之设计出各种与书空剑交手的画面。那些画面都是融剑术与书法为一体，或互相印证的。

是黑与白的画面。黑的是墨，白的是纸，动的是笔。再过来，是红白黑相间的画面，在黑墨白纸间，走动的是血，牵着血走的是剑。剑像毛笔一样灵动潇洒地一挥。白纸上是一笔斑斑驳驳的血迹，偈是破布的碎屑，鲜艳而触目。

残夕知道，这种笔法效果，在书法里，叫飞白。

只是这种飞白，用在书空剑中，触目惊心。更令他惊心的是，这一笔飞白竟然是那人蒙着眼，在近乎盲着的状况下完成的。

残夕觉得他现在必须去找两个人。向第一个人讨教书法，向第二个人讨教剑法。所幸这两个人，都到了豫章。但如果这两个人能合而为一该多好。残夕这样想，叹了口气。他懂宁王眼光里的另一层意思，是要他把对付刺客的事放在心头上。因为这样的刺客，太可怕。其可怕，就在于看似可以琢磨，却深不可测的书空剑。这是残夕考虑的。怪不得他一开始就将剑指向自己的影子，因为那就是一种空幻的目的，或者是他假设的一幅纸。一个将自己的影子作为一幅纸来书写的人，其意义是形而上的。

宁王，才是剑要书写的对象。是书空的落墨点。

那一点虽被残夕破坏了，但书空者毕竟在宁王府留下了一笔飞白的血。

第四章

1

天宝楼是豫章还算有名的酒家，给人的印象却陈旧而破陋。朱漆早已剥落的门窗，露出粗糙木质，缺楔少钉的框架在风中发出松散的咿呀声。酒客的呕吐物常年留在门口麻石板上，一大群苍蝇视为家园般守候在那里，满足于一堆污物赐给它们的甜蜜与幸福。回字形上下两层的空间里，酒菜的气息在苍蝇嗡嗡的伴奏中弥散，让人一下就能找到馋涎欲滴的感觉。天宝楼的酒桌在一把烂泥似的抹布反复擦拭下，居然有一种黑得发亮的效果，说不清是干净还是肮脏。桌旁歪歪斜斜的条凳，及凳腿下的肉骨鱼刺，乃至一泡浓痰和鼻涕，使这家酒楼里洋溢着旺盛的人气和浓烈尿臊味的酒香。酒客像苍蝇守着污物一样，迷恋于这家肮脏而刺激的酒楼。酒家招呼客人的嗓音在酒令、谩骂、恶俗的尖笑与煎炒烹炸声中如一种快乐的吟唱。那种吟唱像一只嗡叫着的大头苍蝇，从一坨粪便飞到另一坨粪便上。

利苍的目光无意间落在一个秃子头上。

光亮的秃顶像个卵蛋，上面叮着一只又大又鲜艳的彩蝇。秃子和三个同伴围了一桌，正一边高声谈论，一边大快朵颐。

利苍注意到，秃子也很少吃菜。他的左手正在津津有味地重复一个动作：抠鼻孔。总见秃子将一点新鲜内容抠出来，用无名指捺在桌上，便抿口酒。他乐此不疲地以抠鼻孔的方式下酒，甚至有些陶醉。有时他光秃的脑袋左转右动，显然是手指在鼻孔里遇到了难处，好不容易才抠出一点肥硕的东西，又太黏，秃子努力要把东西捺在桌面上，那东西像个活物紧粘手指不放，秃子也就顾不得喝酒，紧甩那根指头，想甩脱那坨鼻屎。

秃子做着这些小动作，嘴却没闲片刻。三个同伴都竖着耳朵，一副乐颠颠的样子，听秃子的鸡公嗓胡说八道讲些听过八百回的段子。

坐上首的，是个长满一团破布似大胡子的汉子，他听得专注且快活，将大块肥腻腻的肉塞进嘴，猛呛。人见他满脸胡子在亢奋抖动，像是草丛里躲着两只小兽在亲热。他眼珠子却盯着秃子沾着鼻屎的手指，满是悲悯。

旁边一瘦汉，笑对麻脸同伴道：燕大哥有三好，喝酒、吃肥肉、听段子。麻脸的嘴巴边收拾一鸡屁股，边满唇油地吭声：二哥说得是。那副橘子皮般的脸仍在随鸡屁股蠕动。

燕道天便嚷，别断了老三的段子，赶紧说，赶紧说！

秃三唉了一声，只有将左手指的鼻屎用右手帮忙剔下来，压在酒碗底，摸筷子夹了一截鸡翅到嘴里，声音便有些含糊不清了。燕道天急说，你快把鸡骨头吐出来，不就完了吗？秃子恋着口里鸡翅肉的鲜嫩，牙齿舌头忙着从骨缝里掏肉，只支吾着，就是不肯干脆将鸡骨头一口吐掉。燕道天拧一鸡腿送过去，啃这，啃这！秃子的嘴被鸡翅撑歪了，不好言语，只以手作势，你吃，你吃。

瘦汉便举酒碗要和大哥对饮，燕道天和他碰了，一碗酒也就跟着落肚，麻脸老四捧酒坛就往各自碗里筛。

趁这工夫，秃子已解决了鸡翅，自然又将手指伸进鼻孔，嘴里也就讲。利苍侧耳细听，原来秃子讲的是三剑客比剑，也就用上了心。那只鲜艳的苍蝇从秃子的光头上腾身飞起，在利苍眼前晃了一下，不是挥筷驱赶，险些落在油亮喷香的花生米上。

2

三剑客比剑的段子，在外地人嘴里已被讲得淡出鸟来。秃三一次听到，却是万分新鲜，兴高采烈带回豫章，加些佐料，与众人一讲，都笑得东倒西歪了，比做新郎官还开心。

段子是说三位好朋友比剑，为免伤和气，不必对打，只各自亮一绝活分高下。第一位剑客在空中捞了只苍蝇。说到这里，秃三作势，在空中捞了一把，眼前翩翩起舞的苍蝇没捞着，他秃顶上的苍蝇却是这时被吓跑的。

秃三摊开手掌，空空如也的掌上尽是油渍和污垢。

他接着道：苍蝇一放飞，剑客唰就是一剑。伸手，接住喽！展示给人看。好剑法呀，苍蝇已一分为二。

第二位剑客也不含糊，举手间，在空中也逮了只苍蝇，不就是比剑吗？他照样在空中放飞，唰唰两剑。接住，瞧瞧，掌上苍蝇一分为四，高明呀！

那第三位剑客呢？燕道天有些迫不及待地问。

秃子反而不紧不慢地抿了口酒，夹了口菜，吃得满嘴冒油。众人也就跟着喝酒吃菜。

燕道天却不动，只瞪着秃子的嘴。

秃子狡黠一笑，端碗碰燕道天的碗说，大哥我敬你。燕道天：敬，敬，敬个鸟，第三个剑客是不是也宰了只苍蝇，把它一分为六了？秃子：嗳，大哥，这回你猜错了。第三位剑客也是在空中捞了一把。燕道天就咧嘴笑。秃子却说，他逮的不是苍蝇。

——是只鸟！燕道天说。秃子摊开空空的掌心，燕道天探头去看。嗻，秃子掌心一托，做放飞状，说，是一只蚊子。

哎哟，这王八蛋厉害。燕道天虽这么说，却因没猜对，脸有些讪讪的——这可怎么整？秃子也不睬他，只顾说，剑客将蚊子放飞，唰，就是一剑。蚊若无事，照旧嗡嗡叫着绕着人飞。

燕道天说：八成输了。秃子问，你们知道蚊子嗡嗡嗡的在干啥吗？——在哭哩。

哭？蚊子哭啥？燕道天黑着脸有点不屑。秃子说：告诉你们吧！它哭，它哭自己的鸡巴没啦！

哎呀！瘦汉和麻脸皆惊奇咋舌。燕道天恍然大悟般，满脸喜色道：我操，这蚊子八成是叫剑客给阉了。秃子得意地扬酒碗，那还不是，就他妈一剑，蚊子便只有做太监的份喽！众人便十分大惊小怪地笑起来。

嘭！邻桌传来愤然击桌之声。循声望去，一面皮白白净净的客商和两个精悍伙计，正对放肆笑谈的那一桌怒目而视，像是受到狗血淋头的侮辱，憋了很久。桌子是白净客商拍的，他的一只手还停在一汪震出来的酒水里。红着脸的伙计气势汹汹道，你们骂谁谁咧？！秃子不恼，没事似的站起来。这却奇了，我们笑的是阉了卵子的乌龟王八蛋，与诸位何干？

另一个伙计踢凳子过来，你们明明是在骂人，还说与我们无关！

你们——是什么人啊？

打了你就知道了！

两伙计就要动手。麻脸和秃子兜头将对方截住。燕道天就开口了：相好的，你这是明着要找架打呀，我燕道天这辈子就是专干这一行的，只是从不打不明白的架。说说看，是哪条道上的？

好大的口气，也不怕风扇了舌头。白净客商尖着嗓子说，不过是个散原山响马嘛。

燕道天哈哈大笑，突然把脸一沉。客官想必是替朝廷办事的。

不错，就是专拿尔等反贼的！伙计模样的人道。

嘿嘿！燕道天一笑，东厂？不过是一群没卵蛋的鸟。

白净客商坐在凳子上，就朝燕道天裆下飞来一脚。这一脚阴狠、凌厉，像是忍在肚里打转般憋得腹疼的恶气，不吐不快。燕道天侧身提腿，挡过一击。两人上半部各自端着平静的架子，燕道天一手反袖，一手端酒。白净客商仍坐在凳上，一手轻拿着筷子，另一手也是酒碗。疾风骤雨的打斗全在脚上。脚中间，一根骨头被踢得滚来滚去，两人的脚便像两只饿急的狗，在各不相让地争夺骨头。楼板缝和布鞋上的灰尘被踢得一蓬蓬乱飞，使酒楼里有一股呛鼻的气息。两人的武力集中在脚上，每动作一下，楼板就产生震动，酒楼跟着剧晃。令人担忧一座酒楼会被两人的脚力踢倒。

两人碗里的酒竟没洒出丁点。

见这架势，酒家就怕店要砸，忙在一边劝说，莫动手，莫动手，有话好说，有话好说嘛！

燕道天脚不停地忙活，嘴里却说，这不，没动手嘛。

哦，是莫要打了，二位，莫要打！

两人不听，脚咬到了一起，各在斗力。

脚上，都是黑鞋，像两只各咬住对方不放的黑狗。那根骨头却滚到了桌底下，上面沾满了灰尘。

3

后生——

一个苍劲而略带嘶哑的声音，来自楼道角酒桌，似有斩钉截铁的力度。

众人目光看过去，一老者竟自顾低头往地上吐痰。痰很酽，粘在老者的舌苔上，不肯下来。咳几声，使几次劲，痰才顺一根线形的涎水，滑绳般溜到地面，一伙苍蝇顿时趴在痰上，好像对此期盼已久。

这几脚踢的功夫，也算是了得，却不能像狗一样只会抢屎。老者慢条斯理，像是在喃喃自语，那话显然是冲着先动脚的人说的。

老者说罢，用舌头舔了舔泼在桌上的酒，鼻涕在鼻孔上冒起个泡，他挥衣袖一抹，我行我素，全没将众人放在眼里。利苍注意到，老者是两脚踩着凳子，蹲在那里的，像典型的乡下老汉。他眼光浑浊，动作看似迟缓，山羊胡上沾着酒水，一副土气的样子，像是狗屙在角落的一坨粪便。白净客商不屑，见双脚不能动，就举筷突刺燕道天眼珠。燕道天酒碗一翻，一双筷子刺到碗里。

啧啧啧啧！

老者摇头感喟，手中筷子在空中乱拈几下。竟将一堆苍蝇夹在盘子里，像一碟豆豉，露了一手不凡功夫。秃三探头过来，欲瞧个明白，老者筷子又在他眼前一夹，正是原先叮在秃头上的那只苍蝇，又大又鲜艳，它在老者筷子上飞不掉，细脚无望地挣动，老者朝墙上一点，苍蝇便像一粒鼻屎粘上了墙。

利苍眼尖，他看到那只苍蝇不是简单地粘在墙上，而是被老者发暗器般击中了趴在墙上的另一只苍蝇，是用硬功夫精巧地把两只苍蝇都嵌入了板壁。

白净客商始觉敬畏，有意先松了手脚。

燕道天退到座上。众人不吱声，只老实喝酒、吃菜，像是什么事也没发生。夹到嘴里的东西，也有点像苍蝇。

客商模样的人领伙计先行下楼。边朝老者拱手，嘴里边说：领教领教。

利苍放下些碎银，也起身。经过楼口酒桌，老者伸一双油光水滑的筷子夹住他的衣角，问：客官，向你打探一下，从这儿到王府，远不？

老者话里的意思显然是问王府该怎么走。

利苍明白其意，却只照话面意思作答：不远。脚没停，径自下楼去。老者的筷子，也像是满是油光地滑开。显然是他没有坚持，面上便有点讪然。酒家赶忙过来告诉老者，说从这儿到王府，直走，过射步亭，就是东大街，看到钟楼了，走几步便是了。

老者嗯一声，便收拾走路。酒家竟伺候着下楼，小心的动作里，一半是感激，一半是钦佩。

在楼梯上与老者擦身而过的宋之白，一登上酒楼就两眼放光，口呼燕兄！

一桌人也就挪凳子腾座位，直拽宋之白入席。之白还亲热地在秃三的光头上摸了一把，汗腻腻的。燕道天便说：你不去我散原山做客，我可是进城来会你呐！今日可要一醉方休。

燕兄，不忙喝酒，还有正事要说哩。

哦，知道知道，见你就高兴，倒差点忘了。

宋之白坐下时，发现脚下踩到一泡酽痰，热情洋溢地攀着鞋底。他本想伸筷子夹点什么，又放下。

燕道天的嘴里塞进一块肥肉后，肥肉很快淹没在胡须里。一丛杂草快活地抖动着，又像是一对小兽躲在里面乱搞。

老者下楼，对送他出门的酒家问：向你打听个人。

您说是谁吧。洗马池这一带的人我都熟。酒家颇自矜地说，他的鸡胸努力挺了挺说：豫章城没人不知道天宝楼的。

老者觉得酒家稍微扯远了点，便吐了泡痰在脚下的麻石板上，用鞋使劲蹭了两蹭。抬腿走两步，又回头，有些疑惑的目光像鸡毛掸子，在酒家脸上掸了一下，我是说，你认识一个叫黑牯的不？

黑牯？黑牯。挺耳熟啊！——倒还真不认识。嘿嘿嘿……

老者笑笑，又用鞋在地上蹭几蹭。这回，他是要蹭去粘在鞋底的鸡屎。酒家还在后面热情洋溢地说，老侠客，您走好。走好喽！老者恍若未闻，迈开八字脚，像只螃蟹似的走了。酒家一拍脸，把苍蝇在脸上打瘪了屎。

雨，早过去了。

4

人们叫我天宝楼。众所周知，我可算不上是一座很好的酒楼，人们之所以喜欢到这里来，或许就是看中了我的不好。就像肮脏使人亲切，让人无拘无束，感到放松自在。这可是我的特色，比如苍蝇随便乱飞。狗在桌底下啃骨头或滥交。浓痰、鸡屎和鼻涕一坨一坨，迈三步就粘一脚，我就这么不讲究。酒，却勾人。菜，也还狠。既咸且辣，正对豫章人的口味。食客在这里吃得汗流浃背、袒胸露肚、破口骂娘，就两个字：痛快。

这就是人们常来我这里的原因。

行商游僧、文人侠士，凡道上两条腿走的动物，没有不喜欢来这里落脚喝酒的。天宝楼不使白瓷杯盏，专拣蓝边大碗，抱酒坛往碗里筛，一碗一碗亮底，才叫过瘾。

我的墙上有大诗人醉题的墨宝，可惜已漫漶不清了。我知道什么样的人能作诗，那种喝了几碗酒就斜眼瞟女人，嘴里发出老鼠打洞般吱吱叫的，多半是诗人。上次来了一个，可惜又走了，真该拎他后领在墙上题点什么。

我这楼上有五省豪客打架时砸烂的破桌凳，记得一湖北大侠被砸落两门牙，黄狗从桌下探出头，竟把两牙收拾入肚，人也就傻了眼。天宝楼怎么说也是豫章最让人痛快过瘾的酒楼。男人吃饱喝足了只有两个地方可去，蹲茅坑或是逛妓院，都是弊的。完事了，撸起裤子又像狗一样若无其事地去寻食。男人，其实就是两腿中间吊儿郎当的东西。我这里的老板是个瘸子，酒客叫他老鳖。

老鳖女气，不碰女人，酒客就疑他那点东西是否还在裤裆里，老鳖的绰号，也便一叫就灵。很久以前，有个后生问老者：师父，什么是江湖？老者回答：江湖是反秩序的，喝酒，打架，释放激情的地方就是江湖，它是庙堂之高的反方向，是一望无垠的低处，有时你出门就是江湖，当你回来时也把江湖带进了家门。它是市井、酒楼、茶肆、青楼、驿站，是荒凉的野道和深宅大院里一闪而过的暗影及门外的风声，是权贵深卧酣梦中突然惊醒的那一瞬，是放浪的豪笑和没有规矩的乱说乱动、伤人和被伤的义勇或狡诈，是绝不拖泥带水的狂欢之所与痛痛快快的解决之地，是无法说出的疼，和没日没夜的亢奋不退的高潮。江湖是没有水的，江湖的深浅却要用剑来测量。有人的地方，就有江湖，与其说江湖是人，不如说江湖就是每个人的心。后生听得满头雾水，望着老者发呆。

若有人进了天宝楼还问：江湖在哪？我会告诉他，这，就是江湖。不信，你在我这端酒碗看看，江湖正酒气冲天地在碗里滴溜溜打着旋。你再喝进去，它就和血不得开交了。江湖就是你心里的漩涡。剑客们总在酒尖上打架，比谁的剑厉害，就像比鸡巴一样。每一剑都能挑起个漩涡。江湖是一只大大咧咧的酒碗，喝了酒的人，就身在江湖里了。天宝楼，也就在一只酒碗里歪斜着。那个后生在这只酒碗里一歪就哪儿也不去了，因为他找到了江湖，也就成了今日的老鳖。

只是老鳖是个胆小怕事的主，这不合我的胃口，但也许正因了这种小心，我才不至于趴下，才能一次一次成为江湖剑客流浪的小站，热闹与快活也就有得看。说实话，我眼里已看过数不清的江湖人物，却没有一个令我心仪或感佩的。是我老眼昏花，还是太挑剔？江湖上有的是毒的眼睛，为什么没有一双能让我看出眼睛里的灵魂？或者说江湖上的人，都是行尸？我不敢这么断定。只是，直到这个人来了，我的眼睛才略感新奇。

他每次都拣西角那张酒桌坐，落座后，总要侧首看看角落里的一钵海棠。他的剑有很漂亮的鞘。他不放到桌上，只斜靠在右下方的凳上。

他跑了那么多的路，却穿一套白色衣衫。只有真正的行者才会使自己的白衫在无止境的行走中，依然白着。

天宝楼是肮脏的地方，楼顶精致的雕饰，人们却看不见，看得见的只是酒或者别的，一个白衣飘飘像戏里人物那般，干干净净坐在这里，真使我这儿有些自惭形秽。没有人能使我产生这种感觉。没有什么感觉，能使我突然自卑。我知道行者是怎么回事。他显然不是那种不剃度而称之为行者的出家人。那种行者是一种选择，而另一种行者却是宿命。我知道他是宿命中的行者归无骥。看来，他走了很久，或很多年。有的人是愈走愈疲惫，有的人却越走越精神，后一种大概一辈子都得走下去。灰尘，马，是他忠实的同伴。我想，这样的行者在路上，也会有过女人。像闪电驰过暗夜，像一朵花，让他突然区别了灰尘。我相信女人只能留下一场骤雨，却留不住他，他却会带走女人的一颗心。

那颗心或许就叫海棠。他裸着心在路上走，因此，我能看见他的灵魂。

什么样的人，既能背负血仇，而又心怀万般柔情？什么样的人，能把一条冰冷的剑锋，走成自己的命运？什么样的人，能在一碗酒中寻找自己的敌人，而接受血的考验？什么样的人，能够以梦为马，永远不愿驰出梦境？

他在酒中提炼杀气。他在酒楼上一次又一次约会死亡，就像一个孤独的人，用自己的背影取暖。我想，作为一座古老的酒楼，我可能是等到了期待已久的客人，我好像看见这样一幅情景：一个剑客，被一把剑牵引着，指向仇人。他要在剑上过渡，剑下面是酒，是江湖的漩涡。

一把剑，在渡一个灵魂。

他只要朝剑下看一眼，就能看到我的脸。

老鳖，他醉了，我看见一个踉跄的身影，从楼梯上栽下去，一身白衣上尽是恶浊的呕吐物。

他醉了，老鳖。

你没见他喝了一整天，是今晚最后一个离开天宝楼的吗？

老鳖，你睡死了吗？

打烊。

显然，我的叫声老鳖听不到，而行者归无骧却醉跌在天宝楼的一摊污秽里。老鳖只顾赚钱，这松垮得像老妇奶子似的楼梯也不修一修。吾操。

第五章

1

睡梦里总觉得有什么在聒噪，醒来才发现是只老雀在窗头叽喳。

阳春书院的酣卧，化解了画师寅的宿醉。当鸟啼将他唤醒，夜雨之后的清晨，整个世界都好像在夜的衣裳板上经过了淋漓尽致的搓洗，现在它晾在阳光下，新鲜而湿润，让人有点激动。画师寅在竹林里的小解也酣畅淋漓，有雨打芭蕉之势。他仰脸看见一对麻雀羽毛蓬松地在枝头调情，有宽衣解带的意思。不一会儿，两个呢喃的声音便含混到了一起，一只趴在另一只背上快活地前栽后仰。画师寅噘嘴试图做一声猫叫。一泡鸟粪准确地击中他的鼻尖，像一撮湿漉漉的石灰。他撂起脚，逃也似的出了竹林。

令画师寅颇觉意外的是，一大早娄妃就差侍女蹁跹送来了几品醒酒果肴和糕点。

蹁跹是那种给人放松感的女孩。她的美，让人一看就懂。咧嘴一笑，世界也就在她一笑里那么单纯，别的就多余了。她对画师寅说，夫人下午要见先生。这倒令画师寅既兴奋又紧张。

画师寅参加了王府的华宴，又赏闻了南国的箜篌，宁王却没有叫他作画吟诗。豫章历来文人荟萃，宁王朱宸豪亦是诗酒风流的倜傥人物，其祖父老宁王朱权曾以渊博著称学苑。对于有如斯背景的王府里才貌出众的王妃，画师寅是有钦仰之情的。他的身心被一种期待主宰，整个上午也便是了无意趣地消磨。当王府马车在阳春书院门口出现，画师寅早已等在那里。他不像是去王府应召的，倒像是去赴约的，也许这一场约会前生就已经注定。王府的马车穿街过巷，画师寅却恍然若梦。眼前仍是昨晚灯火如繁花的夜宴，娄妃华丽的影子在晃动，繁花似锦。

在马车的颠簸里，画师寅觉得生命的虚飘，像一页纸或一片树叶。他好奇于这页纸是怎样获得了重量，使一片树叶不至于被风吹跑，竟然飘入尊贵的王府。生命的轻重，就在这一颠一簸之间感觉了出来。画师寅正想细致体悟，赶车的老忠却勒马说了声：到了。

王府门前的石兽下，一条偃卧的狗，正旁若无人地用舌头舔着后腿间的东西自慰。那东西在画师寅眼里显得鲜艳夺目，十分生动。

2

娄妃在垂挂的珠帘前，像画卷上的工笔仕女。一串串暹罗珠的毫光，使她的神情从仕女的线条中脱现出来。画师寅听见了环佩在向他接近。一只鹦鹉张了张嘴，却没有发出声音，它的脚爪在架上轻微踏动一下，像是一只脚站累了，又将重心换到另一只脚上。

昨夜那场剑，没有惊到先生吧。娄妃半是关切，半是客气地说，她的手指轻轻捏着一条丝绢，像是一抹淡然的风。画师寅不无恭敬地答道：还好。

豫章不似金陵，既无六朝胜迹，也少秦淮风月，却有着一个建都未遂的南唐遗梦。娄妃似在向画师寅介绍一座令她且爱且恼的城，又像在自语：对，是一个梦。她说，先生想必还没去过皇殿侧吧？

是的，夫人。画师寅一时没有把握到娄妃话语的走向，心里没底，答得也就谨慎。

皇殿侧，就像倒塌的白日梦，娄妃感慨。

画师寅似乎找到了下嘴的地方，他认为自己该发挥一下，便说：南唐的都城虽未在这里久长，但李后主的绝世才情，却是在人心里筑起了辉耀万代的宫殿。

那倒是。画师寅不失时机地插话，获得了娄妃的首肯，但娄妃又道：只是李后主那座辉煌的宫殿，与豫章无关。她轻声吟道，小楼昨夜又东风，故国不堪回首月明中。他悼念故国之情，的确可以让我们误读成优美感伤的思乡之句。难得一个国主的词句，能够表达出一份平实的情感。哦，我倒是有点伤风了……

她的话音因感冒鼻塞，使声音听起来不是在上升，而是有下坠之感，仿佛是一种心情。

我不是个太柔弱的女子，却也被风所伤，让先生见笑。

哪里。画师寅本想说点好话，又打住。他预感到娄妃的话并没说完。

你看，宁王是请先生来教我绘事的，我竟和先生讨论起与此无关的话题来。如果先生有兴趣，我倒想先请你看一些书画藏品，或可从中得到先生指教。

画师寅欣然允诺。

后来，画师寅致书金陵画友杨老莲，忆及娄妃领他到王府藏珍阁时说：我看见她轻巧的步态每一次莲移，全身浩荡衣裙无风而动，都能带出王室的雍容大气。

但同时，他在单独第一次和娄妃面谈，又有另一番更为真实的感受。在一个美貌又不乏才情的高贵女人面前，画师寅有些无耻地认为，即使像娄妃这样一个绝代佳人，也会来月经、屙屎、放臭屁、肚子疼，或者脚气之类。除非她真的是画上的仕女。想到这里，画师寅头一次产生为娄妃画一幅仕女图的念头。他为这个念头而疯狂。因为那就意味着，这个宁王的女人可以在自己笔下，随意摆弄。

娄妃在藏珍阁里手拈一支笔，对画师寅说：文人手中的笔，武士手上的剑，自古男人就喜欢这两样东西。她又说，女人是拿不动剑的，笔在手上，也更加地沉，所以要请先生赐教。

画师寅的目光落在娄妃手握的那支笔上。

那支笔，如果不仅仅是一支笔的话，就可能接近一个暗示。

3

宁王府的藏珍阁令我痴迷且沉醉。我在面对娄妃的眼里，甚至有了一种感激。是这个美丽的女人使我与那些隔代大师的神品有了珍贵的际遇。她让我生命的空间在精神上得到了巨大的扩充和伸展，使我感到是在一位女神的衣袂下随之飘飘遨游。

阅品是在她纤指的引领下进行的。我竟像一个初次接触玉体的赤子，在神性的指点下寻找攀登一座圣山之路。我没有想到竟会在王府藏珍阁一窥诸多神迹的堂奥。

在那次见面中，娄妃没有出示她的画作，却让我尽情欣赏了她的藏品，像是触摸她最隐秘的部分，我就这样开始走近一位绝世美人。藏珍阁不乏历代大师绝品，也有当代名家佳构，甚至还有我的数幅惭愧之作。真正让我大开眼界的是赏阅了五代山水画家董源的绢体《潇湘图》，画僧巨然的《烟浮远岫图》和《山居图》，此二人皆为豫章钟陵人，在这里读到他们的真迹，有一种特别的惊喜。而能一睹滕王李元婴当年所作的《滕王蛱蝶图》，更叫我喜出望外。

滕王蛱蝶江都马，一纸千金不当价。这是久已有之的说法。那么多的蝶一经展卷，便让空气中弥漫了香气，一百只蝶在这古卷里意态翩翩，一百个春天同时出现在眼前，这是多么伟大的表现力，又是多么脆弱的飞翔啊！蝶，飞翔在纸上，纸就是它们的宿命之地。一百个春天同时在纸上出现，一百朵火焰，就是蝶的翅膀，就是画家疯狂自焚的激情。也许就因为这，我在万般惊喜地阅赏这幅极品时，竟然泪流满面。

夫人，恕我失态。这幅百蝶图，它是在等一个人的。一幅绝世的作品，只是为一个人而作的。没有为万人所作的道理，因为这个世上的知音，也不是代有其人。那么多大师孤独一世，他们只将自己一生的体悟放在一幅作品里，这幅作品就是他的信物了。大师撒手，信物却要在世间代传，其代传的目的，就是要为孤独的大师找到一个读懂他的人，这个人就是令他画出那幅画的原因。夫人，这幅画，使我看到了自己的前世。你看，这意态翩翩飞翔的火焰，又在印证我的今生。夫人，你的丝绢上沾满我的泪痕，不是我的本意，而是滕王的蝶，从我的眼睛里飞出栖息到你的丝绢上面。

蝶的飞翔是因为脆弱，才打动了你的心。我想，我这是在作诗了。我的诗应该是题《滕王蛱蝶图》的，却是写给你，夫人的，或许我该用你手拿的那支笔，题写在这幅丝绢上。这幅丝绢，就是一只蝶呢。我把佯狂与感动都写在上面。让这只蝶飞在你手上，你看，我是这样地成了藏珍阁的一个痴迷者。对于我，一次美妙的阅品，就是一次物我两忘的痴狂。

后来才明白，我和宁王都触犯了一个相同的禁忌，就是不能做的事我们偏想去做。他要击穿比自己强大何止百倍的朝廷，去取得世人的拥戴，而我却要在一座王府的心脏，去爱他的妃子。在这一点上，我们以最大的不同找到了相同，也就是共同命运的悲哀之处。因为这个世界是有很多禁忌的，但在禁忌面前我们都成了勇士。真不知道是欣喜还是悲哀。

4

在娄妃眼里，那次藏珍阁里的画师寅，就是一只蝶。

蝶的翅膀是自由的，但被它所追逐的美丽香气，却会成为蝶无法逃脱的宿命。娄妃说。

画师寅感觉娄妃的见解是敏锐的，往往一针见血。

她没有寻常江南才女那种丝绸般的纤细薄丽，反见一种纤丽中积累起来的厚重，那种厚重在她身上就像一只胎瓷里的黑暗，甚至使如她肌肤般细致脆弱的胎瓷因承受不住，而可能碎裂。

娄妃是一种危险的美丽。恰似《滕王蛱蝶图》里，在伟大与碎裂边缘的飞翔。这种飞翔中，画师寅和娄妃的眼睛从容相遇。娄妃的目光深长隽永，一条波光粼粼的秋水，清澈而碧丽。直觉告诉画师寅，没有谁能驾驭一条秋水，却会被秋水所覆盖。

她对画师寅谈到一次春游中所见的，一个不为人所留意的细小画面，说一只蝶在飞舞时不慎跌入了路上的水洼，居然怎么也挣扎不起来，它的那只同伴便绕着水洼翻飞，行人过来，飞着的蝶便拼命往人身上撞。它是在干什么呀？一只飞舞的蝶，竟是想以自己微薄的力量阻止行人对跌在洼中同伴的践踏。那么小的一点，明黄色的一点，它那同样小的动作，使我看得惊心动魄。娄妃说出蝶的时候，她的眼里便有明黄的翅膀，像太阳下的两点火苗，倔强而妖娆。

娄妃说话很轻，语速疾徐有致，吐字清晰，如空中的一根丝线，空间虽大，那根线仍在视域中。只是她的这番谈吐，使画师寅看到的那根丝线是在风里惊险地舞蹈。

一根线的舞蹈虽然美丽，却为不能成为挽救一只蝴蝶的力量而悲哀。

5

时近黄昏，画师寅打算告辞，娄妃说宁王已备下饭了，说要与先生共进晚膳。画师寅说宁王真是太客气了。娄妃却说应该的。

晚膳在别致而高雅的王府右花厅举行，娄妃没有参加。宁王朱宸豪竟叫了宋之白、叶知秋、龙正广和郦大千作陪。从情形看，这几个人和宁王十分亲近。桌上的菜没有昨晚的隆重，但更精细。

朱宸豪一上来就说，能请到先生来豫章，是我平生夙愿，也是王府幸事。昨日一点风波像是为先生佐兴，却怕是惊扰了先生，今晚特为先生压惊。画师寅说宁王言重了。朱宸豪说：哪里，先生之名仰慕已久，今日我们能共聚一堂，把酒言欢，实在是前世之约和今生之缘，殊为难得。我当先饮为敬。画师寅亦起身同饮。随即叶知秋、龙正广、郦大千也各自敬了画师寅一杯。

客套过后，朱宸豪坦然表露出除了让画师寅指点娄妃丹青之外，更希望能到王府任职共同谋一件于国于民都有大益的事，并明言在座者都是同道中人。画师寅赶忙回拒道：我仅是一介文人，闲散惯了，不是干大事的料。

画师寅知道此时稍一松口，后果便不堪设想。朱宸豪哈哈一笑，边伸筷子为画师寅夹菜，边道：所谓一笔好字，二等才情，三斤酒量，四季衣服，五子围棋，六出昆曲，七字歪诗，八张纸牌，九品头衔，十分和气。我宁王府从不供养此类清客。我需要的是像先生你这样令天下人心仪的大才。

画师寅甚至是有些慌乱地说，宁王的抬举，画师寅万万担当不起。

面对画师寅的执意不允，朱宸豪仍以他的谈话风格，直陈而又不失温雅地说：先生肯定听说过征服天下者为豪杰，征服自己者为圣贤。他炯炯的目光在笑容上闪烁，有一种雄性动物的魅力。

画师寅苦笑道：豪杰是我仰望的，圣贤也不是我的心愿。朱宸豪却抓住他话里的缝隙，直指画师寅内心也不肯承认的隐痛。

你落魄，是因为你的杰出。那些比你平庸百倍的人却爬在你头上，或享受高官厚禄，他们害怕你的光芒，才要把你尽量雪藏。这是时代的诟病。当今皇帝只需要两种人，一种是宦官，一种是女人。他认为宦官——这种阉割了的动物没有侵占女人的欲望，但没想到他们有腐蚀国家的欲望。当皇帝在豹房忙于与女人周旋时，国家便成了权阉的一己私利之物，而攀附权奸者也能得到好处，那个阉人瑾公公不是自称满朝公卿，十之八九皆出我门吗？我常常痛惜先祖大帝打下的江山何以沦落至此，它太需要人来改变和恢复一个国家所需要的阳刚与雄健之气了，太需要真正杰出的人为之光荣地付出了。

对于宁王雄心和理想的这番披肝沥胆的坦陈，画师寅觉得不无道理，也使人心惊。尤其他的话语在雄健中又充满沉郁，令画师寅无法将其人与野心二字勾划为一处。但对于他的恳请，画师寅又一时找不到合适的回应，也没有使他满意的回应欲望。

画师寅甚至试图努力将这种谈话纳入共同有兴趣的题旨上来：你为什么不可以做些自己喜欢做的事呢，比如写诗作画。

朱宸豪笑着说：上天没有赋予我那么多才情。我不能像你那样，既能享有诗名，画又那么卓绝。所以我只能做宁王，并且干我该干的事，但不一定是我真正喜欢干的事。你也知道我们这个国家太古老，它的规则不是为游戏者订的，而是限制大多数人游戏的规则，同时又是少数人可以肆无忌惮不按规则游戏的保证。因此从古到今，总有人大胆犯难，来做着逾越和破坏规则的游戏，尽管其结局是为规则所制裁，但他们的行为一直在揭示那些规则的不公正和巨大的不合理性，这为他们无谓的牺牲找到了有谓的牺牲价值或理由。

话说至此，宁王还拉着画师寅的手，在酒桌上动情地摇了摇，又意味深长地说：我羡慕你，这是心里话。如果我们一直朝前走，那么身后很多东西就值得怀疑了。这样，你不要急于答复我，好好想想。豫章虽不比金陵，还有些地方可以走走看看，改日我陪你逛逛。

画师寅坐在朱宸豪对面，望着他，仿佛望着一场风暴，巨大的风暴就要从眼前刮起。画师寅不愿卷入，却又有点莫名的激动，或许是感染，或许是他潜意识中也有某种平时压抑的想法，被刺激得抬起了头。

龙正广边说笑话边使劲吃酒，一介武夫的他也豪爽得可爱。宋之白知画师寅昨夜醉得厉害，便间或为之挡几盅，这令画师寅感激。叶知秋是俊雅之士，风流倜傥，说起话来即便是戏谑之言，亦堪玩味。比如在谈到友竹花园的蕊夫人时，他说：蕊夫人是一件精美的雌器，有一种令男人不安的本事。龙正广就大声道，你肯定领会过她不安的本事喽。众人就大笑，画师寅也跟着笑。

只是画师寅的笑，有些不自然，好像是被诈出来的。笑着笑着，他感到舌苔上有点苦涩。他矛盾地想到了阳明君，又觉得其实不该想他。这个世界充满陷阱。画师寅得出这样的结论时，又觉得自己已落在早就守候在那里的另一个陷阱里。那个陷阱便是痛苦。

次日，画师寅原本与宋之白、叶知秋约好去游青山湖，然后饮酒。谁料一场雨把事搅了。画师寅只有在阳春书院望着窗外发呆，间或拿一本书读几页。那本书在来豫章的客舟里就快读完了，只是一落脚，反而搁了下来。余几页，偶尔翻翻，都是心不在焉，读了也像没读，于是再翻好像总读不完。这次也一样，才溜几行，又扔下，侧耳听雨——屋瓦上在过千军万马，那么多蹄子竟不会将瓦踏破，挺有意思。这一定是支天兵天将的军队，不然，哪这么神奇？画师寅胡思乱想，不觉靠在椅背进入浅睡。他觉得骑在一匹马上。

马在空中飞，他头上也有更多的飞马。

有人骑在马上舞着刀剑，刀剑又变成了鸟的翅膀。大地折叠在它的羽毛上，画师寅也仿佛骑在一只大鸟上。

鸟在慢慢变小，他预感到危险。鸟变得根本载不住他，画师寅不得不站起来——在仅容一足之立的鸟背上立着。鸟飞不稳，乌云如泼，大风如劈，画师寅几乎立不住了。鸟，眼看就缩成拳头大小，他身子一歪，天哪！竟栽了下来……

第六章

1

我姓卜。卜万苍的卜，我就是卜万苍。宁王府管家。我的事，就是伺候主人。主人在府内各处堂、房、馆、厅、楼、阁、庭，或随便什么地方出现之前，我得先将一切安排妥当，然后像一撮灰尘一样，回到门角落里去。偌大个王府，只有门角，才是我真正的位置。你要像一撮看不见的灰尘似的随时候在门后，等待主人的传唤或吩咐。一个好的管家，或许就是主人房门角落的忠实灰尘。从小就在王府做事，我已伺候了两代宁王。这么多年来我学会的最重要的事，就是不去考虑自己无法决定的事情。宁王府的事，没人比我更清楚。

我从不向谁透露王府隐私，你看得见牙齿后面的污垢吗？

这么大一座王府，竟占了豫章城的十分之二三了。院里有庭，庭中有院，院里有的是花园、门廊、亭台、香径、小桥、水榭、楼阁、假山、树荫；几百间屋子，屋里有房，房内有室，室中有厅，厅里有轩，等等。那是繁复、曲折和幽深。多少年下来，王府的花园、房屋角落藏的事，多着呢。知道主人的事却不多事，是一个管家的原则和本分。我的任务，就是帮助主人把事处理好。

一个管家要有一双看得见事的眼睛，但这双眼睛很多时候，你只当它瞎了。当主人将我从门角落里唤出，我想大概一般不会有府内琐事要我去办，而是一些别的，府外的，甚至更远的事。比如我受主人郑重托付，携重金赴金陵去见名画家画师寅，聘他来王府做事。我不可偏废，不可唐突，不可大意，我总能将事办好。我不问办事的目的和意义，只听从主人的吩咐。

有时是一个暗示，或一种眼神，我都能领会。

我知道王府长期处在一种抑制，甚至被朝廷乃至多重势力的提防、暗算与谋划的凶险中。主人也不乏性命之忧。我想，有时我办的一些事，就是为他分忧的。为此，我不得不买动死士。他们在我的授意下为主人办事，很少有活着回来的。每思及此，我都有说不出的感伤与落寞。

我宁可只单纯地做一个管管王府大小家事的管家，哪怕挨挨碧薇夫人的骂，受受娄妃和小姐的责怨，甚至为不慎窥探到一对兄妹在王府银杏掩映中交合、老宁王当年与儿媳碧薇之间的风流勾当而忐忑不安。这些感觉与买动死士行事相比，我觉得都只属于一种繁复、暧昧的王府气息，它的另一面又显示了欲望不竭的王府的腐朽活力。

也就是说，王府的欲望，有时是赤裸裸的。

当它不慎暴露出来的时候，就像一支鲜艳的花，红得使一只手在它面前，都会感到害羞。

2

混沌闷热的天气，使宁王府花园的各种花木异常茂盛，王府大殿及附属建筑却明显露出衰破景象，散发出潮湿的霉味。

管家老卜几次想着手修葺王府事宜，都被宁王制止了。

用不着重修什么了，原来什么样子就让它什么样子吧。他目光炯炯地看着管家老卜说，我想不久就会有一座更大的王府在等着我们。

管家老卜知道保留王府原样，是老宁王朱权临终前的再三叮嘱，目的是不要张扬，以免朝廷的说辞。但不久就会有一座更大的王府在等着我们，他就不甚明了了。

更大的王府？管家老卜喃喃自问，在哪里？他摇摇头，还是没搞懂，又不敢问。只有将重修王府的事，再不在宁王面前提起。只着人照例将王府门楼、廊柱都新漆一遍。

其实管家老卜提出修葺王府的建议，更多还是娄妃的意思。

她早就对这座陈旧、衰破的以致愈显沉闷的王府不满了。

她甚至不愿待在王府的任何一间屋里，只要天气稍好，她就会和侍女君枝在王府后花园的凉亭里，或去东湖的杏花楼作诗、绘画以消遣。

王府对娄妃而言，越来越像一个黑色的梦。她早就想营建一个心灵的避难所。或许已经找到，或许那不过是暂时躲避之地。她发现杏花楼这个小小的去处，确实是豫章城里不可多得的世外桃源。湖波如水下沉静处子的面具。风，把灵魂浮雕在水上，白墙灰瓦的杏花楼，静卧东湖之上，如一座坐看风生水起的水观音。两条麻石搭就的小桥，使杏花楼绝尘位于湖中，环水独立。百花洲的芳香从不远的湖心飘逸而来，一扫内心积郁，略作呼吸，就神清气爽。

那天，娄妃是来水观音亭进香的。进完香，到后院散心，便见到"杏花楼"三字匾挂在一座别致小巧的楼上。与楼相连的尚有临水轩和闲云馆。据说是多年前一位赋闲豫章的京官别业，娄妃从心底喜欢上了这里。

回去跟丈夫提起，宁王就说，既然夫人喜欢，我就向住持求下那个地方，闲时你就去那里读书作画吧。

娄妃有了杏花楼可去之后，重修王府的事，也便从此搁下不提了。这日，娄妃带侍女君枝、翩跹去了杏花楼。

碧薇夫人把朱宸豪传到她的慈宁堂，对儿子说，这样下去你会把自己的王妃宠坏的。你要步武先圣，开创伟业，怎能如此萦挂着区区小事又拘于儿女情长呢？

宁王朱宸豪恭敬地侍立于母亲面前不语。

先是有人来王府盗剑，碧薇夫人历数道，再是有人公然敢到王府行刺。

豫章到处都有东厂、锦衣卫的影子。再过几日，谁能说宁王府不会被人放一把火给烧掉。看来，是宁王府的宝剑让人眼热。宁王府也让人挂怀。王府里却大大咧咧，让盗贼、刺客来去如入无人之境。碧薇夫人叹息道，我老了，死对我来说，也只是早一日、迟一日的事。我在闭眼前，还不愿看到宁王府就这么叫人糟蹋了。你是谁呀，宁王？你可别忘了自己是开国皇帝所赐宝剑的当今唯一继承者，是先祖大帝选择了你！难道你忘了吗？

母亲，孩儿没有忘。宁王说，我知道我所要做的。

碧薇夫人接过侍女御香端来的香茶，轻呷一口，由于说了很多话，力薄。手，有些颤。

御香体贴地为之捶背，她看见威严的宁王在母亲面前，竟像个做错了事的孩子，有些想笑。

碧薇夫人把儿子叫过来，好像也就是为了发一通牢骚。牢骚发完了，她又有些怜惜起来。

儿啊，听说那个刺客很厉害。娘对你真放心不下。难道我们府里就没人治得住他？

朱宸豪笑笑，说母亲尽管放心，这是个刺客如云的年代，学会了杀人本事的人，只能靠杀人找饭吃，也就难免有刺客乱窜了。好在孩儿手下的人，也是有些本事的，没人能轻松拿得去孩儿这颗脑袋。

碧薇夫人觉得有不对，儿呀，你这话我可不爱听，没人能轻松拿得去你的脑袋？那就是说，对付刺客，还是没十分的把握喽？

朱宸豪叹口气，又显得信心十足道：刺客行刺，只是一次冒险，这种险有得一次，便难有二次。

那真有二次了又怎么办？碧薇夫人问。

真有二次了，就能把他擒住。朱宸豪不假思索道。

唔，我还是不放心……不放心。

香茶的瓷盖，轻轻揭开，又无声合上。一丝香气溢出，在空中溜达了一下，就散淡了。碧薇夫人手里的一串念珠在动作中毫光闪烁，一只冠犬顽皮地追逐着御香曳地的裙边。

朱宸豪离开，在地毯上遗下一抹淡紫色的心情。

3

出身青楼的碧薇夫人，一直是宁王府的场面人物。在远处，你或许觉不出这个女人有什么特别，走近十步，就能感觉到她的美像杀气一般笼罩在十步以内。她坐在那里，你却会感觉自己是在仰望她。对于整个王府，她有一种虚幻的力量。与她的爱情、两性关系、世子妃、母亲身份等相伴随的，是她经久不衰的艳丽。从早年和王府世子觐爱得死去活来的青楼艳妓，到宁王府雍容华贵的世子妃。她的样子像一个纯洁的非处女，又像一个淫荡的贵妇。她是善恶树上的蛇，也是天鹅湖畔的童话。她是奉献给这个堕落世界的贡品，也是王府的女祭司。

碧薇夫人看似王府的闲置，实质上她对宁王朱宸豪有着不可动摇的影响力。作为母亲，她不是用乳汁，而是用激情哺育了自己亲爱的儿子。朱宸豪长大成人，也就将王府，乃至豫章作为了他激情的磁场。碧薇夫人出生在鄱阳湖畔的一个小城，那是个为达官显贵盛产美女的地方。不过当这个美女长成时，却进了她本不该也最该去的地方，一所类似芙蓉院的妓馆——兰心坊。她的美是为有钱男人准备的。直到有一天，宁王府的世子觐见到了她，便用银子将她买断了，独自垄断她的美，把她娶进王府。

父亲宁王朱权当时颇有微词，甚至反对不争气的世子娶一个青楼女子为妻。但当老宁王看见她那暧昧不明的面孔和眼神时，早已不曾燃起欲火的眼睛，使他马上改变了决定。老宁王同意世子将这个青楼女子隆重地娶进高贵的王府，不过走的却是偏门。她拜见公公老宁王时，发出的声音柔美得如同婴儿的呼吸，令人心疼。

世子妃出身低微，但其高贵的气质让人惊异这种存在的虚幻。在不算短的时期内，那些曾在兰心坊尝过她滋味的人，在与众嫖客的耳语中，完成了她的传说，使别人只能理解或意淫一个普通婊子与一个成为世子妃的婊子之间的落差之美。

兰心坊的嫖客谈起美人来，似乎个个都像大师，当仁不让。唯独几个敢以切身体验谈论世子妃的人张嘴，便都不敢夸口，深恐班门弄斧。兰心坊的嫖客只承认当年与现今世子妃睡过觉的人有资格称大师。后来那几个人隐约间都不见了，便没有人再敢谈论这个话题，可人们知道兰心坊是创造过神话的。

很长一段时间里，老宁王都在暗中玩味着世子妃忧郁醉人的眼神。

世子觐是个风流成性的公子哥儿，他虽娶了青楼女子为世子妃，却仍在外面嫖宿不止，终因纵欲无度，过早出现了性无能，并染上了要命的花柳病。

朱宸豪出生，正是世子觌的死日。其时老宁王雄风犹在，有着武士晚年的阴鸷与威严，他的传奇经历和神秘气质一直深深吸引着世子妃，而朱宸豪的出生也就隐藏着一个天大的秘密。坊间就有暗里流传他是世子妃——也就是碧薇夫人与其公公老宁王乱伦的结晶。

朱宸豪从小受到祖父老宁王的格外宠爱，聘请最好的武师和饱学之士让其习武修文。他威严的面容只有在朱宸豪面前，才会展露些许慈祥之意。

世子妃对于这位曾经追随洪武皇帝打下大明江山的传奇英雄和威严王者，又爱又敬又畏。她既把老宁王视为父亲，又把他看成是对自己身体的英勇的征服者。传说老宁王也由于这份不伦之恋，才出现了生命奇迹，他晚年仙风道骨，活到了九十一岁，而且旺盛的性欲竟然保持到最后。甚至有人认为老宁王最后是心有不甘地死在世子妃雪白的肚皮上。这些说法虽然荒诞不经，却也令人似信非信。

朱宸豪是直接从祖父那里承袭王位的，而他那位风流鬼父亲，至死也不过是个世子身份。史书上称朱宸豪是宁王朱权的第四代孙，将终年定为七十一岁。那年，宁王朱权的确是患了一场大病，是世子妃给了他还阳之力，而那年死去的是他的儿子觌，宁王朱权又活了二十年。这二十年主要是靠世子妃给他行将就木的枯槁生命，注入了活力。据说把朱宸豪与朱权在时间上尽量拉开，其本身就是为了掩藏一段历史秘闻。《大明正史》是皇帝钦定的国史，那么皇族丑闻自然要尽量回避。作为明太祖爱子的宁王朱权与青楼出身的儿媳不伦之果的宁王朱宸豪的身世，自然也要百般遮掩。尽管当时世人都认为朱宸豪是世子觌的儿子，但他身上流着的乃是朱权的直系血液。在成长过程中，他愈发显现出当年老宁王的特征。这一点只有他的母亲——碧薇夫人，才看得更真切。

虽然老宁王对朱宸豪的威严中含有无限期望与慈爱，朱宸豪却不太喜欢这位祖父。他的心里从小只有一个"怕"字，随着年龄增长，他从母亲和祖父身上好像看出了什么。内心的怕，便逐渐转为一种连自己也不愿承认的憎恶感。他只把已故的世子觌看作自己唯一的父亲。尽管他根本没见过觌——那个没有做过一天王爷的原宁王继承者，但他心里只接受他。

虽然这位不争气的风流父亲，在临死前，还给他的老爹宁王朱权找了一桩麻烦，要老宁王关照他在外面养的一个女人。那个女人已怀有他的孩子，他希望父亲满足自己临死前最后一个要求，把那个女人生的孩子，也就是宁王朱权的孙女，接进府。这使宁王朱权老泪纵横，不知是愧疚，还是难过，长叹一声，点了点头，世子觌便撒手人寰。

事后，宁王朱权派管家老卜找到了那个可怜的女人。

女人那里境况很糟，尽管管家老卜进门时，女人可能收拾过，但还是有一股类似腌菜的刺鼻气味。管家老卜当时还年轻，觉得她根本就不如世子妃漂亮，只问了点情况就返回了王府。宁王朱权仔细听了管家老卜的回禀，居然对他发了一顿脾气，宁王朱权说：一个女人把她一个破破烂烂的地方收拾得清清爽爽迎接你的到来，你竟嫌那里不如客栈和王府，这是对一个可怜女人尊严的伤害。要知道她花了多少心思，甚至一日又一日，一次又一次收拾、摆放，有的位置和角度的物品如何放，她反复过多少遍。宁王朱权甚至有些痛心疾首，不惜把话说得繁琐，来强调他的愤懑。他指责管家老卜，说：在你的不屑面前，她努力保持的最后一点点尊严，都被人粉碎了，这是多么不应该，多大的失误啊！你要懂得向那个可怜的女子道歉，向她的尊严低下羞愧的头。

可是，没容管家老卜向那女人道歉。那个女人为世子生下一女，也竟然逝去。管家老卜只有默对着她的尸体，手抱婴儿朝满屋被她曾收拾好的破烂低下了头。

当管家老卜抱着啼哭不已的女婴入府，宁王朱权接过褓褓中的婴儿，双手颤抖不止。他说，就叫这个孩子为朱颜吧。

当然老宁王没有说破，这个颜，是汗颜的颜。他只是嘱咐府中人等，要好生对待这位小姐。

二十年后，当朱宸豪作为长孙和世袭宁王，将朱权的灵柩送至西山猴岭下葬时，他发现那不是一个墓穴，而是一座宫殿，一个王者在另一个世界的宫殿。墓门合拢、封死，两个世界宣告隔开。朱宸豪长长舒了一口气，好像要将二十年来的厌恶情绪一口气吐出来。当他面对母亲哀伤过度而憔悴的面容，仿佛又听到了原先每当夜晚，他经过母亲寝房门前走廊时，祖父在里面威严又有些暧昧的咳嗽声。

朱宸豪似乎明白了母亲的过度伤痛。

4

碧薇夫人更多时候像一幅华丽而绝望的图画，散发出纸人的气息。有时让人担心那图画上的华彩会掉下来，只剩下绝望。但是，每当这时，她又会若有觉察地再将颜料敷上去，并且细细点染、抹匀，描出华光丽彩来。让你明知这是华丽的脆弱和空洞，又不得不承认它是一幅画。

一幅甚至会在你脑海里留下较深印象的图画。

这幅图画使宁王府也变得意象化起来，仿佛那只是摆放这幅图画的一个所在，或者根本就是这幅图的画框和内在延伸。宁王朱宸豪却要让它真实起来，他不想让宁王府只是一个虚设、名称或地址。因为从第一代宁王开始，它就是个具体而真实的存在。它应该有所作为，这曾经是老宁王的愿望，也是在图画中挣扎着不肯凋落的碧薇夫人的愿望。昔日的世子妃，现今的碧薇夫人，也不是一具徒有其表而实已枯萎的美丽标本。

宁王府后花园里有两株银杏，一雌一雄。据说植于南北朝时期，雌树高数丈，荫庇甚大，雄树矮小，两树皆有千年树龄。雌树树杈间挂着许多钟乳石般的赘疣，人称之为奶子。它结的白果无芯，与众不同，人称奇事。朱宸豪出生时，雌树曾遭雷电击伤，雄树矮小，却避过了。坊间传说朱宸豪是银杏树下交合的产物，记录着一次精神的际遇和肉体的合欢。

天授的刑徒，无始无终的苦役者。忍受寂寞、辛劳和月光埋葬的爱情。伐开之后，旋即复合的伤口。欲说而又无言的嘴唇。没有比这更永恒的孤独，月亮里的一个伐木之人。

当时宁王朱权在银杏下的行吟，竟吸引了年轻的世子妃。他的声音迷住了她。他信口吟出的诗句，令她突然有了困惑。这使她第一次在宁王朱权面前和精神的宫殿前止步，当时她正行走在一条与之交叉的花园小径上。她开始瞻仰对方，细心地用第三只心灵之眼打量对方，隐约间她居然在高大威仪的宫殿前找到了一个入口。那里没有守卫，抑或根本就是一个后门。不经意的打开，只是为了透气，或是让同样的不经意者闯入。

不经意的打开对不经意的闯入无疑是欢迎的，那甚至可以被称之为巧合，乃至天意。宁王朱权和世子妃的灵魂就是在这种情境下际遇的。

后花园的银杏，千余年来好像也就是为了等待这样的际遇在下面发生。

那些树身上充满生命力的奶子，像是打开的欲望，无遮无掩，散发出一种古老原始却撩人的气息。

当世子妃初次与朱权灵肉相碰时，竟有了似乎未曾有过的处子般的感觉，她已记不清自己的初次是怎样的感受，却对与宁王朱权的灵肉之遇记忆犹深，甚至潮红突起，面颊上接受了感激之泪的施洗。

在她忘情地接受施洗的快乐时，曾问过宁王朱权，你当时吟的那首诗真好听，像是在说你自己吧？

不，宁王朱权说，是月亮里的吴刚。

你就是吴刚。世子妃娇嗔地说。

那你又是谁呢？朱权问。

——我是你的嫦娥呀！

噢，好一个嫦娥。宁王朱权拖长声调地说，他的声调里充满了感慨和玩味，甚至还有生命深处的感激，世子妃便咯咯地笑。

前世，那是个什么概念？那么遥远，而今生的他，又这么近，近得成为一个两人之间的秘密。近得成为一种不伦的苟合。仿佛因为前世有过的爱，今生在一起便成了罪。宁王朱权曾感叹、内疚、抱愧。他说，我是个罪人哪！

世子妃果决地道，王爷，你没有罪，罪孽深重的是我。

怎么是你呢？那罪起码也由我和你共同承担。宁王朱权抚着她的手，像抚着一件生命中的珍品。他无言地垂泪，摇头。世子妃的心却在哽咽，她真想面对这个父亲般的男人放声大哭。她要为自己早年沦落青楼的美丽而大哭，她要为自己找到的丈夫竟是一个放荡公子而大哭，她要为自己爱的男人竟是自己丈夫的父亲而大哭，她要为自己的儿子竟是乱伦之果而大哭，她要为自己与心爱的人亲热时所发出的快乐呻吟要像吞咽苦果一样咽进肚里而大哭。

世子妃觉得，她活到现在，比什么都更迫切需要的，不是别的，就是一场大哭。

6

从慈宁堂出来，朱宸豪觉得阳光耀眼，像是银亮的刺，扎得眼疼。他一趔身，走上黑瓦朱廊的荷池曲桥，便略放慢了脚步。朱宸豪的心情像桥一样，有些曲折。荷池的绿色，使他的眼睛感到放松。一袭妖红的裙子和袅娜身影，像是被绿风拽住的梦。在九曲桥中间，朱宸豪与飘过来一般的妹妹不期而遇。

朱颜问：王兄何去？

刚从母亲那儿来，朱宸豪有些陌生似的看着朱颜妖红的衣裙，好像眼睛被绊住了，嘴里却说：你，一个人在这里赏荷呢？

赏赏赏赏，你看这枯燥乏味的景致，有什么好赏的。朱宸豪听出来朱颜有点孩子气地撒娇，他只面露一副兄长的笑容，道：也是，改日王兄得空亲自陪你去西山打猎吧。

朱宸豪口里随便说着，就要继续往前走，他想甩脱眼里那抹令他有些异样感觉的妖红。朱颜竟拦住他。

与其改日到西山打猎，不如今日趁王兄有空，就到我那里坐坐，我陪王兄下棋品茗如何？看着朱颜兴致勃勃的样子，朱宸豪不忍拂掸其意，就说：也好。朱宸豪随朱颜来到藕香榭，天却阴了。朱颜的居室稍暗，有些暧昧，珠帘帷幔慵懒地尚未卷起，里面仿佛保存着一种女主人特有的绮缱气息。

朱宸豪正待叫丫鬟卷帘，就见朱颜以背掩门，靠在门上呼吸似乎有些急迫。朱宸豪知道朱颜有哮喘，赶忙过去扶她，关切地问：又不舒服了？

朱颜喘了几口气，摇摇头，只定定望着他，神情既无助又茫然。

王兄，你知道母亲一直是讨厌我的，祖父死后她总想把我挤出这个门。朱颜说着眼里含有泪水。

朱宸豪安慰，你不要太多心，母亲不过是对我们严一些，我刚才还让她说了几句呢。她也是为我们好。

好？朱颜从牙缝吐出几个字：不是的。

朱宸豪看着她，一时也不知说什么好。他心里清楚母亲对朱颜的态度。朱颜在背地里是暗骂母亲婊子的。也就是说，母亲常把朱颜逼到了绝境的黑暗。

朱宸豪顿时涌出一股怜惜之情，说傻丫头，你是怎么了？他不禁伸手想爱怜地摸摸她的脸。

手，伸在中途竟也突然有了异样感觉，使他心里如受电击般一震。一种在心里无意间潜藏的秘密情绪似乎猛然在空中逮住这只手。朱宸豪知道那是一种可怕的欲念。

那种欲念改变了这只手的目的和企图，让这只手露出原始的性别指向，挣脱伦理中的秩序习惯。正是这种改变，使他被自己的举动吓了一跳。他的手在伸向那张脸的过程中，因仿佛在冥冥中长期的等待、压抑与渴望而颤抖。那柔滑似玉的脸，在他的眼里既充满诱惑又带有冰雪般的庄严，这使他的心在激动中也为之战栗起来。

朱宸豪从朱颜的眼神中看到，她的脸不会拒绝这只手的到来，但也不会主动迎迓，她永远只在不远处端庄地等待。

如果他的手不伸出，就永远触摸不到她的美丽。她也只会默默注视着那只没有勇气的手，在痛苦的痉挛中远离。说不清楚这是为什么。若是那只手伸来，她会满怀感激地让它拥有这张脸。也许无常之伦使她麻木而又混乱，但她需要温暖，在王府这处令她内心荒凉之地，她太渴望一种温柔的抚摸和强有力的拥抱了。内心的渴望，令她失去了反抗欲望的能力。她经常能感觉到欲望之蛇在暗中抬起头来，嘲笑自己。如果阻挡这种欲望，会被蛇咬住。她只有等待事情的发生或者消逝。

朱颜从小对于朱宸豪的默默暗恋，是一种在他们兄妹之情以外的更为复杂而又难堪的隐秘内情。

你是我的王兄，还是我的哥哥？她不止一次这样问。

难道这有区别吗？她仿佛听到朱宸豪在反问。

当然有区别。朱颜说，如果你是我的王兄，我是你的王妹。那仅仅是一种在王府这个世袭荣华之地的等级称呼，像证明我们属于王族一样，存在于这个等级阶层；其内在真相并不直指人伦。假如那不是一种禁忌，在你我面前，就只是一种符号。

如果你是我的哥哥，而我是你的妹妹，竟有如斯欲念，就是魔鬼附身了。

好在你一直是称我为王兄，我一向是叫你做王妹的。

好在……

当朱宸豪的手如获神示，在朱颜的脸上轻轻一触，像一片树叶负载着整个天空的重量，落下来竟是大地不能承受之轻。以致碰触之后，又旋即飘起。

不。朱颜终于也鼓足勇气将朱宸豪要缩回的手抓住。

朱宸豪的手哆嗦着在朱颜的脸上抚摸，似乎在寻找，又似在擦拭一块玉。

朱颜抬起明洁纯净的脸，脸上透出高贵和朦胧的神情。她把朱宸豪的手引向怦然跳动的心房。朱宸豪像一个迷路的孩子被牵引到大地中央，他开始接受导引，重新认识高山与河流，丘陵和草原。他好奇而又紧张地进入了一个陌生世界。

朱宸豪一边追随着朱颜的手漫游，嘴里一边不停地说，这是不行的，我不行。

耳边却是朱颜坚决的声音，你怎么不行？你行！我说行你就行。

噢，朱宸豪喘息着。朱颜也发出梦呓般的呻吟，并口呼哥哥，哥哥……

这种呼叫，使朱宸豪产生从未有过的激情和异常冲动，他的生命之根突然醒来，以致突破了最后一道防线。他像一支激动得有些微微颤抖的箭，穿越了一朵牡丹的躯体。一束光亮透过尘埃迷茫的窗棂，投在赤裸相拥的男女身上，如一件罗丹雕塑。无法克制的情爱使他们的肉体在燃烧，使僵硬的石头得以复活。

一种幽邃的、私密的、生命深层的气息从窗棂中透露出来。从此，只要一有机会，他们便会在没人的地方疯狂纠缠在一起。王府后花园的银杏树下、假山后面、凉亭里、石凳上，以及款款晃动的秋千架上，都留有他们纠结的身影。在他们滚烫的肉体疯狂纠结在一起，宛如一只火炬熊熊燃烧之后，遗下的是时间深处的灰烬。朱宸豪感到他的生命在燃烧中近乎熄止。朱颜则感到她的燃烧刚被点燃，她是从火中取火，而那火就行将熄灭。燃烧将加快它的停止。两个如火的生命，在共同的燃烧中获得各自的悲伤。迷乱的爱，妩媚的情，无缘的性，和挣扎在暗夜的灵魂，如同活剧总在幽深的王府里上演着。

背后一双隐约的眼睛里，这种情形与以往岁月中王府曾经出现的景象，形成了暧昧的情色叠映。那双眼睛里藏了不少王府隐私，也只当视而不见。不为别的，只因他姓卜，卜万苍的卜。如果别人问，卜万苍是谁？他会回答，宁王府管家，并且说：我就是卜万苍。或许还会告诉别人，我的事，就是伺候好主人。然后像一撮灰尘一样，退回到门后的角落里去。

第七章

1

阳光从高处俯冲下来。整个天空仿佛驾驭着阳光，把它变成一股暴力狠狠地砸向地面，砸向大地上一个孤零零的影子。那是风也似的马，一个骑手，在承受或者逃避阳光俯冲的暴力。马腾起黄土、灰尘，像一股和阳光厮打纠缠的烟。一个骑手也就在滚滚烟尘里没命地折腾。这鹰一样的汉子，为了在大地飞翔，身上矫健得没有一点赘肉。他未必异常俊美，却异常令人赞叹。

一匹马在奔跑，那是四条腿搬动肌肉的运动。

马的肌肉，像一块块组合为马的形状的石头。它奔跑，如同风把一座石雕搬移，那么快。四条腿的运动，受命于风，像是划开大地与空气的游泳，让有着石块般肌肉的马，成为白色活雕。这就是名为风奴的骏马。有人惊叹于它的骏美，不由感叹：马驰骋于大野，而听命于天庭，是距人最近的神。大地随着奔跑在移动，河流改变方位，青草列队与奔跑并驾齐驱。天空把太阳抛到后头，也就是为了朝这种奔跑接近。诗者看到：马的眼里永远有一种哀伤的隐忍神情，永远有一种让人激奋的冲动，永远有泪水——代替大地与奔驰的泪水。天、地、河、山，同步朝马奔跑的方向归位。没有一个比骑在风奴身上的人更像王者。谁是风奴的骑手，谁就是王，谁就是悲悯大地的情人和永生永世的行者。

多少年了，一颗皮开肉绽的灵块被太阳剃度，归无骥就与马交换着身体，让万物从马腹下消失，行进在那条通往太阳或地狱的路上。身为流浪剑客，羁旅人生的行者，归无骥在行走和舐血刀锋的生涯中，捕获到时间与大地的浩渺乡愁。在时间的意义上，此时与彼时，我们都是异乡人。此生与彼生，也只是刀锋的一道闪光。一个浪迹天涯的人是大地之子，这是孤独行者获得的最大安慰，也是一个旅人对自己生命的最大奖赏，除了一匹马，他还把整块大地献给了自己。然而，行者并非天生就与灰尘、烈日、孤独、汗血为伴。他是帝京名臣归有亮之子，曾经书香满室，花气沾衣，也有志读书求仕，做一位像父亲一样的正直官员，为民请命，书剑报国。可是险恶世情和残酷现实粉碎了归无骥书剑人生的壮丽梦想。

他目睹了一位大臣被迫害致死，又遭逢父亲被谋杀的惨痛。

2

那是他感觉最冷的一个北方的冬天。清晨，归无骥和往常一样在庭前吟诗，隔墙院里突然传来喧嚷声，他端过一把竹梯，爬上去探看究竟。墙头有盆海棠。他知道邻家主人是位受人尊敬的御史，姓郭，笔头很硬，人称铁笔御史。郭御史有两个女儿，是一对美丽的孪生姐妹，唤着青衣和烟罗。她们的莺声燕语吸引了少年归无骥的注意。隔着花墙，归无骥看见她们羞涩的红颜，他心如鹿撞。对于归无骥而言，那些在诗句和幻想中自恋的年代，是芳邻的姐妹花帮他提早结束的。从此，每天早晨的吟诵，他都感觉到有美丽的耳朵在墙那边谛听，这使他的吟诵于抑扬顿挫里添了些缠绵悱恻的东西。

不可触摸的美

在接近中消失

一捧乌发，三颗贝齿

——《美人》片段（今译）

郭御史与归有亮同朝为官，他铁笔上疏，弹劾权倾朝野、只手遮天的大宦官司礼太监刘瑾毫不含糊，称：此贼不除，国无宁日。谁知奏疏反而落入他手，瑾公公嘿嘿冷笑，一张脸，如皱巴巴的黄纸。次日，就有锦衣卫来郭府敲门。

圣旨到！郭宝仪接旨。

郭御史赶忙到院中隆重跪接，见瑾公公一脸坏笑，心里明白了大半。当听到他照本宣科似的吐出满嘴不实：郭宝仪居心叵测，混淆视听，攻击圣上，狼子野心昭然若揭……

郭御史气怒攻心，全身颤抖，说不出话来。瑾公公宣完旨，走到郭御史面前，挖苦道：皇上待你也算不薄吧！想不到你还有如此不忠不良之心。他进而羞辱说：难道你的心是黑的么？

什么？郭御史从茫然与激愤中缓过神来，他感到自己最神圣的地方受到了嘲弄与伤害：你说我的心是黑的？！他血着双眼盯住瑾公公：我倒要让你看看，一个忠臣的心，是怎样的颜色。他从锦衣卫腰间抽过一把刀来，朗笑道：哈哈，你们可看好喽。他转过脸，又面北而泣：皇上，我也请你看看，臣这颗心到底是黑的还是红的。说罢，撩开袍服，一刀剖开肚子。

家人惊叫，哭嚎，像一锅粥，瑾公公也吓了一大跳，别！别动蛮呐。

郭御史弃刀，发疯似的往肚里掏摸着，两手血红。

肠子哗啦啦涌了出来，拖拽在地，沾着灰土。郭御史嘴里还不停地说着，我要让皇上看明白，我的心是红的，是一颗忠于皇上的赤诚之心啊！

瑾公公以大袖掩鼻，挡住呛人的腥热气息。哎，哎，我说御史大人，你这是干啥呢？有这么扮忠臣的吗，你当演戏呐！皇上会看你这样子么，快把肠子捂回去，捂回去……

郭御史被这么一说，好像糊涂了，又似真听了瑾公公所言。

戏？戏！他口里念叨，果然将涌出的肠子往回捂，却怎捂得了。他大呼一声痛啊！栽倒于地。家人全扑上去，哭喊一片，凄惨之声仿佛惊落了漫天大雪。

严寒中，郭御史剖腹的肝肠热气腾腾，一种刺鼻的血腥逾墙而来，归无骥震颤已极，眼内鼻中淌出的竟不是泪涕，而是血。

竹梯也好像承受不住如此巨大的愤恨与悲恸，在颤抖中发出吱吱的声响摇摇欲坠。

归无骥一不留神，从梯上摔了下来，墙头的那盆海棠也砸在旁边。

锦衣卫在瑾公公的指使下，将郭宝仪抬走，并开始了对郭府的全面逮捕、抄家。

在翻天覆地的折腾中，院这边的归无骥躺在地上没有起来。这时一匹白马窜到庭中，后面追着的是老家人归叔。他嘴里骂道，这畜生怎么往这里跑，要惹来祸还是怎的？

归无骥认识这匹雪白的骏马是郭家的爱物，叫风奴。

风奴极通人性，它是发狂似的踢倒了数名锦衣卫之后，身带几处刀伤，躲过魔爪，溜入归家大院的。它一见到躺在地上的归无骥就用舌尖舔他的脸，向他求助。归无骥起来抚着风奴的脸，拍拍它的脖子叫归叔走开，我要收留它。

归叔就急：公子，你会惹祸的！

什么祸？今后有谁问，告诉他们，我就是风奴的主人。

归无骥还说，风奴是匹马，它怎么着也不会堕落成为人。归叔有些摸不着头脑地应了声，就收拾地上破碎的海棠花盆去了。无骥抱着风奴的脖子，仿佛从中闻到了郭家姐妹的气息。她们也一定这样抱过风奴。

风奴的伤口在滴血，但它没有叫。

那个冬天，被宦官罗织罪名陷害致死的官员达数十人之多。

据说郭御史一家男性大小十余口，被锦衣卫赶到冰天雪地的郊外，逼迫就地刨坑，刨至一人深时，锦衣卫便道行了行了。

一溜与人数相等的十几口坑如地狱之门，黑洞洞地打开着。

坐在华骝上的司礼太监瑾公公点头暗示，锦衣卫便赶牲口似的，将郭家男人们赶入坑里。随即填土，又干又硬的土。

一锹锹下去，只留一个脑袋露在外头。

扔下锹，一盆盆冷水，挟着寒风，兜头浇在颗颗脑袋上。便有脑袋破口大骂，直到冻成一个个冰葫芦，才没了声息，那骂声也像在空气中凝固成了冰雪。

那些或横眉怒目，或悲号欲绝，或隐忍不发的各种表情，也就凝固在一颗颗冰封的头颅上，像雕塑。

锦衣卫校尉向瑾公公报告：血菩提种好了。

瑾公公便似乎自语地说：血菩提，好一个名字，我喜欢。

菩提？菩提。菩提本无树，何处惹尘埃……

被种的血菩提们，仿佛听到来自天穹的梵唱或悲歌，这使他们的临终越残酷，就变成了越为崇高的祭献与殉难。

然而，残害并没有结束。

一个满脸络腮黑须的锦衣卫手拎一根大棒走过来，他在一颗血菩提前站定，用脚踢了踢那颗脑袋，硬邦邦的，他呵呵一乐，竟是满脸快意的做游戏的神情。

姜茂，看你的了——有锦衣卫在喊。

姜茂将木棒夹于双腿间，朝手上吐了口唾沫，使劲搓搓。再握起木棒，煞有介事地向后扬起，然后嗨一声下去。

棒落头飞——像击出的一球。众锦衣卫一片喝彩。

姜茂好似不为喝彩所动，他眯缝着眼睛，只注视那颗冰葫芦似的头，脱离埋于地下的身体，一路在雪地上滚了过去。

滚至一匹马的蹄下，那马正在踏动蹄子，一脚就要踏碎那颗头。姜茂的木棒飞砸在马颈上，那马负痛后退，跑开了。

这时，一伙锦衣卫也各拎木棒，一个对准一颗头颅，像打马球一样，挥棒击下去。

那些头颅，有的像球似的滚离了身体，有的像玻璃花一样碎裂，白色的雪地上尽是滴滴拉拉的脑花和肉屑。

姜茂的手不为人知地捡起了那颗头颅。

那是被抬着埋入坑的郭御史的头颅。这之前，他就死了。他双眉紧蹙，痛苦的神情一如生前。

姜茂用一块布将郭御史的头颅包起。他的动作很仔细，很小心，与刚才的样子判若两人，好像生怕惊扰郭御史的魂灵。

风裹着雪，像沙粒一样从眼前掠过。姜茂的眼神空洞而荒凉。

3

一群全身甲胄的武夫站在大厅两边，看被迫害的女人裸身跳舞。那是一种深度惊恐中的舞蹈，所有武士面无表情，仿佛像他们身上的盔甲一样冰冷，只有女人在动在跳——在以求生的形式舞之、蹈之。

据说郭家的女眷没有被锦衣卫种血菩提。她们在被关押折磨了几日后，便像堆五颜六色的破烂被驱赶到一条河边。河不宽，冬日的水也被寒气封锁着。

锦衣卫放几匹铁甲马往河上来回审。河上的冰就裂了，铁甲马随冰跌到水里，又挣扎着往上蹿，愈发撞破了更多冰，河上就裂开了一道破破烂烂的口子，直抵对岸。那几匹马折腾尽了力气，也像沉重的铁沉入了河底。

锦衣卫要郭家女人剥光衣服，不允者就用刀剑挑开。谁反抗，立斩河中。

女人们只得哭哭啼啼地把自己身子脱光。

寒冷，粗粝而灰暗的河边，转眼便出现了一群挤拥在一起的白花花的女人体。羞辱，饥饿，寒冷以及对死亡的恐惧，使她们的身体哆嗦不已。

一旦全身脱光了，赤裸地暴露在死神面前，反而没有人哭，也没有人叫。人的衣服作为身体的最后一道防线都崩溃了，那就意味着彻底的失守。哭泣甚或喊叫，那是在似乎觉得这有依傍，乃至可能得到什么救援或悲悯的情况下，发出的诉求与哀告。只有年纪大的家人，将年纪轻的女人遮挡在自己后面，以此来形成一道不是防线的最后提防，但这种提防一看就是脆弱的。

现在这群背向冰冷之河，面朝无情刀剑的赤裸待屠羔羊，她们内心所有的除了恐惧，就是彻底的绝望。

她们不知道自己为什么要被赶到这里，不知道锦衣卫下一步要对她们干什么。她们在惊恐、寒冷中瑟缩着。两个锦衣卫抬来一筐冒着热气的馒头。女人们饥饿，却没有人敢上前。锦衣卫从赤裸的人体里拽出几个年轻的女人，年纪大的要拼命阻拦，被锦衣卫打倒在地。被拽出来的女人中有青衣和烟罗两姐妹，她们开始蹲着，以掩藏着不被完全暴露自己的羞处。

锦衣卫拉着她们站起身，一个邪头鬼脑的校尉专门用马鞭在女人的羞处指指点点，呵斥着：把手挪开，挪开！

谁还用手护住羞处，手就遭致鞭击。校尉走到青衣、烟罗面前，她们原本一手护住上身，一手遮挡下体。校尉用鞭子将可怜的手拨开，嘴里还说：嗳，这就对喽。

哦，还是一对孪生姐妹呀！校尉以鞭拨动着烟罗和青衣的乳房说，你们两个，谁大？

两姐妹几乎麻木了，面无表情，只是刷白。校尉的鞭梢在两人的乳房上拨来拨去，嗯，还是让我仔细看看，到底谁大。

喂！站在一边面色铁青的姜茂手握馒头，示意校尉让开。校尉好像才想起什么，噢的一声才把马鞭从两姐妹的身上滑开。那鞭梢在经过青衣身上时，还有意拨打了一下她的乳头。

姜茂手中的馒头就打在青衣脸上，肩上，手上。温热的有弹性的馒头对裸体的碰撞，似乎唤起了人的本能欲望。饥饿的折磨，使青衣不顾一切地拣起打在身上的馒头，狼吞虎咽起来。众锦衣卫见状，也就嬉笑着，拿馒头纷纷朝女人的乳房，私处和屁股打击。看着一只只馒头在女人中这些部位发出肉感的嘹亮的声音，弹跳着落在地下，女人们哄抢而食，锦衣卫们恶作剧般大笑。

在淫邪的笑声里，一丝不挂的女人们啃着，撕着，咬着抢到手中馒头。她们已经没有了屈辱的泪水。一筐馒头，居然唤起了她们的求生欲望和动物般的本能。瑾公公坐在华骝上，乌鸦翅膀似的脸上闪过一丝坏笑。

锦衣卫校尉对郭家女人说，听着，九千岁说，现在给你们一条生路。他的手指向河对岸，谁能游过去，就放谁走，你们看，那边已放好了衣物在等你们去穿呢。

女人们果然看到对岸放好了一堆花花绿绿的破烂。校尉说完，打一匹马下河。那匹马在水里挣扎地游着，终于跌跌撞撞地爬到了对岸。女人们像看到了一线希望，死活就此一途，别无他路。便有人率先下了水，接着众人也就跟着扶老携幼地下去了。水寒，像刀子一样割肉。有的年纪大的一到水里，就不行了。锦衣卫在后面驱赶牲口般地吆喝：快，快点，别磨磨蹭蹭！谁到对岸谁活，快。

河，在枯水季，时深时浅，还未涉游一半，青衣、烟罗回头，就见不少人没入水中，再也没有起来。他们回头拉二嫂，又拽一位小姨往前。

锦衣卫见前面的不动了，就大声怪叫。校尉命锦衣卫挽弓搭箭，嘴里说，谁不赶紧游就射死谁！

嗖——嗖——就有箭在河面击起水花。先是落在人身后，再是左右，再就是实在游不动的人身上。河水开始漂起血红。死神咧开嘴，狰狞的牙缝里发出了凄厉的啸声。人就不要命往前涌。

一番箭射过，很多人的头、身子，便从水面消失了。剩下数人在做绝死的努力，向对岸游去。锦衣卫又开始放箭，一支支要吃肉的飞蛇似的利镞在青衣、烟罗等数人周围左嘶右咬，使水跳跃惊骇的浪花。小姨中箭，扑腾了几下，就没有动静。青衣、烟罗和二嫂，好不容易才踏到了一处水底的高地，看看离岸不远了，青衣咬咬牙说：我们能活，我们死也要死到岸上！

妹妹们，你们快游。二嫂也中箭了。两姐妹伸手去拖，二嫂便用水击打她们，叫她们快游。这时一支箭就朝烟罗飞来。二嫂也不知哪来的力气，居然飞身跃起，用自己的身子为烟罗挡住了一箭。那一箭深深地扎在二嫂的左乳上。她的身体仰倒在河里，两只乳房像两座小小的冰峰，在水里时隐时现，一杆箭像支孤零零的旗杆，插在上面。那是死亡的峰巅插着的看不见的灵旗。

两姐妹好不容易游到了岸边，烟罗发狂似的喊叫：我们可以活了，爬上岸。又将青衣艰难地拖上来。二人又把一位不知不觉也游过来的婶娘合力扯上岸来。

烟罗一屁股跌坐在地上。青衣仍伏在岸边喘气，她仍赌命似的咬着牙道：我说过，我们死，也要死在岸上。

婶娘摇摇晃晃地站起身，身子便受电击，她迸出一句呐喊：锦衣卫，不讲信义的狗——贼！便歪了下去，像融化的一块冰，她背部插着夺命的箭。

河这边，姜茂一把将弓从校尉手中抓过来，折成两段，他的脸色很难看。

校尉不满地跑到瑾公公马前，想告状，瑾公公一摆手，说：由他。

归无骥听说郭御史一家男女老少三十几口就只有那两姐妹虎口逃生，流落去了南方。父亲归有亮得知郭御史一家遭难，连呼五个惨字。

惨。惨。惨。惨。惨哪——

他拼将这官不做了，上朝直陈宦官刘瑾残害忠良的恶行，要皇上当机立断，为国家除去毒瘤，根除腐恶，还朝政以清明。

少帝面对归有亮的痛言直陈，对瑾公公的作为也感到心惊，他问侍立一边的瑾公公，有这事吗？

瑾公公恭恭敬敬地说，回皇上，瑾公公日夜小心侍候皇上左右，怎么会做出这等事来。恐怕是归大人误听了小人谣言，还请皇上明察。

少帝看看一脸愤懑的归有亮。又看看跪伏在地的瑾公公。有些左右为难，但他还是说，我大明皇朝，朗朗乾坤，是容不得这般龌龊事的，也不应会有这等事情发生。此事定要查明，有个交代，他转头又对归有亮道：归爱卿，你也不要总是神经兮兮，危言耸听。大明皇朝也不像你说的有那么腐恶。若是我满朝是腐恶官员，怎还容得了你这样的大忠臣呢？

两旁官员就笑。瑾公公知道少帝是在为自己说话，就用眼风斜睨归有亮。

好了，散朝。

4

事过不久，归有亮就在天宁寺进香时遭暗杀。

归无骥遣散家人，将母亲安顿去了老家乡下，便骑上风奴负剑出走，浪迹天下。他出行的那日，天色似锅底一样烟黑。不一会儿，便有雨滴打在脸上，有点像铁器，使他感到这个季节的严酷。他身上的剑，乃是他背负的血仇。追寻到天边，他也要复仇。他打探到暗杀父亲的刺客叫利苍。

利苍是个剑术高手，同时又是一个只为钱卖命的刺客。对于这个职业刺客，归无骥甚至认为自己的复仇值得怀疑。他当然知道刺客背后的元凶是谁。

那不仅仅是宦官瑾公公，还有皇帝。

也就是说，他的复仇指向很可能是一把剑所无力承担的，但他背负了这把剑，就必须找一个剑客来复仇。因为，他毕竟直接杀死了父亲。

他已经觉得自己的复仇指向可能没有终极目标，甚至其终极的指向是他难以抵抗，或根本无法抵达的。他的马即使像箭一样射出去，也许却离目标越来越远。也许最终他可能以漫游来消解那一目标，他的行走生涯，还带有一种找寻的目的，对于那对苦难中美丽姐妹的寻找，也是他此生和复仇连在一起的最大目的。在以后的日子里，他常梦见繁花满枝的古树，树上缠绕着两个裸蛇般的妖娆女子与之吻交。那树曲折生姿，有时是女子的肢体，有时是树本身，柔软与坚硬，是梦中的感觉。

一株开满繁花的《诗经》中的古树，如树精，美女之形与少年交合。归无骥就是怀着这样一幅梦中的景象开始了他的寻找。归无骥扬鞭催马前行，回望抛在身后的帝京，在马蹄踢起的烟尘中渐渐隐去。

归无骥想自己这一去，也就成了这风上苍茫远逝的灰尘。天空往高而更高处退去。天本身是只飞行的大鸟，不断把他扔向大地深处，使他有了遗世的孤独与荒凉。有时整个天空就像一块黑色的石头，漫无边际地往下压。在它与大地相交尚存一线之时，他必须驱风奴拼命往前奔跑，用锋利的奔跑，把天地的黑暗之力永远隔开，像是挫败一种阴谋，他用奔跑切开。像刀锋从天地中间拉过去，拉出一道耀眼的口子，使刀锋带血。速度、激情、蔑视死亡的力量，令他的生命如刀。那刀发出锋利的呼啸。风奴疾速驰驱，奔上山冈。无骥和它共同注意到一只鹰，那扶摇直上的鹰是负重的，像一个搬运工，它把大块乌云往高处背，越背越高，直到乌云消失，大地上只剩下一只鹰的投影。马追着鹰影奔跑。鹰的影子在马的嘴边，马不像豹，可能会去捕捉或把它吞进肚里，吞进去的是鹰的幻象，是虚无。但它也能飞起来，马是驯良的动物。

当马纵上高坡，归无骥放目四望，夕阳已用血彩涂红了山冈，大野无言，广漠而苍凉。归无骥，归无骥。——燕然未勒归无计。

归无骥喃喃吟诵着范仲淹的词句，泪水就像小虫在脸上爬动。此时一种浩大莫名的忧伤如一只巨手触摸他的心头，像天边的一块云，原来是灰色的，在他的心头擦拭之后，便是殷红的，能够拧出血来。当狂风吹拂他的身体，马的长鬃猎猎飞扬，他就承受到一份地老天荒的伤痛。浩荡天地，心头血。

卷叁

雪墨

　　据说书空剑，也是师父从司空图的绝妙著作《诗品》中悟出来的，不是像我胡思乱想的那样，师父是书生。师父写诗，但他的诗秘不示人，写完即毁。也就是说他的诗是不属于笔墨与纸张的，而是属于风，属于广大的空间。这是师父悟出书空剑的原因之一。

第一章

1

我看过不少人，只稍微在锋刃上溜达了一下，就不见了，像很不错的风景，没留神，骑马掠过，你没机会打马回头。

剑客消失在剑上，比好看的女人消失在人群里还快，比漂亮的表妹变为别人的老婆更容易。当然，我也听过不同说法。说一个剑客的修炼与努力，就是要和一把剑彼此共销短长，或共较短长。前一种是共存亡的意思，我懂。后一种就是要让剑客的命把剑比下去，也就是和剑较劲，剑亡我存。这我就觉得糊涂了，那好像不该是剑客做的事，是铁匠的活，一榔头下去，把剑打折了。就这么简单，用不着修炼那么费力，否则就成仙了，那都是扯淡的事。其实，命是被剑拎着走的东西，我们都是剑上的过客。

很多时候，剑客利苍都想找人谈谈剑，谈谈死，或者问问这究竟是怎么回事。他想过不少，但得出的结论是自己不喜欢的，他很想听听别人还怎么说。

他觉得这个世界真正能与自己谈剑论死生的人不多，甚至很少，不会超过三个。一个是他的朋友，也是同门师兄武史，利苍喊他阿武。

少年成长，同门学剑，师兄弟自然无所不谈，只是武史后来悄然下山，没了音信。利苍记得很久以前，和师兄在坟地里屙屎，面对一座大坟，刚好遮了光，那时利苍还没这个名字，仅仅是师父眼里的小徒，师兄面前的师弟。

墓碑挺大，残损斑驳，是有年头的，两人苍蝇般的眼光在漫漶的字迹上爬动，也失去了辨识与耐性。喂，阿武，你说这坟里躺着什么人？师弟问。

阿武道：死人呗。

师弟：死人？依我看，这死人生前风光得很嘞。阿武颇有兴趣地说：我看这人是个武官吧，那活着该是又威风又带劲了！师弟说：那你说师父不做官，就活得没劲了么？阿武说：师父是师父，他是自找的。师弟：你这是什么话？我可不爱听啊！阿武不耐烦：听不听由你，我这么看就是。师弟：你是瞧不起师父！阿武：我可没说这话。师弟：你就是瞧不起师父！干吗还跟师父学剑啊，你不是人！阿武撸起裤子说：我是说你学了剑总得发挥用场，能当个官自然是顶好的。师弟呸一声，顶好个屁！我就瞧不起。

得得得，阿武只有撸起裤子走人，留着师弟蹲在坟头生闷气。

利苍那时候也只一心想成为一名剑客，他知道师兄武史聪明，悟性极高，对很多事都有自己的想法，但忽然一日，便不辞而别地下了山。师父很生气，不许人去找他，血着眼说：谁去就杀了谁。

听人说师兄武史投奔了正在附近一带剿寇的阳明君，杀贼立功做了官，也有人说他为阳明君卖命，为贼寇所杀。总之是没确切消息。后来又听说师父拜把子兄弟的山寨当初是师兄带阳明君的人去挑的。利苍对这消息半信半疑，师父听到后脸色极难看，像是被人抽了嘴巴子。利苍对师父说，这消息不确切，师兄不会干那事。师父只闷头嗯了声，便不言语。利苍倒有点手足无措，他隐约感到武史人恐怕是太聪明了。聪明人歪脑子一动，就难琢磨，更难防范。

阿武师兄……不该是……那样的……人？利苍在心里还一直是给这位师兄留有位置的。

2

另一个能与他谈剑论死的，是他的敌人，或许是生命里的最终对手。

他们可以谈，却一直没有开口，但也许在天宝数见面后就已经开始。环顾当今天下，能以生死之论下酒的剑客，恐怕只有他们二位。利苍当然知道他的名字，也知道他有匹叫风奴的马，那是一个精灵，一个活的白色魂灵。利苍印象很深。有风奴这样一匹骏马的人，名字居然叫归无骥。这就很怪了，仿佛是一种炫耀。归无骥，可能就是一踏上复仇之路，便打算不回去的意思吧。利苍想。

归无骥寻了他三年，走得面黑人瘦，一副行头，却是白衣飘飘，这一点就与利苍很不一样，他喜欢黑色，像死一样的那种黑。终于还是让人给黏上了，便穿州过府地撵下来。在十三条路上，杀了十四条恶汉。那些人的命，都不能抵他的命，却增加了那把剑的血腥与杀气。那是一把可以用血来写诗的剑。那把剑很焦渴，里面的灵魂揪住了谁就不会放过。利苍有时候听到那把剑在喊他，要收他的灵魂。利苍闷声不吭。行者归无骥就是神的剑使。利苍明白，这个世界上，很少有人配当剑使的。一把藏有不散血魂的兵器，是少有人能把握得住的，因为他握着的不是剑本身，而是死亡。这种死亡看似送给别人，其实也留给自己。只有一个内心充满死亡的人，才能运用一把死亡之剑，并用它写死亡的诗。利苍料定归无骥是诗人。就为一个背负死亡之剑的人，利苍认为他们应该在酒和意念乃至生死之上，都有得一拼。

这一拼自从在天宝楼相互碰上面，似乎就已开始。他遇上了那把剑，仿佛是遇上了死者的灵魂。一个背负血仇的剑客，见到了苦苦寻找的仇人。哪会没事一样，一回又一回相互像约好了似的坐在酒楼里，安安静静地喝酒呢！利苍每次都客气地向对方点头。归无骥恍若未见，只静静地坐在那里，静静饮酒，每一次都像一种仪式。他眼睛微闭着，像是小憩。利苍一端酒，就感到了对方的意念。他碗里的酒，在震动，像是有个看不见的东西在酒下。酒中心就升腾起一股杀气。

利苍没放下了酒碗，他脸部的肌肉像被蜂蜇了似的弹跳了一下，便集中意念，凝聚内力，一口将大碗酒焖进肚里。心中就有剑的攒刺。那已经不是一把剑了，是归无骥与剑融为了一体，和利苍在酒中较量。他们先是在酒底下，两个人像要拼命摆脱液体的阻碍，艰难举剑刺向对方。

奋臂，腾身，呼吸，转首，呐喊。剑或者酒，在动作里既间接又连贯——一切都是慢的。

然后是在酒面上。白与黑的两个身影随酒香腾身而起，在酒楼的梁柱上游走，顾盼生辉兔起鹘落。修长的锋刃，照亮了古老的斗拱飞檐和梁柱上早已黯然的花纹图案。他们的身姿轻盈得像一种气体，一种很香也很浓烈的气体。这使他们的剑术和姿势都是优美的。

他们的厮杀，也就仿佛成了一种各自舞剑优美姿势的比较。

这种比较是不分胜负的，像是进入了轮回，又似堕入了永劫，只是不计成本的优美剑术在源源不断地挥霍，再挥霍，如同一场豪华的奢侈的醉舞。

或者，这两位剑客的胜负，只能由神来裁判。

他们如受神示的剑法，就像同一种灵魂里两种才华的此起彼落。这种起落又仿佛是彼此的仿制，在优美的较量中形成一种对称。

黑与白，在这里如同两个意象符号。在剑法对称的展示中，天宝楼的雕梁画栋、飞檐琐窗，都充当了他们精湛剑艺的绝妙挥洒空间，让古老建筑的细部——先辈能工巧匠的技艺，在剑光的辉映下呈现了瑰奇绝特的气韵和繁复典丽的表征。翘檐、琐窗、画柱、斗拱、雀替、梁雕……谁能说这些多少年前能工巧匠留下的杰作，此刻不是为这场若受神遣的剑击提供了慷慨陪衬。

在这种空间的剑击里散发出浓郁的酒香。酒，似乎也是专门为剑提供的。酒香中旋转的剑，像一个遥远年代的繁花。在旋转中繁花竞放的朝代，剑气与酒香流光溢彩。酒香迷醉美人，剑光映出桃花戴露的容颜。美人如酒，才子似剑。剑气酒香酿成一首春风摇曳的诗。那是一个诗的时代，两个被那个时代遗忘的才子——沦为了风尘剑客。繁花的幻象变成了刀、扇子、剑，或者酒。

酒——养育一代天才，也毁弃一代天才。扇子打开刀剑，羽毛飘落，让锋刃带血，或轻轻关闭书生的命运。这就是，后繁花时代。

黑与白，在时间的遗忘和历史的记忆以外比剑。感伤的剑，悲怆的酒，组成了一场意念中华光遍地的浩荡醉舞。在醉舞中，有着对往昔繁花竞放岁月的怀念与凭吊，也有着不能摆脱宿命的绝望。

剑越美，就越感伤。酒越浓，就越悲怆。两个剑客在梦幻与现实之间打斗、游走，仿佛是以自己优美的剑，提醒人们的遗忘。这场剑，如果谁能看到，谁都将过目不忘。然而这场剑，谁也无法看见，它只发生在两个剑客的意念之中。

归无骥睁开眼，天宝楼里什么也没发生。

苍蝇仍在乱飞，屋梁上蛛网盘结。酒家仍穿梭于酒桌之间，酒客用脏话说笑，无比快活地喝酒。一场意念中的大战结束。利苍心境平复，为遇到真正的对手而庆幸。他端酒，朝隔数桌之距的归无骥致意。归无骥没看他，却举碗。一只豆粒似的蜘蛛哧溜落在酒里。归无骥弯指弹飞，那蜘蛛竟攀一根丝，荡秋千似的飞往别处。归无骥把酒咕噜噜饮尽。他身后花架上的海棠颤了一下，没有风，归无骥却感到一袭风从心头拂过。他轻轻吐了口气。

那个黑色身影已然不知去向。

3

除了武史和归无骥，还有一个跟我谈剑的人，是师父。

师父甚至没跟我谈过死，他就死了。师父是个真正的剑客，但他死的时候却像一位圣人。师父一辈子书读得多，亏也吃得多，这使他教导弟子说的话全透彻着生命的修炼与智慧。孤独了，寂寞了，犯糊涂了，我就很怀念师父，真的很想师父能再活回来。师父终究是个书生啊！他教弟子学剑，总是从学理开始——从学做人开始。

他说：做个平俗的人，但不妨拥有一个高贵的灵魂。

高贵在哪里呢？高贵就在于你有的时候还必须有一种自我忠贞和弃绝的精神。如果你是一把剑，就必须忠贞它而弃绝一把刀的诱惑，这就是高贵的表现。

师父的话，弟子记得很清楚，但都不能做到，以致一个成了叛徒，一个沦为刺客。师父生前孤独，死后也是孤独的。因为他的弟子不仅在行为上离他甚远，在灵魂上，也不属于一个轨道。孤独，也就成了师父的永劫。

师父曾说：没有一个人能够进入另一个人的内心。朋友，是那些在内心周围摸痒的人，是围着你的孤独当热闹看的人。而敌人，却有可能在你的内心出入。

当朋友在很近的地方向你敬酒时，他的心有可能离你很远。当敌人在远处虎视着你，他的心距你最近，他一出手，可能击中你生命的死穴。一个内心离你远的人并不可怕，一个整天挂记你，把你装在心里的人，如果他不是你的爱人，肯定就是最危险的敌人。那些在你噩梦中出现的人，你又是他们的噩梦，但他们是你的梦中之恶。要提防他们，最好用剑去守护自己的大门。

师父的这些话，实质上是他一生苦涩中感悟出来的生命果实，表达了他对弟子的深切关爱。

师父早年是吃过不少亏的，甚至也犯过错，但他能像圣徒那样反躬自省，晚年在教导弟子时几乎成了一个哲人。他总是说：人们总是有一百种推脱责任的理由，却没有一份承担责任的勇气，这是多么的不对啊！可有时，师父又会伸出一只拳头，说：拳头上的理，往往大于舌头上的理，这是因为舌头说理的时候，禁不住拳头的武力。但两只垂下的手，即使有握成双拳的能力，却也只能成为舌头的俘虏。师父教弟子学剑，先说：语言总是告诉你感觉，无法告诉你真相。他随意剑尖一点，道：剑尖比舌尖更能点明事情的真相。一个剑客在剑面前，只有住口。但师父一直没有住口。师父是诗人。面对春天满目飘零的桃花，他要弟子们在花雨中练剑，弟子们兴起，便喜欢剑点乱落的纷红。

师父手执一卷《诗品》，在一边就指出：不要将花瓣当作剑锋，否则张扬了，放肆了，却不小心闪露了杀机。师父有着雅士情怀，他是惜花的。弟子们不知道师父剑客平生，杀过多少人，但他们知道师父的文人情结，是那么悲悯而柔软，像一块丝绸，在冷然中闪着柔弱的光芒。师父对武者身份及其兵器有独到的认识。他说：兵器对于一个以武为生的人来说，有时就是生命，他不以此为业，也不以此为生，若以此为生业，乃是对兵器的最大亵渎，只有迫不得已，才以此糊口罢了。正如诗人从不以诗为生存之道，而把它置于与生命同等的高度。手抚长剑的师父，对剑的光芒充满怜惜。

他对弟子说：真正的剑客，仅把自己作为拥有此剑的短暂保管者，故为客，而非它的永久主人。他甚至语带锋芒地说：爱剑的人，不能占有剑。师父知道我是个爱剑如命之徒，这话像是对我说的，我心如撞钟，却把剑握得更紧了，似乎唯恐被师父夺去，我真是无可救药。

师父说：剑客应当认识到生命有限，而剑无限。剑客的一生无法丈量剑身之长，更无法量出它的无限之长。宝剑的锋利如此深远，像是无底的黑洞，一把宝剑要经过无数个主人，它以此测试主人的品质胸襟，技艺和生命的等级。哪怕是一个乞丐，却也有可能是个人格与剑格同等高贵的剑客。外在的形式对一个剑客而言，永远是一种假象。低劣的剑客，即使他是一位将军或王者，他的生命也是低劣的。永远无法与宝剑相等，更不能凌驾于宝剑之上，但一把宝剑却有可能会尊重相貌丑陋而又身份卑微的主人，因为他从不以剑谋食、谋位、谋利、谋权，他只把剑作为一种高于生命之上——大于生命而监督生命，甚至纠正生命的完美形式，而不将其视为生命所用的工具，这就是：剑之道。

师父面如秋水，语言如冰。一切视剑为工具的剑客，皆为剑道的背叛者，必将被剑所杀。师父所论的剑道，充满了文人气质。师父将手中剑一直是看成书生所用的毛笔的。师父所创的剑法是书空剑。书空剑不过是充当了师父从书生到剑客的角色转换过程中的另一种书写形式。书空剑在师父手上是优雅而抒情的。

曾经书生的师父不再用毛笔将心境写在纸上。他化笔为剑，将满腹浩茫的心事，乃至苍凉与悲情，书写在同样浩茫的空无中。师父这一笔，改写了文事，也改写了武学，更改写了自己——使自己由一个懦弱书生，变成了凛然剑客。这是一种无能的力量。师父的角色转换，乃是因为洞悉了书生的无能——毛笔、纸张与墨的局限与乏力，根本无法承担一个剑舞血飘的世界——它使任何笔墨的书写在其面前都失去了意义。师父终究是位诗者和哲人，他的剑不是用来解构世界的，而是作为与铁血世界保持的一种相应对称，以此平复自己的巨大失落与内心恐慌，及由此造成的对世界不信任的置疑。

也就是说书空剑所指涉的虚无之境，是从对世界的怀疑而通向否认的，它的终极指向，是对世界绝望部分的消解。

师父以剑书写——大道日丧，若为雄才？壮士拂剑，浩然弥哀。把对于世界的失望、迷惘乃至苍郁悲凉，通过超妙绝伦的书空剑法，书写在无有的空间——这是巨大的追问与寻找，还是更为巨大的浩荡失落——那是晚唐司空图的诗——师父心境的怆然写照。

师父的书法风飞云动。一旦从纸上挣脱出来，剑书空，飘若惊龙。诗、书、剑三绝，便是绚丽、悲怆的绝景。师父持剑清修，他欣赏的是：魏晋人物晚唐诗。

师父告诫弟子说：练武，不是打人，是练心静，练到心平气和了，天下就再也没有动刀动剑的人。

我想若是心平气和了，江湖也就不存，好汉也便潦倒。一个练武的人突然怜惜生命，一把剑突然怜悯自己的光芒。

师父的剑法里透着一股阴气，这是来自他早年对书圣王义之启蒙师卫夫人书法意境的神往，他把剑意融化其间，嘴里常念道：碎玉壶之冰，烂瑶台之月，宛然若树，穆若清风。他一边舞剑，姿势如出自他嘴中之词，一边赞叹：真是大家之风！他接着舞剑，也连着吟道：卫夫人书，如插花舞女，低昂芙蓉，又如美女登台，仙娥弄影，又若红莲映水，碧治浮霞。我在旁边看着，插嘴说：师父，你再这样舞下去，就成个舞女了。师父突然止住，袅娜的身姿仿佛还在剑光里，对我板脸说：你小子懂个什么，还不一边去。我自然知趣，口中喏喏地走开。

有一次师父练剑的时候，一只蝴蝶在飞。师父的剑法在自由中有些放纵，蝴蝶张开的翅膀，像女人敞开的大腿。我看见师父将蝴蝶一分为二——两片轻薄的花瓣，东飘西零。

——好剑法！

我不由叫了一声，师父收剑，脸色十分难看，像是被人窥破了隐私。

大概是我不该称赞他的剑法，或者他将蝴蝶作为求证其剑术高超的借假物，是不愿让弟子瞧见的。也许师父和我想的一样，蝴蝶张开的翅膀像女人敞开的大腿。嗨，蝴蝶是自由的。

4

剑必须动起来。惊动。闪动。跃动。游动。灵动。刺。击。掠。挑。袭。动的时候，剑意优先于灵魂，一把动起来的剑，能看到它的灵魂。它的每一个动姿都是考究而华丽的。一把不动的剑只是静物与最无用的装饰，它是对剑本身的反动，但一把动极的剑又是为了生静的。一把大动的剑没有动姿，只有静姿。甚至一把大静的剑，正是收藏了所有动姿的结果。只有大动中的不动才是真正的静。大静中的不静，则永远只是小动而已。

许多年以前，隐居于西山飞天崖的一代著名剑士传授剑艺时，对自己唯一的弟子这样阐述着剑理。弟子茫然看着师父，一脸云遮雾罩。这个弟子是聋子，著名剑士只对聋子授剑理——说出他一生的心得。他不希望一个既有耳朵又聪明的人把自己毕生所悟都轻易拿去，他认为那有违剑理。

剑就是要人练的，练就是过程，需要痛苦的付出和时间。他的弟子背负偌大的师名却两手空空。

弟子在外面挨打，丢剑士的脸。剑士不得已，才教一招半式。那个弟子好像是我的师祖，师祖曾说：一个剑客最大的愿望，就是想公平地在同等位置上，和那些叫叫嚷嚷的自以为了不得的家伙打一架。可他总处于不公平的劣势，没法打。因为他是先天不足的残疾。这是老天对他的不公，还是世道对他的薄待呢。他整天挎一把破剑，衣着邋遢，一身破烂地被一群也带着剑，却身着官府制服的人推着、搡着、挖苦嘲笑着，你也配带剑么？你也敢自称是个剑客吗？你这叫花子。

我怎么也想象不到，我的师祖竟是那么不堪。师父说过：一个武者一生中最大的愿望，就是和对手公平地打一架。不，这话最早是从师祖口中说出来的。

这种愿望在我心里竟被一种无处不在的世俗力量所瓦解，一把剑的意义也遭到了质疑——大道日丧，若为雄才？壮士拂剑，浩然弥哀。

第二章

1

师父复姓司空，单名一个朔字，读书人出身。我混迹于江湖的名字利苍也是他取的，他说利苍原本是个古老剑客的名字，那个剑客一生只忠贞于一把剑和一个女人，但他是个国王。我是个草民。我的命落草而生，也就像草一样贱，一点也不高贵。师父说，你有了剑客的忠贞和弃绝，就会想像国王一样高贵。我嘿嘿地傻笑。在傻笑中接受了师父的崇高命名。我的头上就像戴了一顶王冠。这顶王冠使我觉得像只猴子，我经常自问，我是不是利苍？

我甚至也想随便将利苍女人的名字——辛追，随便赏给一个女人，那个女人最好是个婊子，因为只有从婊子身上我才能获得王者的喜悦。

我不像那个叫利苍的王者，我只是一个叫利苍的剑客。我师父司空朔创造了剑客利苍，这使一介草民的我一生仿佛都是对利苍的一个模仿。而利苍只是徒有虚名，它甚至也不是一个影子，这使我从中只能获得一种虚无的力量——就像师父教给我的书空剑。

书空——就是从虚无中去取得一种力量。那种力量是大无中的大有，无用之大用，无能之超能。师父说，这是书空剑的真谛。

师父虽从小好剑术，却醉心举业，总想博个功名出人头地，竟磕磕碰碰，累试不中，便收了这个念，一心于剑术。师父终生未娶，也不沾女人。他只和我谈过一次女人，那就是利苍的老婆，据说很美。师父像个圣僧。洗澡的时候，我看过他的身体，白得像女人。

师父是书生。师父的剑是儒剑，极讲究武学修为和文学素养。我原来根本就不知道文学这种屌事，跟着师父学，也就懂了些皮毛。师父独辟蹊径的书空剑，是前无古人，独步当代的。书空剑是一种文化，也可能是一种哲学。说彻底一点，司空剑是师父。或者，司空朔也就是书空剑，这中间没有什么啰嗦。

我当然不会认为师父是个性幻想者。性幻想者，多半无能，书生也无能。或许只能私下暗中猜想，师父司空朔曾经是个无能者，但这并不等于他就是在性幻想般的意淫中悟出了书空剑，乃至说书空剑就是他妈的性幻想，或意淫。我死也不这么认为，这玷污师父，玷污了书空剑。但师父舞了一辈子剑，几乎都是在书空。我当然不认为那是在放空炮。

我的家伙却是要吃肉的，所以我是杀手。师父是书生，书生怎么会没事杀人呢？

可我觉得书空还是一种幻想，或离不开幻想。书空剑的力量与其说是来自虚无，不如说是来自幻想。而且，这种幻想需要很强的意念，才能发挥很大的威力。

我有时就是把剑指向幻想中的女体练剑。

书空——小白长红越女腮。——李贺。

剑指美人，或脸部肌肤——云想衣裳花想容——李白。还是美人——剥光衣裳的美人——脱掉了云的月亮——想歪了——剑反而刺得更准。我就是这么无聊而没名堂地练成了书空剑。

我不是书生，所以你很难令我在练书空剑的时候不乱想。一支剑在虚无中乱划，特别是按一些字体笔意来的时候，比如草书，你不由不会觉得这是在和幻想中的女人乱搞，这种可耻的想法随剑与我相伴。直到我后来搞了一个女子，当时还不能算女人，是我把他从女子搞成了女人。我就将辛追的名字给了她，我像一个真正的王者那样，颁封了一个王后——她是婊子，准确地说，是我把她搞成了婊子，也变为了王后。这是我的一项无耻杰作。但是没有谁对我这个无耻之徒说，你真无耻！

这是什么年月？

2

司空朔前生最讨厌的两种人，都被他的弟子摊上了。

一是当官的，一是杀手。司空朔有些偏执地认为，前者卖身求荣，其实师父曾经也是想做官的，只是做不到，所以恨了；后者贪财杀人（我不怎么讨厌钱，但也不喜欢杀人），干上杀手这一行或许是学以致用，总不能将从无能中获取的力量，还是在无能中消耗吧？当然，作为师父的弟子，在世上这么混，实在有辱他老人家的英名清誉。不过，我从不向人说出师父的名字，有脸吗？有一首歌叫《浪子》，我很喜欢，歌中唱道：

> 啊，浪子，永不回头是你的信条，
> 不要把我的错误当作你的荣耀
> 江湖邈远，山水迢迢
> 你若回头我就是你的尽头

啊，浪子，伤心不是你的唯一借口

拳头是你疗伤的好药

你早已为一场刀光剑影，提前预订了门票

浪子，我不愿看见你在风中回头

这首歌最早是从师父口里听到的，儒雅的师父哼起这首歌来，龇牙咧嘴，居然有一种野趣。当初只隐约听清他反复唱的一句——浪兮浪兮莫回头。后来我会唱了，词也就越唱越明朗，有了大白话的感觉，是很来劲儿的，也有着恍惚的忧伤。好像这歌儿一唱，就离你原本想亲近的东西远了，另一些模糊的东西却在危险中接近，只是那种危险更刺激你远离过去，而去找寻风中的那个自己。那个自己或许就是江湖上不要的命浪子。是师父对我说吗——浪兮浪兮莫回头。

谈到书空剑，我若不提师父的名字，是对师父的大不敬，更是对师父武学贡献和人格力量的抹杀。我虽是杀手，但绝不弑师。

师父司空朔作为书空剑的创始人，他的名字本身就代表光荣。司空这个姓氏里出过人物，像司空图，《诗品》的作者。师父每日必读之卷，便是《诗品》，师父也爱司空图的诗。他有时闲坐书房，一边读书，一边饮酒，嘴里就会有些声音出来——倒酒既尽，仗藜行歌，孰不有古，南山峨峨。

开始我觉得师父发出的那种声音有些怪，师兄武史说，那是吟哦。吟哦，有些像苍蝇围着屎发出的声音——我这样认为。

据说书空剑，也是师父从司空图的绝妙著作《诗品》中悟出来的，不是像我胡思乱想的那样，师父是书生。师父写诗，但他的诗秘不示人，写完即毁。也就是说他的诗是不属于笔墨与纸张的，而是属于风，属于广大的空间。这是师父悟出书空剑的原因之一。

身为书法家的师父，后来已少用纸笔，只醉心书空。我开始看不出师父如痴如醉地在空中写些什么，渐渐才看出些道来，师父便让我跟着学，行、草、篆、隶，一路下来。说实话，书空的练习，十分枯燥，甚至不如一旁蹲在地下扑苍蝇玩的童子，那一嘴鼻涕，一脸乌黑的样子，既专心改志，又满是快乐，使我对童年深怀留念。我静不下来，心猿意马，不得要领，师父教我摒弃杂念，专注于所书的字体笔意，先用手指，再用树枝，然后才用剑。与此同时，师父又教我学诗，他要我在书空中将我所掌握的剑术、书法及文学糅合在一起发挥出来随心所欲——这样我有时也能达到如醉如痴的境界了，我基本上走的是师父的风格和路子，剑不离诗。可我不是诗人。

我没有诗人敏感的气质和把握语言的能力，我没有那份天禀，有时我也想诌几句七言八韵什么的，却总不像，不似师父吟哦成句，出口成章。我不行，估计这也是我修为不够，难成大器，只能做个杀手的原因。唉，有时候剑能使，文却是哭不出来的。

我成不了诗人，只能是个剑客，境界上不去，这是没有办法的事。在我学成下山之日，师父将全部的期望与话语都融入一趟他舞给我看的剑里。

师父其时已臻化境，剑起之时，不似人舞，而是风舞——大风舞剑，气势磅礴，却又不失从容与优雅。——十年磨一剑，霜刃未曾试，今日把示君，谁有不平事。

师父以剑书空的，是贾岛的《剑客》。我知道师父对我的寄寓都在这首唐人的小诗里，可我更喜欢李白的《侠客行》：

十步杀一人，千里不留行。那才叫过瘾，那才是剑客。可以说当时正是这种情怀促使我拜别师父下山的。我的书空剑已无数次练习了这首诗，就差没用到和人交手中去了，我下山就有急于找个对手来较量一番的念头。

这时，师父给我取了个名字，说，山里人和四时草木花卉差不多，只要见了就认识，也不需要什么名字。你这下山了，世界就是个各种名字堆积的场所，人就不能没个名字。

师父想了想，有些郑重地说，你就叫利苍吧，这是位古老剑客的名字，它代表着一种剑客的尊严，不能就这么消失了，告诉别人，你就是利苍。

我像是被师父在头上扣了顶帽子，这顶帽子无疑是带有师父关爱的，他不一定要我用它遮风挡雨，却指望我能行使一个剑客的尊严。

利苍。这个名字使我在某种意义上成了一把剑上行走的过客。

关于书空剑，我还不得不提到司空朔的另一位传人——师兄武史，下山之后，我虽然遵守师训不去寻找武史，但还是听到了一点他的传闻。

武史尽管在我之前就离开了司空朔，也就是说他学书空剑的时间没有我跟师父学得长，但他对书空剑有了发展。他没有走师父剑不离诗的路，而是以文入剑。据说他投靠阳明君，在军帐中当着他的面，以唐人李华《吊古战场文》演绎了一套书空剑。那套剑术结实，沉雄，华美，大气，确乎有浩浩乎平沙无垠的气概。

阳明君是一代大儒，以文官之身而行武事，又是一派理学宗师，便是天下头号识货的主，他喜欢这套书空剑，对武史格外赏识，让师兄在帐下做了贴身武士，随时带在身边。也就是说，师兄武史似乎隐约步上了做官的路，他违背的师训是：不以剑谋位。

我也违背了师训，干的居然是以剑谋利的勾当。我的剑意便是一笔飞白，那或许就是我的人生，我的宿命。

3

司空朔两个弟子都很不争气。可气，却让他当师父的一个人给全争了。他的死，与其说是剑客之死，不如说是一个诗者或圣人之死。师父的最后一战，是一人独挑三大高手。书生打架，总是迫不得已。据说师父是为了江湖的道义，收拾那个出卖草莽英雄的弟子。他单人独剑闯入剿寇大军阳明君的营帐，要阳明君交出弟子武史。阳明君说阁下大名我是听说过的，心仪已久，却不知道你弟子是谁？阳明君显然是庇护武史，拒不认账。师父就嘲讽：你身为一代理学宗师，我也从心底里佩服你的学问，却没想到你竟是一个这么不能见容于天下英雄的人，你将如何向后人交代。

交代？阳明君反问，一点不恼地嘿嘿笑道，灭山中寇是我当世功业，破心中贼，是我留给后世遗产。这样的交代难道有什么错吗？

师父似乎闻到一股老鼠腐尸的气味，他断然中止谈话，大声道：说得好，那只有让剑来判对错了。

师父原本无意来此与阳明君逞口舌之利，他需要的是一种了断。

那么，阳明君也给了他一种了断的方式。

阳明君退入帐后，让手下也是早已成名的锈剑、寒戟、沉矛三大高手来接司空朔的书空剑。

——黑云压城城欲摧。在三大高手的环伺下，司空朔想到了李长吉的诗，他好像听到了属于自己的悲歌。

一位瘦长身材的武士就有些缓慢地，像是做仪式似的抽出一把同样瘦长的剑来，那把剑上生满了锈，呈血锈红。他发出懒散而不经意的声音，说：没想到这把剑锈成这样，是不是我真的太懒了。司空朔道：我好像听说过，一把杀过太多生命的剑，任你怎么磨洗，它也是被血锈包裹着，不是别的原因，而是那把剑上有太多死者的冤魂。锈剑被人看破，脸上便有点挂不住，口里骂道：饶舌！另一位满脸总堆着笑的武士却称赞，司空先生果然见多了识广，倒请先生雅正一下我手上这件家伙。

寒戟。司空朔眼光在笑面武士的手上瞟了一眼，道：一件很冷的兵器，在冰冷的杀手手中，等待血的温度。面对端一把大铁矛过来的武士，司空朔笑了，像是孩子见到了玩具，他甚至不无关切地朝人家说：使这么重的家伙，不累么？

试一试你就知道了，沉矛没好气地回答。

司空朔个子小，仍笑道：看你说的，我一身不过四两肉，怎消受得起你搬这么大的东西来费劲。

锈剑、寒戟、沉矛便都沉不住气了。当三位武士的家伙都向司空朔招呼过来的时候，司空朔便沿用李长吉的《雁门太守行》一诗，化为一路艳光夺人的书空剑，对三样兵器一一予以不客气的雅正。

师父曾说过：一个武者的一生就是希望能找到一个真正的对手公平地打一架。与三大高手较量，肯定不是师父理想中的一架，这一架却要了师父的命。所以师父对三大高手的雅正是带有怨气的。然而师父死在三大高手手上，是他的不幸，其不幸不在于以一对三，而在于他一生都没有找到一个真正的对手。三大高手中任何一个单打独斗，都不是师父的对手，可三人连轴转似的与师父打，情形便不同。师父最终还没有败，他是以胜者的姿势把三大高手送进鬼门关之后，自己才死去的。

4

师父死的时候真像个圣人。十七步以内，是血，兵器和尸体。他的尸体在三具尸体之后，也就是说他是先放了三人的血之后死的，也许这之前他已受了致命伤，等他到了第十七步那个位置，血已流尽。也就是说，他一生中最后十七步是生命的极限，他是在"黑云压城城欲摧"之后，用剩下的七句诗以惊人的爆发力完成的。

黑云压城城欲摧——是他心里的感受，还没有化成剑。化成剑的第一行，也只是个不杀人的姿势——甲光向日金鳞开。他以一把剑的亮度，向三位对手致意，这是一种剑客的礼节。师父曾说，一个武者应尽最大的可能去学习向对手致敬。只有懂得尊重对手的人，才会珍惜上天赐给你对手的这一机会。对手是你的镜子，镜子挂在那里，不是让你去打碎它，而是为了让你改进自己。

师父行过礼，那把剑就不再彬彬有礼了，但仍不失儒雅。三个对手，司空朔每人用了两行诗的书空剑，一点也不轻松。

十七步之中，沉矛在前五步的两行诗意的剑光里挣扎。

书空剑诗意阐释：

1.角声满天秋色里——每一个字都是夺命的剑花，隐藏血腥的符号，充满深秋的寒意和死神的凄厉。矛太重，应付得了那一笔向他袭来的潦草剑法吗？沉矛有些力不从心。

2.塞上燕脂——血肉乍开的意象，沉矛被剑击中腰部。天空下起了雨，雨是红的。凝——他木然，在繁复的剑意中，再次中剑，感到手上拎的铁器是自己生命里不能承受之重。他后悔，当初为什么寻一种这么沉的东西来做卖命的勾当。他想到了老婆，一个娇小轻盈的女人，乳房娇小而精致，他的手太大，孩子，老父，还有弟、妹……夜——雨渐大，他感到了死亡之黑。紫——沉矛掉地，像一根死亡的旗杆，上面飘动着看不见的灵幡，雨使它光滑峥亮，他眼里滚出了一大滴紫色的泪，区别了雨水。全句：塞上燕脂凝夜紫——暴力美学的意境，其本质是抒情的。

书空剑在剑客司空朔手中对于死亡的书写是迅疾的，你还没有感到会发生，它可能就已经结束了。而这种结束在一个人身上形成之前的短暂一瞬如下：

腰上洇红，在出血。

一只手捂住，又放开。那只手似遭血洗，令它都恐惧地离开自己身体的这个危险位置。另一只手从矛上脱离出来，把矛换给血洗的手，然后奋不顾身向血里扑去。

血。喷过五指。腰部以外的空间，有模糊人影在动作，有铁器的击打声。

喘息的，费劲的，被压抑的血喊。黑色的雨。湿意，疲累，疼，沉重，坠落。

夜，像石头一样砸下来。

——沉矛在此刻死去。

5

师父的剑在插上别人的身体时，应该是有快感的。对手越强，快感越大。我不能说这取代了师父作为男人的性取向，或性行为。但至少说明，一把剑在师父手上，在书空剑里，也是嗜杀的，它不拒绝一个使书空剑的人成为杀手的可能。当然，我不是为自己的杀手职业寻找托词，只是想说师父的剑也是会杀人的，师父同样杀人。有关杀人，江湖上的是非说法，是颇费思量的。比如为什么有的杀人者都被称为侠客，而有的杀人者就叫杀手。这些看似人人都明白的理，仔细想一想，就是要打折扣的。我认为这二者有着一个基本相同的事实，那就是谁也不能否认自己是杀人凶手，都是实行着对生命的反动。

但偏有人说，侠客杀人是对杀人者随意杀人权利的节制和收缴，是用极少的被杀，换取尽可能大的人群不受被杀者所杀。从这种意义上说，其杀人是一种对生命的尊重。杀手杀人，是对杀人权利的放纵，他对一个人的所杀，意味着会有人不断被杀，就是说杀手的杀人是一种对生命的极端藐视，他以剥夺别人生命的权利来放纵自己的杀欲，这是犯罪。如果此说成立，或者我也赞同，那么历代君王所杀的人会超过任何一个杀手。一场战争下来，被剥夺的生命尽是无辜，时代的屠手，可以套在每一个伟大君王头上。

江湖为什么不予评说，而充当哑巴，抑或历史失忆，还是健忘。也许我承担不起那么重大的思索。我是杀手，难道我的对手就是侠吗？难道那些已经被我所杀或即将被我所杀的人都那么无辜吗？应该说，没有人敢打包票。谁敢说，只有杀死我的人，才有资格称之为侠。杀不死我，反被我杀的，又算什么呢？我知道，有些以行侠之口杀人的人，实质上就是杀手。有一个判断杀手的简单方式，就是钱。凡杀人动机是冲着钱来的，必是杀手，即使他打着行侠之名，杀死的是恶棍，他也难逃杀手之名。

师父杀了人后便被人以大侠或义侠之名，传遍南北，呼啸江湖。师父杀人，只为道义二字。他也死于道义。可见一个书生杀人的艰难，因为他承担的东西是如此沉重，沉重之下的生命，又是如此脆弱。所以师父那把剑在杀人的时候，也是悲悯的。

寒戟遇上师父的书空剑是——半卷红旗：一把剑带半天血光挥来，他隐约感到那层光芒是布的，柔软的——临：寒戟与剑交碰，剑有偏移——易：戟锋在布上戳了一个窟窿——水：这个字在剑的书空中写法忙中有错，先是自上而下的一笔竖钩，想把人与戟分开，未果；再分别左右各一剑，寒戟右肋被剑挑断——霜重鼓寒：司空朔与寒戟俱受伤；司空朔一气呵成一剑数字，妙笔连珠，繁复变化笔画中的剑，将寒戟置于死地——声、不、起：司空朔在第二个五步中解决了寒戟。他的颈部和大腿也挨了两戟。

半卷红旗临易水，霜重鼓寒声不起——这五步应该是有悬念的。因为司空朔与锈剑交手之后，已有所消耗，他施向寒戟的前四剑虽然凌厉，但已大不如前。这使他的第五剑与寒戟硬碰时，力不从心，没有达到预期效果，至第六剑便有差错，被寒戟找到空隙，一击而中。作为补救，司空朔后发制人的两剑一虚一实，引得寒戟大意，遭创。这使司空朔乘勇追击四剑合一，为寒戟构造了一座坟墓。

他感到了来自墓穴深处的寒意，将寒戟脱手，他的兵器击中了司空朔的腿。这就使司空朔对付锈剑的过程，用了至为艰难的七步，虽然这七步也是用两句诗完成的，只是司空朔的这两句诗解决了对手，也将自己推向了死亡。

——报君黄金台上意，提携玉龙为君死。

师父用自己的垂死，书写了灿烂的绝笔，义无反顾地将生命为江湖道义作出了慷慨的祭献。

6

最后七步之所以艰难，不仅在于师父已受伤，而且对方同样是个使剑的家伙，是个强手。师父在舍命砍断了他的一只手，又刺穿了对方的腹部，那人才歪倒。倒下之前，那把生锈的剑竟然对师父穿胸而过，就是说由于巨大的消耗带来的疲累、创痛与不支，使师父将重要部位暴露给了一把剑。那把剑从前胸贯入，通过内脏，大部分还从背部跑了出来，所有痛感都到他身上来集合了。

剑穿过人体，不像风穿过手指那么轻松，更不像男人穿过女人那么快活。作为穿越——它仅仅是穿越本身——指向没有轻松与快活的死。死亡给人唯一的好处可能就是——终结一切痛感。死亡还可以遮羞，让耻辱终止。

穿越司空朔的剑，带着血使他的生命最终还向前有了一步的延伸。那一步，不是他的腿迈出的，而是剑，敌人的剑，一把是实实在在生了锈的剑。剑尖的血滴在地上，宣告这一剑之步的完成，也证实他这条命——点到为止。那一步说不清是代表他的生命向剑致敬，还是那把剑向他表示尊重。总之，最后司空朔和剑在死亡中合二为一。

但那把剑从他身体的另一头出来，证明它比司空朔的命要长，并且还有一种既含混又暧昧的意思，就好像一个婊子征服了嫖客，或一把剑把剑客鸡奸了。

剑客司空朔几乎是坐在那里死的，断气前，血像喷泉一样涌出来。他先摸了一下颈，那里像一个血淋淋的喷头，使他不知所措。再看看胸前的剑，只剩下一个剑柄，大量的血顺着穿出背部的剑流出，他蹲下身，想坐在什么东西上，但很难。他必须在血流尽以前，把身子安顿好。他让身体挨着一根旗杆顺势滑下来，瘫坐在地，血糊满了脸，有蚊蝇试图在脸上落脚，他挥手驱赶，觉得身体快不属于自己了。

血像漆。他望着身子下的血在爬动，如同活物，感到生命像血一样正从身体里离开。它要去哪儿？他的脸上继而满是不屑，他嘲笑自己的血，像是嘲讽死亡。他死的时候，眼望天空，雨后的天空并不明朗，呈现出黑色，他像在读一首黑夜的死亡之诗，仿佛听到了来自苍穹的挽歌：

> 剖开黑暗的刀，掏出夜晚的心。
> ——梨花带雪，谁暗谁明？

月亮好像传出凄厉的号叫，要唤走他的灵魂。而一丝风从远处牵来一缕笛声，在附近若有若无地呜咽。他知道那是自己的命运之声和生命之弦——断了。

剑客司空朔居然就这样像个圣人般死去。

血在走动，像极浓的墨，它有痛感。血是活的，死者的活力已交给了血，它负载了死亡之痛。血把躯体抛开，在地上行走，像神的泪水。血漫无目的，如同失落，又像寻找。血寻找灰尘，把灰尘握起来，集合成一种形态。血停住，然后凝固，一块血的泥土，或石头。血在大地上的唯一找寻，便是雕塑死亡。——而死亡也不能统治万物，赤裸的死者与风中的人相守，与西沉明月中的人合为一体。

很多年后，有人说：黑云压城的江湖无间道，不论尊卑，每一个粉墨登场者都必须接受血的施洗，无论是主角还是跑龙套的，在舞台落幕之时，都同样绚烂而悲怆。我觉得这话伤感了，却也是对混在江湖中人的一种明码实价的欺骗与安慰。但不论怎么说，每一个剑客，都有自己的宿命，都是奔自己的宿命去的。

在我的最后时刻没到来之前，我要杀宁王。有时候，剑客和杀手的身份是相等的。不沾女人的师父，不杀人的师父，身子很白的师父，书生般的师父，最后不是也杀了人吗？

书空剑不是书生卖弄风雅的东西。师父教会了我书空剑，也就是教给了我杀人的方法。我的剑术越高，杀的人的身价也就越高，拿的银子也就越多。我的命是落草而生的，也就像草一样贱，一点也不高贵。可我总想对几颗所谓高贵的头，试一试剑的锋芒，看它是不是比草更坚韧。等着吧，我的剑是为收割头颅而准备的。我也知道，有一把剑，也正为我的头颅而预备在哪里，像是草丛中隐藏着危险的呼吸。我仿佛又听到那首歌，是师父在唱：

你早已为一场刀光剑影，提前预订了门票。

浪子，我不愿看见你在风中回头。

……

在歌声中，我又好像看到了师父生前龇牙咧嘴的样子，如一只在磨牙的野兽。

——可师父是个书生呀！

第三章

1

书法死了!

画师寅得知残夕来意，作如是说。残夕是为了求索破解书空剑，到阳春书院向当世书画名家画师寅讨教书法的。画师寅的开门见山，令残夕有一叶障目之感，先生此话怎讲？阳光从细竹垂帘的缝隙漏进来，像是经过一道筛，细致匀称如耐心的浅墨勾线，使人的心境在惬意里获得一种蓬松。残夕注视着画师寅的脸，感觉他此时的表情一如水墨，远淡近浓的层次里，有着颇具深意的留白。青色袍袖中露出的手，伸出二指，像张开翅的鸟。飞鸟投林，便把残夕带入一片深远的翰墨濡染中——我们在桌案上写的字，早就不是书法，画师寅淡淡地说。那是什么呢？残夕睁大眼睛。画师寅说：是画。

画？残夕觉得画师寅越说越玄，十分不解。是的，确切地说是画的字，画师寅答道。

画字？残夕有些吃惊。嗯。画师寅取毛笔在宣纸上随意书写起来。那张案几上尽是他仿佛心境无聊时随意涂写的东西，有字有画，皆潦草而零乱。

那什么是书法呢？残夕觉得画师寅是在故作高深，文人都喜欢把一些简单的甚至常识性的东西当作学问来弄，结果事没扯清楚，反而越说越玄乎。这大概是文人的通病，恐怕画师寅也不例外。对此，残夕是不屑的。残夕是文人之子，在毛笔与武器之间，他选择了后者，因为柔软的笔当年无法挽救他父亲作为一介文人的命运。

你所问的书法，就是古人的笔法。画师寅搁下毛笔，说：古人写字，一手执笔，一手举纸，笔法几乎完全是在一种悬空状态下形成的。

悬空？

对。古人为了节省纸张，练字时，只用笔，不用纸，将胸中的笔意在空中书写，那就是书空了。

书空。残夕眼里仿佛看见一个人在书空，衣袂飘飘神采飞扬，他手中挥动的不是毛笔，是一把剑。阳光在剑锋上走动，像是踩着一跟银色的线条，那根线条是活的，在空中舞蹈，如同身子很白的美人，用她的舞姿草书成一个剑字。

书空剑。

书空剑的线条如此华美，又如此凌厉，以致阳光都好像被剑气所伤，花瓣般一片片飘零，变成血似的落红。

桃花乱落如红雨。残夕心里念道，他若有所悟。

看来使用书空剑的是高人。

只有在纸笔悬空时，才能体现书法运笔的真正妙处，画师寅以手指在空中比划，说：书空，方能得笔法神髓，领悟真义，方可至大境。

他停手，收住书空的指头，叹了口气。

——桌案出现以后，就没有书法了，画师寅推案而起，负手面壁。

残夕开始钦佩画师寅的见解，却见他对桌案叹气，像个孩子，是个很纯粹的人，好像是因为桌案，才使他成不了古人，领略不了真正的书法，只能在桌案上画字。可见书画二字原来不是分别指书法与绘画，而根本就是一个意思。书画，就是画字。残夕看了一眼画师寅刚才在宣纸上写的字。

剑。

残夕觉得他和画师寅的交谈没有结束。或者说，才刚刚开始。

2

古人的书法有没有最高境界，那又是什么样的呢？残夕想进一步深入了解书法之道，画师寅轻描淡写地吐出三个字：屋露痕。

知道什么叫屋露痕吗？画师寅指着粉墙上一条条漏雨的痕迹说：你看，这是多么自然流畅的笔法，自上而下，只能发生在一定的空间，是我们在桌案上永远无法写出的。他的袖子在生了些霉的墙上拂过，说：师法自然的古人，视屋露痕为书法最高之境。这一条线，就是一条活生生的笔意。——它仍在动，在教我们。画师寅用手指沿一条屋漏的痕迹划下来，至消失处收手，道：一根如此浑茫的线条是带有神意的，里面藏着很多东西，要我们去领悟古人的笔法追求。画师寅拍拍手上沾的灰尘，说：不要小看了这些痕迹，神的手，将书法留在墙上。

残夕的目光在墙上游弋着，嘴里道：如果我们能用这样的笔法来写字，就是神品了。

神品，画师寅哈哈一笑，神品只掌握在神手中，古人的书法也只是一种接近，这种接近首先在于书写环境、书写方式，乃至书写工具，这一切越简单越接近书法，越具体越复杂，离书法也越远。比如书空，画师寅眯起眼，不无神往地说：古人的书空是化有为无的，所求的首先是一种心灵与自然的相融，书空中拿掉一切书写工具，只剩一根手指，那根手指在空中仿佛是在接受神的点化，在一下一下地叩响造化之门。

画师寅边说，手指也边在空中轻轻划着，好像正在接受神的指引。

古人又是在书空中打开了造化之门，化无为有，从中获得书法。书空是一种修炼，不是每一个书者都可以修炼出正果。古代真正的书家也不是代有人出，而往往是几百年才出那么一两位。

残夕颔首，努力从画师寅的话语里体会另一番真意。画师寅继续感叹道：我们一提笔，就被桌案破坏了，写出来的东西，再怎么看也不是书法，仅仅是一笔破字。可不少人还沾沾自喜，以书法家自居，其实这些人一辈子也不知书法是怎么回事。残夕问：那么，今人怎么不可以效仿古人书空呢？画师寅摇头，我们失去了古人的书空环境，便无法获得古人书法的混元之气，写出来的字再怎么好看，也是死的。

先生是不是听说过书空剑？

书空剑……

对，书空剑。

哦，那是怎样一种剑法？

这正是我要向先生求教书空的原因。残夕又道：先生似乎也说出了一些书空剑的根本，但我还想请教其他一些书理，比如飞白，比如古今字体的演变……

这些都是与书空剑相关吗？

我想是。

噢，画师寅似乎才从纯书法之说里回过神来，我明白了。他说：我不懂剑，但从古至今书法就是与剑法相关，唐人张颠就是从公孙大娘舞剑器中顿悟了狂草的一种笔法。

那么反过来，剑法是不是也可以从书法中获得？

如此说来，当然可以，画师寅的脸上一扫颓唐，露出了甚浓的兴趣。看来话题稍稍加入新鲜内容，感觉就不一样。

我倒要向你请教剑法了，画师寅面带笑意地说。

我不使剑。

那是——

残夕笑了笑，道：非刀非剑，十八般兵器里找不出这样，却又与之相关。

那便是非戈了，画师寅随口道：不是十八般兵器里的东西，却又是兵器，那只能是对所有兵器的反动。

不错。书空剑，也是我急于要反动的一种。

3

飞白。这是个多么有诗意的词呀！画师寅在和残夕谈论飞白之前，先对这个词发了一句感怀。残夕感到了画师寅的细腻。看来在诗人眼里，从来不会错过对美好事物发出感叹的机会，同样不会放过掠过心头的每一丝感伤或失落。飞白最早是一种字体。画师寅说：后来才作为部分笔法保留——但已是一种表现书法者情趣的东西了。画师寅的眼睛望着墙，墙上的那一块有些淡淡的影子，似乎看不出什么名堂。画师寅却道：书者往往在飞白中流露个人随笔而生的最微妙情怀。与浓墨重笔相比，潇洒淡泊的一笔飞白，更能看出书者举重若轻的功力，也尤为书者自己所偏爱。说到这里，画师寅以手指心——因为飞白的笔意即书者。

我在书空剑中看到过飞白笔意，残夕道。哦，剑书飞白？画师寅有点不相信，那怎么可能？

残夕说：它是用血写成的，一剑挥过，斑斑驳驳，像地上的一笔碎屑。

画师寅问：它写着什么呢？残夕说了一个字：死。

画师寅顿时不吱声，眼睑下垂，却点了点头。良久才有了一句感叹：有情笔法无情剑。

你说得很对，残夕说：那一剑要了两个人的性命。

飞白作为一种字体是早已不为人所用了，这不仅因为飞白体的书写工具不是通常的，更因为人们没有了完整的飞白感受。画师寅也不看残夕，像是自言自语：没想到剑书飞白，竟那么厉害。

那么，当初的飞白体是怎么回事呢？残夕问。

古人每一种书体的创造都是很有意思的，甚至多半又与书无关。画师寅说道：据说汉灵帝熹平年间，皇帝命蔡邕作《圣皇篇》以颂先帝功业。文章写出以后，皇帝要他写在鸿都门上。用哪种字体呢？大臣们推荐的字体，皇帝都不满意，蔡邕也着急，这时有个宫役刚扫完地，也许心里高兴，挥动扫帚在地上左扭右转，竟写出个硕大的好字，竹帚掠过尘埃的每一下笔画，都丝丝缕缕清晰可见，就像一条长帛飘然欲飞，落在地上，凝成了一种灵动自如的文字。蔡邕若有顿悟，便特制板笔，在纸上着竹帚挥尘，奋笔疾书，写出了从未有过的飞白书。照理说，飞白书的真正创立者，是那位无名的宫役。后人认为，飞白书——取其若丝处谓之白，其势飞举谓之飞。但是飞白书蔚然成风的时间并不长，其缘由一是在于其书写工具，再是其有绘画之嫌，便被书者渐渐冷落，人们取其笔法留于书中，是看重飞白的笔意。很多书者笔到意不到，而一笔飞白，若有若无，却是书者的内心意象。

说罢，画师寅还道：没想到，还有人能将飞白笔意用于剑法之中——那将是种什么样的剑法啊！

不可捉摸。残夕嘴里蹦出四字。

不可捉摸？画师寅转动脑筋反而琢磨起来。——也不尽然，他希望从书理上给前来请教的残夕一个答案。画师寅的思想在鱼龙繁衍的书海遨游，突然逮到了一个闪念，他的眼中神光乍亮，问残夕：你有没有听过孟子说的一句话？

什么话？

——尽信书，不如无书。

残夕嘴里重复，……尽信书……不如无书。尽信……书……不如……无书，信书……不如无书，信，不如无。

噢。残夕有些了悟，好像有了。画师寅从残夕惊喜中也看出了他心里所藏的东西，他几乎是叫了出来——非戈。

我不知道非戈是种什么样的兵器。画师寅说：但以非十八种兵器中的兵器，来对付刀枪剑戟等十八种兵器中的兵器，应该是与其尽信它们，不如不信它们的。也就是说非戈本身就是以无法来破有法的，只有这样的法才是大法，才是求解破书空剑之道。——非戈的持有者，不是求十八般兵器之法的人，是反十八般兵器之法而求大道者。

得大道者，必反。

画师寅说出此言时，自己都吃了一惊，吓了一大跳。残夕却由衷地佩服，先生说得好哇！

4

一个虔诚求教书法的武士，从阳春书院出来，便成了一个真正意义上的悟道者。残夕觉得他接受了画师寅对自己的一次再造。然而在当今，你要见到真正的飞白书，只有去求教与娄妃了，画师寅在残夕出门时说。

娄妃？

对，当今天下只有娄妃的发书，才是真正的飞白之书。画师寅告诉残夕。眼里不无神往。残夕心弦为之一振。东湖的水上有了一层一层的涟漪。涟漪之下有鱼，残夕似能看到鱼的嗟喋。女人的发丝像水的涟漪之纹，嗟喋的鱼，仿佛在抚摸那些柔软的发丝。

5

据说雄狮的天敌有两种：岁月和雌兽的暗香。在王的眼里，武士都是他私人的神圣动物。他豢养、抚爱，最后要求为之献身——我不是。我知道做一个武士，需要有生命的双倍激情。我的行为恪守着古老武士的忠诚，但我从来就不是谁的动物。如果只有成为动物才能获取王者所赐的神圣，我宁可做一个卑微草民。

武士从雪夜中来。雪的点点之白，错乱了夜晚之黑。一个武士，少年英俊，把雪夜之黑当成了诞生他母亲，他来自黑暗。风似巨碾，把黑夜碾碎。雪花如屑。武士深夜舞刀。刀在要辟开什么的时候，才会闪光，像是露出牙齿，把黑暗劈开，又迅速合拢。黑暗中的刀光，像是夜的伤口，劈开之后，旋即复合。武士的刀是黑暗之刀，而不是光明之剑。它来自黑暗，又回归于黑暗。没有人将刀剑视为光明的信条，除非他内心是黑暗的，一个黑暗者，才会从刀剑上去寻求光明。他要用光明劈开内心或身体的黑暗。武士舞刀的夜晚，月亮使寒夜的树枝成为奇怪的东西。上面有只猫头鹰，或是乌鸦。作为宁王的贴身武士，我无可救药地成了他的妻子——娄妃的暗恋者，她从我身边走过的样子，高如天穹，留给我的是绝望。我从不为此而羞愧，却曾经为此而忐忑。

多少个夜晚，我是她西窗下风中的守候之人，偶尔我听到雕花木窗上的那个孤独的影子在低声而歌，她唱歌如自言自语，只为唱给自己听，却是最美的歌声。别打扰她，别让她知道有一双耳朵为她存在。她的歌声无疑只有我一个人听到，因为我是她的守望者，守望着几乎无望的黑暗之恋。我的暗恋是如此虚无而黑暗，如同一次绝望的手淫。它偶尔会像夜空里的繁星，黑暗中的焰火或宝石，我在守候之时抬头仰望，我被这种不灭的暗中激情所伤害。

我不知道作为一个卑微的武士能不能去爱王者之妃。我曾经窥视到王与妃的秘密，在窗格与帏幔后面，那令人怦然心动的情景。春天的早晨或夏日的午后，宁王与他美丽妃子的性事，让一个守护的年轻武士面红心跳。娄妃的美是神秘的，至少在我眼里是如此，尽管她的美丽足以令时间停止，但她并不十分在意自己的美丽，她越不在意，越使她美得自然。别人对她的惊艳，她仿佛浑然未觉。

有时我真希望被我保护的人死去——如同黑暗被黑所吞噬。但我又无可逃避地充当了他的保卫者，我为这种念头而羞愧过，其实我一直忠实的乃是王的影子。

在宁王府，我是它的府臣良将，忠勇武士残夕。在我眼里，宁王府却是一座反叛的城堡，里面有粉红的狂乱与黑色阴谋。朱宸豪是城堡里的一个疯狂迷失者。这座城堡看似威严而坚固，实际上在朱宸豪的内心早已有了失守之危，或者正在失守。他经常梦中惊醒，不知所措，白天竟恍若无事，却加紧了行将起事的密谋。他的一切做法都是为了驱散每夜降临的噩梦。他是被祖父所传的世袭藩王之位所困扰，他是被母亲碧薇夫人的愿望所折磨，以致失去了他自身。外表强悍英武的王者，居然在自己玉体横陈的妃子面前下了降旗。

我知道面对这个困扰他、折磨他的世界。宁王内心是怯弱的，这种怯弱表现在他对我的依赖与时俱增。

我只是朱宸豪性命的暂时保管者。我不能守护他的内心，他的梦。

在晚上，他已近乎是个胆小的孩子，与娄妃分榻后，朱宸豪便在自己的书房过夜，他要我睡在旁边的屋里，还特别召来了武士头领拾夜与洛昼在外围巡夜。他总是心事重重睡得很晚，不知疲倦地和谋士宋之白交谈，并要他安榻于府中。有时夜半，宋之白睡觉去了，我也发现宁王立在窗前看我练剑。他甚至已不记挂娄妃，每晚都像一个寡人。但他要我对付刺客的行为，却是要有结果的。他不考虑对付刺客的难度，只需要看到刺客的头颅。我只有每天晚上在他窗外舞剑，来增加他对我的信心，同时也让他能安稳地入睡。

夜晚舞剑，也就成了一门功课。当然，我躺在床上时，床头是枕着戈的。

那把戈中的血魂也总是在缠绕着我，提醒着一个黑暗的诺言。因此我甚至不敢深夜舞戈，尤其是当看到朱宸豪的身影在窗口。我唯恐那把戈会自动脱手而飞向窗上的影子。一个弑主之人是卑鄙的，尽管这是个卑鄙的世界，但一个真正的武士是不能弑主的。他手中的武器上，只能滴着敌人的血，哪怕他与敌人并无个人的仇恨。这却是武士由来已久的戒律。我把非戈压在枕下，也是将自己的一颗头颅向它作了抵押，它才稍微安静，我也便能睡着。

在这个不安的世界上，夜晚来临，每一个入睡者的头颅都仿佛搁在一把快刀利剑上，只要转动一下脖子，头，似乎就会滚落到床下。

一天夜晚，半边月亮像一把银梳，暗云似经过银梳的乌发被风吹拂。宋之白从朱宸豪书房出来，约我同他在花园里走走。深宵露浓，宋之白的衣衫已单薄了，我的盔甲上也有凉意。他问：听说主公每夜都要从睡梦中惊醒几次？我显得不无忧虑地说：是。

他心里的那些事，太重了。宋之白语气里流露更为深重的忧虑：他想要承担这个天下。天下，却未必要他呀！

我说：先生以为……？宋之白摇摇头，叹一口气，只对我说：辛苦你了。

我不吱声，他欲说还休，道：你……回去吧。

6

我知道宋之白是宁王的密友，这世上恐怕没有人比他更了解宁王。

他未必忠于宁王之事，却肯定忠心宁王的友情。王府发生行刺事件，宁王要人把潜在的杀手找出来，派了很多或明或暗的人手在豫章城里查寻，皆无结果。有的说杀手可能离开了豫章，也可能被江湖上的人杀了。但我和宋之白相信，利苍没有死，他可能就在豫章看上去最危险的地方藏身。我甚至预感和他交手将是早晚之事。关于散原山的响马，宁王是有心招安这股势力的。不久前得知朝廷可能派阳明君对豫章有所动作，宋之白便约燕道天在天宝楼有过一次洽谈。

燕道天是散原山有名的响马。豫章民间都将他视作绿林好汉，市井流传了不少关于燕大侠劫富济贫，打抱不平的英雄传说。江右按察使胡世安也一直想剿灭这股势力，但屡剿不灭，反有越剿越兴之势，老百姓都护着他。没办法，胡世安只得作罢。只要朝廷不过问，他也乐得图个自在。宁王却总打着收编这伙人的主意，王府虽统辖三卫骑兵，但这里面总还是少了一种天不怕地不怕，敢把皇帝拉下马的豪杰气概。宋之白明白白宁王要的就是这种东西。散原山响马其实是一伙土里土气的乡巴佬，是鼻涕混合着酒水往肚肠里灌，满嘴村腔荒言的糙汉子。他们大大咧咧，像狗吠似的相互打招呼，样子丑态百出，但他们的冲天豪气与江湖道义，却是高贵而干净的，正是这些品质把粗糙的生命提升了。这些土头土脑的家伙，粗鲁而莽撞，总想出头，出头的目的有时只是为了博得众人的开怀大笑，那笑声就是他们宁愿付出一身伤痛的最大奖赏，也就是他们的痛和快活。这群满嘴胡楂般脏话的英雄，浑身散发着臭烘烘的汗味，洋溢着酒气和鸡巴的邪劲。他们所在的江湖是野道，岔路，密林，乡场，市井，是下层人众活命的尘土飞扬与空气污浊的天地。他们在男人堆里打架，是为了真实地感觉自己是如此大大咧咧像个爷们似的活着，痛快着。他们在女人面前显示出来的顺从、扭捏，甚至浑身贼劲，证明这是一伙天真而可爱的狗娘养的浑蛋。这群可爱的不怕死的浑蛋出现在哪里，就会给哪里带来活力。他们是群血性的人。

那次在天宝楼，燕道天险些和东厂便衣打架之后，宋之白登上楼，燕道天抓住他的手就粗声大气地问：我上回让你打听的事有着落没有？

宋之白：什么事？燕道天：就是兄弟们觉得既好玩又赚钱的事呀！

宋之白：你是想要散原山的兄弟们散伙啊！燕道天：不是散伙，是改行。

宋之白：改行？为啥改行？燕道天：听说朝廷派阳明君来豫章剿乱，那阳明君早就在闽赣两省平了七十多个山头，已成了平乱王。他一来这儿，我散原山的寨子还不是把茅草，经得住他一割吗？不如，事先为弟兄们寻条生路。宋之白：此话却也在理。不过，既好玩又赚钱的事，这满天下除了做响马，几乎就找不出第二桩了。

哈哈哈，宋兄说笑话了。燕道天捉过酒壶往碗里筛。宋之白也跟着哈哈地笑，将燕道天筛满的酒喝了一口，手抹着嘴角的酒水珠子，说：我这里倒有一桩既不太好玩，也不赚钱甚至还有可能弄丢性命的事，不知你干不干？

我有兴趣，燕道天瞪着眼珠道：只要带劲，不会憋出鸟来就行。

宋之白：那明天来找我，我带你进王府。燕道天：啥？王府？

宋之白：对，我领你去见宁王。

燕道天：我，我和我的这班弟兄可不愿当差哩。

宋之白：当差？——哪的话。不是叫你当差，让你当反贼。

燕道天：反贼？

宋之白：嗯！

燕道天：和宁王一道反？

宋之白：就是。

……

燕道天和身边几个弟兄有些大惊小怪地对望一阵，好像是在征求他们的意见。秃三咧嘴嘿嘿，瘦子老二也笑，麻脸跟着加入到笑里，几人把酒碗一碰，便笑作一团。

嘿嘿嘿嘿嘿嘿，娘的个匹。

好！我喜欢反贼这个叫法。燕道天亲热地捶了宋之白一拳，说：可你老兄得记住，我和宁王永远也不是同伙，但和你老宋是兄弟——好兄弟！对不！

宋之白也以笑作答。

7

那天残夕在王府门前遇到一位老者。老者眨着满是眼屎的小眼睛，小心翼翼地围着他打了个转，然后开口：这位官爷，我向你打探个人。

谁呀，你说罢。

黑牯……听说他在王府。

哦，你说的是黑牯师父？

对，是黑牯，我师弟。老者面露喜色，却仍不失小心翼翼，好像那份欢喜也是小心的。残夕对他说：黑牯师父在王府教过几年拳，上个月竟辞聘了。

你是说他走啦！老者像兜头淋了盆冷水，又接着问：是一个人，还是带着家眷？往哪儿去咯？

残夕摇着头说：这我就不知道了。

哎呀，我千辛万苦地找他，不知找了多少年，听到他在一个地方，赶到那里，他总是先走了……总是先走了。老者唉声叹气，竟一屁股坐到地上，有些想哭。残夕一时也不知该怎样安慰他，便请他到里面坐坐。他抹一把鼻涕口水，也就随残夕进了王府。

残夕知道黑牯是一个不错的拳师，只是年纪大了，可能是这个原因才向王府辞聘的。当时宁王再三挽留，黑牯却执意要走，宁王便送了一笔钱供他养老，黑牯竟去了。残夕将老者安顿在客厅坐下，恭敬地为他斟上一盏茶，他不喝，只将两只脚盘坐在椅上，自顾摇头叹气，不胜沮丧。

黑牯师父想必是回乡了吧，老人家不如在这里歇息几日再回去，说不定就能见到他。残夕故意找话劝老者。老者一抬头，你是说他回乡下了？他可是离乡几十年，也躲了我几十年呀！

躲你？残夕觉得可能这老哥俩间还有很大蹊跷。

嗯，躲我。——哦，你别叫我老人家，我叫老九。残夕：九爷。

残夕把九爷安顿在一间客房住下，一日三餐，自有人为他送来。他好像也真是走累了，也就随遇而安。得空残夕也就过来和他喝两盅，聊聊天。残夕原想向他讨教一点武学，不想九爷嘴巴封得紧，只道：乡下把式，见不得人的。残夕便只好由着他闲聊。

残夕向来随侍宁王左右，过去黑牯在王府，也少接触，对九爷要寻的这个师弟所知甚少。残夕也不好在府里向别人打听什么，这是王府的规矩。和九爷闲聊中，却听出个大概来。

一对年过七旬的老兄弟间的蹊跷和别扭，原来也是个情字。这个情字，几乎折磨了师兄弟一辈子。当年，老九和黑牯双双拜一位鄱湖大侠为师。大侠早年也在乱世逞雄，手上的家伙割过不少大好头颅，欠下了血仇。便隐姓埋名于山中，收受了两个徒弟，想让手上这点功夫后继有人。大侠有个掌上明珠般的女儿春儿，也跟在两弟子中学功夫。年轻壮实的后生，忍着精虫在身上钻，都暗地里惦上了好看的小师妹。大侠喜欢老九的憨实，也赏识黑牯的机灵。但他心里却属意将女儿许配给老九。可师妹竟看中了经常逗得她笑得合不拢嘴的黑牯。黑牯自然也对师妹用够了心思。

老九一次在山上砍柴，逮住黑牯躲在树后贼头贼脑偷看师妹撒尿。当下火冒三丈，像是被人日了老婆，揪住黑牯死揍一顿，黑牯也不还手，硬挨。还是师妹听到身后有人嚷嚷，兜上裙子过来扯开了他们。

其实那次黑牯挨得冤。只有他自己清楚是风骚的师妹诱着他看她脱下裙子的，没想到被老九撞上了。老九当时吵着要告到师父那儿去，是师妹抓住老九的手，暗里在裙子里摸了一把，老九才不吱声。几十年过去，老九只碰过一回女人，就是在师妹的裙子里摸了一把，像摸了一手的草，毛茸茸的，有些湿润，仿佛长在柔软的地里。

老九的那只手，左手，一直都有新鲜的回忆。一只左手对于女人裙子里的东西的记忆是残酷的，这种残酷令老九终身未娶，直到七十过头了，还是条光棍。

大侠当年曾对老九说，合适的时候，就把你和春儿的事给办喽。

不想此话不久，黑牦就拉着小师妹私奔了。

大侠气怒之下，江湖上留下的旧创复发，便撒手西去。

老九葬了师父，便打算下山去寻黑牦拼个死活，把师妹夺回来。

其实，他能否打过师弟，心里也没底。

师妹会不会随他，更扯不清。但师父咽气前曾交代，要老九把师妹寻回来，并好好待她。大侠的一句遗嘱，便成了老九的宿命。老九就将那句话当了自己的老婆。于是，师兄弟间猫捉老鼠的游戏就开始了。这场游戏把老九逗成了七老八十的九爷，仍没结果。

九爷是有些累了。

有时，残夕大白天过来看他，见九爷猫在椅子里打瞌睡——一个又疲惫、又伤心、又失落，同时又在失落里不断找寻着自己梦想的老头。对于这个可能身藏一身武功，却一无所用，终生都在盲目寻找对手的老头，残夕既心怀敬意，又充满说不出的怜悯。残夕真想就让他在这儿落脚，为他一生的寻找划上个句号。残夕隐约觉得，内心对他有一种视其如父之情。一个甚至一生都没有爱，却在苦苦寻找爱，而这份爱也可能就是他的敌人的老者，应该是所有武士的父亲。残夕想着：我来自于黑暗，便视黑暗为母；黑暗中失去光明的盲者，便是我的父亲。

第四章

1

古老的兵器总是在指涉一个向度。那个向度是穿越生命的最高星辰，而进入永恒之境，兵器的存在，即使它不动，仍是一种伟大的指向。朱宸豪仿佛听到一个声音，像是从古老的君王口中传来，如一道神谕。他似在梦里听过这个声音，又像是从祖父口里，他记不得了。但确实听过，有很熟悉的感觉。那个声音好像就是他的导师。祖父生前，这种威严中含有不二真理的声音，他能听得很真切。祖父死后，这种声音只能在梦里和圣剑堂听到。

他有时认为这是一种幻听，有时又觉得不容置疑。他想摆脱这种声音，又摆脱不了。那个声音像是冥冥的昭示，使朱宸豪既恐惧又依赖。

圣剑堂落成在豫章没有引起太大反响，倒是绳金塔下的献剑者成了神秘传奇。可以说他在献剑之时就已看到圣剑堂的落成之日。豫章获太阿剑，是太祖帝王生涯中印象深刻的一幕。

当时太祖与陈友谅的军队正酣战于鄱阳湖，双方几经进出豫章，胜负难分。太祖为久战不决而沉重。这日傍晚，天色昏黄，有人求见，声称有取天下之利器要献给真龙天子，正在喝闷酒的太祖忙召见。武士引进来的人既猥琐又孱弱，像一片枯叶，他跟在健硕的武士后头仅仅是个影子，只因受到猛力牵引，才来到太祖面前。但他恍惚的身躯竟没有向位尊者作出卑微之态。太祖好奇地打量来者，以一种位尊者绝对的优势向对方投出俯视的目光，但这目光一落在来者身上，便自行化解。他的外表几乎看不出真实年岁，好像在这世上已经挨过几百年，疲倦了，累了；又好像是未老先衰。他却自称是天下利器的持有者。

你有什么可以献给我呢？太祖抚须问道。那人从容应对：我要献给你的东西只有在你一人面前才能出示。这种回话引起了护卫太祖安全武士的警觉，太祖不以为意，只让左右退下。

来者出示一具玄布包裹的黑色剑匣。他说：我是一位盲者，你看到的我的眼睛早已空洞无物，这匣中宝剑的力量不仅使我的眼睛失去了光芒，也使我的身体变得如此羸弱。现在它真正的主人出现了，我可以完成传递它的使命，让一个苦难的守剑人得以解脱。

太祖问：你可以肯定我是这把剑的主人吗？

盲者：剑比我更能确定谁是它的主人。

太祖有些沉吟：你的意思是说我要经受一次考验，承担一次成为盲者的危险？

不。盲者用肯定的语气道，请让我改口称你为陛下，你刚才说出这话之前就经受了自己所说的考验。

盲者把剑举过头顶，使自己成为献剑者，把剑送到太祖面前。太祖居然没有看出这把剑与寻常之剑有什么不同，而献剑者却说这更证明你是这把剑的最后归属者，也就是天授之子。

2

太祖晚年回忆道，我当时真怀疑那瞎子是个江湖骗子，他对剑的一套说辞纯属扯淡。但我又太需要什么来证明自己了，证明什么呢，证明自己比别人更有理由得天下。这类把戏古今有多少皇帝都玩得神乎其神、花样百出，我说服自己，就容我也玩一次吧。瞎子接下来的话倒将太祖说得半信半疑了。

他讲述了剑的更为神奇的来历。这是一把外界普遍认为久已失传的古剑，名为太阿剑。他说，一把宝剑的出现是一次神奇际遇，是一种上天昭示的结果，是神性的呈现与完成，它有神异之力，深含古老帝王的全部尊严。话说到这个份上，太祖产生了听下去的兴趣。他原本打算收下那把管它是真是假的宝剑后，让人打赏瞎子点银子叫他走人，回头再要谋臣编些天意要让老子做皇帝之类的段子，教小儿到街上唱去，瞎子的一席话使他打消了此念，觉得自己好像真被老天选上了。

他开始把瞎子当异士看。

豫章以出剑闻名，对此，史籍文献上皆有所记，《晋书·张华传》载：晋武帝时，天空出斗、牛二星常被一道紫光照射，张华问雷焕是什么原因，雷焕说这是豫章有宝剑之精上通于天的缘故。张华便遣雷焕到豫章来寻剑，果然在掘开一座监狱的地基后，见到石匣一只，内藏宝剑两把，寒光夺目。初唐诗人王勃途经此地，在《秋日登洪府滕王阁饯别序》中据此写下佳句：物华天宝，龙光射牛、斗之墟。唐天祐年间，豫章建镇城之塔，挖地基时，在一只锈迹斑斑的铁函里发现两把古剑，经书一卷。塔成，遂名绳金塔。传说剑被高人取走，经为塔下的千佛寺高僧所留，也成了镇寺之宝。尚有人言，《史记·高祖本纪》所言高祖未出道时，斩白蛇之剑，便是流传下来的其中一把。此说无从考证，但《西京杂记》称：高祖斩白蛇之剑，十二年一磨，剑刃霜雪明。典籍和传说中时隐时现的两把剑，当初却让瞎子对太祖说得有鼻子有眼。他说，那两把剑一为太阿，一为龙渊。汉高祖斩白蛇的就是这把太阿剑。该剑在高祖手上挥出，一条硕大的白蛇居然化成了白光缠绕在剑上，挥之不去，每一出鞘便能见龙影，你说这奇不奇。后来高祖就是凭这把剑坐了天下。第二把龙渊剑还要高于太阿，太阿毕竟是蛇，后者却是真龙，是取地心的寒水，也就是龙渊之精炼成，只有得了天下的天子才能佩带，它是皇帝的象征。

这两把宝剑作为神奇宝物，曾几度为王者所有又消失于民间。王勃说龙光射牛、斗之墟，就是指它们深藏地下，而从黑暗中凝聚的光芒，又直指天庭。

瞎子告诉太祖，自古有九剑擎天之说，得擎天剑者为王于天下，著名的九把宝剑是干将、莫邪、龙渊、太阿、纯钩、湛卢、巨阙、鱼肠、胜邪。过去帝王里楚王拥有过龙渊、太阿和另一把九剑之外的工布剑，吴王得过鱼肠、湛卢、胜邪三剑，越王有过干将、莫邪、纯钩与巨阙是四剑。这些剑同时出在春秋战国。瞎子不无神往地感叹：那真是个辉耀古今的名剑时代，英雄的狂野，剑士的血汗都在剑锋上咆哮。瞎子说这话时，好像他眼里的黑暗已不存在，里面是战国的景象。

瞎子收住话头说，我不是在叙述历史，历史是没有可重复性的。我只是在陈述时间。九把宝剑隐没之后，其中重要的两把数度现身豫章，证实豫章有王者之气，而王者之剑在寻找它的主人。今天太阿剑终于有了归属。至此，瞎子要说的都已说完，太祖却意犹未尽，他接过太阿剑，还想开始另一个话题，你能告诉我龙渊剑的下落吗？他怕另一把剑落到对头手里。瞎子以左手中的一指示天，随即摇首：天机不可泄露。

史官后来在记载太祖得剑时，用几近华美的文笔着重描绘了一个细部：太阿剑的剑柄，有着美丽的鎏金纹线装饰，还有安放中指的凸箍。这种量体裁衣般的精细，手掌碰上去就舒适得要命。看上去，不像是手找到了剑，更像是剑很早就在等待着人的手。在折磨人的等待和企盼之后，手与剑，终于一拍即合。

获得太阿剑的太祖，在接下来的大战中果真若有神助，终于在鄱阳湖一举击败陈友谅，结束了十八年来逐鹿天下的战事，赢得了奠定帝国江山的最后胜利。当太祖得胜回豫章，受到倾城欢迎，太祖感动得热泪盈眶，他亲自在城里寻找献剑者，居然未见踪迹。有侍卫告诉他，那天屠弱的献剑者走出太祖行辕，竟如释重负地舒了口气，好像一生的事已完成，那侍卫便看见他的身影在若明若暗里像叶子一样飘了起来，转眼不见。太祖不胜怅然，来到豫章能仁寺散心，该寺始建于南北朝梁代天监年间，已是近千年的古刹。太祖在寺院龙行虎步，一瘦弱僧人引起了他的注意，上前一看，不是要找的人。他手抚腰间宝剑，心事浩茫，在寺院粉墙题诗道：杀尽江西百万兵，腰间宝剑尚血腥。他的诗笔还想延伸下去，那寺僧的影子却映在墙头，太祖笔锋一转——野僧不识山河主，只管叨叨问姓名。离开能仁寺，却奇迹般地遇上了一位自称是献剑者之子的路人，他健硕、魁梧，却有一双妇人般的小手和一部美髯。太祖很高兴，要赏他。

你父亲献剑有功，现在你需要什么尽可以向我提出。

我什么都不需要，而是遵父命要将第二把剑献给陛下，路人说。

太祖感到自己内心渴求的东西终于出现了，他按捺住喜悦，关切地问：你父亲何在？我要好好厚赐予他。

你高贵的赏赐对不需要赏赐的人，是同样高贵的多余。路人告诉他其父在献宝剑的当晚就已去世，现在自己是奉父遗命来完成一个数代守剑者的最后传递仪式。

太祖在那次邂逅里如愿以偿地获得了龙渊宝剑，第二代献剑人随太祖到其父献剑之地，仅仅提出请太祖赐一杯酒，其理由是：因为先父的灵魂已在我的灵魂里，这杯酒是对他最好的告慰。

太祖怎么也不敢相信的是，饮过酒后，那人命绝。太祖怒，以为手下人酒里设毒，欲杀。这时，太祖的第十七子朱权却恭喜父亲说：龙渊一出，山河大定，父皇应该登基了，这是天意。他还补充道，天子有天子之运，献剑者有献剑者的宿命。

在太祖离开豫章赴金陵登基之前，决定将年仅16岁便智勇过人屡建奇功的朱权封为宁王，留守豫章，要这块地方永远安宁，还将能仁寺改为永宁寺，并把在豫章所获两把宝剑之一的太阿剑赐给他，作为最高奖赏。这一切都可以看出太祖当时对朱权的信任与器重。太祖将太阿剑赐予朱权时，对他郑重交代：以后朝中如有奸臣难制，可以此剑清君侧。

史书上说宁王最早封于蒙古大宁，后受皇四子燕王朱棣之邀，共同谋变侄儿的帝位。事成，燕王违背与权中分天下的诺言，把他改封豫章。此说其实是为了掩盖一层内情，即当年太祖将朱权首封豫章，并赐宝剑，其器重程度在诸子中已然超过日后坐皇位的兄弟。只是后来蒙古叛乱，朝廷才调朱权率军去大宁平叛。关于当时情景，《明史》略有记载，大宁为巨镇，带甲八万，革车六千，所属朵颜三卫骑兵，皆骁勇善战。写到朱权的表现，《明史》有著名的认定：数会诸王出塞，以善谋称。也正是由于朱权的善谋，引起了包括其时太子在内的诸多兄弟的警觉，同时也使燕王朱棣看准了这个兄弟可以用来谋大事，从而导致了宁王后半生与其才略大相径庭的人生走向与归宿。

3

太祖带着象征至高无上之尊的龙渊宝剑和浩荡王师远去，曾经作为他打天下时重要根据地的豫章，随之被抛在身后的烟尘里。当他登基金陵，身居巍峨宫阙，在后宫诸多美丽嫔妃和不断出生的皇子中，远僻的豫章他再也懒得想起，同遭遗忘的还有封赐在那儿的十七子。在皇帝以雄视之姿巡游帝国阔大的疆土，或许偶尔落入眼帘的一张陌生而又似曾熟悉的年轻英俊的脸，会使他觉得像自己某个儿子，但这只会激发他脸上出现更伟大的笑容，却怎么也不至于联想到十七皇子：朱权。此时太祖的威严含而不露，气度雍容华贵，刀光剑影淡然处之，血雨腥风从容置之，王者风范仿佛与生俱来，令万众称颂山呼万岁，无不敬仰，印证了后人所说之言，这个世界需要有人被歌颂。

太祖驾崩，龙渊宝剑随同皇帝伟大的人生道路一起葬入了孝陵地宫；而他遗留在豫章的皇族血脉，只有用一次又一次的不安与骚动，来提醒天子和帝京的记忆。这种不安与骚动与其说是来自帝王高贵血脉被遗忘的痛苦，倘不如说是来自于那把象征赢得天下宝剑封藏的光芒。

这把剑不仅搅得宁王府不安，更搅得天下许多人无法安宁。

深知该剑秉性的宁王，为了淡化身上的杀气，曾奉父命撰著《通鉴博论》二卷，评判历代治乱得失，为太祖赞赏。而晚年专注学问，潜心道教，追慕于伟大而苍凉的西山，那里有飘然出世的道家仙踪。他热衷于谈玄论道，又与绳金塔千佛寺主持了尘做了朋友，兼而钻研佛理，潜心文事。他曾对朱宸豪说：由于这把剑以不杀之力而杀人太多，以致所有死者虽遗骨荒野，然他们未曾死灭的灵魂却弥集在这把剑上，而使这把剑开始怜惜自己的光芒，所以当它出鞘时，其光芒便有了悲悯，这种悲悯之光当年的太祖皇帝未曾看到，这便使它更成为天下独一无二的宝剑。

现在，每当朱宸豪独自坐在豫章宁王府圣剑堂冰冷、干硬的椅子上，这些话就会在耳边响起。太祖和祖父的面影时而交替闪现，时而模糊在一起。

第五章

1

豫章在上，我曾属于它古老的苍茫。每当我独立于高高的章江门城楼之上，逶迤的赣水便在我的眼前演示着它的华澹与寒肃。它以最轻浅的抒情，在城脚下款住浣纱少妇的手和时显时隐的青石，发出细致的低语。那是水对一双美丽妇人之手的危险爱意，那种爱意的加大就是美人的沉沦。而水中的青石在捍卫生命的同时，又禁不住对浣纱少妇裙底的偷窥，把忠诚与私欲写在水上。

风，掠过城楼，梳理万户屋脊。

一块块补丁似的灰色屋顶，便大小不一参差错落在面前，这座古城就像一个身着打满补丁衣裳的老人，对他，我有一种说不出的复杂情感。

我爱它，因为它是我的生命之城。我憎它，因为它是我的宿命之地。

在灰色与灰色的屋顶之间，是一条条白色街巷，市人如蚁，看心随意而混乱地在灰白里进出、穿插、隐现，或行或顿，或纠结与疏散，发出一些声音，制造一些灰白，又转瞬将一些声音和灰白都消解，仿佛一种梦幻。然而，豫章不是由我的梦幻生成的，我也不是它醒着的做梦人，更不是永远静立于城楼上的局外人和旁观者。事实上作为朱姓世袭藩王我已是它的第三代。

第二代世子觐没有承袭藩王之位，只能说是一个事故。这个事故由我作了补救，所以从严格意义上说，我还是豫章的第二代宁王。我是王，无论好坏，都由不得我选择。

早在若干年前大明开国皇帝的第十七子朱权，也就是我的祖父，就已受封为世袭宁王了。我的藩王之位，在我出生之前就在那里等我。尽管我一直只想做个行吟诗人或别的什么，但我的命运由不得自己选择。谁都知道，我是豫章的宁王朱宸豪。

这甚至不值得炫耀，而且还是一种身不由己的负担。正如我的祖父不只在一种场合常说的一句话，别羡慕王侯，那顶帽子往往是接受别人暗箭的最大理由。我不能退缩，不能废弃，不能闲置，不能懈怠。或许拔出别人射在身上的暗箭，再拼全力反射出去，是我所做的。说实话，我的脑子有时混沌不堪，我身上的每一个毛孔时时都在劝我松手。松手，软下去一瘫，就是一堆肉。谁都可以来切割剁斩。有时，我呆坐在圣剑堂里，在烛光不定的暗影中，我真想抱头大哭。

哭？男人的哭，是要有理由的。我恰恰又有太多的理由去哭，又不愿意为那些理由去哭。只想为求得一哭而哭，让一颗眼泪碰触另一颗眼泪，让两颗眼泪在脸上拥抱到一起，像两颗忧伤的头颅紧挨着，或者惨烈地撞碎。我需要的是眼泪撞碎的痛，把心里好像与生俱来的郁结瓦解。然后，我可以拔剑而歌，蹈血光而去。太阿剑，直指吾心。吾心如剑，直指天庭。

几点铜钱大的雨打在我的脸上，将我从纷乱又浩渺的心绪里扯回。不一会儿，再从城楼上看，就烟雨迷茫了。少年听雨江楼上，中年听雨客舟中……我轻轻吟道，觉得章江门城楼便像一只雨中的客舟，我站在舟头，领受苍茫的心事，也就有种密密麻麻的惆怅。

2

一架外观看似平常内则舒适奢华的黑色马车在帝京的街道逡巡，少帝坐在车内，他有些心不在焉。

车窗掠过的面孔麻木而模糊的路人、摊贩、挑夫、商铺、发出吆喝的兵勇、小脚妇人、马匹、驴车、杂耍艺人、客栈、酒肆、胡同口、闲逛者、乞丐、冰糖葫芦挑子，没一样能引起他的兴趣与关注。少帝完全把自己置身于车窗的世界之外，他仿佛是个局外人。他们（人众）与他（皇帝），毫无关系。就像一个人面对幻象，他脑子里所有的也只是虚无，见如所未见。对于车窗外的人而言，皇帝也是一个幻象。他们知道皇帝在京城，但谁又见过？

马车在行走。

车窗外掠过的一个人可能是身怀巨仇准备向皇帝这个巨大幻象实施暴击的刺客。刺客想象中的皇帝是如此强大，在环卫严密中高坐在金銮殿上，他为自己的毒匕永远无法接近到崇高的目标而绝望，在帝京漫无目的地四处奔走。但皇帝乘在一辆普通马车里，除了贴身太监几乎没有勇士相随。刺客与其擦身而过，竟没有觉察到。因为刺客心里根本没有贮存一个巨大幻象可能会在平常马车里的预设。那马车因过于平常，距他的物理空间太近，而皇帝则离他的心理空间太远，以致刺客在全然不察中，对错过的千载难逢的机遇毫无准备。所以一个身怀绝顶武功的刺客要确切刺杀他心中的皇帝，注定是束手无策的。他很难意识到皇帝的普通一面，因此无法填平他的万里奔袭之途所抵达皇帝跟前的那道鸿沟巨堑。

马车在行走。

车窗外，一个极欲想得到皇帝赏识的人，因晋见无门而苦恼地徘徊，他觉得自己拥有满腹治国之策要献与皇上，他的忠心、他的智慧、他的求仕若饥，他肚子甚至也能撑宰相之船,他就差见皇上一面,他的精神出了毛病。一个朝思暮想见到皇帝的人,他从出生开始就在梦见皇帝,就在赶赴帝京的物理时空和精神时空的路上。可他终于与皇帝相遇了,却不知道。皇帝坐在黑黑的看似平常的马车上,与他擦肩而过,他梦想中的皇帝仍离他十万八千里。

黑色的马车在帝京繁华的街道行走着,比它更高级的马车张扬地驰过。少帝发现高级但不奢华的马车远比又高级又奢华的马车要骄横,那是京中官员的。而那些扭转马头让道的华丽却默不作声的马车,则是富商的。

皇帝的马车走得几乎不露痕迹。

车窗内的皇帝觉得,世界上有这么多人与自己可以说是无关的,偌大的帝国真正与他有关的人不会超过五十个,他在心里默数了一下,大臣、太后、宫里女人等等。他觉得有些无聊。

车窗外的人认为皇帝更与自己无关,那只不过是一个嘴上的名词而已,然而此刻这个名词冷漠的目光正从他们身上掠过,没留一点痕迹,就像经过一棵树、一堵墙、几匹马或一堆垃圾或粪便。

马车经过灯市街。

一个风尘女子朝车窗里面色苍白的审视者露齿一笑,像是落满尘埃的树上开了一支春。惊鸿过眼,好似看破了皇帝的行藏。

少帝猛然觉得自己像个捉迷藏的孩子,突然被游戏的同伴得意地叫道:我找到你了!里面糅杂着几许单纯的回忆和几许失落的惆怅。苍白少年的嘴角牵动了一下,他被一朵花的邂逅触及一处隐秘神经。皇帝若有孤独和痛苦,那是来自对世俗人群的放弃。黑色的马车在转弯处消失。

3

反贼!

——谁说我是反贼?大明帝国是姓朱的天下,洪武皇帝是我伟大的先祖。散原之侧,是我祖父宁王朱权的长眠之所——风水师说那是一块燕子饮水的风水宝地。只是,我不喜欢。我是害怕死亡,还是恐惧于祖父临死之际留下的遗言?

天黑了,要当心!天黑之后,有飞贼到王府盗剑,有刺客到王府行凶,还有什么?或许还会有梦中杀人,暗地放火,茶中下毒,酒里使鸩,枕上撒迷香,肉里放蒙汗药——只是,别!别给我下春药。

大明帝国要壮阳,可以从我开始。十七岁的天子,还得叫我一声皇叔,是的,我是那个少帝的皇叔。只是我这个当叔的,不止一次梦见十七岁的天子全副戎装骑在高头大马上,他断喝一声:把反贼押上来。

141

我便被结结实实捆得像粽子一样，被锦衣卫推到天子的马前，按在地下——你以为你是能把太阳揪下来的夸父啊，那么无法无天！

十七岁的天子，面有得色，对我流露出最轻蔑的怜悯与不屑。他一抖马缰，那匹天子的坐骑竟然朝我的屁股狠踢了一蹄子。哎哟！我常常在这时惊醒，幸好身上盖的是锦被，而不是捆缚到肉的锦衣卫绳索。

有时，我梦见少帝的嘲笑，他说，你想挑战谁，我吗？大明朝的皇帝，嘻嘻，那是拿竹竿捅太阳——够得着吗？他笑。在他的笑声里我的自尊受到损伤，但我不会示弱。太阳落下的时候，还用得着竹竿捅么，皇上？少帝愕然，现在该轮到我笑了，哈哈哈，哈哈哈……

每晚我便会从此胡思乱想到天明。偶尔我能听到外房残夕的鼾声，门外武士们夜巡的脚步声。

我也不止一次设想与梦里相反的情景。那就是高举清君侧的旗帜挥师北上，直下帝京。丹墀之下，十七岁的天子跪在我的脚下，像个懦弱无知的小辈，聆听我的教训和数落，吓得一声不吭。我不会叫人用粗大的绳索捆他，那是有辱我们光荣姓氏的。我也不会杀了他，毕竟是个孩子么！一个孩子当天子本身就是一个不属于他的错误。我会发配他到某个偏僻之处，去享受一个王的待遇。他要房子，我给他一座王府。他要酒，我给他十个酒窖。他要女人，我给他满条街的婊子。他还要什么，他也只能要春药了。据说少帝已是采阴过度而阳痿，派人在到处寻找春药。换过来说，若是我跪在十七岁的天子脚下，他会杀了我。这正暴露了他的怯弱。因为我宁王世家世居豫章就是在承受一种发配。如果可能，我要和他调个位置：让他来豫章，就住到宁王府，甚至干脆就封他为宁王。

那等于豫章既出了一个皇帝又囚禁了一个皇帝，而关键的是太祖皇帝曾在此留下了打下大明江山的重要一笔，奠定了帝国开业之基，所以这里对于一个有过错的皇帝而言，是个绝好的反省之地。到那时，谁还能说我是反贼呢？朝廷若出现外戚与宦官乱政，各地藩王可起兵清君侧。这是洪武皇帝的遗训。史书将记载我为保大明江山而清君侧的不世之功。

朱宸豪走到端置太祖所赐之剑——宁王府最高象征的太阿剑前。他的目光停留在案上高悬的剑身上。那把剑所处的位置于灰暗中透着烛影暧昧的光线，好像状态半醒，这使朱宸豪伸向剑的手停在中途的空间，略犹豫，又收回到背后。

很多时候，他总感到距剑三尺总有一种无形的东西在挡着他，使他的手伸不过去，接近不了剑。他试过多次，皆如此。挡住手的到底是什么呢？是太祖皇帝的灵魂不允，还是剑气所阻？他每把试图握剑的手缩回一次，都会改变一次决定。同时又告诫自己，还没到时候，用剑是天意，天意不可违。他深信宝剑所蕴含的天意和伟力，他曾不断感受到这把剑的冥冥昭示。

朱宸豪感到若有一天他能轻而易举握太阿剑在手，这意味着可以去为实现剑的意志与自己的雄心而振臂一呼了。这个时候没有到来以前，他听不进幕僚们任何动兵的建议，包括宋之白早就提出的出兵直取金陵的计划。朱宸豪认为很有道理，却没有采用。他的内心只皈依剑的意志，尽管没当众说破，但他的固执之举，已使幕僚和将领们感到他的刚愎自用。可他知道自己不是刚愎的人，他认为自己背负着无形的剑的导引和时间的守望。那种导引有时是巨翼，有时是大石，他曾感受过那种凌空高蹈的空灵，也曾体验过几乎令他快要窒息的压力。

他觉得自己是时间中剑的守望者。他相信身上的血和思想都是被剑唤醒的。

偶尔的微睡里，他经常还在母腹中被剑灵喝醒的感觉。母亲告诉过他，自己出生的正午，天黑如墨。一个惊雷把圣剑堂的剑都震动了。他明白，那不是惊雷，是剑灵之吼，它要把自己的信使从黑暗中唤出，这种感觉已成了他奇怪的先验，直到成年，仍无法与母婴期的呼唤告别。与剑交流的时间，那是他为自己留的一小块空间。从剑中他听到了启示。对于善于倾听的人，启示永远是隐秘的，如同一道符咒，把他整个攫住。有时他面对那把剑就像真实地面对太祖皇帝，他甚至隐约产生过希望剑能赦免自己，让他获得解脱。可他发现这种可能永远不会发生，那剑倒似乎真正具有先帝血咒般的箴言，要他无条件去做，他就只有承受着剑的意志，浴血光前行。

为什么选择我，却不是别人，朱宸豪也这样想。他试图为这种宿命般的不公寻找摆脱的理由，但没有结果。他唯有扛着一个巨霆，去震惊天下。这就是世界，而我是王。这就是毫无理由的唯一理由。王的宿命，就是选择天下。所以，注定让美人孤独而又痛苦。

4

经过诗画名家画师寅的指点后，朱宸豪觉得娄妃的诗画大有长进，一幅画中时有逸笔。他总是以夸画师寅的方式来肯定娄妃画技的提高，画师寅总是谦虚，说娄妃本身就有很高的天分和灵气：他要做的，只是让这些东西更好地发挥出来而已。

朱宸豪一次在杏花楼，见到娄妃所画的一幅《夫妻采樵图》，画得很生动传神：丈夫欲上山砍柴，妻子在后叮嘱，状极亲切、恩爱，丈夫随意的回头，妻子的眼神、手势，都被一缕情线所牵贯。朱宸豪连声称赞：好画，好画。

先别说好，这儿还没完呢？娄妃道。

怎么没完，我看已是完整了。

你看，这里留着的空白，还等你题诗呢？

题诗。哎哟哟，我可还真是很久没做过诗了。

画有了，画上的可是一对夫妻。王爷难道看不明白？娄妃说。我知道。朱宸豪道。娄妃莞尔一笑，知道？你知道妻子要对丈夫说些什么吗？

哦。我想想……朱宸豪手支下巴思索。

夫君，你还是想一首诗吧。娄妃将蘸好墨的毛笔递给朱宸豪，朱宸豪接过，提笔，悬在画的空白上，竟落不下毫。落下的，是一滴墨点。

看看，这下让我把画搞坏了，朱宸豪说。娄妃有些无奈，朱宸豪真的一点也没有感觉。她接过笔，在画的空白处，就着那星墨点，走笔如妙舞。朱宸豪有些不好意思，在一旁念道：妇语夫兮夫转听，采樵须是担头轻。昨宵雨过苍苔滑，莫向苍苔险处行。

诗写完了，娄妃望着他，好像心里要说的什么，都对他说了。朱宸豪念完诗，顿时不语。

夫君，娄妃轻声唤道。朱宸豪嗯了一声。娄妃说，为妻想把这幅画送给你。

朱宸豪：送给我？那好哇，你这画是为我画的？娄妃道：是，还有画上的诗——不知道夫君中意不中意？

朱宸豪有些不自在地说：噢，夫人！你以为我真需要那样的忠告吗？

夫君以为呢！娄妃丹凤眼一挑，眼波流盼。朱宸豪说：我倒是一直想送些东西给你。

娄妃：送给我？不，我能在王府，能在杏花楼，在一座有滕王阁这样的城中生活，这就是你给我的，我就很满足，很满足了。

娄妃像是在拒绝，她希望朱宸豪不要把想说的话说出口。

嗬！朱宸豪猛然转身，背向那幅画，他好像是被娄妃触动了神经，高声说道：一座小小的宁王府算什么，你应该有一座豪华富丽的宫殿；一座简陋的杏花楼算什么，你应该有一座金子建造的凤凰台；一座破旧的滕王阁又算什么，我可以建十座八座胜过它的高楼名阁，请每一位诗人来题诗歌咏，让我们的一切都流传千古！

朱宸豪几乎是在激动地咆哮。

娄妃看着他的样子，竟觉得有点不敢认他似的，好像面对的是个完全陌生的朱宸豪。身子不由自主地退到了面湖的凭栏，眼里噙满了泪水，一味摇头，情到深处竟无言，无言之中还有巨大的心疼，心恸，心痛。她只低首凝视栏下的湖水，把泪流进水中。

夫君，你不愿意令我成为水中之魂吧！娄妃对朱宸豪说：正如我不愿意看到你起兵之日就成为阶下之囚，那将是多大的耻辱和不幸！

朱宸豪不满地看着娄妃，你怎么能这样说，嗯？娄妃道：如果夫君起兵，我只有付身东流，否则别无他途。

怎么会呢？我还有伟大的宫殿在等着你，有凤凰台，有十座滕王阁和杏花楼在等着你去作画吟诗……

不会有的，夫君。娄妃含泪说：你的想象太伟大，也太可怕。但那只是想象啊！

想象？你以为我是个只会在想象中说梦话的人吗？朱宸豪很生气。

不。娄妃说：我以为你的才能足以辅佐一个少年，让他成为好皇帝。

好皇帝？朱宸豪有些发笑，又愤然道：你见过几个好皇帝！

好的皇帝，首先要有好的辅臣，犹如屏翰，国家的栋梁，自然可以辅佐出好的皇帝，创造出伟大的业绩。

朱宸豪愤怒了，他推开大门，又转身走到娄妃面前，说：你到大门外去问问，当今圣上是不是个好皇帝？他做了些什么？会不会成为你所说的好皇帝！你再到京城去看看，皇宫丹墀之下，那些忠臣良辅的膝盖可是跪得血迹斑斑哪！而午门门前，三五天就有一颗忠臣的头颅被砍落，一批耿直的谏官遭杖刑，你知不知道这正是你所指望的好皇帝做的？你听得见他们的惨叫与呼号吗？！

朱宸豪说得血液滚沸，双目尽赤。娄妃闻之也动容，但她仍说道：你身上流的可是与皇帝一样的血呀……

朱宸豪这时坐下来，尽量用平静的口吻说：正因为我身上流的是皇族的血液，我感到它每时每刻都在咆哮，我才不能对此视而不见。

朱宸豪继而安慰似的对娄妃道：相信我，我有责任也有能力让这个世界变好一些。

娄妃有些失神，有些不知所以，她为不能说服宁王而沮丧，但还是说：想改变这个世界的人，总是被世界放在反面的。

那么，我还能和你说什么呢？朱宸豪同样对自己不能说动娄妃感到无奈。

你就等着看吧，他说。

第六章

1

初夏未至，却有名为《夏至》的诗句不胫而走，据说作者是朱宸豪，进而加大了人们口头上对豫章的围剿。——苍龙在空中衔着雷霆奔走，大地之心，等待收缴戈矛——这两行诗，怎么读也算不得佳句，却不乏剑拔弩张的味道。照理说也算不得什么，其得以广传的原因，乃是诗中嵌入了足可令人妄加揣测的因素，揣测结果既骇人听闻，又不必让揣测者承担责任。这就把作者害了。于是《夏至》就像长了翅膀，先是从金陵，再又到帝京，不止士林阶层，帝京各阁部官员的耳朵嘴缝里都在以相互打探的方式传递着，像是骷髅里生出的野草。

那些京官们总是在明知故问后，还故作惊吓状：咳！反诗呀反诗，如此明目张胆，这还了得。然后在别人的探问下又有意噤声，别人不开口了，他又神秘兮兮地用手遮着半边嘴，把两句诗朝另一只耳朵传过去。那只耳朵满足了好奇，十分受用地挪开，再通过长着鼠须或野草似的嘴去寻找另一只招风的耳朵。

如此一来，豫章朱宸豪无意间写下的几句诗，就轰动了帝京。

据说，对于宁王的诗句，十七岁的皇帝任外界哄传，众说纷纭，他倒显得出奇的平静，使人们从中看出一个少年的理智。他没有表态，也没有问臣下意见，这使几位随时等着皇上下问的大臣有点意外。连最受宠信的司礼太监瑾公公，也没从少帝口中讨出一丁点儿看法。所以当夏天到来的时候，帝京尽管被朱宸豪的诗句雨打风吹了一遍，朝廷却似乎没有什么实质性反应。这样一来，京官们也不敢小题大做地滋生出什么主意来进谏皇帝。

人们心里也只把它当成了皇帝的家事，论辈分宁王还是当今圣上的皇叔呢！然而事实与表面大相径庭，也就在这段时期少帝连续阅示了瑾公公递上来的三份密报，三份密报皆来自豫章，一是江右按察使胡世安，另两份是在豫章活动的东厂和锦衣卫。这三份密报，以胡世安所报内容最为明确，证实了朱宸豪在网罗人马，准备叛乱。手捏密折的少帝，这才在殿上踱着步，别有深意地沉吟宁王的诗句：——苍龙在空中衔着雷霆奔走，……大地之心……等待——收缴戈矛。最后一字落地，他指示瑾公公，若能不以大举之兵，在秘密行事中越快解决此事越好。

瑾公公自然懂少帝的意思，他遵旨退下，召集了东厂首脑，并亲自对派往豫章的秘密人员交代了行动目标和事项。特别提及，宁王府收藏的太阿剑是国家利器，圣上迫于太祖皇帝所赐不好收回，但宁王世代的不轨之心，都与此剑有关，此剑使宁王府谋反之心如原上野草，火烧不灭，经春又生。因此为圣上计，为天下苍生计，此行你们一定要取回太阿剑。正当法子是不行的，只有劳诸位的高明手段了，我等着看到你们取来的剑。他说这话时目光很明确地落在最赏识和信任的剑士步七脸上。

步七的脸色铁硬、冰冷，没有丝毫表情。瑾公公要的就是这种没有情感的死士。

2

朱宸豪从王府中那个最神圣的位置上捧下那把剑的时候，不禁淌下了热泪。这是一个男人为另一个男人流出的泪水。他凝视着剑鞘，像是在细瞧上面的花纹，又像端详一件圣物，向它表示由衷的敬意。多少英雄气概曾经被剑收藏。一个英雄男人的一生，他祖父的炯炯眼神和不可磨灭的光亮也曾随剑一起收藏于古色斑斓的鞘里。多少年了，经过了漫长的等待和剑与人的苦苦守望，他终于把剑取下来，这应该是两代宁王的心愿了。这把剑不应该永远放在豫章的宁王府，而要高悬在大明帝国京都的宫廷大殿正上方。从豫章到帝京，这段艰难的路，上天选定由他来充当帝国之剑的剑使。

铅灰色的天空下流着一江钢蓝色的水，如果不是船行其上的话，你会感觉那水是硬的。那把剑像一道闪电，在朱宸豪的心里打开了一个世界。在那个世界中，好像苍茫的天底下什么都消失了，他只是一个剩余者。豫章和整个帝国都为那把不祥之剑而战栗。

3

野史记载，太阿剑问世以来杀过五万七千三百六十二人。事实上这把剑至今仍是有未曾血刃的无辜，一个人也没有杀过。倒是至少七把利刃以太阿之名杀了数不清的人，这令太阿成了传说中的血屠之剑，一把没有杀过人的剑以杀人之名，比收藏在匣中出名要快百倍。

世人对太阿剑所知甚少，它的雪藏却给了别的剑以其之名在世上横行无忌，千百年来，至少有三个星帝得到的是它名义下的假剑，包括当年的楚王。

虽然是假剑，但在杀过许多人并同时与许多剑交锋的过程中，已证明了那还是一把不错的剑，只是真实的这把杀人之剑无名，而出名的却是太阿剑。

但这名字和剑是脱节的。虽然假冒的太阿剑不是名剑本身，但在它杀人的时候，它的名气无论对死于其剑下者还是目睹其杀人的旁观者，都是如此深信不疑。一把杀人的剑不要什么名义；一把剑的名义也可以杀人，这其间的真理就是无耻。一个拥有开国皇帝所赐宝剑的人，会不会是反贼？这不是要朝廷来回答的，而是要时间或者历史来作答。

4

豫章的夏天绵丽而深情。王府的女主人娴媚得惊人。

当名为《夏至》的反诗以宁王的名义在外面流传的时候，最为朱宸豪焦急与担忧的是娄妃。她似乎从丈夫的诗句中看到了某种不测的风暴和不祥的厄运。她强烈预感到那诗中的风暴一旦降临，承受不住的绝不会是皇帝，而是豫章的宁王府。

圣剑堂里的太阿剑在娄妃眼里闪着诡异的光。那两句诗如同出自剑身上的咒语。娄妃憎恨那把剑，那把剑是一个不祥的符咒。

君枝，那把剑要把宁王府都毁了，你把它取来，我要将剑沉到东湖的污泥里去！娄妃有时恨恨地说。

真的呀，娘娘。那我去跟你拿来就是。君枝显得既惊喜又轻松的样子。

她的手中正玩弄着一根细长的孔雀翎。娄妃只有对她苦笑，你呀，你拿得了吗？那么多的武卫守着圣剑堂。

娘娘，这你就不用管了，你若恨那把剑，我就给你拿来，把它扔到东湖里，真的神不知鬼不觉，多好玩呐。

君枝说着，脸上一派天真。

你呀，什么都是好玩，那可是要掉脑袋的。娄妃又好笑又好气。

掉脑袋？与其让那把剑使全王府人掉脑袋，不如让我偷来扔了，也不过是掉我君枝一个人的脑袋。

君枝很倔。

娄妃反而笑了起来。掉你脑袋，首先我不会答应，宁王也不会答应，还有他的武卫残夕，你打得过他吗？

你是说那个跛子呀！君枝有些尖刻和不屑，——不知人称他为王府第一武士是真还是假。

娄妃有意逗君枝，你不是也有功夫么，找机会试试不就知道了。

君枝拨弄着孔雀翎，她想象着那个年轻英武却有些跛的武士，嗯，是该试试。

喂，我说的可是气话和笑话，可别当真啊！你是知道王府规矩的。那天朱颜小姐想到圣剑堂去看她的王兄，武士都不允。她去告诉老夫人，反挨了一顿骂。娄妃说到这，提醒君枝：等一会儿你将我这儿的新鲜果肴送几品过去，叫小姐得空来坐坐。君枝说：娘娘真是好心，小姐可是怪脾气呢！

怪？娄妃摇摇头，她是由孤独而形成的孤僻呀！偌大个王府，有老夫人一个，就让她够受了。

前一阵子不是听说老夫人要把小姐嫁出去吗？君枝说，后来怎么又没有动静了。

不是没有动静，你没看到现在王府的动静比什么时候都大吗？娄妃道：宁王可顾不过来嫁妹了。

唉，这些月来也真是不太平。

太平？娄妃苦笑，一个想要太平的帝国藩王会养那么多的武士吗？

娄妃踱两步，停下，有些黯然，恐怕王府再也难有太平了。

没有太平，那就更需要武士。

是啊，武士。

娘娘，侍女翩跹在门口说：友竹花园蕊夫人来了。

哦。娄妃看见镂花门上一个熟悉的身影，就听到一串咯咯的笑声。娄妃觉得好久没有听到那样欢快的笑声。整个豫章城里，可能就算蕊夫人的笑声最好听了。如果这世间有谁可以笑着迎接灾难或死亡，也只有她。是啊，为什么不笑呢？娄妃想。

她也有些轻松地迎上前去。

君枝凝视着手中的那根有着五彩羽色的孔雀翎，她小心地美着，像是一种挑剔。君枝想象着将孔雀翎插在一个武士头盔上，该是什么样子。

插到谁的头盔上呢？君枝想了想，觉得还是插在英武的残夕的头上比较合适。他有点跛，走起路来，那根细长的翎羽一定会在他的头盔上一拽一摇，十分好看。

第七章

1

没有谁知道，绳金塔下千佛寺住持了尘大师的来历。看着他白眉皓首的样子，人们甚至不知道他究竟有多大年纪。但在豫章老者的记忆里早就听说了尘一百岁了。老者死了一茬，新一茬老者又说了尘有一百岁。但了尘仍是那副白眉皓首的样子，这也就成了千佛寺的一个标志。

豫章人提及该寺，首先不会想到那里供有九百九十九尊小佛像和一尊大铜佛，反而脑中马上就会出现了尘的白色胡须、眉毛和头发。绳金塔在豫章也立了上千年了。绳金塔的塔下寺——也就是千佛寺的镇寺之宝，便是建塔时掘出的一只铁函里的一卷经书，原本里面尚有的两口古剑，一口而今已随洪武皇帝葬入孝陵，仅存在世的一口收藏在宁王府圣剑堂。了尘与老宁王是棋友。

当年老宁王经常来千佛寺向了尘问禅，在法华堂诵经，然后又到了尘的禅房下棋。而今的宁王朱宸豪虽不诵经问禅，却也十分尊重了尘，不时会来千佛寺走走。了尘对朱宸豪也很了解，坐下来时，会说一些颇藏玄机的话，以朱宸豪的聪颖和悟性，了尘相信他能理解。但那些话对朱宸豪的作用不太，了尘知道是出自塔下的那口古剑使宁王府孽力太深，甚至像了尘这样的高僧也很难破解。

绳金塔高七层。每层每面都有回廊拱门，塔顶为镏金铁顶，在豫章最为著名。塔内置有镇火鼎，据说是用袁州府之春台水熔铁而成，镇火鼎周身画有卦位和水星水兽，是选在水年水月水日安置的，以镇豫章火灾，上锈鼎铭："系兹星鼎，金铁之精。陶熔二气，罗列五行。象取坎止，法配离明。熊踪永敛，灵液常盈。浮图并峙，瑞应胥呈。水火既济，坐镇江城。"位于塔下的千佛寺在豫章也名重一时，其香火虽远不及东湖边的永宁寺，却内有法华堂、宿觉堂、圆觉堂，历来是高僧的修为之地。了尘在千佛寺修行了多少个年头，豫章几乎没有一个人说得清，好像别人一出生，了尘就在寺里做住持了。

直到有一日寺中来了个人，隐约触动了他的前尘之思。

2

这是个日影淡淡的午后，法华堂内清寂而阴凉，千佛寺山门接纳进来的是裹着灰尘和热气的风。一千尊佛像面对一个人影。一个人影在一千尊佛像前参拜。了尘见那人参拜得神情投入而忘我，撮香的右手仅有两根指头，他拜毕上香，抹身欲行，却被了尘叫住。施主匆匆而来，何必匆匆而去？既是有缘人，何不在寺中歇息片刻再走。那人转身，一张饱浸汗渍的脸膛。多谢大师美意，我只是个过客，但求佛祖庇佑，还有许多路要赶，便不好叨扰了。说罢抬腿又要走。

了尘也不挽留，只说，这一路不只是辛苦，还多凶险哪！壮汉的脚步似被粘住。还望大师指明。了尘叹息一声，又摇摇头：一个拜佛的人，怎能心怀杀欲。

杀欲？

施主的脚步难道不是被百里之外的杀欲而驱行么？与其为杀所杀，不如放下屠刀，立地成佛。壮汉听罢，不由朗声豪笑。大师只知道我心怀杀欲，却不知道我要杀的是什么人？了尘觉其不悟而哀叹一声，道：很多年前有位胸怀屠龙之志的壮士，他的祖父是刺客，父亲是刺客，母亲是刺客，兄弟是刺客，他们以刺杀当朝皇帝为最高目标，先后行刺了九次，付出了九条命，皇帝却还是皇帝。在祖父、父亲、母亲和兄弟都在行刺不遂丧生之后，壮士的第十次行刺进行了周密的谋划，最终一击成功，轰闻天下。

壮汉：他杀死了皇帝？

了尘：他杀死的只是皇帝的替身，自己却因此遭到了全国范围内的捕杀。

一个以刺杀别人为目标的人，却成了所有人刺杀的目标。他不得不改容易貌出家为僧。一夜之间，一个血气方刚的青年竟变成了苍苍老者，难道仅仅就是为了苟且偷生吗？不然，他需要参悟。后来他发现参悟比他以前干的一切更有意义。

壮汉：什么意思？难道一个身怀巨仇为躲避皇帝下令追杀而遁入空门的人，他的行为会比他一家九口为刺杀一个该死的皇帝而死还更高贵吗？壮汉粗眉倒拧，粗声大气全然不顾地表示自己的气愤，大师这话我不爱听！

了尘见壮汉气急，也不火。他从对方身上看到的更多是自己当年的影子。

历来那些行刺皇帝的人死了，都是一堆狗屎，而皇帝是臭肉。群蝇逐臭似的行刺从来没有停止过，也不会停止。行刺者所犯的最大失误，也就是其失误的原因在于，对皇帝缺乏本质的认识。他们不知道其行刺的对象是太阳的反光，是一种不被血肉所承认和局限的幻象，所以刺杀不死。皇帝永远在那里，它是一个位置，这个位置不容空缺，随时有人填空，一次次击倒等于虚无。一次次刺杀对于皇帝这种东西毫不起作用。皇帝强大就在于它大得几乎不存在，而又无所不在。同时，它对天下人又是一个具有致命诱惑力的陷阱。人们都在努力以不同的方式接近它。求仕者永远行进在向皇帝朝圣的途中，行刺者永远在危险恶旅中挟匕蹈行。但只有当你真正接近它时，才发现上了当。作为人的皇帝永远是个缺席者，而身为代表权力同时又被权力所代表的皇帝，它仅仅是人们头脑里派生而出的一件假想的龙袍。

说到底是求仕者和行刺者制造了皇帝。也许每个人都匍行在向自己心中的皇帝朝拜的路上，每个人都奉自己内心所求的目的为皇帝。行刺者在行刺之时实质表现为它对于自己内心皇帝的效忠。在这个世界上没有谁能堪当真正意义上的弑君者。因此，在某种意义上刺客与求仕者殊途同归。既然现实的皇帝不存在，意念的皇帝却比什么都强大，人们具体蹈行的意义都应该皈依修行。

那么你的皈依修行是在向另一种更高的皇帝效忠呢，还是以皈依修行的方式在弑君？壮汉拧直了颈问。

阿弥陀佛，善哉！善哉！了尘闭眼合十。

壮汉离开塔下寺，走出山门时回头看了一眼崇高繁丽的绳金塔，心想：谁能肯定这宝塔不是一把藏剑的鞘，塔下寺的佛不会用剑行刺皇帝呢？

3

半月以后，少帝南巡，遇刺。行刺者是个右手仅存两指的壮汉。

他用的却是双匕。右手那一击显然是个掩护。当少帝的近卫全在猝不及防全力注意右手的那一刺时，他的左手却击出了最为有力的一刀。少帝挨了一刀，却只刺中皮肉，轻伤。但竟是这些年来第一次让刺客得手的一击。侍卫反应过来，那只仅存两指的手，获得了一个千载难逢的空隙。但他只有两指，那把短匕几乎是绑在手上的，抓不住转瞬即逝的机会。少帝幸免于难。

当刺客被困在刀丛剑栅里，像绝望的笼中之狮，又凶狠又无奈。他一手执短匕，一手同时也呈毫无实际作用的威胁状。那只仅有两指的手徒然虚晃着，把刃上的光送到别人脸上，显得无力而失去了最后抵抗的信心。

刺客目光里透露出来的是一片荒凉。那荒凉的眼神在逼拢过来的锦衣卫的面孔和兵器上扫过，像从高处崩塌下来的冰雪。他在垂下右手的一刻，便被乱剑加身。

有人说刺客最后并没有放下行刺的匕首，他在发出一声怨恨与绝望怪啸的同时，将匕首刺入了自己的心脏。那微弱的短匕之光，顷刻被近乎缤纷的刀剑所淹没。

少帝虚惊过后，看着一个暴烈的生命转眼变成一堆肉酱，虽然血仍鲜艳滚热，却在供苍蝇吮吸。

一个甚至能以短匕刺中皇帝身体的生命，能够越过身边环护高手的奋力阻截，在向皇帝冲击的短时过程中，杀死侍卫二人，击伤二人，撞翻三人，然后他的左手加上匕首的长度，从两个近侍的腰间空当穿过，一把尺二匕首的八分之二，刺中了少帝的右膀。在少帝身体往一边塌陷之际，慌了神的近侍拼死去堵失误的空当，刺客右边，出现了机会：那把绑在手上的匕首笔直刺出，若匕首随意转而下刺，可能正中目标要害。但绑在手上的匕首无法完成随机应变的动作，反被赶来的刀剑封死。

刺客向少帝行刺的整个过程，仅在十步之间，其爆发力超常得令锦衣卫震惊。但一个如此强悍的生命在十步之间却完成了他从刺客转化为肉酱——苍蝇的一顿豪宴的过程。

惊魂甫定的少帝由随行太医为其包扎伤口——太医庆幸刺客之匕无毒（亦可见刺客的自信）。少帝内心并无庆幸之感，倒对那堆肉生出了一种怜悯。

有人告诉少帝，刺客留有两首咏怀绝笔诗。

少帝不假思索：念。

刺客：咏怀绝笔。

其 一

剑指引我，走无常的路。
杀，是我的职业。
我左手是长风，一条寒江或者雪，
右手是王的头颅，
而美人在左和右中间填补心的空白。

冷冷的路，冰点的世界，
唯我的血保持恒温，它的最后一滴
仍烫折历史铁黑的案页。

我是热血浇灌的一朵怒之花。
我在燃烧中拔节，我怒绽于暗夜，
我的开放即血。是王的头颅，落地的时刻，
我的血开在宫阙，注定王的朝代毁灭。

我的血，于昨日一场大雪之后凝结
成碑的岩石。而历史仍在书页上
等待吾民的惊呼：刺客或热血。

反诗！反诗呀皇上！随行近臣念罢忙作出这样的评述。少帝听得起劲，近臣停下来且插嘴点评，使他一脸不高兴，还有呢？

还念哪，皇上？近臣几乎是在请求：这种反诗臣念出口都觉得嘴上有罪啊！

少帝眼一瞪，提高了嗓门，朕叫你念你就念，还啰唆什么！

是是是，臣遵旨。

其 二

血主宰我。走无尽的路，
古道。驿站或马匹，长发和风绞在一起，
射向某种速度与急切。沿途景物如雪，
最美的风景是女人，
她的巧，如花朵的初夜，把我打开成天空或铁。

我是怒，是乘在风上的车。
帝王和美人，都在我身下，
我骑你们。翻身上马，将性命骤驰于裸夜，
享受一场急雨。皇宫何在？那独处暗中的花，
悄然的玫瑰：火。我的血
从火焰中心出发，抵达宫廷和圣驾，
我刺中的，是王身边的后呀。
一朵花。一朵花。在风中旋转
摧折。我刺中了她，这王的女人。
在她美到极致的眼睛里，我是热血中开放的
那一枝。我的再度开放，就是王的死。

近臣念完最后一句，不敢吱声，只观察少帝的脸色。近臣惊异于少帝的脸色竟有陶醉和神往之意，这令他惶惑。

少帝也不作声，好像还沉浸在刚才的诗句里。

近臣觉得有些不对头，皇上毕竟年轻，少不更事，他硬着头皮，提醒道：皇上，从这两首反诗看来，刺客还有个女同党，要赶紧下令查除，以去后患哪！

少帝似乎刚回过神来，什么？你说什么……

近臣想再重复刚才的话，被少帝打断，他反而以提醒的口吻对近臣说，你从诗中没有看出刺客不是一个莽汉，而是个有情怀的人吗？他稍顿了一下，又惋惜地道：只是这人既明白又糊涂呀！他知道皇帝该杀，却不知道皇帝是不死的。说到此，他微微吸了口气又吐出，眼望着近臣颇有意味地说：人人都想接近皇帝，但只有镂空心思的两种人才能接近皇帝。你知道是哪两种人吗？

近臣知道少帝并没有真心要自己回答，只故作嗫嚅，微臣惭愧……

少帝眼光转向那堆爬满苍蝇的碎肉，并频频点着头，好像是对那堆肉的肯定：这两种人，一种是近臣；再又把目光调回到近臣脸上，一种是刺客。

刺客二字显然是从牙缝里吐出的，像是有意要吐到近臣脸上，使近臣像挨了个嘴巴子一样难过。他低下头，想表达点什么。少帝又放松了口气，他分明是在表彰那个刺客。

可惜了一副诗才和身手哇！

少帝吩咐，把诗收好喽，不要去追究行刺者的姓名和来路，他不会有女同党，或许倒有一个深爱他的美丽女人，只是他们再也见不着了。那个女子有可能还在一处客栈等他，也有可能身在京都后宫。

近臣发现少帝的判断比自己还犀利，他显示出极度的兴奋和担心，想建议刻不容缓地采取行动，少帝制止：不管这个女子在哪儿，都不要动她，让她好好活着。我还要让这个行刺者，以无名氏的名义使他的诗流传后世。——江南不仅多美女，还更有悲歌侠烈之士啊！只是，王者不死，死的永远是失手的刺客。从此，历史上又多了一位荆轲，而屡遭刺而不死的王者也将被历史记住。

少帝突然觉得自己话里呈现出一种大气和宏阔的帝王境界，为了强调他的若有所悟和思想的提升，他有意抬了抬那只受伤的膀子，以手指灰尘里的那堆肉，嗓子里居然有了豪气。

你们看，这生命不是开放而是萎谢成了肉泥，而死的自然也更不是王，所以胜利者永远是王，历来如此。

这时有人小心地提出，是不是结束南巡回京去。少帝不假思索地否决了这个建议。不！

刺客的行刺和诗，仿佛激发了他更大的游兴和决心，他说，南巡才刚刚开始。他心里惦记着江南的美女还在等着他巡幸呢。

4

少帝南巡虽有微服私访的意思，但所到之处的地方官员都知道，暗中都作了方方面面的安排，比如在预料到皇上要去的地方，先设置好了皇上感兴趣的东西，这其中尤为重要的是有其地方特色的美女。了解内情的人都明白，皇上微服南巡，目的就是访美。微服更好掩人耳目随其方便，寡人有疾，臣下能不尽心么？

所以这一路下来，少帝巡访得兴味浓，总要夸江南是出人才的地方。

人才，自然是指江南佳丽，只是这次顺带把一个行刺未果而身死的无名刺客也夸了。

皇帝后宫，佳丽无数，偏要到外面寻野食。没有得到的，即使不算最好的，也具有诱惑力。得到的东西，纵然再好，也因为到手后而失去了吸引力。一个人，什么东西都太容易得到，这世界对他的吸引力，也就减去大半。作为常人，在这世人得不到的东西又太多，世界就对他有着无比巨大的吸引力。

少帝常思南巡，就是想去找那只停留在想象中却难以得到的东西。那东西其实不一定是美人，但由于第一次便被听到的地方安排了，他便觉得这也是他不是寻找的寻找对应物。只有少帝自己清楚，他要寻找的其实是寻找本身，是那种难以找到和得到的常人感受，但这种感觉又总是短暂的，往往只在出行时的那一刻兴致勃勃而又茫然地昂奋。因为身为皇帝，人们是不会让他的寻找落空的。他每次被寻找的欲望牵引着、召唤着，不顾群臣谏阻跑出来，人们总在他兴奋未已时安排好了他找寻的猎物。

然而，少帝所好的佳丽，几乎皆比少年皇帝要大十来岁，准确地说多为少妇。少帝恋的是那些少妇的丰盈雪乳，以及雪乳之上的那粒樱桃的百般滋味。皇上迷恋乳房，越硕大白皙越欢喜，这是少帝的口味，当然面目也要姣好。这孩子还没脱离母乳期，随行者皆有此感。刺客的利刃尚不足以为少帝筑造坟墓，而女人硕大的乳房却提前为他提供了美丽的香冢。

他有时在乳房里也的确看到了死亡，但他认为假如坟墓真是乳房有多美。他的头几乎每夜都是夹在两座乳峰之间入眠的。他睡着了，就如同进入了乳冢。

雪白的乳房里竟然漆黑无比，看不见一点光亮，他梦见自己在一只乳房里摸索，像是蒙上了眼睛，手伸到的地方，皆为虚无。只有潮湿、霉朽之气扑鼻，脚所踩到的也是软绵绵的，如同沼泽，要把人陷下去，他身不由己，感到身体裸露在凶险中不设防的恐慌里。他大呼美人！侍卫！皆无回应。从上到下都是黑暗。黑暗。黑暗。空洞洞的黑暗里只有他的声音，像是孤魂在哭泣。

猛然间，他看到一道亮光自上而下，急高呼：我在这里，快救驾！他的身子也急速在泥潭中下陷，就要没及肩膀，他的两只手朝亮光挥动，求援。那道光亮急速驰来，照亮了几乎在哀嚎的少帝的脸。

他也看清了那道亮光居然是一柄向他疾刺而来的匕首，一惊之下竟溺出尿来，便醒了。女人的乳房仍在，也很温暖。少帝的裤裆却是湿漉漉的，难受。

5

尽管少帝没有追究行刺者的背景，甚至连名字也没有让人去查，这样就使一个壮烈的行刺者成为一个无名氏，可他的诗也就以无名氏之名很快流传开来——我是怒，是乘在风上的车！一直伴随着皇帝，像一道不散之魂。

死去的乃至成为一堆肉泥的行刺者，也由于他的诗而加重了悲壮和公义色彩，当传到豫章时，朱宸豪吟着那两首诗，居然落了泪。他继而对其追随者说，可见我们要做的不仅是我们的选择，而是天下人的选择，它代表着公义，同时又是为所有反抗昏君的死难者的复仇。仿佛从中他又找到了更有力的理由来说服自己，也说服别人。但后来据东厂侦知，那个刺客就是宁王府买的死士，那两首刺客咏怀诗的原作者就是宁王，是宁王预先写好在刺客身上的，并以刺客之名流传。

宁王闻讯，认为这事根本与己无关，是东厂加罪王府的重大阴谋。他随即派人捎了不少珠宝进京，要帝京的朋友在朝廷为之辩诬。然而可笑又可悲的是，他所托的朋友十之八九已投到了太监瑾公公的门下，并将宁王所赠珠宝，讨好地献给了瑾公公。司礼太监瑾公公就以此作为宁王欲盖弥彰的罪证出示给皇上。皇上虽年少，每在此际，却能显出不一般的老成，任太监瑾公公言之凿凿，只不语。当瑾公公竹筒倒豆子一倾而光后，他还问：都说完了？

瑾公公一时有些摸不到头脑，少帝却吩咐，将珠宝悉数赏给豹房美人。

瑾公公只有遵旨退下。

在走廊上，瑾公公听到花格窗外的风，发现凄厉的叫声。风里藏有亡灵，死不甘休的那种。

这啥时候，才八月底呀！他自语道。

狂艳

　　宁王朱宸豪的母亲碧薇夫人有一种近乎追求毁灭的慑人气质。她华衣丽服端坐在宁王府中，好像有着要把老命拼出来的美。仿佛插满繁花的花瓶，生命是抽空的，那是无生之美的艳丽，在美女如云的王府中，犹如一个空洞的形容词。

第一章

1

燕道天倚一棵歪脖子树，起劲啃着黄瓜，眼瞅膊爷杀猪。周围的空气都游动一股黄瓜的青气和香味。燕道天每回进城，都爱看屠户膊爷杀猪。膊爷杀猪出名，是猪的克星，却是副猪相，透着过分的蠢实，胡子拉碴的肥脸，总是憨厚的笑意，下手却恶。宫步门的人都吃他杀的猪肉，宁王府的猪肉，都是出自膊爷之手。这在豫章的屠户行当里，算是膊爷脸上挂得住的一种荣誉。

这次，他又受雇为王府杀猪。还没有正式起刀，杀猪棚边就挤了不少看客。

膊爷一身浮肉，天热，精着身子只围皮裙。动作起来，浑身的肉都在动，仿佛全在帮忙把一头猪放倒。膊爷杀猪的时候，几米开外的看客总爱发出一些响动，以示助感，或是对膊爷手艺的评价。看客的声音有时像鸡的尖叫，似被黄鼠狼撵上了。有时又像一只破麻袋扑在地上，冲起一团灰尘。

膊爷不语，知道众人的眼睛都盯在他手上，也就更起劲，动作更麻利。

燕道天看得兴奋，牙齿咬着黄瓜的声音也是水汪汪的，有一种凉爽感觉。他身上却在淌汗，脸上像是被人兜头浇了一盆水，胸前，肚腹的汗水像蚯蚓在蠕动。但这并不影响他啃黄瓜的劲头，更不影响看杀猪的兴致。

膊爷人高马大，几乎不要帮手，一人就能将一头二百来斤的大猪扳倒。小厮只围着打转，像是多余的，膊爷只喊拿草绳，拣粗的。

在猪的拼命嚎叫和挣扎中，猪四蹄便被缚牢、捆定。

膊爷一头拎猪的双耳，一头揪住猪尾，嗨的一声便将猪撂到杀猪凳上，随手拖过木盆，从盆里操起一口尺长的利刃，龇着上下白牙，将刀衔住，脸上的笑意便有了几分慈悲。小厮端来一桶清水。膊爷恍若未见，揪猪的招风耳往凳的一头拖，颈刚好对了木盆，伸手就到水桶里摸一把清水，抹在猪的喉部。猪像是感受到了死神的触摸，便使劲蹬。膊爷不急，将手又到桶里摸了一把，将湿凉的手在自己淌汗的腹上拍了拍。用五指头将刀从牙缝里提下来，握紧，照猪喉咙捅。尺长的刀进去，猪嚎，声音像哽了东西。眼里便有和眼屎搅在一起的混沌泪水。咕噜几下，便飙血。

刀取出，扔进盆里，盆里的血很快将刀淹没。

被草绳捆死的猪蹄仍在蹬，一下、二下、三下、四下……便散了劲。

脯爷松口气，右手尚拎未放尽血的猪头，左手便在猪腿间将绳头一扯，草绳扔凳脚。猪不动了，脯爷从血盆里捞起刀。

一边咧嘴笑着打招呼，燕大哥你也来！一边将刀在血里搅几搅。

一根黄瓜才啃了一半工夫，脯爷就宰好了一头猪，燕道天禁不住想称赞几句，脯爷，你这手头真是好俊功夫！

哪里，哪里，只是杀猪把式，混口饭吃。脯爷竟是一嘴说惯了的谦辞，手没停，刨毛、吹气、开膛、掏内脏……几头猪杀下来，就有几大桶猪血，血里撒了盐，兑了水，渐凝成冻。苍蝇绕桶而飞，赞美着血的腥鲜气息。

燕道天自小在宫步门街巷里长大，和脯爷是一辈人。

脯爷杀猪为生，却没少被街霸恶棍欺负，人拿了他的猪肉不给银子是常事，燕道天看不过眼，总为脯爷出头讨公道。城东的张大户说吃到了脯爷的瘟猪肉，带四五家丁要砸脯爷的铺。脯爷作拱打揖赔不是，老婆、孩子、小厮向人家跪了一地。张大户只说这地盘再也容不得卖瘟猪肉的了。

恰巧燕道天进城，咦一声便走过来。知道脯爷他是谁不？他是这角地的主——自小就生在这活在这长在这！你要他走，可以。他得赔你的肉。是多少，你从脯爷这买到了多少瘟猪肉？

五……五斤。张大户知道燕道天的名头，心早怯了。

脯爷，你割五斤上好的猪肉来。燕道天吩咐，眼却直盯在张大户的脸上。脯爷递来一大块猪肉，燕道天抓过就往张大户嘴里塞。好，只要你把这五斤赔你的上好猪肉现在吃下去，我就让脯爷一家再不到这地面上出现，你吃！

哎，燕、燕、燕大侠。何、何、何必呢……

燕道天：那你打算咋样？张大户：我，我不跟脯爷过不去，还，还不成嘛。燕道天：成！那就滚，别再来这儿买肉了。

是是是。张大户领家丁灰头土脸赶紧撒开了脚丫子。

脯爷心里早就感激燕道天，这一回全家人都把他当了恩人，硬要留燕道天在家里吃饭。燕道天也不客气，就坐了上首。喝了几碗水酒，脯爷就说出心里苦衷，原来是自己婆娘有几分姿色，城东大户便起了歪心，就以吃到脯爷的瘟猪肉为由来寻事。其实我什么时候卖过瘟猪肉哇！脯爷一脸委屈地摊开手。燕道天便笑，看你整天拎着把刀，白刀子进，红刀子出的，却这等胆小。你是男人啊！别人欺到你老婆身上了，你还能缩嘛？燕道天摇头，脯爷呀脯爷！从小到大，我只看见你在猪身上使劲，那可是三头六臂般不含糊，就没见你在人前雄赳赳一回。

是男人得有男人的胆啊！脯爷。这是临出门时，燕道天留给脯爷的一句话。说得脯爷三伏天竟一身冰凉。他甚至不敢看身边的老婆一眼，但听到老婆既感激又充满依赖的声音：没有燕大哥，我们日子还怎么过。脯爷心里虽不快，还是应了一声：那是。脯爷是怕老婆的。

2

王府管家老卜向脯爷付了银子，让府役取走了猪肉。脯爷脸上笑吟吟的，格外客气，他想向老卜说点什么，老卜却淡着脸，好像没有和脯爷说什么的兴趣。见府役推着盛猪肉的车子走得消失了，老卜才离开脯爷的肉铺，却没走王府的方向。脯爷望着老卜的背影只有嘿嘿地笑。

管家老卜人精，却摆布不了自己的儿子。老卜的儿子细毛不争气，整日在豫章的街头混。滕王阁黑市上出现的宁王府的东西，大到字画、古玩，小到饰物、鼻烟瓶，十之八九是细毛摸出来的。他却说是从一个飞贼那里转手得来的。

这使豫章飞贼陈徒手背了个冤名。细毛是黑市上的常客，东西一出手，就往酒店钻，灌饱了黄汤，打着酒嗝，就去逛芙蓉院或兰心坊。听说兰心坊来了两个新人，一个叫烟罗，一个叫青衣，那可是一对美人儿。

这日细毛又在滕王阁下溜达。他手里挟着一件东西，找了几个摊主，都出不了手。正又急又懊恼。有人拍他的肩膀，嘿，相好的，有啥好货，何不给我看看。细毛转头，见一张似笑非笑的脸，似无坏意。

不如寻个地方坐下谈？细毛说。行啊，我随你。那人答得爽快。细毛又有些不太敢信对方似的，上下打量着他。那人豪爽，也不打哑谜：我叫步七，是从外地来豫章贩古董的生意人。

哦。细毛见步七说得爽快，也就少了戒心。便说，我不是信不过你，只怕你不敢要我这件宝贝罢了。步七就笑，天下只有要不到的宝贝，没听说过不敢要的宝贝。

好，你随我来。他们就踏进了滕王阁附近的得雨轩茶楼。

个把时辰以前，细毛也将几个摊主约到茶楼，拣个僻静座头坐下。几个摊主的头凑过来：有啥好货？细毛得意万分地将一件东西搁到桌上，今天叫你们开开眼，瞧瞧我从有名飞贼陈徒手那里转手得来的宝物。一个摊主问：什么宝物？细毛故作神秘地眨眨眼道：瞧好了！边说边扯去包布，露出一长条锦匣，再揭开匣盖，得意道：看见没有，这就是当今天下至宝。细毛用一手指凑到嘴边小声地说：也就是宁王府的镇府之物。众人不太敢相信似的伸长脖子：啥？细毛眉头一扬说：太阿剑，知道不？摊主们一惊，哎呀！使不得，这要命的买卖谁还敢做。皆忙不迭作鸟兽散。

这会儿细毛和步七在得雨轩坐定。是什么宝物，也让在下见识见识。步七有些迫不及待。

小二，上茶！要上品毛尖。细毛吸取上回经验，打算先将对方稳住。小二泡上茶来，细毛很客气地请步七饮茶，说得雨轩泡的茶是豫章最好的，先生可先尝尝。步七只得端茶呷了一口，眯眼，品味：好茶。

茶是好茶，却不知先生可识得好货。细毛幽幽道。

哈，只要是好货，我便不会让它从眼皮子底下溜过。步七既老练又很大气地说。细毛的手指在茶桌上快速叩了几下，眼望步七：那，先生肯定是带足了银子啰！步七将一袋银子往桌上一顿，哦，你是怕我没钱是吧！喏。细毛笑眯了眼，连说好好。便将包着的剑取出。看看吧，这太阿剑三个字一出，就吓跑了豫章的所有买家，看来先生才是这宝物真正的主儿。

桌上的剑，古色古香，放在两盏茶中间。茶在冒着幽香，门外有官军的马蹄骤驰而过。细毛的手伸向了那袋银子，嘴里不无神秘地说：听，外面的王府武士正在找这把剑呐。步七的手像猫逮老鼠一样，将细毛抓银袋的手压住。你开玩笑吧？

细毛顿时心头一紧：啥？步七从牙缝里吐出几个字：这，不是太阿剑。

啊！细毛顿时故作上当状，我被那个飞贼骗了。腾身就要开溜。步七飞起一脚，便将细毛瘦弱的身子踢到桌子底下，十分不屑地哼一声，就头也不回地走出了茶楼。躺在桌底下的细毛，又听到了一阵马蹄声。那确是王府骑士的马队，却不是来寻剑的，而是要捉拿危害王府的人。细毛腰酸背疼，好不容易从桌底爬出来，卷起桌上东西打算走人，突然被一只手按住。

这位仁兄确是胆大，敢公然在茶楼出售从王府偷来的宝剑！

细毛扭头，腮帮子在桌腿上撞肿了，嘴还挺硬，谁说是我偷的？见来人拣旁边一张茶桌上坐下，眉毛有点焦黄，冷言冷语道：不是你偷的，那你就说说看这件东西的来历。细毛看着对方眼眨眉毛动的样子说，我看你不像公差，该不是想黑吃黑吧？来人就笑，发出咕咕的声音，有些像母鸽子。细毛还是第一次听到人的这种笑声，也就跟着笑，他的笑只咧在嘴角，声音却像卡在喉管里，发不出来——这人即便不是公差，也是来找茬儿的，细毛认准了。对方笑定，焦黄的眉毛往上一撑，道：黑吃黑，不是我陈徒手干的事。你应该知道，我今天找你是有笔账要算。哎呀，陈飞侠，久仰久仰！小弟对阁下可是仰慕得紧哪。今日得见，真是有幸，您坐，坐。小弟去叫人泡茶。细毛边说边想脚底抹油。

陈徒手蹿身一把拧住细毛细瘦的脖子，眼剜着他说：你从王府盗得的东西全栽到我头上，说是我做的。我这颗头都快顶不住那些案子了。我们是不是该了一了这档事？细毛：陈飞侠，您这可是冤枉我了。陈徒手：怎么冤了你？

陈飞侠的名头太大，哪儿少了东西，就自然算到了你的名头上，真怪不得我……细毛说着，一脸委屈。滑头！陈徒手从腰间摸出短匕，在细毛面前一晃，你看，我这东西也不轻易放血，今日只要取你口中的三寸之舌！

哎呀！陈飞侠，我，我我，求求您，陈大爷，饶过小人这一次，以后小人这张嘴再也不敢乱说，再也不敢了。陈大爷……细毛的哭腔一出，便是一把眼泪一把鼻涕。

嘿，只怕我答应饶你，这把刀也不答应！陈徒手说着，便以手扼死细毛的下巴，把他的嘴掀开。细毛求饶的声音也就含糊，嘴里的涎水便丝线般往下淌。他只听得陈徒手在说：我给你一个忠告，这个世界上有很多药可以买，就是没有后悔药。他掂着手中的短匕：为了不吃后悔药，告诉你一个办法，那就是自己做过的事，永远不要后悔，哪怕你去承担它的责任。那把锋利锃亮的匕首，就往细毛口里钻。细毛觉得那管匕首像一条鳞光遍体的飞鱼，他闻到了鱼腥气，好像从来没这么刺鼻。细毛只有闭眼让那条鱼往嘴里游。

得饶人处且饶人，兄台何必与这等小人过不去呢？那条鱼没进入嘴里，细毛睁开眼，见一副螳螂般面孔的人，用两根铁钳似的手指挟住了陈徒手的短匕。短匕不得动，像被焊住。

爹！——细毛低下头来。陈徒手狐疑地看着老卜，把匕首放了下来。老卜扬掌朝细毛脸上就是极响的两个耳光，那两个耳光几乎把细毛的瘦脸改头换面，既肿且紫。——快给我死开！陈徒手还没弄清怎么回事，只见老子打儿子，自己一肚子气还没发，细毛就消失了。老卜拍拍手，像是那手刚才被细毛的脸弄脏了，其实是向别人表示一种清白立场。陈飞侠，坐。他倒反招待起陈徒手了。陈徒手当然知道老卜是何等身份。见老卜先坐下之后，才落下屁股。

阁下有何见教？他不无谨慎地问。老卜微微一笑，我早就耳闻豫章飞贼陈徒手是个义贼！

噢，贼就是贼，不敢当这个义字！陈徒手说。

若是没有了这个义字，那只要是贼，便可人人喊打。老卜脸上仍挂着笑意，似戏语，又像威胁。

只是我从不做不仁不义之事，陈徒手说，脸上有些凛然之气。

和一个贼谈仁义？你觉得合适么！老卜不依不饶，要彻底让一个贼心虚。

如果肚皮是空的，里面有再多的仁义又有何用。陈徒手显然在妥协，意思是说自己行贼不过是为了糊口。老卜感到满意，便显得大度和理解地点点头说：这话我愿听。

他的手拿起桌上细毛留下的剑，横在眼前端详，手指叮地弹了一下剑身，目光在上面溜过。剑，是一把好剑……又慢理条斯地说：可是作为一把名剑，它却是假的。陈徒手会意，我知道现在有很多人在打王府宝剑的主意。

哦？老卜故作惊讶地抬起头，眼里满是询问。陈徒手：刚才坐你的位置上要买这把剑的人，叫步七，是有名的剑客，也好像一心打定主意在豫章转着，要得到那把剑。老卜轻轻拍了两下陈徒手的肩，对他的合作表示赞赏。老卜当然明白作为一个黑道上的人物，像陈徒手这样的，是轻易不会向人，尤其是官府中人透露什么的，这是禁忌。老卜对陈徒手的犯忌表示满意。

第二章

1

后世的人们凭想象，总认为我在豫章以诗名画技取悦宁主，过着花天酒地的生活，还画了《十美图》，以博得宁王的欢心。而且还以戏说的方式把我弄得像个狂蜂浪蝶似的人。人们认为我既然是画师寅，便是喜欢一逞风流和才名的酒色之徒。对此，我已没有精力和这些无聊与荒唐的好事者搬弄口舌了，可有几桩事还是有必要澄清。

我不否认宁王朱宸豪的确有让我为其所用之心，找我谈过多次，我都推拒了。有可能我碍于脸面或出于对宁王身份的某种尊重，回拒时是语带婉转的。但朱宸豪知道我和他不是一路人。以他的性格和胸襟，他也不会强我所难。问题在于：胜者为王，败者寇。后世也是以此定律判定宁王是个反贼，不仅凶狠跋扈，还是个气量窄小的人。他们认为像我这么个所谓风流才子，无非属于软弱文人，在朱宸豪的施压下虽有退意，但多少还总有些就范，这样就使我处于受诬的难堪境地。事情可能还得从那幅画，也就是《十美图》说起。在说到《十美图》时，又难免不说到那十个美丽的女人。她们是我在豫章所接触到的王妃、才女、贵妇人、小姐和婊子。

应该说在我来豫章之前，朱宸豪就看过我不少书画的。他对我似乎还有些研究，当然主要是在诗书画方面。这其中他声言最喜欢我的仕女图，还着重谈了对《孟蜀宫伎图》、《簪花仕女图》和《秋风纨扇图》的看法，认为这些画线条细劲，色彩艳丽，笔墨畅快淋漓。老实讲，朱宸豪这个人对诗书画还确实有一定的修养，也有爱才之心。不管怎么说这一点和我以往见到的那些只会玩弄权术、中饱私囊、贪享富贵的混账官僚相比，不知好多少倍。

一次朱宸豪约我到他书房上日轩聊天，他再次流露要我充当幕僚的意思，宋之白和叶知秋也在座。我也再次推拒，重复自己以前就说过的话：寅是个闲散之人，实不足为王计，但王的抬举我是心领了，只是寅觉得此生只能做个淡泊的专事诗画的人，无意政治与仕途。朱宸豪表示惋惜，宋之白也不吱声。叶知秋却开口替宁王做说客，我只笑着摇头。

叶知秋的俊雅与倜傥中透出一种文人的无行，嘴上功夫比文字要好，正经本事不大，却喜欢往大的动静里扎，人还是可爱，有玩头。只是这种人我看得太透，对别人，他或许是一道可口的菜，于我，味却淡了。宋之白是智士，见叶知秋白费口舌，便推案上一盏茶给他，口渴了吧。叶知秋也聪明，随即掀开了细瓷茶盖。

朱宸豪心有不甘地对我说，以你之才，应该是可以有所作为的。一个人可以野心勃勃，却不可以平庸一世，否则浪费生命，有负上天的美意。

我说：有所作为，亦非政治一途。朱宸豪亦反诘：那又岂止诗画一途？

于是，我与他竟相视大笑。笑罢，朱宸豪还说，没有什么是绝对的。他眉毛一挑，似乎又找到了一个话题：有人说美是真理，有人就认为丑也同样可以成为真理。那么，二者便在极端不平等的情况下找到了平等。

他啜了一口茶，眼光看看宋之白，又看看叶知秋，最后还是落在我的脸上。

让我来告诉你，不要去试图寻找什么绝对事物和真理，绝对的真理尤其在这个世界上一天也没有过。真理是被人所用的——朱宸豪目光炯炯，仿佛看清了许多事物，他说：没有用的真理是不会在人群中存在的。

他抹了一下修剪得体的胡须，说：那些自以为掌握了真理而把真理玩弄于股掌之间的人，他们本身就是背叛真理的人。

朱宸豪的这席话，自然得到了叶知秋的赞扬。像宁王这样的人物，说出的话是要有回应的，这种回应即使言不由衷，也是不可或缺的。我和宋之白以无声的笑，作为回应。朱宸豪反而笑得更加爽朗起来，不管怎么说，他的笑是有感染力的。在笑声中，我领略了朱宸豪磊落的一面，他明了我的心迹后，也不勉强，只表示我在王府愿待多久就待多久，并说他早已仰慕我的仕女图，希望我在豫章期间艺事上能有所精进，可能的话，最好画一幅十美图长卷，供王府珍藏，并表示定会有厚酬相报。

既然宁王不嫌寅笔拙，我乐意为之倾心一试。我当即允诺。

朱宸豪听罢露出孩童般的喜不自禁：那真是再好不过了。对于有才华的人，我不是感到嫉妒，而是要献给他由衷的赞许。我到这个世界上来的另一个目的，就是要欣赏他们的才华，向他们表示敬意。朱宸豪转念，又道：只怕豫章女子尚不足以让你下笔尽施丹青吧？

哪里哪里，我初到豫章，就耳濡目染到豫章人物皆俊采风流，美不胜收。我想这十美图中的十美，自然应该是以豫章女子为原型的。

能走进先生画中的十个女子，实在是有福的，朱宸豪说：这也是豫章的荣幸，她们的美貌必将流传后世。

宁王过誉过誉！我忙说。

朱宸豪往座榻靠了靠，便轻松闲聊起来。他说：天下的好山好水好女人，理应赠给诗人。众人就笑。他却一脸认真，我说的可是由衷之言！

我说：好的女人像好的山水一样，妙在天然。

叶知秋插嘴：真正懂山水的人，必定懂女人。宋之白说：但懂女人的人不一定懂山水，此中自有雅俗之别。

朱宸豪说：将女人和山水融会贯通的还是诗人。我望着朱宸豪，他亦望我。二人又是相视大笑。如果说第一次二人相视而笑，还有着客套与拘谨，这一次的相视而笑便了无隔阂。这次上日轩的交谈，应该说是愉快的。尽管我回拒了宁王的再一次充其幕僚的相邀，但在二人共同倾心的艺事上，还是达到了一致的认同。宁王座榻背后的画屏，是几茎斜插旁逸的淡雅君子兰，那仿佛是他的背影。朱宸豪是一个有着君子兰背影的王者。得出这种印象，我心里觉得踏实了许多，也认为豫章之行是值得的。

2

初到豫章我是每三两天便去王府教娄妃习画。我看着娄妃下笔，她的皓腕上的肌肤，以及肌肤下浅蓝的、透明似的血管，我有时不敢正视，赶紧把眼光移开，移到宣纸上，看从那只皓腕下滑出来的线条，那些线条风飞云动，有着别出一般的才气。但她还需要技法，才气不可指点，需要指点的是如何更好地把才气显露出来。作为画师，我觉得这是我对娄妃的所谓责任罢。后来，教画的地点改到了杏花楼。王府也就去得少了。其余时间我就到豫章各处闲游或待在阳春书院写诗作画。偶尔也被邀参加豫章文人的雅聚，见到那些自以为是的人侃侃而谈，各执一词地说着他们对诗艺绘事的认识，尽是盲人摸象般的自负，我便有一种鄙夷。幸好豫章还有万古愁那样的诗人，我想。这期间朱宸豪和娄妃特地抽暇陪我游历了城西的散原山。

散原山是豫章城外一座伟大的山，它有着火红的霞彩与凤凰的和鸣，还有云居之庵与记梦的石室。道教净明忠孝道的发源地就在位于此处的西山万寿宫。它是道教三十六小洞天的第十二小洞天和七十二福地的第三十八福地。传说中萧史弄玉吹箫引凤的地方，就是西山第一峰的道教名山紫霄峰。而黄帝之臣伶伦炼丹得道、制音律于西山群中的飞鸿山，西汉梅福曾归隐于飞鸿山烟霞之中，江南名刹翠岩寺位于洪崖丹井之侧。晋时葛洪尚于山里炼丹，留下葛仙坛和丹井遗址。

我在领略了西山的丰赡博大、紫气苍苍之后，感觉到其作为豫章十景之一的"西山积翠"——应把道宫、禅寺、丹井、传奇、摩崖、石坛、音律、梦室皆看成是它的丰厚积翠，不能单指山景里的奇峰怪石、瀑布流泉、竹鸡蓝雀、竹笋潭鱼等，所谓先有西山积翠，方有画屏绵延，这才大有深意。

朱宸豪陪我登山临水，畅叙古今，瞻仰摩崖石刻先人圣迹，有很多感慨，发而为诗，但在风中朗吟，也就随风而逝。我虽没有与之唱和，却也有赏景、凭吊、怀古之慨，一一为诗，为七言六韵，或五言三韵，或口占一二，皆付诸于不记之爽赖清风。天地之大，被天地收回也是一种再正当不过的事。我虽非大才，但凡大才者，正唯其大才难以接受官场文坛等诸多场合限制，唯独纵情山水之中，自然广大才能容纳和接受得了广大之才。所以千百年来有多少大才者将自己的清歌朗吟皆散发于山水，同时也被山水收藏，不为俗眼能见。这是最大的公平，又是天大的遗憾。

几天前，朱宸豪陪我去观瞻唐永王李璘墓，永王起兵失败被杀，葬于豫章郊外一片荒野之中，永王一部将世代为之守墓，繁衍为一个村落，叫水木（墓）黎（李）村。墓有石刻，为李白《永王东巡歌十一首》，李白为永王幕僚获罪。其实当时安禄山陷潼关，唐玄宗赴蜀途中，任命第十六子李璘率所部水师东下，已在灵武即位的肃宗李亨以为李璘是来抢帝位的，便兴师讨伐问罪。李白蹲了狱，落难豫章，作有《豫章行》，句中有：白杨秋月苦，早落豫章山。永王墓的游历，使我心境沉重，李白的遭遇，仿佛是一种对我的暗示。但朱宸豪的兴致不减，他说永王李璘背的是冤名，和肃宗打了糊涂仗，最后死得也不明不白，可为后世之鉴。言下之意，他绝不会步永王李璘之后尘。

西山紫阳宫道长静墟虽年事已高，却有一副出尘之姿，仙风道骨。他曾是朱宸豪祖父老宁王朱权晚年的道友。静墟领我们参谒了梦山石室，又探访了蟠仙七洞。第一洞的洞口状似女阴，壁上大石如腹，有题刻：贞痕。我们一入洞中皆不由哈哈大笑，朱宸豪说：此行可谓破瓜。静墟曰：道可道，非常道，道亦有道。我戏言：不就是贞痕吗。众又笑。钻到第七洞众人已累得气喘吁吁、大汗如雨，便止步歇息。此洞甚是稀奇。其状似一间石头房子，上有巨石覆顶，下有奇石相擎，在巨石奇叠的缝隙，或为门或为窗，或似楼台，楼台门窗无不赏心悦目自成佳景。洞中宽而不旷，光线甚好，有石桌石凳，还有覆地之石平整如床榻。怪不得是洞天福地了，在这里真如董仲舒所言：取天地之美以养其身。

静墟道长说老宁王晚年常在此读书问道，和他弈棋品茗，留下了许多回忆。

老宁王曾与静墟祖露晚年心境。他说：早岁随父皇征战，风华正茂，视战事如戏耍，开国后受封为王又出征蒙疆，莽云苍苍，纵马如纵情，追求草原上的风和苍鹰一样真切的丈夫雄心。至皇兄登极，再回豫章，岁月如流，双鬓添白，终于学会了看山看云，识破了世间宁静的激情和喧哗的假面。唉，其悟也晚……

谈到故人，静墟很感慨，他说：有的人会老成精，有的人则只会老成朽木。与前者打交道，你会感叹岁月最终付给人们的是应得的报偿，与后者相处，你会觉得最好不要让岁月把你捕俘太久，不如在未老之前与之干脆了结。他是其老成精的动物啊！静墟道：你看看，而我已老得不成东西了，像是沾水的稀泥。只是前者往往会高处不胜寒，后者作为肉泥凡胎却不必承受那份寂寞。

朱宸豪在梦山石室对我说：我的先祖洪武皇帝和祖父之间最大的不同就在于，先祖伟大是因为他从没有停止过令自己变得优秀的努力，而祖父后来却迷恋于谈玄论道。

在阴郁艰难的日子里，朱权没有沉沦，而是转向了修身之业，以静读、悟禅、研艺、著述为要。他没有兴趣去和朝廷在待自己的厚薄上计较。那样的结果，不仅是内心伤口的叠加，而且是耗费生命。他以另一种人生方式化解着朝廷对自己的冷遇与不公正。他在王府后花园——一个三面环水的僻静小山上，种竹修亭，每日在亭中苦读悟道，焚香抚琴。他曾想为此亭取名题匾，但转念间又为这念头发笑，我隐身于此，就是要隔绝尘嚣，为世所忘，竟然还会有这等挂念。他曾异常英俊，但他老了，但是侧面仍很迷人。他像个老狮子那样在秋天的阳光下，巡视着自己的领地。当他在王府花园散步的时候，他显得十分悠闲、从容、淡定，还略有欣慰。那种欣慰是一个随时处于危险当中而又成功将危险阻止在院墙之外，或十步以外的欣慰。有荣誉的人总是能拿得起，也能放得下，他甚至随时可以放弃一切，包括生命。那些时间，朱权真是想忘了朝廷，忘了外界。

可朝廷和外界没有忘却他，都在记挂他。人们认为，只要宁王朱权尚一日在这世上，就是一日的隐患。他们惧怕的不是朱权的势力，而是他的智慧。抑或不是惧怕，而是嫉妒。

朱权在豫章的一举一动似乎都为朝廷明察秋毫。他哪天去了散原山，到了梦山石室，和谁聊了多长时间。哪天又到了千佛寺。他的去意和谈话内容，都被监视者半为猜测、半为虚构从而得出荒唐的结论向上呈报。这呈报的内容自然虚大于实。但朝廷便以此认定，实质上已成化外之人的宁王朱权仍是危险人物，他们认为阴谋动物改变不了阴谋诡计的心思。他们有时为自己的假设和虚构吓坏了。他们哪里会想到，在天高地远的豫章城里，早已没有了真正的宁王朱权，有的只是如一袭轻风般的老人，一缕散曲似的轻风。只是，朱权远没有轻风般的潇洒，更没有散曲般的飘逸。他甚至是活在最深的黑暗里，以出世的方式来对付最残酷的沉重。如果说他还有一点点潇洒与飘逸之姿的话，那也是他不肯沉沦的灵魂作出的苦苦挣扎，为自己最后的生命带来了一点熹微的亮色。

那些亮色就是他在那些艰难日子里留下的一本本著述。朱权在那些压抑与苦痛的日子里，常常高声朗诵一些伟大先人的诗篇，以此提升自己渺小而痛苦的灵魂，令他得到安慰和重新振奋精神，能够从容应对这个世界。他有时把自己的长吁短叹读进诗句中，有时把自己长流的热泪，也诵成了别人滚烫的诗。他嘴唇牵动，全身为之战栗，接受那伟大灵魂的施洗。读伟大的诗篇，朱权才觉得自己的生命多么渺小，自己的苦痛多么微不足道。伟大的作品更多的时候是清醒剂，在这种时候却又充当了麻醉剂的作用。

朱权觉得自己的痛苦虽然是渺小的，却是真实的。真实的痛苦所需要的往往是麻醉——只要熬过去，一切都会好起来。朱权不止一次对自己说：只有死亡才能拿走一切，但死亡不会很快到来，所以在这之前每个人都有机会，熬过去，好时光在不远处……但，不远是多远？

或许他的孙儿朱宸豪是真正懂他的人。朱宸豪一直认为祖父朱权的谈玄论道是胡扯。是啊，就是胡扯。朱权逝世前，已老得快变成废墟了，可废墟也有废墟的庄严。

3

日将偏西，一行车马停在宁王朱朱权墓陵巨大的影子里。

墓室凿山而建，墓前是王家气派的南极长生宫，内设冲霄楼、凌江楼、泰元殿、旋玑殿等，宫门口立着一对高大华表，上面刻满了道家符篆，神秘而幽深。它不会成为开启那个世界的钥匙，只能是黑暗世界的密闭之锁。我以敬畏之心扫视一番后，仍是满脸茫然。朱宸豪没有说话，他像个庄重的影子挂在墓前。已故的宁王，也就是曾经英名远播的朱权，有关他的死因谣传很多。有人说他是服了洪崖丹井的丹药而死，有人说他意外中风而亡，更有甚者传言他是死于一代艳姬——世子妃碧薇的罗帐绣榻上。朱宸豪认为这都是鬼话，他只相信祖父死于无法排遣的长期积压的忧郁，死于他曾经有过而不能一展的雄心。正如火寂灭于空气的密闭，死于精神的窒息。但他忽略于祖父死时的高龄，超出了史书所记载的年龄。应该说，那些年朱权是甩开了历史而活的，正如后来一位文人的暮年所写：地老天荒的爱情在幽暗中荡漾。甚至岁月也会嫉妒一个藩王在隐秘的情爱中活到那么大岁数。

静墟对我谈及这位已故老友的孙子时说，他常独自一人在墓前徘徊。这是你来了，他才叫我来作陪。言下之意他和朱宸豪是谈不来的，尽管朱宸豪对他还恭敬，但从这种恭敬里静墟只能品味到失落和在失落中对故人怀念的惆怅。

静墟告诉我，这是一块燕子饮水之地，朱权生前曾勘探过墓地风水，是他自己选中了这里。我按照静墟道长的指点站在两座华表之间，背对王墓，头往后仰下去，从这个奇怪的角度竟看到王墓山脉主峰状似一只低头饮水的燕子，旁边两座小山极为对称，像燕子两翼，附近有宁王朱权的妃子墓。在夕风残照下，芳草萋萋。一头老水牛，在王陵不远慢条斯理地嚼草，暮鸦在树梢上间或发出一二声嘎嘎晚唱。

走入阴暗的长生宫，朱宸豪的声音在空荡中回响，像一个徘徊的魂魄。他的忠诚贴身侍卫残夕站在一根宫殿石柱旁边，如另一根石柱。

朱宸豪对我说：你绝不会想到，我居然总是梦见自己在这里，在坟墓中，金盔金甲。他似喃喃自语地说：一个把宝剑遗忘了的武士，如何战胜坟墓里无边的黑暗。太阳升起之前我就从梦中惊醒，那个武士终于能从坟墓里出来，在阳光下找到他的宝剑。朱宸豪看了我一眼，好像是提醒我对他说话的注意。其实我一直在听，他说：我对死亡的认识是从祖父开始的，我不知道一个人死了以后灵魂是否还真的存在。黑暗的墓室只能安葬躯体，却不能关住灵魂。一个武士的灵魂会穿过长长的宫殿和空空荡荡的街道、房屋以及城池，然后在水上栖居或御风而行，像响自天穹的悲歌。他说这些话时，像个抒情诗人，但他的样子又像个无援的武士，即使抒情，他的声音也是冷的。我害怕死亡，他说：可能正因为如此，才会经常梦见祖父的坟墓。我不得不一再到这里来和他的灵魂交谈。朱宸豪像是在将心中的秘密告诉我，说话的声音放得很轻、很轻：他要我安静，安静，像死亡一样安静。他突然提高嗓子：不，不能这样，我要他以武士的名义复活，并且给我驱赶死亡的勇气。继而，他又有些失落地说：他却比我更害怕死亡所带来的黑暗。

朱宸豪说他的祖父不是以一个王者的武士身份入殓的，他穿的是一身道服，有点不伦不类。他的盔甲至今放在王府的圣剑堂里，可能都生锈或被虫蛀了。朱宸豪说，我本身或许就是祖父在坟墓里做的一个梦，行走在太阳下。走出阴气甚重的长生宫，朱宸豪的脚步在门前的华表下停住，他对我说：其实祖父一生都想有一个强悍的梦，他曾按这个梦去做，后来却害怕这个梦，就像华表上的符箓，他要人把这个梦封存起来，永不示人。一个在世间活着的人，可能是出自一座冰冷墓穴里死者的梦。朱宸豪的话使我打了个寒噤。他说的这句话别人也或许说过，但在一座陵墓前说，给人的感觉是不一样的。我看到美丽而苍凉的西山挂在夕阳下的天边，像死亡一样既庄严又充满再生的活力。

走出王陵时，我发现一个农民躲在路旁的草丛里屙屎，他蠢蠢欲动的身子使那些茅草款摆不已。在打马而归的途中，一块乌云像只硕大的手掌托住西下的太阳，而一束强光如倚天长剑从云隙刺出，大有劈开巨手之势。一只鹰在天象险奇的空白中自由自在地飞着，像孤独的神的渡船。它的瞳孔里是太阳的帝座和光芒的神杖。返城时朱宸豪在马上仿佛还没有收回浮想联翩的翅膀。他的面孔涂染着夕阳的血红，双目迸发出光彩，好像被天上的鹰和有关的想象所打动，他身后的残夕却似一道山影悄然追随而来，有一种陡峭和神秘的威严。

马蹄把道路带回到人声鼎沸的地方。

第三章

1

赣水临豫章，又无声而远。江南名楼滕王阁远看孤峙江边，犹如仙宫琼楼之势。近观或入得阁中，雕梁画栋已是朱漆剥落，露出老木的霉朽部分。临江的几扇窗棂也不知何时脱落不见了。观景的凭栏也古旧得显现出原术的本色，一条裂缝还有白蚁兴高采烈地出入。手握凭栏，好像也就把一千年握在了手中。

那种原木的质感在经过岁月和人的反复抚摸，已和手有了一种天然的亲近感，这就是栏杆和手的关系，它们是亲戚。许多感慨，都是在手和栏杆的相会里产生的。在滕王阁凭栏远眺，西山如出自大师之手的静物。古城墙上的沧桑在背后，颓废如被岁月雕蚀出美丽的版画，容不得再动刀笔。

画师寅只有调动目光或俯仰上下，或扭转左右，尽量把心中的感受与所见的景物叠合起来。每见到一处有历史年头的名胜，画师寅都会庆幸它没成为时间深处的灰烬，但他知道许多人的心境往往抵抗不住岁月侵袭，会被摧毁成灰。所以每一次与一处有年头的景观相遇，都是对自己是否心已成灰的检验。凭楼临江如果不会化为静物，烟波浩渺，总还会让心中升腾起苍茫之感。

哦，这就是一再在梦里把我从金陵呼唤而来的滕王阁，这就是多少年前一个少年才子在豫章这块土地上种下的文人梦魂，它牵引着一个朝代又一个朝代的为诗为文者前来登临膜拜，寄托着一只水边孤鹜的冥想和忧伤。

当滕王阁还没有在画师寅眼前出现时，他早已在心中为它打下了多少遍腹稿，诗者子安的骈文骊辞，几乎把滕王阁筑在自他以后的每一个文人的心里，那么精致美丽而又牵人情思。古往今来的文人往往就是为了那些心中的建筑、楼阁或山水而前去朝圣。

关山难越，谁悲失路之人？

萍水相逢，尽是他乡之客。登上其实并不高的斯楼，凭栏临风，生活在别处的感觉正好与子安的名句碰头，令你轰然有雷击般的震撼。该说的心里话好像都被他的一篇骈文在这里掏空了，你只有心底怆然，两眼湿润。眼前的江流、远山、飞鸿、白帆，变得隐隐约约泪滴般星星点点起来。一摸脸，是一把密密麻麻的心事。

画师寅觉得自己非多愁善感，后人在他的诗文里读到的更多是豁达和乐观。

其实他是喜欢李青莲和苏东坡的。人生无常，悲悲戚戚无助于生活的走向；世事浮沉，只将它当作杯酒风波吧。但是能使诗人们发而为文之地，总有一种荡人心旌的东西令人有暗合之感。也许正因了那一份暗合，使那一处处名胜才有更为长久的生命力，即便再颓圯破旧甚至倒塌，也还为世人所惦记着，一次次捂热文人的心房。

初唐诗者子安，年方弱冠，赴交趾省亲途经豫章。适逢都督阎公重阳登高为滕王阁重修竣工设豪华宴饮，安受邀席间，遂赋华章：《秋日登洪府滕王阁饯别序》。哄传天下，可惜诗者子安却在离开豫章后渡海溺亡。一代才子的天鹅悲歌式绝唱竟留在了赣水之滨，从而也使一座看似寻常的阁楼有了精神和孤绝的高度。所以只要子安的诗魂不散，滕王阁的支柱就永远不会倒塌，人们就会在江边为他重修安魂之所。因此闻名而来的世人，与其说是来观瞻名胜佳景的，倒不如说是来凭吊一个少年天才早逝亡魂的。

来豫章之前，画师寅便细阅过历代的滕王阁图，这其中尤以南唐卫贤所绘《滕王阁图景》、宋人的《滕王阁图》令他神往。他反复吟诵子安的滕王阁诗赋，曾发出喟叹：不登斯阁，情何所系，魂何以安？尽管眼前的滕王阁不是画师寅心中的滕王阁，也不是子安登临时的滕王阁，而是几经修建，甚至完全在塌毁后重建的滕王阁。此阁非彼阁，一名而已，但在这光辉的名字下，仍是破败与凋残。

画师寅一踏上滕王阁的石阶，手摸它的栏杆和轩窗，江风吹来的气息与陈年的味道，便能让他断定这还是诗者子安的滕王阁，它虽然没有子安的辞赋华丽，但在它朱梁画栋的剥落里露出来的木质，是岁月的原生状态，他反而感到特别的亲切，那种触手的质感，他甚至猜想是子安当年抚摸过的，虽然他抚摸的绝不是这根栏杆或梁柱的木头，但从他的诗句中他能认同到这种御去华丽之后的真实。

落霞与孤鹜齐飞，秋水共长天一色。子安的句子肯定是手摸着这木质栏杆而吟就的。但当画师寅真正来到名句作成的现场，口中重复几遍之后，便觉得其味也淡薄了。

在滕王阁上凭栏远眺，除了明显能看到初唐诗者子安的富丽之外，没有太多特别之处。这样的句子，放在哪个阁楼或无阁楼的水边都合适，它并没有道出豫章之地名阁景观独有的特征，而只是对阁主滕王献出了自己的诗者之才而已。或许这两句诗，他在到豫章之前的水路上，见到类似的景象时就已吟就。当他登阁提笔便佯装成了即兴奉献，这无疑会使滕王大悦的。画师寅想。可见诗者子安的取巧，这种取巧一般人看不出，也不会这样想。后人登阁，只会由习惯思维顺着他的词句来附会其诗意，其实又有几人能真正领受到一个少年天才凄惶的心境。虚名对文人来说更多是一种负担，但没有一个文人不热衷出名。

就现实而言，很少人是名与实相符的。一个名满天下的文人，往往是那个时代的困顿者。一个繁花似锦的朝代却有可能是文人的屠手。但文人还在为那个根本就不属于自己的时代而歌——他歌吟的尽管不是时代本身，可是那个时代已在他的作品里，后人就把他与那个时代等同了。文人的悲哀莫过于此，他逃脱不了自己所处的时代，正如逃脱不了他的困顿。

诗者子安的《滕王阁序》写得是如何的花团锦簇呵。谁能想象他其实是被那个时代遗弃的孤鹜呢！站在滕王阁上，俯视江水，画师寅的目光便成了粼粼波浪。随波逐流，我不知道会有怎样的结局，但我已服从了宿命。宿命或许就是载着生命的河流，你无法摆脱它，又怎能安顿它？只有让它把你的命运推向不可知的宿地。

不可知——往往给人以恐惧，心悬着，时时为自己担忧，却又不知如何处置。有时，这就成了一种无法忍受的无奈。活着，在一条无奈的河流中，永无逃路。命运之河，不知何所而来，也不知何所而去。

一个人一生，只能承担一部流程，他的始终不是河的始终，却是自己生命的开端和结束。

画师寅从滕王阁回到阳春书院，便以自叙性的文字记下了初登滕王阁的感受，算是来豫章面对当地名胜的一个内心交代，便和衣而卧。他梦见满目铁青色的江水，像一把正在凝聚杀气的刀，逼在眼皮底下。几尾野雁惊寒而去。

2

王府里至少有三个以上宁王的书房，九个左右属于他使用的卧房和秘密花厅，以供会客、密谈与独坐。但宁王不喜欢居住于卧房，偏好睡在书房里。这三个书房分别名为上日轩、明朝堂和阳文馆。书房与良好的视觉有关，计十万册以上藏书及字画、古玩、奇石及春秋散简和古箭镞乃至残戈的某一个部位。十几个凉亭，就有五个里面挂了鸟笼，有三个是鹦鹉，两个是金丝雀，一个是青鸟、其余皆为品种不一的珍奇禽类，十五个丫鬟定时喂养，十五个童仆定点扫鸟的粪便、残羽、零食和异味。只有宁王一个人经常出现在十五个凉亭的某一处栏杆以内，或仅仅是凭栏独立。尤其是在春天的王府后花园里，亭子周围漫布各种欲望，香樟、古柏、桷树、银杏等等，树木葱茏，花草丰茂。假山后面，隐藏着色情、手淫和某种乱伦的可能。在高出树荫的笠雪亭里，一个裸身的女人神出鬼没地凭栏眺望，提气或乘凉。她圆滚滚的臀部像是上升的混沌之日，丰满的乳房像两个暖水袋似的在下沉中晃晃荡荡。她只眺望远处无人能见的事物，而她的裸体之姿却丰满了别人的眼眶。

王府后花园出现了情色异景，在豫章市井传说中变得伟大。有人说那裸身美人就是宁王的夫人娄妃。娄妃是千年难得一回的仙女转世，她不食人间烟火，也不喜人间衣裳，隔一段时间就要显回原形，山亭里餐霞饮露。也有人不信此说，觉得太玄。只说那是王府好看的大小姐朱颜，小姐大龄未配，像她风流的母亲，没事便脱光了自己在那里发骚。老人们却感到这是凶兆，那是藏在王府的艳鬼恶魅出来了，等着瞧吧。王府——有难喽！美仙、荡女、艳鬼，撩拨得人们对王府后花园充满色欲焚心的神往。有五条闲汉伺机逾墙偷窥传说中的异景，被王府武卫拿住，当贼打了板子。三个平时身手还算利索的家伙，在前赴后继的尝试过程中，摔断了手脚，他们深感王府的墙，太高。上面长满了青苔，滑。传说没有停止，以致王府不得不放出话来。说后花园笠雪亭裸女并非美人艳鬼，乃是某个无聊园丁对一团停留在亭前不散雾气的肉欲联想。此园丁由于精神失常被王府辞退。王府便还是王府，有着不可抗拒的尊贵、威严和浩大繁丽的诱惑。由于长期与市井的隔绝，也就成为豫章人心中最大最神秘的幻象。

进过王府的人，在市井间是有光环的。能领受这种光环的人，倍受艳羡。瓦子角满话脏话的段子王喜佬，逢年过节或婚寿宴庆都要受召入府。

王府碧薇夫人是喜欢听喜佬段子的，每回都笑得前仰后合。尤其是近来，一觉得闷，便着侍女御香让人去召喜佬来说笑。喜佬自然也就获得了不少王府好处。从王府点头哈腰出来，胸就挺高了，得意地将王府的赏物举在手里招摇过市，市人便对他另眼相看，打起招呼来，格外亲热中还多了几分敬意。喜佬除了在瓦子角说段子外，轻易也就不太和人搭话，以显得他与常人的区别，若和人说话，三五句必提到我在王府里怎么怎么的，好像他是王府的外甥。

豫章市井小民不关心王府的书房、花厅，只热衷谈论王府的吃食、妃子、卧房、用具、穿戴、出恭与不伦。他们能为掌握点滴这方面的谈资而兴奋。知晓越多这类事的人，也就愈受人尊崇。喜佬一般不太与人常扯这等无聊的鸡零狗碎，只偶尔流露一些，比如碧薇夫人的手镯有着猫眼的颜色，她吃的果品都要切成三角状的，用牙签叉，她穿的锦袍茶水落在上面都会像珍珠一样滚开，湿不着，等等。末了，他总要发一句感叹：那哪儿是人呐，是神仙。就有人学喜佬的腔调，逢着对某人的最高评价，便用了这话——那哪儿是人呐，是神仙！

画师寅从成为宁王府客人的那一刻起，便被盯上了。谁都知道，画师寅因其有名，就绝不是王府一般的客人。盯上他的人，也就远不止是一般身份的普通人。

那些人在画师寅日常活动里费了很多功夫来关注，画师寅竟一无所知。

3

金陵好吗？乌衣巷好吗？钞库街和朱雀大街热闹吗？人们知道画师寅是从金陵来的，就忍不住问些大而无当的话。一则显得他们也晓得金陵的名堂，二来也借以听点稀奇，其实所问本身就驴唇马嘴。每遇此，画师寅皆答非所问应承几句，别人也不多问，反而自顾和当地人聊起他肚里有关金陵的一点仅藏，以证明自己并非孤陋寡闻，画师寅也就乐得自便。但再来此等场所，比如酒楼或茶肆，便会受到特别的礼遇，从中画师寅也感到豫章人的客气和可爱。日子久了，他甚至有些喜欢上了这里的市井生活氛围，在洗马池、瓦子角和一些酒楼乃至坊院间，他真切地感到这座城市的活力，这是宁王府、阳春书院，乃至杏花楼以及豫章上层生活范围里所没有的。

画师寅在天宝楼独饮，也有面孔陌生的酒客凑上来。不无神秘地打听：宁王府有很大秘密，先生是王府中人，应该晓得一些底细吧。

什么秘密？我和王府是聘请关系，人家要我来教习绘事，我挣钱糊口，仅此而已，什么样的秘密与我又有什么关系。

陌生酒客：嘿嘿，恐怕不会像先生说得这么简单喽！画师寅就说：怎么？容不得我在豫章赚一杯酒喝吗？陌生酒客：不不不。我是说先生要多个心眼啊。画师寅说：我再说一遍，我只是在王府教习绘事，除了在这上头用心，还没什么要我用心的。

画师寅口气硬，说得坦然。陌生酒客讨了个没趣，只有道那是那是，便缩开了。画师寅自顾饮酒，脸上挂着对好事者的不屑和厌恶。

瓦子角喜佬的段子，画师寅情有独钟，每次都听得啧啧称奇。无论是荤段子还是水浒、三国，经喜佬一说，便有了别出一般的味道。这位满嘴方言脏话的说书人，无怪乎被称为豫章第一嘴了。画师寅听张飞之死，完全是喜佬的版本。——话说老张要两个裁缝三日内制出上千件为关公出殡的丧服，否则提头来见。裁缝被逼无奈，起了杀心。趁老张醉卧，怀藏裁衣挟利剪摸入军帐。见张飞睡得呼噜中天，裁缝利剪张开，朝老张脖子上狠命一夹。张飞皮厚，剪子卡在脖子上竟当是蚊咬，伸巴掌将剪刀当蚊子打，一掌拍去，黑头落地，竟自要了命。画师寅对喜佬把剪刀作蚊子一说，十分新鲜。也正是从喜佬的段子里，画师寅摸到了话音多仄声的豫章方言特点。瓦子角是豫章一处热闹场所，茶肆、酒馆、卖药、剃剪、会曲、杂艺、猴戏、说书等，终日会聚于此，各呈艺能。行人也就喜欢往这里蹭，瓦子角的热闹便与洗马池的繁华形成了一种呼应，好像豫章活动的东西都跑到这两处来了。

起初，画师寅不知道喜佬在瓦子角成为段子王的艰辛，也不明白人叫喜佬之喜，实质上是屎。这一字之间却是段子王成名的来历。

喜佬南人北相，脸上的异处全在嘴上。喜佬嘴型略歪，双唇肥厚，外翻。早年娘就说他一个人的嘴顶三人的嘴厚，还有些担忧儿子，嘴唇厚，话不溜。喜佬学话比人晚，到四岁才会叫爸，那个爸，还是在人指着一堆屎时说出的。大人称小孩的屎为巴巴，喜佬也就跟着叫巴巴——爸爸。也就是说喜佬最早叫屎为爸，人便叫他屎佬。母亲图吉利，偏说儿子是喜佬。谁也不曾料到，四岁之前连话都不会说的屎佬，长大后竟成了豫章最会说笑的段子王。肥厚的嘴唇竟把瓦子角那些唇薄如刀的说书人嘴里的饭都抢了。喜佬仁义，便不每日来瓦子角开场子。三五天说一回，这样，说书人的那碗饭仍是匀着吃，同行也就由原先的嫉恨转为感激。

喜佬世居豫章，是又脏又臭的蛤蟆街土著。父亲以帮人办丧事，装老人殓为业，也是豫章民间少不得的一个人物，却是个瞎子。开始，凭一根盲人棍走街串巷忙着为死人穿寿衣。有了喜佬，喜佬就充当了他的盲人棍。他还对人说，人比棍子精灵，实际上他要喜佬牵带，是好顺带帮人办丧事时又为家里解决一张吃饭的嘴。

喜佬三岁随父出入豫章各种人家。嘴里吃的，耳里进的，也就五花八门、丰富多彩，既填饱了肚子，又长了见识。上至豫章富绅、下到寒门百姓，喜佬心里都有数。喜佬父亲仗义，帮穷人入殓不收分文，有时连饭也不吃一口，从不嫌繁琐，照样做得细心周到，让很多人记了他的恩。为富人办丧事不计得失，却也总能赚到几个，且将自己和儿子吃个肠滚肚圆。每至此，走在小巷回家的路上，就不免有些得意。对喜佬说，这积德的事，老天总不会薄待了我们。你要细心学着，老天收走我后，你还做得。喜佬只听着，不吱声，瞎子也就一路唠叨着回到家。

虽说丧事总是令人悲痛的，但在喜佬的印象里，那些个有钱人家的丧事，总像这节一样。尤其喝酒时，照样有说有笑，甚至还说笑得更欢。可能是讨厌的老东西死了，钱财都归了还活着的人，他们弹冠相庆。当然也有至开席之际，当着众亲戚朋友的面抖家丑的，实质上还是为钱财寻借口闹事，结果往往桌仰椅翻。看得多了，肚子里有了积淀，也就习以为常，喜佬也有了别出一般人的见识。

瞎子死了以后，豫章人皆以为喜佬会继承父业。珠宝街钱庄掌柜的爹过了，来请喜佬出马。喜佬不应，说谁注定我是干这个的，人家就急，说人一倒地时间不等人，劳驾你伸伸手帮帮忙，一定多给银子。喜佬说不是银子的事，这事我帮不了你，把人给硬邦邦推出了门。

喜佬娘就伤心，儿哪，你不干这个能干啥呀！喜佬宽慰娘，我总有法子养你。喜佬说的法子开始有些不为人齿。他除了频繁地到瓦子角听人说书，就是经常蹲在茅房里起劲地自言自语。有人偷偷捏着鼻子在茅房外听了一回，说喜佬不正常，胡说得厉害，八成是中了邪。喜佬娘也就急。但喜佬蹲茅房的次数却有增无减。终于有一日，喜佬在瓦子角摆开了场子。照规矩，说书这行当，也是由师父领进门，烧香三叩头，请前辈撑门面，打躬作揖要让众人捧场的。喜佬不来这一套，厚嘴唇说出口的东西，传入人的耳朵就笑破肚皮，人就越凑越多。随着喜佬嘴唇的翻飞，人便笑得栽。开场说书的满堂红，给喜佬带来的是一顿同行的暴揍。揍过后，还将头按在茅坑里吃了一嘴屎，才放过。

瓦子角三天不见喜佬的身影。第四天，喜佬像没事似的面带笑容又立在那里，说得众人笑翻了天。同行心怯了，半月之后，他们心悦诚服地将瓦子角中心的场子空给喜佬。喜佬在向同行的打躬作揖中成了新的段子王。这年，朱宸豪的母亲碧薇夫人五十寿辰，便召喜佬入府。喜佬喜气洋洋从王府回到家，兴奋，满脸放光，娘问他：见到王爷了？喜佬：见到了。娘问：见到太夫人了？喜佬：见到了。娘问：王府的人怎么样？喜佬：那哪儿是人呐，是神仙。

他的说辞与横飞的唾沫同时打动了别人，人只嗅到喜佬的唾沫作鸡屎臭，却也不避让地承受着，还笑眯眯有些恭维。喜佬的头上也就有了光环。人叫他喜佬的时候，在舌音上也就尽量将喜与屎分开，但豫章方言里喜与屎本同音，过去叫得也就含糊，意思尽量往屎上靠，现在便有意反过来了。是喜佬，而不是屎佬屎佬地叫，令喜佬十分受用。王府将喜佬召去频繁，喜佬也便愈发得意起来，在茶肆里便不无炫耀地对人家说：王府听我的段子，就像人想喝酒吃肉，少不得。人家就恭维他：你也算半个王府的人了。喜佬点头：那是，也就不含糊地笑纳。喜佬的三寸不烂之舌，和他头上的光环，还使他娶到了一位城外土财主的千金，这俨然让喜佬变成了蛤蟆街的人物，蛤蟆街顺带也沾了光，有点地以人名的味道。人说：蛤蟆街，臭！别人就说：喜佬是蛤蟆街的。人就没话说。

4

宁王朱宸豪的母亲碧薇夫人有一种近乎追求毁灭的慑人气质。她华衣丽服端坐在宁王府中，好像有着要把老命拼出来的美。仿佛插满繁花的花瓶，生命是抽空的，那是无生之美的艳丽，在美女如云的王府中，犹如一个空洞的形容词。

碧薇夫人对朱宸豪有着最直接的影响力，那种力量甚至不用言辞，只一个眼神便能调动宁王的所有神经。她是朱宸豪亲爱的来自地狱的母亲。早年她的烟视媚行，她的极有吸引力的嗓音，以及曾经烟花而今贵胄的气息，都像一种传奇，弥漫在王府的每个角落。现在她把这一切都似乎浓缩成了一个意象——碧薇夫人的意象。这个意象来自宁王府衣丽阁的华饰，和她依旧如水般有容乃大的眼神，里面似乎包含了一切，包括她的影响和作用力。因为她是不折不扣的当今宁王的伟大母亲。

碧薇夫人像一只孔雀，天天在宁王府展示她的如同华丽羽翎的服饰。晚年的碧薇，像爱惜生命一样爱惜她衣饰上的每一朵花纹，每一种颜色，每一道光泽，每一根丝线乃至每一条痕，不容伤损分毫，如一种病态。她总是用苍白的手指怜惜地抚一抚衣饰上的图案，像是要阻挡哪怕一点灰尘的侵害。她喜欢请名流到府中来交谈，向人炫耀衣饰之美。

这其中豫章旅行家汪一行和段子王喜佬是常客，前者以极富想象力的言辞为她叙述旅行见闻解闷，后者以民间俚语为她说段子取乐，使她聊感晚年之欢。

一看到汪一行笑吟吟钟灵毓秀的样子，碧薇夫人就感到神清气爽，人也年轻了。

汪一行不像个艰苦跋涉的旅行家，他几乎是个美男子，眼光湿润，飘忽不定，身形修长，却并不魁梧。这回你又到了那些好玩的地方，有些什么稀奇事，说来听听。她兴致盎然道。汪一行也就习惯性地在她榻前绣墩上坐下。

行万里路，胜读万卷书，此言一点不差！一个带有磁性而又不无激情的声音便在空间游走：万里之途，或徒步而行、或骑于马背、或乘木舟，皆可领略长风浩荡，山高水阔，人间胜迹，风土人情。上为苍穹，下为大地，唯一人独行于天地之间，感受到天空的鹰翔，大地草木乃至细小的蚂蚁，这里面包藏了多少丰富的知识，又蕴含了多么宽广的道理。令人顿悟无限的奥义，领受万物教益，这是一种如何巨大的恩赐……

每当这种时候，碧薇夫人便以一个鉴赏家的眼光，从头到脚一寸寸地赏阅着这个精神焕发又不失谦恭的年轻人。每次与其说是在听旅途见闻，不如说是在支颐瞻仰血肉青春。有时她也觉察自己的走神，便故作认真地问一些不着边际的问题。这令汪一行总要小心地从离自己很远的话题绕着弯来回答，而末了还得续上原题，以便证明碧薇夫人确实在听自己的见闻，并且所问也在内行之中。

汪一行来王府，就是近乎给碧薇夫人做精神按摩。他极尽自己的口才和机敏之能，把碧薇夫人按摩得称心里舒坦，他才告辞。碧薇夫人也就会叫侍女御香赏给他一点有王府标记的什品，比如佩玉、如意之类。汪一行也是极其聪明的人，下次来他定会将夫人所赐，佩在身上，有意让她瞧见，以示自己的看重。某次承唤入府，一时疏忽竟戴一件自己的玉佩，夫人眼尖，一下就指出，你腰上劳什子太俗。汪一行赶忙编了个借口，说自己此次出行西南，遇到一个高人，时值西南一带正闹疫情，高人说得借我身上一件高贵事物以避凶就吉，我就知道他是瞧上了太夫人所赐玉佩，心想只要镇妖祛邪，也就是太夫人造福一方了。听到这里，碧薇夫人连说好好，你做得好，待会儿我另赏过一块就是。汪一行一边称谢，一边侥幸这事算搪塞过去。

近期碧薇夫人察觉，御香这丫头每次见到汪一行都会脸红，她觉得御香对这个俊朗青年有了心思。

御香是个美丽乖巧的女孩，碧薇也寻思来日为她找一头好亲事，但她的想法还未说出，御香就看上了自己也很欣赏的汪一行，这令她有种说不出的味道。

御香虽是侍女身份，却有一种华贵容止，也极善解人意，碧薇夫人正是看上这些优点，对她极喜欢。尽管御香有时也会恃宠而骄，但都在夫人宽限的尺度内。可她对汪一行的反应，碧薇夫人觉得不太高兴。雍容华贵且年事已高的碧薇怎么也不肯承认在一个年轻男人面前，竟对自己心爱的美丽侍女产生了嫉妒。此后，汪一行来王府，碧薇夫人有意无意地便能瞥见御香长睫毛的眼睛忽闪着一片情动的潮意。当汪一行述说见闻趣事，她总在一旁特别专注地听，脸上还会出现想入非非的笑靥。

一次，汪一行讲他到过一个气候寒冷的地方，说到得意处他竟夸张地杜撰道：那里冷得连火烛一点着就冻了起来，像是琥珀。御香听得出神竟忽略了碧薇夫人，率真地问道：那火怎么用呢？汪一行接过话头，也就面对御香借题发挥：冻火拿在手上取暖更方便，冷得实在不行了还可以揣在怀里，夜里照明也不怕风吹灭了。甚至那里人说出来的话立刻凝成冰，直到把它溶化掉，才能听到话里说的是什么。

碧薇夫人见他像小孩般越说越起劲，便故意咳了一声，聪明的汪一行察觉有点失态，赶忙说了个碧薇夫人喜欢听的笑话来挽回。他说京城有个裁缝，做官袍出了大名，有人问他：可有啥奥妙？他答：官袍长短，要看做官时间长短而定，新升官者，挺胸凸肚，袍应前长后短；当官几年，心平气和，前后长短相等；做官到老，明哲保身，四方活络，逢人弯腰鞠躬，袍应前短后长。

这个一般的笑话，御香没笑，碧薇夫人笑得倒格外开心，还不住说，这个老裁缝成精了。

汪一行见好就收，赶紧起身告退，碧薇夫人竟第一回没叫御香赏他，汪一行也故作不知，与往常一样躬身退出碧薇夫人的视线，心里却告诫自己要小心了。

汪一行是何等聪明的人，他见多识广，却又常常显得漫不经心，他将自己设定在高山大壑之处，又把自己放逐于都市的浮华之中，他的探奇览胜之旅，只是作为他享受或出入浮华天地的投资。也以此，他才拿到了由碧薇夫人亲手签发的出入豫章上层生活圈子的豪华通行证。在浮华天地里，他同样是个出色旅行家。

碧薇夫人心里明知汪一行经常说的是瞎话，但她欣赏他的叙述言辞。他的想象力是华美的，与喜佬民间俚语的说笑形成有趣的对比。汪一行道出那世上本不存在的景象，在他的语词中成为另一种存在，这使碧薇夫人感到愉悦。她喜欢汪一行和喜佬的叙述。他们都用语言制造了碧薇夫人所不能企之处的幻想，使她在乐闻中得以抵达。

一具日益衰老的裹在锦绣袍裙里的生命，就这样一次次在别人的话语上出游，并且收获空洞的言辞。

第四章

1

秋雨，像个文人雅士的名字，落寞而感伤。这样的天气最好把头埋在一堆诗里，或以酒润毫，涂几笔残山剩水，再勾勒一个小人儿像守着山水间茅庐的大隐，他正在把酒低吟断肠之句。

妙叶身体慵懒地躺在绣榻上。她觉得这场秋雨下得极有耐性，开始好像是从某处角落下起，花园一角、街巷一角、房屋一角，仿佛细致的工匠在用小锤敲打着他手里的活计。继而悄悄漫延开来，以致整座花园、整条街道、所有屋顶都被雨罩着，全城也就灰蒙蒙地被雨意所洇了。

妙叶很早就醒了，听着瓦上由细渐粗、由疏渐密的雨声，也就懒得动。

房里昧暗，挑起帘拢，一股凉意像只恶作剧的手伸进来，妙叶踮赤足赶紧缩回绣衾，这种天气赖在床上是舒适的，不冷不热，是一种很适宜人体的微暖或薄凉。可以把光滑的大腿和手臂伸在衾外，半遮半掩着身体，白瓷般的乳房露在裙外，居然是很美妙的享受。很多天没下雨了，干燥的空气被雨打湿便有从灰尘里升起的湿燥杂糅气息，嗅出爽且鲜活的味道。

窗外楼下的街道有马蹄声传来。近了，好像就停在门口。妙叶从窗户看下去，见湿漉漉的街道上停住一架马车。窗上的女子面孔，像一朵暗花。眉细，眼如狐，鼻子精巧，似从象牙里雕出来的，唇线微微上挑，把一种妖美挂在脸上。马车的影子伏在石板路上，又暗又薄，一个男子从车上下来，下车的动作利落而轻盈。她的目光先是从男子脚上的靴子看起，再是他结实而又修长的下半身，也就是腿、胯及腰，尤其男子大弧度跨动，裆部就很突出。妙叶的目光有意无意地在男子隆起的地方稍逗留一下，然后才是胸部以上至面孔。从脚开始，自下往上，妙叶喜欢如此看人，尤其是男人。聪明的人自下往上看，愚蠢的人从上朝下瞧。事实是自下往上看的人，比从上朝下瞧的人对事物的认识更清楚。但妙叶看不清那人的相貌，被车帘和赶车人的一截胳膊挡住，她终于放弃了一窥全貌的念头，从其身形看他的相貌总是不错的，妙叶想。这个用灵猫一样的眼睛阅人的女子，美貌在她身上像是危险。她觉得这个时候若是有个人来陪陪自己多好。

小姐，有人来看你了。楼下仆人老黄的声音。

谁呀！还没有起床呢。妙叶觉得自己的妙想被打断，有些不情愿。她仍将背朝着门口，散淡地说稍等，我就下来！

话音传下去，上楼的声音却没停止，好像不请自来。

绣帘一挑。是你！

老黄在楼下听到小姐妙叶的声音惊喜有加。接下来是男子的声音，疲惫却不乏中气。两人对话中夹着一些窸窸窣窣的动作。老黄听得出其中亲密的内容。

男子：昨晚一宿没睡好，一早就到你这里来啦。妙叶：这就是来的理由了？男子：不好么？对面楼的窗后有人偷窥这边房里的情景。妙叶一掀绣衾，半裸着身子就过来了，一把搂住男子的脖子，说：你看，我如此华美，却又如此忧伤。

忧伤，为什么忧伤？男人问。妙叶轻轻扯下裙带，道：我的美恰恰是我的忧伤呀！男子边笑，边双手捧住她圆润光滑的臀部，像捧一个造型丰满的艳丽而又细薄的花瓶。男子：雨天的忧伤，我们能做什么呢？妙叶：饮酒作诗嘛。男子：你就是我最好的酒，你就是我最美的诗。妙叶：那，让我的来对饮吧。男子：让我把你当酒来饮，让我把你当诗来做。女子娇嗔道：你好过分哦。男子便笑，伴以兴奋的动作。女子嘤咛一声，将一个热乎乎的东西吸住了。

男子便感到自己又激情汹涌。妙叶力薄，骤然间便气喘吁吁，说话声音也若有若无，像是一翅细翼在丝线上滑行、下坠，继而又上升，如是而再。其实，朱宸豪挑帘看到的是妙叶光滑的背。一个女人的裸背，是男人朝拜的圣地。

2

绣榻上，乱衾被激情雕塑成红浪。雨，仍在下。瓦檐有两只麻雀避雨，交头接耳，声音短小而亲昵地嘀咕。妙叶的养父茶商南宫迁在楼下花厅独饮，老黄垂立在侧，都没言语。杯一空，老黄即添酒。南宫迁的眼珠朝楼板白一眼，又低头饮酒。残夕立在门口，像个望风的。对街楼上，偷窥者的一卷窗帘无风而动，将茶商颇为可观的院落尽收眼底。

老黄出来，说雨密，叫残夕屋里坐。南宫迁早盛情斟酒以待，残夕谢过，说不喝酒，便坐楼道下的一张太师椅上。楼上响动甚大，有些张狂而热烈。残夕只当不觉，南宫迁却尴尬，说了句语焉不详的话：我这女儿就是一天到晚躺在床上。

似责怪，又很无奈。残夕嘴角浮笑意，脑里构想着一躯曼妙女子躺在初凉时节的床上情景。如此一想，残夕的笑也便有几丝不易看出的暧昧。南宫迁的酒，像喝得无聊。茶商南宫迁，抛开乡下家小，在豫章做浮梁、修水、婺源等各类名茶生意，已在滕王阁、洗马池、瓦子角等处开了数家茶庄，分号也开到了九江、屯溪，横跨两省。他不坐守豫章，除了养女妙叶，身边只有从老家带来的仆人老黄。

南宫迁在豫章立足，生意做得大，是费了心计的。他曾不无得意地对老黄说：那些聪明却不懂得利用别人的人终归是傻瓜。我只有一丁点儿聪明，但我会充分利用起来，所以我有钱。

一次南宫迁通过叶知秋请到朱宸豪来饮酒。

酒桌上，一只柔滑的细手，分外妖冶，为宁王斟酒。

宁王抬头，一汪深潭早等在那里。

虽然是刹那间对视，妙叶的眼睛，却令朱宸豪惊心动魄、魂飞不已。

宁王那次便喝多了。他扯着妙叶的红袖。

红色的衣袖里露出一只暗红飞金的酒壶。妙叶为宁王再添上酒。朱宸豪居然摇头晃脑吟道：浮生长恨欢娱少，肯爱千金轻一笑。词是古人现成的句子，宁王带酒意，也就吟出了几分浮浪。妙叶却巧，边为之续酒，边续道：为君持酒劝斜阳，且向花间留晚照。

宁王便笑得如两人所吟的对句。一起身，手扣妙叶的红袖，对众人醉醺醺地说：我醉欲眠君且去。妙叶竟小心地把宁王扶进了自己的房间，她的左手还拎着那只精致的酒壶。南宫迁有些木木地看在眼里，虽正中下怀，又有说不出的失落，仿佛将一块自己惦着的佳肴，硬生生送进到别人嘴里。叶知秋一拍他肩膀：人先醉，酒未阑。喝！南宫迁方端杯，喝。只是喝在肚里的美酒，已是苦的。那次朱宸豪从妙叶风情无限的阁楼下来，很满意地望着南宫迁。南宫迁故作受宠若惊状，一张脸泥沼似的笑了一下，艰难地挤出几分荣幸。

朱宸豪临走，还抛下话：歌筵畔，先安簟枕，容我醉时眠。

阁楼小窗上映着一张沉静的粉脸，她听出那是周邦彦的句子。临窗的桌上，是那只暗红描金的酒壶。朱宸豪喝的酒，都是由妙叶从壶中斟出的。酒里，预先设了春药。纤细的手指，如小蛇，在壶身上滑动。妙叶的嘴角唇心，漾出了一种令这个世界不安的美。一点阴暗，一点奢侈，加上吞噬一切的放荡，这个冶艳不甘寂寞的女子绣榻上，从此便常有朱宸豪留下的痕迹。

天暗下来了，雨像灰尘一样在空中弥漫，大地竟愈加发亮，到处都是水精精的。这天晚上，朱宸豪又做了一个奇怪的梦。他梦见一个穿着金黄色衣裙的女子，把自己领到一个空旷的房间。女子当他的面将衣裙脱下时，竟变成了一个金色豹子，要置他于死地。朱宸豪惊醒。他瞪着双眼躺在塌上，白天阁楼里的情景又在眼中重现。我要你舒服，我要你只记住我一个人。妙叶咬着发丝跟他拼命亲热，嘴里还说：你们男人是不是都这样？她的额头沁出了针尖似的细微的汗，像是缀在玉上的珍珠。朱宸豪的动作缓了一缓，觉得自己像个强盗，竟有些不好意思。妙叶就嗤嗤地笑，他的心情放松了，便抱住这个令他激动的女人，把她压得更紧，仿佛要将自己全部挤进她的身体，合二为一。

妙叶圈住朱宸豪身子的手也像一道匝，越匝越紧。她的声音如同呼吸，细腻而缠绵。他感动了，觉得这个美艳的女人完全是在用肉体爱他。娄妃以及别的女人身上，从来没有让他有这种体验，生命的原欲再次复苏之后，才好像找到了真实的对应与依附。那只金色女体的豹子，在眼里闪过。

他又睡着了。

3

她在街上穿的，竟然是睡裙，那件裙子使她身上每个部位在行走时仿佛都在动，那是一种欲望，也是一种拒绝，更是一种对整个世界都满不在乎的我行我素。她把一条街，变成了她的床榻。一个美丽的人走在街上，好像是她独得了上天的厚赐，人类中最好的那份让她据为己有，人人便有权对她垂涎与嫉妒，甚至认为是她把本该属于自己的也拿了，或多占了你的便宜，她欠了你的——用这种心态看一个美女，却无权讨还，这就是失落，一种在美丽面前的失落。因为世上绝大多数人都相貌平平，所以美的失落者众，而使那获得天赐美丽的人反而孤独或不甚真实。她出现在哪里，就像那里的一件摆设。毕竟不是凡躯，仅是可观赏而不可接受的美呀！人人都仿佛可以理直气壮地予以置疑。

如果世界上都是美人在行走，那么一个丑人会不会显得不真实？

美人的矜持使之形同纸人，当一种不设防的美丽出现在你面前时，你会感到一种毫无准备的恐慌。这种恐慌和毫无准备或许便是对美的最好领受方式。

这天，妙叶在洗马池谭木匠梳铺，遇见了两个花枝招展的女子，两枝会走动的花惊人地相似，妙叶挑了一把黄杨木梳，仍怔怔看那对女子在梳店浏览谭木匠精制的各种木梳。梳铺也很精巧，开在洗马池拐入翘步街的挂角上。铺面小，门头有一木匾，上书：我善治木。下面挑出两个纸糊灯笼，左书为顺，右书为发，顺发二字，也就意思相连。谭木匠三十许人，一张黑脸，貌却周正，只缩在屋一角，整日头也不抬，心思只在手中制梳的活上，周围都是他从心里镂出来的雕刻花鸟的梳子。

听说朱宸豪也在谭本匠手里专门为美女娄妃订制过木梳。豫章城里讲究的人家和坊间女子便都来买谭木匠的手艺。我善治木那匾人看着也就名实相符。

妙叶在梳铺里遇到的两个女子，正是兰心坊的花魁——流落南方沦入风尘的前朝中御史之双生女：烟罗与青衣。

兰心坊的老鸨一见到她们就起了心，你就是把她们扔进烂泥里，她们仍是美女。老鸨对人说：她们就是白花花的银子。人在沦落之时，生存就是唯一的理由。

老鸨教导两姐妹：女人的基本武器不完全是身体，比这更有力量的，是木梳、镜子、口红、胭脂、香粉，其次才是眉、眼。这些都是和男人作战和征服男人的武器，千万不要放弃。不要放弃武器，只要在世一天，就必须运用它们。有时候，这些武器就是女人的生存手段和生活依据。也就是这种教导，烟罗与青衣找到了谭木匠梳铺。

好看的女子，对同样好看的女子总是格外在意。这种在意里，有欣赏、有借鉴、有比较，也有嫉妒。美对美的嫉妒之战，从来就没有停止过。但妙叶对眼前美丽的两姐妹没有嫉妒，竟有了一种甚至超越了欣赏和由衷赞叹的奇异感觉。女人之媚，可以媚得入骨，使人心旌荡漾，也可以媚得让人心旷神怡，将万种风情集于一身，一个动作，一个手势或身姿，一系飘发，一句话音，乃至连她自己也没觉察的随意举止，都可能令人惊艳。妙叶，从两姐妹身上所捕获的，是引起潜在于体内的一种莫名的隐秘兴奋。

那种美让人忍不住渴望触摸。当妙叶从没有过这样的感觉，既新奇又具快意。当两姐妹从眼里飘开时，她心里竟升腾起一股柔软的惆怅。妙叶步上马车，对赶车的老黄说，你对那两人说，我送送她们。

烟罗与青衣挑到了自己很中意的梳子，显得非常开心。老黄过来，客气且诚恳地说：我的主人想送送二位小姐。烟罗用细长的指尖，像一根很嫩的葱，指指街口马车，是她呀——

两姐妹早感到马车上那个漂亮女子对她们挺注意。长得好看的女子，眼睛也活，因为她是在别人的注目中长大，便对外界的感应特别灵。老黄满心恳切地重复道：我的主人，想送送二位小姐。

青衣说：哎呀，我们在洗马池有些事，还得耽些时，你替我们谢谢你的主人，心领她的好意了。说着，还向马车那边歉意地点点头。妙叶的脸美丽而高傲，佯装在看别处。她的眼角甚至连青衣点头时后颈上扭曲的一丛卷发都没遗漏。

谭木匠收了钱，连买木梳的两姐妹什么样子也没看清。谭木匠隐约觉得马车上的女子眼熟，像记忆里的一个人，绝不会是她！——谭木匠心里说。谭木匠似没来由地长叹了口气，又回到刚才的活上，将全部身心都扑在一把梳子上。那是一把好像永远也做不完的木梳。梳齿永远在一遍遍地锉着，梳把上雕镂的东西永远模糊不清。谭木匠仿佛就是为做这把木梳活的。

4

当年，朱宸豪在谭木匠梳铺预订过一把花梨木梳，其实是预订了一份铭心刻骨的情爱。娄妃接过这把精美的木梳时，她感动了。娄妃知道出自木匠谭伦之手的木梳里，深藏着一个爱情故事，那爱情结果，是个悲剧。据说豫章翘步街有个大木匠，是个哑巴，从早到晚锯着、削着、刨着，只做棺材。粗实的木料堆在门之，在哑巴不倦的拉锯刨削声中渐渐就变成了一口上好棺材。没漆成黑的白木棺材，看上去跟一般木具差别不大。等操作数桥的老甲过来一漆，整个儿就变了样。漆黑一口棺材放在门口，虽是人家定做的，哑巴木匠的儿子谭伦心里就慌。从小爱到翘步街来玩的表妹凤，每到这段时间也就不过来了。她比表哥更讨厌棺材。

凤喜欢表哥，便反对表哥随父学艺。谭伦有做木匠的天赋，一块木头到他手上，便能成鸟成凤。哑巴父亲不会说，目光里对儿子那些中看不中用的东西满是鄙夷。每当谭伦在一边觅觅摸摸得起劲，哑巴就会把斧子拼命往木头上剁得咂响，儿子就明白父亲来气了。哑巴脾气臭，儿子不敢惹，却也不听他的。谭伦曾对表妹说：这做棺材的手艺，我是不会学的。凤：那你做啥？

谭伦：我做鸟、做凤啊。凤：木头鸟会飞吗？木头凤能当饭吃？
……

那你说我做啥就做啥。谭伦一副交给表妹的模样。随便。表妹答得很冷，也淡，好像与她无关。

从此，谭伦就用了心思，他觉得自己是做细木匠的，和父亲的棺材活不是一路。他要做的东西应该是表妹既喜欢，又能挣饭吃的。

终于，他用上好的花梨，精心做成了一把木梳。梳子的形状很巧，像一只飞起来的凤。谭伦满心欢喜揣木梳跑到城北表妹家。姨娘告诉外甥，凤，跟人走了，末了，还提一句：是个长得不错的外乡人。谭伦的心空了。走到东湖边，掏出怀里那把木梳，往湖心抛。一只凤在空中划过一道弧线，飞了。不久，哑巴死了。躺的，是儿子为他打的棺材。他一辈子没说一句话，睁得大大的眼睛也没少怨儿子。这回，他瞑目了。儿子打算接过父亲的活，只做棺材。他第二口棺材做好的时候，凤来了，满是幽怨。她是被好看的男人诱大了肚子走的。她为那男人生下的竟是死婴。男人打她、踢她，把她赶出了门。凤回到豫章，娘家不让她进去。凤就来找表哥。谭伦很伤心，但他还是对表妹合上了门，他不能让伤口再撕开。据说，那天晚上凤哪也没去，而是在过去她和表哥常待的东湖柳树下坐了半夜，也哭了半夜。天亮的时候，有人从湖里捞起了一具女尸。

女尸的脸上满是忧伤，那些水珠，都像泪。谭伦将凤的尸体装在他打的第二口棺材里，停了三日三宿。他三日三宿独自守在棺材边，流着泪做出了他平生的第二把花梨木梳。梳上雕着一凤一鸾。谭伦将这把木梳放在表妹手里，以此完成他深情而悲哀的爱情的最后仪式。下葬的那天，谭伦昏了过去。半年以后，洗马池的翘步街口，就出现了一爿谭木匠梳铺。谭木匠做梳很用心，每一把精美的梳上都有鸾

卷肆 · 狂艳

凤和鸣的木雕，极受人的喜爱。

豫章人都知道有个闷头制梳的谭木匠，默不作声，像个哑巴。有人暗说谭木匠葬了表妹，便用硬木做了一把尖如匕首的梳子，找到诱骗凤的恶棍，将一只形状如飞凤的木梳，刺进了对方腹内。也有人不相信，就没有传开来。娄妃初到豫章，从夫君口里听了这个故事，已是成了个泪人。

朱宸豪就安慰说：这事里少不了添油加醋成分。你也别当真。

……不当真，也是桩伤心的事，娄妃说。从此，那把弯凤木梳，梳在发上，便有一种动情的感受。一次娄妃从头上梳下来几根断发，便怔怔地捏在指间，看得入神。朱宸豪说：秋天是草木凋零的季节，也是落发的季节。如果有一天头发落光了，那就是冬天，是入禅了。娄妃就道：落叶是禅，落发，便为尼为僧。朱宸豪接着感叹：如果有一天头上覆满了白雪，那就老了，回望秋天——也是一道美景啊！

王爷，我们……也到了秋天吗？娄妃说，眼未望他。朱宸豪不语，他见梳妆台上，是秋天阳光折射进来的淡淡投影。

他送给娄妃的那把花梨木梳，正在投影中。

5

兰心坊门前停了一辆马车。马是精心挑选的那种，车很奢华。来人向老鸨说：请告诉烟罗、青衣二位小姐，我们主人今天包了她们。便递上阔绰的银两。老鸨笑，还不忘记说一句，我这二位姑娘可是只卖艺不卖身的啊！来人便说：马车已在门外等候。

烟罗、青衣一下楼，见是谭木匠梳铺遇过的车夫，相顾咯咯笑起来。老黄上前，只说：我的主人诚心相邀二位，请吧。两姐妹抬腿跟他上了马车。

老黄一挥鞭子；驾！就启动了。两姐妹便闻到了灰尘的味道，青衣过敏地打了喷嚏。说，闻到这味儿，鼻孔就发痒，嗨……嗨啾！又是一个喷嚏。姐姐便塞给她一块手绢。马车辘辘，穿街过巷。跑得不快，却是兴冲冲的。在一座大宅院前，马车像是认得，自然停下。老黄扶她们下来，便引进院门。里面有很大的花园，楼台曲径，烟罗、青衣衣裙鲜艳，大袖飘飘，像两只漂亮蝴蝶飞入了园子。推开雕花格扇之门，室内有酒、有琴、有棋，还有华丽的椅榻。主人妙叶，竟是一身男妆打扮，却有另一番俊俏风流，倜傥中尽是妩媚与妖娆。

小姐还是位雅人呐！青衣一进门就说。我第一眼就看得出你们不是一般的青楼女子。妙叶说，她一改那日的冷傲，对两姐妹是满脸热情。

小姐请我们来是要听琴呢，还是要下棋？烟罗手拨了一下那张焦尾琴的琴弦。弦上发出悦耳的声音。妙叶说：这可是一张真正的古琴。

青衣笑道：一听声音，就有四百年。妙叶得意地点头，好眼力，是行家。这是一张宋代的古琴，还是当时一位豫章诗人做官时，从京城带回来的。

烟罗就道，流转这么多年竟能到小姐手中，可见小姐更非常人。妙叶一笑：是宁王送给我的。

哎哟，两姐妹都出乎意料。妙叶仍笑吟吟地说，我今天请二位小姐来，就是想做二位的知音的。烟罗便坐在琴边，拨弄一曲。妙叶专注地听着，她的眼光却看在青衣身上，青衣正看着一把暗红色的酒壶。酒壶红底描金，极其精致。青衣拿起来端详，上面有一幅合欢图，却是三个裸女。再看妙叶，她的神色已十分暧昧。

6

一支乌黑发亮的马鞭，拨弄着一对雪白如玉的乳房。

啊——青衣尖声惊叫。声音充满噩梦般的恐惧，仿佛又闪回到过去。记忆中锦衣卫校尉用马鞭在两姐妹的胸前拨来拨去，乱箭如鞭舞，射在水上，女人裸身中箭，没入河里，水面殷红。哐！雕花门被推开。冲进来两个人，前头是位一身白衣的年轻人，后面是富态商人南宫迁。房里的三个裸体女人把二人看呆了。妙叶也不避，手里仍拎一条马鞭，赤条条转过身来，两只乳房雪白抢眼。她眉一拧，恼羞成怒：怎么？南宫迁慌忙扯年轻人衣袖，边说，这位是归无骥归公子，是，是为父的故友之子。

妙叶口里重复道：归——无——骥。将鞭子一扔，抓起榻上粉袍披上身。

南宫迁还小心地赔笑解释：我们听到屋里叫声，恐有什么事，就进来了。

妙叶披好粉袍，指指烟罗、青衣说：她们是兰心坊的小姐，看清啦，什么事也没有。

她朝南宫迁挥手：你们可以出去了。南宫迁拽归无骥袖子，无骥不动。

南宫迁以为这小伙子被三具诱人的胴体看傻了，便咳一声，以示提醒，不无尴尬地介绍：她，是小女。归无骥嗯声，只盯着烟罗和青衣。他没料到，自己竟如此奇怪地撞上了一心苦苦寻找多年的两姐妹。两姐妹看着归无骥——这昔日的邻家少年，恍然若梦。

事先，归无骥甚至没有想到，他在豫章竟会碰上父亲归有亮的故人南宫迁。

南宫迁是归有亮的乡党，一为官一为商，都做得不小。归有亮之死，南宫迁略有耳闻。见到故人之子，便有很多感慨，硬要将归无骥往家拽。才进宅院，就听到厢房有女子尖厉的叫声，像是遭到谋杀。无骥不假思索，便撞了进去。南宫迁一慌，也紧随其后。结果，更是意料之外。

很久以后，归无骥回忆这次奇遇时，仍对两姐妹说：简直不可思议。那天夜晚，归无骥做了一个梦。梦里飞雪漫天，犹如一场豪华的碎舞，他看见一个女子，像一簇忘情的火。女子身披红纱——她在燃，奔在雪地里，将披纱边跑边扔，像是她要挣脱燃烧，或者尚未被焚尽的灰烬。她颓然倒在雪地上，已是全身赤裸。红色的纱裙、粉色肌肤、白色的雪。任何语言也无法复述的梦境，令归无骥惊艳不已。还有那场雪，好像仅仅是为了证明天是白的，而地是黑的。那个女子有两副面孔，都异常美丽。既是烟罗，又是青衣。

他在这个两副面孔的女子面前，感到无能为力。

第五章

1

阉割之痛是永世难忘的。瑾公公一想起，裤裆处似乎还隐隐作痛。不堪忍受的那一幕如在眼前。那年，瑾公公才六岁。一间黑咕隆咚的房子。六岁的瑾公公被人用布拧的绳子把腹及腰间绑紧，然后下身那活儿用热胡椒水擦拭着，他恐惧，想叫，但嘴早堵了毛巾。只有眼泪哗哗往下淌。他的双脚被人使劲按住，整个人好像已经不是自己的，任人摆弄。

瑾公公清楚地记得一把镰状的刀，刀口像龇着的牙，刀身却有磨不亮的黑锈。他听到一声干咳，见拿刀人腕子飞快一抖，便感到下身那活儿齐根割落。疼！疼！还是疼！他感到有人将一个栓子插入尿道。创口被浸过冷水的纸包上。一连三天躺在床上，不能喝水。

一连三天，他的小命在黑暗中浮沉。三天后，有人拨去栓子，尿水喷涌而出。他的下身已空空荡荡。男根的缺失，使他成了今日的太监瑾公公。现在他知道，阉割就是给男人去势，将他做男人的资格拿掉，让他在女人面前失去占有的优势，就像一个没有武器的人，满世界的人都强似他，叫他难堪。一个阉人，每个女人都是对他下手的刀。这不公平。他们的下身虽然都是平整的，却不是平等的。一个宫女可以嘲笑一个没有把柄的宦官，一个宦官即使是官，也没有底气去嘲笑一个同样没有把柄的宫女，哪怕他权势熏天。这平等吗？

瑾公公一想到这，便每日都在心里霍霍不已地磨刀，磨那把又黑又快的刀。他巴不得从皇帝开始下手，把天下男人都阉了，那才叫平等。如果天下男人都像他一样，女人面对一个没有把柄的世界，她还得意什么？她们也就算不得女人了。

他要用支配男人的权柄去摆弄这个世界。

这个世界里爱情不可能像霍乱一样流行，阉人一族就是永远与爱情无缘的人，他们没有霍乱的免疫力，却有爱情的免疫力。爱，尤其是异性，根本近不了他们的身。面对这个美丽的花花世界，他们没有开启的钥匙。

瑾公公觉得这种认识和体验在今天带来的痛苦，远远超过了六岁黑屋里的一刀之疼。他觉得自己做下的任何事，都会因为这阉人的身份而无辜。

我是阉人，这个世界最美好的事已把我排除在外，我只有拣那最坏的。

瑾公公觉得自己可以再黑一些。谁要和他的这份黑过不去，他就会亮出藏在黑中的最锋利的部分。他知道朱宸豪有显赫家族和漂亮妃子，他把世上那么多好处都占了，还要盯着他这样的可怜人不放，这使他心痛而憎恨。瑾公公在向豫章派去杀手之后，为自己作出这种决定而感到欲哭无泪。他认为这个世界对他这种人太缺乏同情心了。瑾公公对扬言清君侧的人感到愤怒。太不近人情了！他叹道。

如果我是豫章的朱宸豪，就啥事也不会发生。瑾公公这样想，像是为自己寻找借口。这天，他破天荒地摔了一个瓷瓶。是当着东、西厂和锦衣卫几个头领的面摔的。这些人也觉得自己和瑾公公一样无辜，不能承受瓷器之碎。他们知道瑾公公惦着宁王府的宝剑，却都不吱声。

瑾公公报复，报复也就成了他的发泄。他诡异的眼神总是带着一股来自地狱的寒气，仿佛阴风阵阵。

2

东厂，名词。从表面看波澜不兴，根本看不出其词意实际内容，却是中国最大特务机构的指称。它和绑架、暗刺、虐杀、告密、投柙等一系列恐怖的动词相关，甚至以此可延伸断脊、堕指、刺心、炮烙到饮鸩、割喉、灭族、凌迟、抄斩等在汉语中不能容忍的词汇。它以堂皇的借口进行公然的杀戮与迫害，它把蛊惑背叛作为其行为的最高指标，并以此震慑和稳住来自各种倾覆危险与图谋的可能。东厂是一个时代的屠手，小道消息收藏者，阳光的反面和帝都巨大投影覆盖下的黑暗之树。黑暗之树上停着传说为鸩的死亡之鸟。据说鸩的叫声能使宴静无云的天空骤然阴晦，淫雨绵绵。鸩以毒蛇、橡栗为食，其飞行于树上，树下数十步内寸草不生；其掉下的尘屑，可使农作物枯死；其落下的粪便，能使石头变色后碎裂；其饮过的水源，百鸟家禽再饮即毙。古代笔记中写道，鸩鸟最烈处还在于羽翮，其自酒面飞过，可致饮者五内俱毁，此说尚有个既美又恐骇的叫法，称：画酒杀人。历代宫廷药师都要奉皇帝的命令用鸩羽调制一种世上最毒的酒，叫鸩酒，用以赐死那些不听话的臣子。被赐死者总能接到两种东西以供选择，一为白练，一是鸩酒。更多受死者愿意选择鸩酒，传闻饮鸩致命者，在生命最后能获得一种飞翔的幻觉。一只死亡之鸟引领着受死者的灵魂，飞落到黑暗的大树上，眼睛如炭火在暗夜移动，它发出的叫声使闻者做噩梦。

东厂和锦衣卫连起来，是一个身子的双头蛇，其勤勉与劬劳之力，造成了一处历史的巨大困顿。只是，东厂的行事更加诡秘，它是公之于众的悄然潜行者，因而便有一种无孔不入的威慑。东厂人的外部包装没有锦衣卫的明显标示，但在官署中也有制式穿戴，只是其出入于各处便是将自己包藏起来。不易觉察的危险才是真正的危险。东厂的历任首脑深谙此道，他们要在人群里制造的，就是官方不能以开宗明义方式撒布的，对于看似庞然大物的脆弱政体的惧怕。这也就是真正的恐怖往往以反恐怖的理由与形式得以存在的原因。东厂设于明成祖永乐十八年，初期只是个监察官员的机构，慢慢延伸到缉防谋逆、言论、奸恶、镇压内乱的巨大特务机关。

东厂一设立就由内监掌管，后来专用司礼监秉笔太监第二人或三人。

主持东厂的掌印太监的全副官衔是：钦差总督东厂官校办事太监，简称提督东厂，厂内的人则称之为督在或厂公，在掌印本太监以下，东厂的主要骨干来自锦衣卫，或者说锦衣卫的人在东厂任职。东厂人的穿着不似锦衣卫，要突出宫里豪华仪仗的特点。东厂侦察访缉范围上至官府下至民间，明朝官员百姓被他们折腾得厉害。在朝中说话算数的不是阁臣，是东、西厂都在其下的司礼太监。

明朝为使皇帝绝对的集权，不设宰相一职。国初洪武年间，明确规定太监不得干预朝政，归吏部管，阁臣也无地位。皇帝一人精力毕竟有限，凡事如何管得来？至明成祖时，太监和阁臣的地位便在相互制约间有了回升之势。

皇帝被四面八方的奏章压得抬不起头来，便从翰林院选人到文渊阁任大学士。皇帝作出决定后，由文渊阁大学士做出案文，代皇帝批复。大学士通常有三十来人，依次为首辅、次辅、三辅，由首辅执笔起草票拟，其他人提意见。首辅票拟代表皇帝的意志，实际等于宰相。后来皇帝心血来潮，在自己与内阁大学士之间加了一道手续，即内阁把文书票拟送至皇帝之前，需由司礼监加以整理，皇帝阅过，少数亲批，其他皆由司礼监批答，并执掌传圣旨事，这便使里面的关系变得微妙复杂起来。内阁在皇帝之前，被认为是实权。司礼监在皇帝之后，看似为内阁票拟和皇帝决策服务，可实际中司礼监可以通过搭票或改窜票拟来左右内阁。这种情况下，就要看皇帝怎么调度，若是明君，内阁是宰相。若是昏君，司礼太监就可以通过搭票、窜票乃至矫诏等，成为名副其实的真宰相了。

司礼监是宦官总管，各监局全部宦官皆听命于他，有掌握所有宦官的升降之权。而且凡派往各地镇守的军队监军、催税采办的提监，也全由司礼监呈请皇帝调迁任命。在明代，提督京营和东、西两厂的太监是为时最为看重。司礼监总要将心腹安插在那些位置上。

东厂和西厂作为明代顶极特务机关，负责侦缉和形狱，除了皇帝，任何人都在它们的侦察之中，皇帝对这两个机构既信任又非常重视，因此提督西厂的太监由司礼监提名后，必由他亲自点头。颁发的关防也非同一般，东厂奉差关防是篆文的钦差总督厂官校办事太监关防。还特密封牙章一枚，一切该封奏的都以此钤封。

钦差，足可凌驾一切官员之上，何况还有钦赐密封印章，东厂密报不必经过任何手续便能直送皇帝，即便夜深，也能从皇宫门缝传入，门内的人会急呈上去，皇帝可以及时掌握外情，这种特权使人心中不由对东厂心存畏惧。

哪个官员吃得起东厂的一本密报呀，在这种情况下，除了皇帝，就只有司礼太监能够优哉游哉了。皇帝是个十七岁不到，却喜欢到处游乐寻欢的东风少年。他颓废、荒唐，为他所信任倚重的司礼监是个看似面如皱纸的中年太监瑾公公，但他的脸在少帝眼里，那每道皱褶都是笑靥，他能将一个情窦初开的少年皇帝，不断诱往更为神秘的情事。在四下无人的时候，瑾公公也会为自己这种无能的力量而哀叹。

当他独坐在幽寂、空落的司礼监院崇圣堂里，只是无聊而又永不厌烦地把一幅幅纸耐心地对折、再折、然后揉皱、搓成团，再一点一点撕碎、撕碎。谁也不明白他这些动作意味着什么或有什么意思，但他总是不知疲倦地重复着一个动作：撕扯。

3

宫廷的沉闷，黯淡了东风少年的绚丽朱颜。当薇薰的绿意拂动宫闱的时候，少年皇帝总会生起了南游之兴。他利用朝议之机，以一个冠冕堂皇的借口提出来，照例遭到朝臣们拼命反对，他佛衣退朝。谏阻的奏章仍如雪片飘满了案头，把少帝的一双手都覆盖了。这其中尤以翰林院编修、豫章人前状元舒芬谏得最起劲，又是眼泪，又是鼻涕，开口就搬来国家、朝纲、兴亡、历史、社稷之类的大词压人。——也太夸张了吧，欺负我年少？少帝真想撸起袍袖用压在奏章下的手，痛揍那厮。他只有躲入豹房，不理那些啰唣。大监瑾公公紧随少帝，像一个忠实的影子。少帝出殿门，就见烈日下御道上跪一宫禁武士，上前一看，不由火起：张英！你是我的金吾卫指挥，也跟着起什么哄凑什么热闹？！

皇上，正因为臣下是金吾卫指挥，知晓国是日非，军国大事堆积如山，都有待圣裁，所以才敢冒死跪谏，请皇上打消南巡念头。

瑾公公一溜小跑过去，伸脚泼张英伏地的脑袋，去去去，别挡着皇上的道，要跪回家跪去。少帝趁机抬腿走人。张英掉头朝少帝背影大呼：皇上，你若不见，臣只有一死以谏了！说着拔佩刀横到颈上。别，别别！……别脏了御道。瑾公公以手示意，却不是真阻拦，似挑逗或不屑。少帝充耳不闻，自顾走去，太阳投在黄色龙袍上，他也成了一团黄光，连淡淡的投影也没有。

张英心一横，握刀的手就往下勒。宫中禁卫见状，急抢过去夺刀，已是血流如注。少帝在前头停步，头竟不回，骂道：不知死活的东西。对瑾公公扔一句：你去处理吧。瑾公公会意，颐指气使地命令禁卫们，逮张英下狱，杖八十。

少帝继续挪步。张英忍疼，哼也不哼，死跪于原地，几名禁卫只得使蛮力把他抬起来，扛走。

御道上一摊血，是张英颈上滴下的。

瑾公公跪左膝，以右手中指在血上蘸了蘸，点到舌尖上轻微一舐，眯起眼睛。偌大的宫禁之地，阳光冰冷而清寂。

史籍记载，那次少帝一时的南游之念强遭谏阻的结果是：兵部侍郎黄巩等人下锦衣卫狱；金吾卫指挥张英入狱受杖八十致死；翰林院编修舒芬等一百零七人逮系，着于午门前跪罪五日，各受廷杖三十；其他因谏阻杖责致死者达十一人之多。

廷杖执行地点在午门，由锦衣卫校尉充当执行者，司礼太监监刑。行刑时，午门西墀下戒备森严，御林军旗校分三层围成方框，他们手执木棍，袒露胳膊。站在方框正面的是戴红皮钱盔、穿描银甲的锦衣卫使，两侧为各三十员持杖锦衣卫。锦衣卫使姜茂，是瑾公公的亲信。作为监刑者，瑾公公坐在姜茂右边的一张宫椅上，姜茂伺立。锦衣卫行杖，能把人打死，也能把人打伤。受杖人的性命在司礼太监瑾公公的一念之间，锦衣卫行杖只看瑾公公的靴尖下手。

靴尖呈外八字，行杖稍轻。靴尖内敛，受杖刑者必死。时任金陵兵部主事的阳明君见权阉猖獗如斯，热血汹涌，上疏一本论瑾公公奸邪，此疏未达少帝面前就由瑾公公私阅了，随即矫诏，令阳明君挨杖五十，打得平素不动声色的老农模样的大学问家也喊爹叫娘不迭，但没求饶。考虑到阳明君的影响，瑾公公原本内敛的靴尖最后还是往外一八。阳明君也就在自己的虚名下，捡回了命。

臣子在午门喋血，少帝却沦陷于肉欲。在无数帏幔、屏风、格窗、檐廊之中，兜兜转转着一层层繁复艳丽曳地而过的裙裾，少帝的豹房，见不到臣子的血，有的是褪去衣裙后呈现的美人香艳身体上颤动的雪乳和樱桃，而臣子却在皇帝的行淫中死去。皇帝的豹房每日发出快活的呻吟，它是建在栅栏内的孔雀之屏、猛兽梅花爪印和鹿苑之间的另一片宫禁。有太素殿、天鹅房、船坞、院御、厢房。密室勾连沿栉列，内侍环值，人称豹房祗候。少帝喜称豹房为新宅。豹房位于宫城西北之地，是明正德年间最为神秘，也最为人非议的所在，是皇帝对祖制皇宫大内的一次快乐颠覆，同时也是一个不安分少年内心野性、疯狂、奔逐、暴力、性向往的幻象整合，是笼中的放纵与小心抓捕的游戏室。它起于绮情声色少年的奇想，成于老谋深算太监的得力营构。当皇帝簇拥美女、歌僮及双性恋者带着随从、近侍、僧道，挺进帏帐、暗门、暖阁、绣榻与蒲团，那个扔在豹房外面的朝廷，却落入太监的股掌。

少帝行淫纵欲，太监一手遮天。连续罢黜五十三位大臣以发泄私结在心的阉割之恨。瑾公公痛恨自己为皇帝建豹房，痛恨自己费尽心思为豹房搜罗了那么多美女。每当皇帝进入豹房，他觉得都是对自己这个阉人的嘲笑。瑾公公痛恨所有的男根，尤其是皇帝的，他做过一百次忙着阉割皇帝的梦。一裤裆的血，草纸擦也擦不净；上药、上药、再用草纸垫着裤裆。两手的血，天哪！瑾公公常常被这个梦吓醒。

瑾公公知道自己阉不了皇帝，他梦里一次次阉的是他自己——那痛楚体验和耻辱经历的残酷回忆。瑾公公只有不断为皇帝提供美女，让他在里面沉溺。瑾公公觉得，这是对皇帝实施的不是阉割的阉割。他认为豹房在某种意义上，已经充当了阉割皇帝的手术台。瑾公公使的是软刀，且是双刃的。皇帝进了豹房，就等于进了他的圈套，他会随之产生隐秘的兴奋。每当这种时候，他坐在黑暗中默不作声，脸上的纸皱更为密集，他取过案上一只细颈圆腹瓷瓶，用干瘦的手指抚摩着，抚摩着。瑾公公喜欢收集瓷器，他的密室里除了阴影就是瓷光，他在其中转动着，异样诡黠。瑾公公是个瓷瓶的迷恋者。

豹房是一座迷宫般的精舍。精舍里有很多房间，房间的布置华丽且豪奢。每间房里都有一个固定的母豹式的美人，其裸卧之态，如随意搁在浴巾上的一块肉色香皂，在静候一只手将她抓取。房门外永远侍立着武士，腰悬：随驾养豹军官勇士腰牌，有着豹房武士的荣誉身份。豹房武士只效忠于那个面色苍白的浪漫少年，并以光荣的权利和责任，为他的猎色望风，为他的淫乐守卫，为他的精疲力竭保驾。享有帝国无上荣誉的豹房军官，个个武艺高强，忠心耿耿，他们自然也享有高出其他军人的特殊待遇。在普通军人面前，他们是将军，外出执行公务出示身份腰牌，见者都得低头，他们的待遇和荣誉都在腰牌上。豹房武士各有其牌，失牌者依律论处，借者及借典者同罪。

作为少帝出巡或驻京的一支最贴身亲信部队，豹房武士是权倾朝野的司礼太监瑾公公唯一无法染指的力量。因为没有谁能动摇豹房军官对皇帝的忠诚。

有忠勇的武士环护，有瑾公公代为处理政务，少年皇帝便大可以在豹房里奇思妙想地淫乐了。一个在幻觉中变化的美人，使一块布经受风的提弄，一个少年天子的幻想就像风一样无边无际。据说，少帝在豹房一次见美人小溲，美人脖子上围了条豹尾，在经过大扇纸窗时，莹莹的光衬着，突然间真像只真立的豹子。一阵隐秘的快感攫住了少帝的心，他亲自微服乘上那驾黑马车跑到灯市街老皮货店，采购了一车火狐、银狐、紫貂、水獭、虎豹各色皮草等，兴冲冲赶回，要所有美人褪除衣裙，粉颈上挂貂尾、獭尾、狐尾、豹尾，腰系虎皮，在豹房作兽状爬行，追逐、嬉戏……他俨然是只豹王，逮住一母豹，兴起之时就按在地了，模仿动物的姿势交配起来。那些日子豹房窗外的主要风景，是蛇一样延伸的青色屋脊和蓝天上的一卧耀眼云絮。黄昏，天帝的黄金马车在屋脊上自焚成灰。

4

他坐在椅子里扯，拼命地撕扯。司礼监瑾公公有撕纸的怪癖，很神经质。

椅子太大，几乎要把他干瘦的身子陷进去，那是一只虎口。他只有拼命撕扯，才能拯救自己。飘散的纸屑如落叶，却不能成为翩翩蝴蝶，而只能是死亡的花瓣。瑾公公心里清楚，表面上他好像已经把少帝摆平了，处处都由他，让他坐了现在的位置，少帝只一心迷恋在豹房乐此不疲。但他知道，少帝也是一只豹子，说不定有一天就会对他张开血口。而现在最令他伤神与感到威胁的是豫章的朱宸豪。他口口声声说宦官乱政，要起兵用太祖皇帝所赐的宝剑来清君侧，振朝纲。明摆着首先就是要置自己于死地。他数次试图让少帝以平乱之名发兵豫章，可少年皇帝总是不为所动，他或许尚耽于其叔侄之情吧。这个竖子，瑾公公暗地里恨得咬牙。尽管豫章一直都有皇帝和他的人手在活动，但他感到不太得力。

解决豫章的关键有二：一是太祖皇帝御赐宁王府的太阿宝剑，世人都知道这是大明帝国最高的荣誉，其含有清君侧的无上权力。这是太祖生前拥有的两把宝剑之一，另一把龙渊剑早已随太祖葬于皇陵。独剩这把剑在宁王府，这就成了朱宸豪随时可能扯大旗理直气壮来作乱的幌子。剑是要饮血的，何况是太祖打天下的宝剑，只要这把剑一日在宁王府，就会成为朝廷一日也不得安宁的隐患。瑾公公不止一次对派去豫章的人这样说。其实他潜在的心底还有个隐秘的愿望，作为一个失去男根的太监，他渴望拥有天下的利器，他梦寐以求获取象征最伟大男人性器的太阿宝剑。所以他要谋取它，以慰藉和填充自己的最大的隐痛与空位。宁王府一旦失去了太祖御赐宝剑，不仅失去了最有号召力的借口，朝廷也能以此问宁王之罪，不必大动干戈便可消祸害于无形。

二是除掉朱宸豪，若是盗剑不成，只有动用特殊手段暗杀朱宸豪。这两点他没有告知少帝，但他派去豫章的人正在这样做，只是效果极不理想，朱宸豪的防范能力大大出乎他的意料之外。

此刻他想动用手中的一张王牌，由他一手缔建的秘密潜伏组织偃卧者，来完成刺杀朱宸豪的任务。偃卧者属于黑暗，是不动声色的黑，在没有得到瑾公公的指令之前，它的最大的使命就是：偃卧。

偃卧者是人们梦中的危险，甚至就是梦。梦中杀人的人必须是死亡，他将梦主杀死了，自己也就永远关闭于别人的梦中。

瑾公公曾对东、西厂，锦衣卫的统领阴冷地笑道：我的手下都是一流的死士。说罢，他朝旁边两个表情同样冰冷的手下稍点头。两人跨步上前，当即用短匕把自己刺死于中堂。血，溅在统领们的身上，皆惊得目瞪口呆。只听到瑾公公说出比死更冷的声音，没有人能保证自己不做梦，没有人能发现梦中的偃卧者。一旦偃卧者醒来，死神就出现了。瑾公公的眼光从恭敬的统领脸上颇有意味地扫了一遍，说：死亡，是我送给宁王的最好礼物。他手一撒，像是将一份心情毫无保留地抛出——纷纷扬扬的纸屑，像落叶，又像死亡的花瓣，飘落在两具尸体上。瑾公公觉得那是死神的请柬，通过他的手散出。他是散发死神请柬的人。人们害怕他，他就高兴。

瑾公公的死士曾说过，就是公公命令我去杀自己父母，也会毫不犹豫。瑾公公认为他们做得到。有时候，瑾公公觉得自己也是个偃卧者——皇帝身边的偃卧者。

他仿佛自言自语道：该是唤醒偃卧者的时候了。

第六章

1

　　阁中帝子的哀愁在日夜不息的江流中下锚，把滕王阁牢牢拴在岸边。月宫女子的孤独与忧伤，倒映在东湖上。东湖的杏花楼在一片蓝色雾霭中显得很不真实，就像一幅尚未完成只初显轮廓的水墨画，它的白墙灰瓦与琐窗飞檐，以及寄托先人对马崇拜和礼赞的马头墙，把一种神灵与祈愿寓意其间。隔湖相望，虚幻而空灵，走进去简直像是不可能的。当你接近它时，其朦胧便被揭去。从局部开始，一处处变得真实可信起来，直至摸到那个门，你才觉得初始那幅未完成的画的印象，是多么不可靠。总是翩跹在一石陈卧的桥头迎接，将画师寅引进杏花楼，它的琐窗、飘檐、月门，逐渐为他所熟悉起来。

　　娄妃喜欢在闲云馆习画。珠帘一卷，东湖的景观也像一幅画，尽收眼底。夏日的荷香把人都拥裹着，心里便全是香气。这时下笔，纤毫过处，仿佛荷香的绮丽留痕。娄妃的画风也就纤细、瑰奇，水墨渲染的却不是繁艳，而是把心头的美好拿去。这一点，画师寅从她近期所作的画中感觉到一幅比一幅明显。但这不是他指陈的技法范围，是不能修改的心灵呈示。

　　画上的每一笔，都是心灵的闪电。谁能修改闪电？娄妃出示过一幅《寻春图》，并有诗题跋。画中骑在马上的男女出行者皆面目不清，甚至面孔都是没有表情的空白。马却漂亮，有唐人韩干与张萱的笔意，线条细致，着色讲究。我留意到两匹马的马蹄，男骑者的马蹄上落了很鲜艳的一点红，像踏过落花，又像沾着血。女骑者的马蹄雪白，像是根本哪儿也没去，立在原地未动。虽名为《寻春图》，画上竟没有一点春天的内容，是空白，或春天已被男人的马蹄踩碎了。

　　娄妃说，这画是记那次西山之游的，画师寅没吭声。再看题诗——春时并辔出芳郊，带得诗来马上敲。着意寻芳春不见，东风吹上海棠梢。娄妃说：画是新墨，诗是旧作。旧到什么时候？哦，已像是上一世了。

　　画师寅记得那次西山之游中，娄妃是着意参拜了几座庙的，他感觉到她真诚的样子，好像整个世界都不存在了，只有她与佛，或她心中有佛，佛心里也有她。当时画师寅便想她在祈愿什么呢？另一幅印象很深的画，是娄妃以屈原《九歌·山鬼》诗意所作的《山鬼图》。一女子裸体骑在豹上，孤零而失落。

画中的女子那么美，却只能与一只豹子做伴，为什么？看娄妃题诗，感觉完全是山鬼的。

> 你骑着花色斑斓的豹子下山，
> 猕猴桃的乳房 金光闪闪，
> 我找遍了一处处幽谷与深林，
> 那时的山盟呀，只遗下时间的灰烬。

——《山鬼》片断（今译）

娄妃是有幽怨的，美丽的娄妃在别人面前，可以把内心藏得很深，但她不会隐瞒自己的笔。因为她是把灵魂在笔上作了抵押的，那抵押在笔上的灵魂，深深触动了寅。但寅不能说，他是她的画师，只能指陈她的技法，不能指陈她的灵魂。如果寅能说出对这些画的内在感受，就等于是在敲隐居在杏花楼里的另一扇看不见的更隐秘的门。那，也许是寅最大的心愿，也是最可怕的禁忌。

然而，娄妃在一次习画的间歇，凭栏观湖，水面鱼光一闪，像鸟飞出内心。

娄妃凝视着湖水，仿佛在自言自语。鱼有时会跃出水面，它看看世界又回到水里，人的一生就像鱼跃起的一瞬……

鱼。鱼玄机。她竟说出了一个唐代才女的名字。

或许那是他们早期极为有限的闲谈，也是进入一个更为广阔的相处空间的开始。她说，看到湖中的鱼，就会想起那个叫鱼玄机的女诗人。她的名字，宛若翩翩惊鸿，从我眼前掠过。寅便吟道：春花秋月入诗篇，白日清宵是散仙。空卷珠帘不曾下，长移一榻对山眠。

好一个"长移一榻对山眠"！娄妃感叹：只是才女不年，古今最痛。

鱼玄机的命运是让人长叹的。一个女子会吟诗作赋又能怎么样呢，照样把握不住自己的命运，娄妃说。

人，虽掌握不了自己的命运，却不是不能掌握自己承受命运的内心感觉。

画师寅从娄妃的感叹中触碰到她低落的地方。画师寅说：所谓喜、怒、忧、思、悲、恐、惊七种不同的情绪变化，便是人的精神。人强，就可控制。人弱，七情便起波动。医书上称"邪气"，佛教叫"心魔"，所以要除邪气，斩心魔，只有这样，当不好的命运到来时，人也能承受得住。

谈到鱼玄机，他们都有相似的感叹。

鱼玄机出身寒微，16岁嫁给了一个叫李亿的官宦为妾，17岁到长安咸宜观做道士，24岁因杀婢女绿翘而被处死。她的死，与其说是以死抵死，倘不如说是一种思想或爱之死。据说婢女绿翘夺走了鱼玄机深爱的男人。那个男人爱鱼玄机的才华，更爱婢女绿翘的身体，灵与肉便不能相合，而鱼玄机站在一个女人的角度，她是对那个男人的灵肉都完全爱的，所以一旦失去，便把她抽空了。她是因妒而起杀意，还是以杀来捍卫自己的灵肉不让别人侵占。她的错，或许就在于——她不得不错。因为爱得越深，就离死亡越近。全身心地爱一个人，就等于把自己装进坟墓——爱即死。在归宿的意义上，是黑暗。

是的，有一种爱便是黑色的，在情人的瞳孔里却是如此美丽，仿佛碧蓝的湖水。

2

关于美女与才子，世人不乏把好水搅黄的本事，何况是娄妃和画师寅。后世流传下来的诸多说法，充满了对蛛丝马迹的发掘、扩大与延伸，极尽臆想与猜测之能。流传最广的一种便咬定二者是有私情的，杏花楼是他们幽会之所。另一种说宁王是在察觉娄妃和画师寅的私情后，专门将杏花楼作为娄妃的软禁之地。杏花楼三面环水，仅一条青石搭岸，软禁一个人与世隔绝，那是最好的地方。

事关名节。正史在一个美丽的女子身上，偶尔也会显出一些温情脉脉的慎重，但那份慎重是可疑的，或许执笔的史官尚年轻，正在沉浸于一场欲罢不能的恋爱中，或许那史官的铁笔本身就想掩遮一些什么。总之历史的真相在所有的文字表述里，都是经过改写的。依据改写历史的文字来考证历史，是多么的可笑。

正史里有关娄妃的点滴文字，都写得清白贞烈，偏偏缺乏生气，仿佛是有意要编一个有大义而又忠君的人，便把娄妃对朱宸豪对立起来，但她又是贞节的。于是历史在这一页，也便有了忠贞节烈，在冠冕堂皇的舞台上，让世人来看清。然而民间的传言，也就显然成了一种反动。

人，不是神。宿世的，皆为肉身泥胎。何况娄妃这样美丽的女子，怎样去逃脱情感的发落，或许只有随业沉沦才是真实的。

娄妃仰慕画师寅的才华，初次见面留下深刻记忆，甚至觉得画师寅是来自唐朝的诗仙，当朱宸豪疏离了她之后，她在沉沦，也在挣扎。

不知从何时起，娄妃会经常梦见一个男人与她默默而又专注地亲热着，使她快乐、兴奋。娄妃一直以为是丈夫朱宸豪，终于有一次她在梦中看清了那个与她亲热男人的脸，居然是画师寅。娄妃为自己的梦而暗自吃惊。

3

考察娄妃，可以从她的朋友、熟人、和接触到的人乃至可能接触到的人人手。处于王府正妃地位那么一个层次，真正和她交得上朋友的人不多，她的接触范围和层面也同样相对狭窄，所以够得上称之为她的朋友的人极其有限。

她们是豫章知府夏铁一之女雪姬，友竹花园女主人、已故前相国遗孀蕊夫人以及豫章学者、才人宋之白，叶和秋和金陵来的画师寅。

娄妃名节上最危险的不可能是别人，而可能是她的闺中密友蕊夫人。据说不少自以为优秀的男人都把蕊夫人的身体作为美丽而芬芳的战场，结果都败得一声不吭。蕊夫人总是边清扫战场，边朝着一个又一个败下阵来的男人不屑地微笑。有时她也会安抚似的用柔软且饱满的手抚摸一下那男人的后脑勺，像是安慰孩子。那男子便更加深了自卑与耻辱感。然而不是随便什么样的男人都能爬上那美丽而激情满怀的战场的，男人在那战场上宁可死，也不能败。

当蕊夫人得知娄妃与朱宸豪之间出现了隔阂而处于痛苦时，她专程去杏花楼看望娄妃。见到娄妃忧郁的神情，蕊夫人第一句话就说：这么美的女人，宁王竟不懂得爱她，真是暴殄天物呀！娄妃被她逗笑了，你才是天物呢。蕊夫人也不客气，说：我是天物，所以我要一刻不停地让人爱。娄妃就啧啧笑道：恶心，恶心死了。蕊夫人更不示弱，如果你的美貌不是用来爱的，那请把它给我。娄妃故意瞪大眼睛，给你？继而用不屑的口吻道，那才是暴殄天物呢。

蕊夫人便用拳头捶娄妃肩，两人咯咯笑作一团。娄妃唯有和蕊夫人在一起才感到特别快乐，她喜欢蕊夫人乐观、豁达的性格，每次在苦恼的时候蕊夫人总能用她乐观的手推开娄妃心头的乌云，而漏下一些难得的光芒。两人笑了一会儿之后，蕊夫人假装好奇地打听：嘿，问你个事儿，你除了府上那位大大咧咧的王爷之外，有没有过别的男人？有哇。娄妃反而很干脆地放大了声。比如游鱼、飞鸟、花草、树影，还有月光，以及大地上那些活泼而精致的生命都是我的所爱。她顿了一下，说：只有月亮才有资格做我的情人。

嘻嘻，好一个嫦娥啊，怪不得会遭后羿冷落。蕊夫人故作幸灾乐祸地说。

娄妃耸耸肩，道：可是月亮太高。她看看自己身后，我的情人只能是自己的影子。在耸肩之际，头上绾着发髻的梳子突然落下来，黑色的发瀑自肩头至背部顷刻奔泻直下。

弯凤木梳。蕊夫人伸手捡起，拿着端详：好精致的花梨木梳呀。娄妃从她手上抢过来，这才是我的命呐。蕊夫人若有所悟地点点头。她不会忘记娄妃曾经忧郁地说：生命这么美好，一个人不可能没有爱，但爱对你往往吝啬和不公平，那是因为你对别人的爱太慷慨。

你是将自己作为祭祀，慷慨地奉献在了朱宸豪的面前，那是把曾经的爱当作了牺牲——蕊夫人的话像一根细小的针，扎在玉脂般的肌肤上，但没有沁出血珠。娄妃明丽的眼眸闪动，要把内心闸门打开，但又扣拢，只道：爱如禅，不可说，一说就错。

娄妃梳着自己的长发，像梳着自己的心事。这一棒长发，是她美丽的影子。

她突然产生怜爱之意。自梳、自怜。这头乌黑的长发，如今没有他帮着梳理了，但乌发仍然秀美、温顺而忠诚，丝丝缕缕都与心相连，即便飘荡在风中，也是她的心事在飞扬。我的情人是我的长发，我的长发是我美丽的影子情人啊！

蕊夫人走后，娄妃边梳着头边喃喃自语。这之前侍女君枝想为她梳发，她打发君枝走开了。她忽然有了一种悲怆、孤独、自恋、怜惜、落寞与伤情，再加上巨大的忧虑，使她鼻子发酸，她凭栏面对湖水，竟临风掉泪。

我的王，他曾飞马而来，把一个女孩从沉沦中救起，自己却驾着隆隆的马车驶向黑暗，我用什么才能阻挡他向黑暗的挺进？娄妃边用朱宸豪送给她的鸾凤木梳梳着头发，边面对浩茫的湖水——心事同样浩茫。天上的云和湖上的水，同样具有变幻多姿的丰富表情。风使云动，也令水生姿，风是主宰云水表情的手，云水之姿由风而定。风的心情表现在云水之间，风轻才会云淡，云重方显云怒。但谁是风的主宰？

谁令风含愁、生悲、发怒，抑或笑逐颜开，风流云散，乃至云水生寒呢！

4

她叫翩跹，是娄妃的另一个侍女。

翩跹做过的事里都会留下细致、温婉的痕迹，总是特别让人舒心，她不随娄妃出行，而侍奉娄妃的起居。在杏花楼里，翩跹是娄妃寂寞的天使。风把灵魂浮雕在水上。白墙灰瓦的杏花楼静立在东湖之上，如同一座坐看风生水起的观音。波浪是水下沉静处子的面具，摘下面具就是处子纯美的容颜。娄妃迷恋于杏花楼的另一个原因是她爱东湖，更爱具有幻象之美、可以随意铺展心境的湖水。她在临水轩赏湖时对翩跹说：我是水命，这一生注定和水有缘。

翩跹也说，水多美呀，你看这湖，都要蓝到心里了。还有那湖上的飞鸟，一下也就把我带到水上，快要沾湿裙子了，又提起来。水里的鱼一定在看它们。

娄妃笑道，不是在看它们，是在看翩跹。

翩跹灵巧地接口说，翩跹有什么呀，王妃您才沉鱼落雁呢。娄妃就故作责怪状：贫嘴的丫头片子。

看着娄妃高兴，翩跹也就欢喜。在娄妃忧郁的时候，翩跹总会借机设法破解她。

在娄妃眼里，翩跹天真烂漫的样子，是世界送给她的最好礼物，所以她每一天睡觉和醒来前后第一眼都会格外珍惜地看着她，翩跹也感觉到娄妃对她的特别疼爱，因此她更细心地注意着和关心着娄妃。

在杏花楼的日子里，娄妃的嘴里总是不断地呼唤着翩跹，即使翩跹在她旁边，但她只要一听到翩跹答道我在这里，心里就感到安慰和踏实。

对于翩跹，孤独中的娄妃甚至是一种依恋。她就像东湖上的鸟。鸟的飞翔，使一湖静水复活。然而某日娄妃在临水轩说：水上的鸟，水下的鱼，鱼在想一次飞翔，鸟在想一回潜游，这样地想是美的，但如果它们两相对换，鱼鸟相得却都会在互换的角色里死亡。鸟会死于潜游，鱼会死于飞翔。天真的翩跹一下也变得深沉了。

午后的雨，不知不觉小了，只剩下零星的雨点疏散地跌落于湖面。娄妃在梳妆台梳理午憩后的长发。东湖的水在阴灰的天空下竟漆黑如墨，水面又像一层浮华的水银，镜子般将湖边的景物映在水上，那水也就呈现出一个倒置的岸边世界。雨止，灰白的天空竟透出一种晃眼的亮光。娄妃临水梳妆，黑漆漆的长发几如直立起来的一根根湖水。她梳动的手停往，手握心爱的木梳，若有所思，吩咐翩跹去取笔墨来，并交代要大幅的纸和大的墨盘。她手挽长发出神。君枝微笑地说：王妃又要做诗了。

梳妆台如圣坛。君枝和翩跹在上面铺好了一幅大纸。娄妃一身雪白的衣妆，与台上的宣纸和谐相融，只有乌黑的头发披泻着，像宣纸上被浓墨挥洒的一笔。她的脸在黑发中如暗夜里的明月。娄妃在宣纸上运发而书，长发悠扬地甩起，光芒与墨汁交织于发上在空中划出了弧线，于是那道长发扬起的弧线突然有了灵魂，在宣纸上找到了存在的意义。在字的笔画里，凝成不朽的姿势定格：

　　屏
　　　翰

发书时溅落的墨点，像一只只黑眼珠，在看着舞动乌发的娄妃，她的眼睛在把发上的浓墨转化为书法的时候是微闭的，嘴抿住，细长的颈在动，头发铺张、飞扬，或舞、或旋、或扭、或沉、或收。是人与墨的一场舞蹈。是一个美人和天地在做爱。发书完成，她雪白的脸上和身上墨色狼藉，却透出另一番狂乱的之美。只有她自己知道，刚才做什么。天地对她有什么用，她只为一个男人而舞，而书，而献出自己的绝色与才艺。

据说发书屏翰，被画师寅评之：用男人般的大气与豪情，演绎了女人的寂寞与心碎。

娄妃发书屏翰后，便请豫章最好的工匠，精选两块色质上佳的青石，分别将二字镌于其上，作为礼物送给了朱宸豪。朱宸豪当然看得出这二字的来历，屏翰语出《诗经·大雅》，大宗维翰，大邦维屏，皆为国之重臣，理当做帝王的忠心辅佐。谁知娄妃的一番苦心却愈加刺伤了宁王，他觉得娄妃的心距自己太远太远，根本就不是和自己一条心的女人。以致宁王对他曾推崇的娄妃书法也为之不屑，他甚至对娄妃挖苦了一番，命人将两块青石埋于王府后花园。

这一埋就雪藏多年，至清代才被人发掘出土。后来有人认为，娄妃发书当时没有刻石，是阳明君破城后在王府发现了娄妃发书，因爱其才和对帝国的忠心，故专门请人仔细镌于石上，立在杏花楼以示纪念和追怀，同时也是对诸王的一种警示。此外，尚有人认为这二字不是娄妃发书，而是江右名士，当时宁王的谋士宋之白的手书，并请名匠刻石，立于王府瑞表楼前，意在以忠君面目掩饰王府内谋叛的真相。更有人考证此碑根本就非明代之物，是清人为张扬甚或同情娄妃而假托娄妃之名镌刻的石碑。

5

距杏花楼不远的湖面上，无论晴雨皆有一钓者青笠蓑衣孤舟垂钓，他的脸全藏在宽大竹笠的暗影里，身子也被蓑衣严密包裹着，他一动不动作为垂钓者的形象留在了东湖的烟波上，映在了杏花楼凭栏观景的美人娄妃的眼帘里。娄妃至少在两首绝句中写到了这个钓者，在四至五幅水墨写意中画到了他。

在他，也就是这个诗中和画里的钓者眼里，鱼是什么样子，无人得知。

但数月之后，钓者突然从湖面消失了，也就是他孤舟蓑笠的意象突然从风景中挪开，使湖面成为一幅空白的宣纸。后来有人说，钓鱼人是杏花楼的秘密监视者，但没有人知道是谁派来的。他在湖上垂钓数月，从没有钓起一尾鱼来，却成了疑点之一。因为他眼中的鱼，是娄妃。这尾鱼是朱宸豪的美丽女人。娄妃做梦也不会想到，她诗句里隐士般的蓑笠翁（其实根本看不出其年纪）、画中气定神闲的钓客，竟是对自己实行全天候秘密监视的监视者。

东湖留在她印象里是优雅而宜人的，春有杨柳飞絮，夏有荷香飘逸，秋有朗月映湖，冬有飞白铺雪——她爱这个地方，在豫章唯有这里令她迷恋。她不会想到在优美的风景里居然还潜伏着巨大的不测或杀机。那么，藏在湖中的鱼，就是一把把刀了。可杏花楼的存在就是要让人吟诗作画的，它即使作为暗藏杀机的湖上幻象，也是因不愿与它敌对的鱼而存在的。一条鱼有可能像一把刀，但一把刀绝不会是一条鱼，所以像刀的鱼会被刀杀，而刀却不会向鱼放弃杀欲。然而，鱼，在湖里是藏有玄机的生命。

钓者消失之后，岸上就出现一些有关娄妃的不三不四的传言。这些传言，甚至加大了人们对娄妃的绮丽猜想。

这是猜想中最大胆、也最完美的一个版本。

我是怎么认识你的？娄妃对画师寅说：哦，是一幅画。我最早从一幅画中见到了你。是《秋风纨扇图》，画中是一个女子，我却看到了一个男人，被风所伤。他在用扇子遮掩自己的伤口。我想，这个男人不一定坚强，但很看重做人的尊严。只是他对女人又有着一种不容置疑的依赖，所以他画的是一个执扇女子，其实是他自身的假借物。

我是那样吗？画师寅道，眼里有些迷离的东西在闪烁。他太怕真的被人看到自己的伤口。

——桃花般的伤口，在仕女的扇子后头。

娄妃说：我是先读你的画，你的诗，再听说你，然后才见到你。这中间仿佛有多少不可能，也许我不是个平凡女子，才能见到诗画中的你。也许我是个平凡女子，才能见到真实存在中的你。我第一次见到你时，以为你是青莲再世，有飘然出尘之姿。

我，我有那样吗？画师寅笑着问。我想是的。娄妃说。画师寅：我不是你眼里的青莲。娄妃说：幸好不是，否则怎么能见到你。画师寅就笑，那又怎样？

不怎样，娄妃说，但……又不一样。画师寅问：怎么不一样？娄妃说，比如你不仅是诗人，还是画家。画师寅：是的，我画过你，画师寅的眼里似含有一种深情。画过。娄妃看着画师寅眼里的东西。

画师寅：那不是真实的你……是纸上的。

那又怎样呢？娄妃感到距离在缩短。那么多不可能的距离，她预感到会在此刻消失。他们都逃不脱，内心的东西会在距离消失之后——水落石出。

画师寅轻轻地说：眼前的你，现在的你——比如这只手，画师寅牵起娄妃的左手：她才是真实的。

噢，天哪。娄妃心里叫了一声。

同样，当情事在画师寅与娄妃之间发生后，画师寅是吃惊的。他甚至不敢相信这是真的，他提出了疑问。画师寅：你和我，会在一起？这怎么可能……这真实吗?

为什么这么说?娄妃盯着他闪烁不定的眼神,以针一样的目光反诘。因为,因为我们是有距离的,画师寅喃喃地说:很大的距离。

娄妃:你是谁,你是天上的人。画师寅:你是王妃,我是布衣。

布衣是天上之人被谪贬到世间的身份,娄妃说:他一定犯了错。画师寅:什么错?是胆大妄为了么?画师寅觉得他使事情发生得很不合理。不。娄妃说:是胆小的错误。画师寅:你还是在说李青莲吧?画师寅有些想避开娄妃针尖似的目光。李青莲现在已经变成你了,娄妃说。

传言娄妃与画师寅有私情的说法抱定这样一种观点,认为在一个疯狂而迷乱的时代里什么都有可能发生,只有不发生的才不可能发生。会发生的,终究避免不了地会发生。人们假设情事发生之后,画师寅的懦弱性暴露了,在娄妃面前竟也泄露出悔意。他甚至问娄妃:你不怕?娄妃:怕什么?画师寅:宁王。娄妃:他早已不在意我了。画师寅:也许,他是太在意你,才轻视你。

娄妃:也许罢。我不喜欢得到这种轻视的在意。尽管宁王和我之间有太多的不是,但是在这个世界上,即使他有最坏的结局,我也会和他一起去承担。

你还是爱他的。画师寅说。或者超出了爱的范围,娄妃看着画师寅起伏的胸口说。很多事发生,都没有理由。这种事,更没有理由。发生了,就是唯一的理由。爱,就像死。

他们的做爱如同一首挽歌,仿佛是在和各自的死神做爱。

娄妃的眼里有泪,像是在哀悼她与朱宸豪的爱情,又像在接受神的赐予。她在泪水中看清了自己,那是镜子般的水中,一个裸身的女人正在下沉。她的姿态,却像一只在静止中飞翔的鸟。画师寅到这一刻,才感到把心里最美好的东西踩蹋了,他很过瘾,也很伤感,更感到一双冰冷的眼睛正在注视他。

杏花楼在几种可能的说法里成了朱宸豪的一个错误。是及时修正这个错误,还是消灭这个错误,人们似乎没有看到朱宸豪有这样或那样的动作。事实可能是朱宸豪听到了一些令他很不愉快的说法,他为此求证了三个人。一个是他的密友兼谋士宋之白,一个是王府郦大千,还有就是他的贴身武士残夕。

宋之白说:这是胡扯!郦大千说:我会注意。残夕则什么也没有说。

6

柳烟,把湖岸处理成虚无。一座小小的杏花楼,对应着一座偌大的宁王府。一座宁王府,又试图对应一个巨大的皇廷。在杏花楼与宁王府之间是曲径仄巷,在宁王府与皇廷之间是危途恶旅。前者可能是一番蕴藉风流与愁情忧绪，而后者则无疑是刀枪剑戟、遍野横尸。一个美丽的女人以自己的美试图阻挡一架驰向断桥的马车。驱驰的驭手只顾挥打响鞭催进，全然没有把一个善意的信号看在眼里。那个女人以她的美作为危险的信号高举在头顶，她不忍看到车毁人亡的结局。然而，结局在驭手启动马车时就已注定。

青瓦粉墙的杏花楼，瓦上长满青苔，既古雅而又清新。马头墙的轮廓，将一座参差的庭院勾勒出空灵和虚幻。这处明朝的古典，几百年前就仿佛被轻巧地刺绣在丝绸质地的水上，如一道美人的轻鬈。尽管它所在的城市比什么都真实，也比什么都冷酷，但它的女主人只肯在杏花楼里构写故事。

只有水懂她。只有湖水中的荷叶能包裹她的心事，并逸出淡淡的香气，成为经年不散的雾。后人只可乘一款桨声去找寻她的故事，或许她的故事也早已乘着兰舟走远，人们找到的只是虚构在水上的一个神的背影。因为后人早已把她供奉为水观音。但仔细听听，她的灵魂仍在，呼之欲出，像是前世的追寻，又恍若今生的答案。

怒红

　　皇殿遗址是豫章的一处隐痛，一只残损的手掌，一块破布或疤痕，它甚至应该是让人不计成本地扔下万千感叹的地方，可在它跟前，只有乌桕树林里的几声鸦鸣，偶尔填充一下与长春宫的巨大空落与缺席。

第一章

1

朱宸豪和娄妃没有孩子。进入王府的那年，娄妃有过一次流产。她告诉朱宸豪曾梦见那个流产的孩子，是个漂亮男孩。男孩拉着她的手哭：妈妈，你为什么不救我，为什么？娄妃是在梦里哭醒的。朱宸豪安慰娄妃的时候，两人都很感伤。一个小男孩……

是的。

长着黑漆漆的眼睛。

是的，他是那么漂亮，又那么可怜……

今晚。朱宸豪在梦中见到了个小男孩。男孩抱着他哭，朱宸豪知道这是梦，男孩也是幻象，便不睬他。男孩竟牵着娄妃从门里走出来，朱宸豪佯装着没有看见，此时，他好像又在梦之外，看着梦里的情景，感觉也异常真实。他看清男孩牵引娄妃走向的地方，心里暗自心惊。那是后花园的一个黑暗之地，朱宸豪幼年就做过噩梦的地方，一口井。废弃的古井，井里黑暗而幽深。管家老卜告诉他，有几个女人都是跳井而亡的，她们的魂不散，井的阴气就重，千万别去那里。

朱宸豪忧急，想阻止，一时却动不了，他叫人上前拦住娄妃。没有人听他的。他知道身边有几个人站着，他们的影子被阳光投在地上，拉得很长。其中一个是残夕，还有宋之白，拾夜或洛昼，他们对朱宸豪的惊叫恍若未闻，如同木头或纸人。

朱宸豪从心里感到恐惧，他好不容易挣脱了无形的束缚，鼓起勇气在花园曲径上，拦住了牵引娄妃的男孩，呵斥道：你要走就自己走，不要牵别人。男孩目光幽幽地望着他，大眼睛乌黑漆亮，脸上一派凄然的天真。朱宸豪有些不忍，他隐约感到这是自己没出世就死去的儿子。但这个孩子是要把娄妃也领向死亡。朱宸豪身上不禁毛骨悚然，他几乎是大吼：你放开她！

男孩吓得调头跑进了黑暗，娄妃站在那里，木然而失神。

朱宸豪夜半惊醒，忙伸手摸身边，是空的。他才意识到自己早就与娄妃分居了。自己住在王府书房，娄妃却在杏花楼。

朱宸豪头脑清醒过来，竟还萦绕着一道疑问：残夕为什么不帮我？那些武士和宋之白，为什么只是些影子？他披衣而起，踱到窗前。中秋之夜的月亮像一件银器，被银匠细敲慢捶，已如一只圆盘。盘上有些凹凸的之痕，证实银匠的活儿还在进行。朱宸豪觉得银匠再敲打下去，银盘也会碎的。

这个夜晚，朱宸豪先是邀请了画师寅到王府赏月。据说娄妃也在杏花楼等画师寅。

月照中庭，两个男人都泡在月色里，像是在进行一次洗浴。朱宸豪像是吟了一句什么人的诗，说：中庭月色正清明，无数杨花过无影。

画师寅便道：张子野的词虽好，可不是"云破月来花弄影"，就是"隔墙送过秋千影"，或"无数杨花过无影"，终是太凄清了，把一个圆圆满满的月亮，竟自写破了似的。

噢。朱宸豪好像来了兴趣，要和他谈谈月亮的话题，你觉得今晚的月亮如何？

斫却月中桂，清光应更多！画师寅用杜甫的诗随口道。

是这样吗？朱宸豪觉得画师寅引用的诗听来别有所指，很是刺耳，心里暗骂：张狂。画师寅见宁王的脸上似有不快的阴影，又补充说：杜子美的句子，终究是少年意气。竟不知道，月中没了桂影，却是少了很多让人联想的趣味，那甚至也引发不了他写的这几句诗。

哦，也不能这么说，朱宸豪张嘴道：诗人口里吐出的月亮，毕竟不是真实的月亮，他是一种想法。杜子美要斫却月中桂，是小子张狂，却也可能道出了人的心境啊。朱宸豪颇有深意地看着画师寅，斫却月中桂，月亮是更清更明了，只怕杏花楼的月亮只有半边哟！

画师寅心里咯噔一下，表面尚不露声色，他说：杏花楼的月亮也是王府的，你看，它有多圆。

朱宸豪便笑，笑声听起来好像很爽朗，他从盘里捏起一个月饼，掰了半边递给画师寅：这半边月亮，你吃吃看。

画师寅知道不能吃，又不好不接过，他闻了闻，有些夸张地说：好香，是桂花型的。又有些诚恳道：只是我晚餐太饱了，多谢王爷美意。将半边月饼搁回盘里。

朱宸豪仍带笑意，故作责怪地说：你们文人，就是客套多，假正经。

画师寅也就笑，好像心里没事，很坦然的。

知不知道，中秋是我最喜欢的节日，朱宸豪一脸严肃地对画师寅说：可是今年这个中秋，我却觉得不一样……

是王爷身上扛的事太重？画师寅道。

太重的事不会影响我的心情，我本来就是扛着万钧雷霆行走的人。不会在意重，而是轻。往往是太轻的，被自己所忽视的事，突然记挂起来，会很恼人。朱宸豪说，知道吗？

太轻的？画师寅显得有些听不懂。朱宸豪又哈哈地笑，笑得画师寅心里很沉，像是被锤子一下一下打在心上。

像宁王这么有分量的人物，怎么会在意一根轻羽呢？画师寅说。

一根轻羽就像一片树叶，有时候会挡住人的视线，让人蒙受欺骗。朱宸豪说，语气有所加重——那我只有把它从眼前摘去。

画师寅听出这话，是语藏锋刃的。他为了掩饰内心的失衡，手不自觉地触到了半边月饼，拿起来在嘴上咬了一角。

哦。朱宸豪像抓到画师寅的错似的，以半开玩笑的口吻说：我说你假正经嘛，你还是吃月饼的。

噢……时候一久，肚子，就空了！画师寅说。

这时管家老卜过来说：回禀王爷，我已到杏花楼对王妃说了，寅先生在王府和王爷一道赏月。朱宸豪作出诸事都胸中了然的样子点头。好，下去吧。

管家老卜离开时，别有深意地瞥了画师寅一眼。画师寅觉得自己像只老鼠，尾巴被夹住了。

让他更意外的是，朱宸豪只淡淡地说：时间真是不早了，卜总管已在门口备了车，先生该回阳春书院休息了。

……

2

已是下半夜。九爷的肚子仍钻筋似的痛，第四次上茅厕，肠子都快屙出来了。九爷觉得是过节吃多了油腻，又着了凉，年纪一大，就受不得，便遭这份折磨。中秋的月亮如同明钱，上半夜又亮又剔透，下半夜便像铜币，仍是又圆又大。九爷蹲在茅厕里，也感到它在头上晃，晃得人就像长了两个脑袋。

九爷是习武之人，从小没念过诗书，肚里也没有能把月亮比这比那的概念，他觉得中秋的月光就一个字形容：亮……上茅厕方便。跑了几趟，老布鞋上仍没踩到脏物。他又感叹，王府就是王府，茅厕比乡人的堂屋还讲究。黑牯也会找地方，在这里混，师妹也就不愁吃穿，强似乡下。这念头闪过，九爷就觉得师妹或许没有跟错人，若是随了自己，也不就在乡下，土里刨食，苦一辈子。找黑牯算账的底气就不足，蹲在茅厕里也就不肯挪脚，仿佛便打算这么蹲下去。

这中秋的后半夜，九爷蹲在茅厕里产生的落寞与感怀也就大。

唉声叹气之际，透过茅厕的通气孔，有个影子一闪……咦，这夜晚的贼，居然像会飞的梦。九爷屁眼也没擦，其实这回也没有屙出啥东西，便拎起裤子，一扎，腿脚竟不含糊。

本想深夜来行刺宁王的利苍，怎么也没想到竟会栽在一个糟老头手里。

经过几次踩点，他弄清棕帽巷的高墙里是王府僻静的左侧院，院里靠墙有几棵大树，树很高，枝杈间有鸟巢，夜半也偶然会有嘎嘎叫声。树不远有马厩、仆佣住房、杂物间及茅厕。王府守卫对这一处也松懈，是逾墙而入的一个空当。

利苍蹿上墙，攀住一棵树，以枝叶掩身。院内月华遍地，四下无声。一个影子，像一片硕大的树叶飘下，毫无声响。

利苍脚沾地，便闻到臭气，知道是茅厕旁边，提脚潜行。不意间，后颈竟被人捞住。他一惊，事先竟没听出一点风声。

唉，这大过节的夜晚，你也来偷东西，不该呀！声音沙哑，疲惫，责怪中还有点怜惜。利苍回头，看清是曾在天宝楼见过的老者。自己蒙着面，老者却没看出他，看出了，也未必认得。利苍身子一缩，想将身子从老者手中缩出来。

九爷的五指如钳，一辈子功力都在上头：后生，你还躲得过么？老头突然有了顽童心理，他道：这样，我给你个机会，若你逃得过我这几根指头，你自去偷王府的什么宝贝，我老人家可不管。你若逃不出这几根指头，那便乖乖听我老人家唠叨几句。利苍就笑，老爷子，就听你的。

月夜抓贼，就像捕抓一个梦。利苍使出浑身解数，就是挣不出九爷的几根手指。反像老鼠被猫戏弄，怎么也逃不出它的爪子。利苍很泄气，也很灰心，屁股撅到石头上：由你了，老爷子。

看到利苍灰心泄气的样子，九爷老怀一动，竟有了恻隐。他伸手想扯去利苍蒙面的黑布，又停住。九爷觉得这人是谁都不重要，关键是他不该来偷人家东西。九爷有话要说，他认为老人别的什么都不算本事，教导教导后生还是有资本的。

月光下，垂头丧气的利苍，便被九爷唠里唠叨教训了半夜。九爷说了很多，也说到了一些与做贼无关的事，那事反而让他特别动情。利苍不吭声，只是听着。有时，他觉得这老头很有意思，甚至很可爱。九爷的教导尽是东拉西扯，条理紊乱，主旨不清。有时竟说到做贼也是一种好处，还列举了可以养家糊口等好处，察觉说歪了，赶紧住口。清清嗓子，又扯上了别的，兜了几个大圈子，九爷好像发现自己挺能说，有点得意，拢拢话头，强行又牵扯到他关键要说的一的话上来：总之，啥都干得，便是不能做贼。为啥呢？

——做贼便被人小看喽。

这就是九爷教训人不能做贼的唯一，也是他认为最紧要的理由。

天放亮之前，他把想做贼而未做成的贼给放了。还叮嘱人家，从哪儿来往哪儿走，别让人瞧见，把你脸上布一扯，就不好做人了。

利苍逾墙而出的时候，觉得这个老头很善良，也很孤独，仿佛老者的心里长满了草。他对老者产生了感激的同时，也产生了怜悯，他甚至想到了自己的父亲。他不知道自己的父亲是谁，但他知道自己是落草而生的：命贱。自己的父亲，也就有可能像一坨粪土。

老者，就像他粪土似的父哇。利苍想。他觉得这种感觉很真实——父亲就像是一坨粪土。

得出这样的认识，利苍有一种怆然。他想流泪。

——秋天了，是不是我也感伤了。利苍又想。他眼眶湿湿的，鼻孔有涕水在翕动。

3

这是个自由的文人，他和娄妃是呼吸同一种空气的。据说朱宸豪在一次与宋之白的交谈中，少有地将画师寅与娄妃相提并论，他说：如果我是娄妃，也会喜欢这种人——他们是吸食朝霞乃至晨露的，但这种人在豫章难有立足之地。朱宸豪说，豫章只是冰冷的刀剑，那些铁器里包藏的却是烈火与熔浆，是死亡和呐喊，是血——每一支戈矛里都有十个人以上的血。

朱宸豪稍微停顿，又说，但我绝不是个嗜血者，是这些戈矛里原先的血要找最好的理由释放出来，寻找它原来的主人，让血回到失血者身上——这是我要做的。他问宋之白：难道你不觉得这个世界太苍白吗？

宁王的问不是要对方回答的，他说：这个世界需要真正的男人来主宰它，它在寻找和选择这样的男人，它不需要孩子，一个十几岁孩子即使懂得女人，也是个半男。他对女人的需要仅仅表现为依赖，他不是疯狂寻找硕大的乳房吗？当他抱着女人吸奶的时候，帝国的权力却落在了一个阉宦手里，太祖皇帝开创的大明江山沦落至此，我朱姓王族岂能坐视，岂能向一个阉竖称臣？说到此，朱宸豪有些痛心疾首，如果宗室还有一个男人的话，他都应该挺身而出，靖国难，清君侧！这需要更多人加入进来。

朱宸豪转而说到散原山的燕道天：听说你和他们是朋友。

宋之白点点头，那是一批好汉。

好。宁王首肯，对他道：你告诉好汉们，我这里需要真正的男人，让他们来，我会让他们展示雄性力量的。

那次谈话之后，宋之白一半精力就从画师寅身上转向了燕道天。

宋之白并不想拉燕道天入宁王的伙，但他还是要试着去那样做，说不清是出于对宁王的友情还是忠诚，这世上的很多事，没几桩符合自己意愿的。

一入中年，朱宸豪就觉得自己的梦做得很乱。

这其中噩梦与绮梦几乎各占一半。每回梦醒，他都很奇怪，心想自己怎会做那样的梦。他挖掘自己，想找原因，但往往没有原因。明明一个他白天看也懒得看的女子，晚上在梦里竟会无端地成了他的情人，竟会令他很贪恋与享受地在梦里和她亲热。为了证实这种感觉的虚伪和毫无道理。白天，他还有意多看了那个女子一眼，仍是没感觉。

有感觉的只是黑夜，只是梦。

朱宸豪有时是恨梦的，同时又希望有些好梦。好梦很少，即便绮梦，也离奇古怪。甚至有时是绮梦和噩梦交织，他醒来便头痛。他找过解梦师为之释梦，但有的梦几乎就是个人的秘密。哪怕它荒唐透顶，也只能是秘密，要你去守护一生，不能向人吐露。往往那种梦，朱宸豪需要人解，却难以启齿。

他感到恍惚，感到自己作为一个皇帝的挑战者，居然挑不破自己的梦。他很困惑。他甚至渴望真的遇到一位奇人，那人一眼便能看穿那些梦，为他一一解释而来。宋之白不能。郦大千不能。奇人，高人，也是渺茫。

朱宸豪这天正坐在府里发愣。郦大千禀报朝廷已密令阳明君暗中向豫章调兵。宋之白提出与其在豫章坐等阳明君大军以平逆之名前来，不如先发制人，举豫章王府所掌握的全部兵力，进九江、下安庆、直捣金陵。龙正广和叶知秋也表示赞同。朱宸豪的双眼，却突然茫然起来。他让众人先散去，自己要静下来好好想想。人散去，他脑里却似王府大殿一般，顿显空空荡荡。管家老卜进来道：王爷，门外有龙虎山的王道人求见。

哦。朱宸豪回过神来，这是王道人第几次求见了？

第七次。

七次？朱宸豪甚至有些惊讶，又有些不太相信。是第七次。管家老卜清楚地说。

快请！

是。

昨晚天亮之前，朱宸豪隐约觉得做过一梦，梦里的景象零碎而清晰，感觉异乎寻常真切，整个梦境却含糊暧昧。一条豫章熟悉的老街，在梦里是黄色的，记不得街名。街两边很多铺子，有旁逸的小巷，他好像在街巷里寻找一个女子。女子不是很美的那种，他认识，却不感兴趣。奇怪的是那女子竟常常出现在他梦里，并使他有一种急于得之而后快的强烈冲动，然而醒来后，一切随之乌有，包括那种感觉。他在街巷里找那女子。

女子在远处，飘飘忽忽的，面貌不清。即使梦见两人亲密相处，也只能感觉她的肉体，具体的感觉是局部。就像这回梦中，他握住了女子的手。她的手细致而温热，掌心有纤巧的一粒黑痣。

那种温热令他全身都要沸腾了，但他抑制住冲动，好像要急于赶回王府处理一些事，约好回头再找她。

回头的路上，他碰到个面熟的陌生人，怎么也想不起是谁，只面熟得紧。像多年不见的故人，突然街头邂逅。当时他就要抵达与女子约好相会的房子。那人是从斜刺的小巷走过来的，一身明黄。热情打招呼，寒暄。他急于去会女子，唯恐她等不及便走了。就说现在我有急事，待会儿到酒楼再叙。那人十分谦卑、温和，只微笑，只点头。使人感到其下巴上的胡须都带着故人般亲切的暖意。正当他转身欲走，那人竟一手揪住他的衣襟，从大袖里挥出短刀，当胸就刺。他几乎是在微笑中被刀刺中的。一把带着微笑的刀，使他感到肌肉都刺裂的痛楚。他手捂胸口，大叫一声，竟痛醒了。

梦中的女子是谁？行刺者又是谁？梦中一把刀刺入体内。疼，真疼。

来自龙虎山的王道人长得粗黑毛糙，咧着笑脸，有种恬不知耻的感觉和自以为是的劲头。他一进来便说：王爷是否感觉到豫章此地终于有了天子气啊！

天子气？那是怎么样的。宁王朱宸豪道，脸是冷的。

我在龙虎山修道，经过长期仔细观察，发现东南方向有一种五彩之气早晚升腾而起，循之寻来，便到了豫章地面，发现这股天子之气，就在宁王府。

你三番五次求见于我，就是为了告诉我这个？

不是三次，也不是五次，是七次，王爷。我求见王爷就是要亲口对王爷说出这个秘密，再就是要将千年才能炼成的壮阳丹献给王爷。

壮阳丹？朱宸豪说：你以为我需要这个吗？

不，宁王。我以为当今天下缺的就是阳气。王道人仿佛胸有成竹，振振有词地说：大明帝国的问题就出在男人身上，壮阳是当务之急，一个没有阳刚之气的国家必定萎靡不振，朝纲混乱，宦官专权，国是日非。因此，这个时候需要有一个天授之子出来承担振兴国家的大任，这个天子便应该是个真正的男人。

朱宸豪虽然不太喜欢王道人的样子，但还是满怀好奇地接下了他献出的壮阳丹。

　　这时王道人才落座，府佣为他端上来茶。坐在宁王对面的龙虎山道人感觉良好。他告诉朱宸豪，龙虎山有一处名胜，是与状似硕大男根金枪峰相对的女阴状岩景：天女献花。

　　当初王道人在紫阳宫，曾陪同一位自称嫖遍天下而金枪不倒的将军在此游玩，面对龙虎山"十不得"之首的天女献花——金枪配不得。那位将军无地自容，恨不得钻进地缝里去，而一个随同前来的宦官却对女阴状岩景谈笑风生。对此，王道人深受震撼，也深感到男人出了问题，天下出了问题。便暗中发誓，要为男人找回尊严，苦练壮阳之术。他离开紫阳宫来到金枪峰下结庐修道，并将道院的山门以雌性的阴户牝门命之。他便和一班仙风道骨之士在牝门里修道炼丹。

　　牝门，语出道家始祖老子。经过一百零一位道士的苦炼，才炼出了千年壮阳丹。王道人认为，该下山了。

　　一口气说到这里，王道人喝了一口茶水，说：炼丹就是练气，这壮阳丹便是采龙虎五彩之石里的五彩之气炼成，我见豫章是龙虎之气最盛之地，必出天子，所以来到这里。

　　朱宸豪听罢，只噢一声，点点头，却没作任何表示。王道人的嘴还在动，如果任其下去，他可以说上三天三夜。

　　朱宸豪从王道人身上看出了一个卑贱之人的可怕力量——卑贱的力量。王道人以他的聪明和对宁王府的长期观察，发现宁王的异志，他开始把赌注乃至进取人生要害的第一站，放在宁王府上。经过等待与多重努力，王道人终于接近了宁主，并开始了他的叙述。在宁王看穿他的内在行藏以前，外人皆传说王道人已成了宁王府的上宾，直至他被逐出了王府之门。后来的正史上仍说宁王与此类术士的关系是互为因果，乃至愚蠢听信术士之言而有异图。这也该是史官的另一种曲笔罢。王道人叙述的时候，宁王注意到对方下巴上有一颗黑痣，黑痣不仅大得张扬，痣上还长着两根一寸多长的黑毛。这令他感到很不自在，宁王甚至想建议王道人先把那撮毛剪掉，再来说他要说的事。但宁王没作声，他忍受着。礼贤下士者须忍受很多别人的毛病，宁王自然知道这一点。他抑制内心的厌恶，装着听得很认真，并适时点头微笑，以示对王道士炼丹艰难历程的首肯或同情。

　　面对一个如此娓娓清谈的叙述者，朱宸豪不由想到当年，残夕将浪迹江湖的武者拾夜向他引见。拾夜只说：我没什么本事，只是个流浪者，如果宁王愿收下我，我愿把这里作为流浪途中的一处驿站。

　　宁王听罢，便欣然将拾夜留在府中，作为同残夕一样信任倚重的武士。说不出是喜欢他的这种简单而又不亢不卑的表达，还是作为流浪剑客这一身份，甚至他

的精湛剑艺。总之，朱宸豪喜欢这样的人

据说拾夜是母亲怀胎一年零十天降生的，生下时，是又黑又冷的夜晚，母亲便叫他拾夜。又有另一说，是说拾夜赤条条来到这世上，母亲是从又黑又冷的地上拾起一块黑布作了他的襁袍，所以称拾夜。

宁王没当面问过他，但名字的两种说法，宁王都喜欢，都觉得很有意思。

王道人与拾夜，前者滔滔不绝，他说出的每一句实际上都是为自己进入王府的大门寻找借口。后者却少言寡语，他站在那里，就是他必须在那里的最好理由。

第二章

1

在豫章之时，偶有闲暇我还满怀热忱地撰写了一部札记式的文字。但显然那部书把我写老、写沧桑了。为了缓释内心的焦虑，我开始把出门交友与闲逛当作功课。我的画笔和诗艺也沦为社交手段之一种，以打发闲暇的时光，我慢慢变得慵懒了，已经没有了一个诗人与画家最基本的勤勉，而我还觉得放弃笔砚的日子，比我沉浸于其间更为轻松愉快，但我发现这是怎样的一种轻松啊，当你从慵懒中还感觉到欢愉，就离堕落不远了。

在这样一些日子里，我甚至可以放弃思想——放弃思想所带来的沉重与痛苦。我像一件空荡荡的衣衫，在尘世飘扬，像一个影子在地上经过，既不寻找，也不失落，而把生命从衣衫里退出，把灵魂抛弃给影子，这是多么的危险呀，我感到自己是在堕落中沉沦了，我甚至不想返回纸张和笔墨。就这样像一枚树叶，疾速从枝头滑降，归为泥土，或是交给火焰？我心有不甘啊！我还诸事未了，甚至没有一个真正的开端。我要挣扎着自救，我知道只要自己勤勉就还有救，以便在新的日子到来时，做一个新人。

豫章的古迹我去了不少，甚至没有遗漏南唐建都留下的长春宫遗址皇殿侧。李后主父子留下了那么多蕴藉风流、凄婉悱恻的词句，而留在豫章的这所宫殿，其坍塌与破落程度远在我的想象之外，那断壁残垣和朽梁柱基，充满了废墟的暗示，如同在证实着一座古老城池的疲弱与萎靡，使豫章人的自信大受挫伤。

残破的皇殿遗址像是上天曾经试图将豫章推向帝国高点的一只手掌，却又无奈于一种巨大的阻挡，它只有在停顿中倦怠、松劲和萎靡，直至成为荣耀与梦想的废墟，一任衰草和鼠猫窜梁其间，让贼辈与苟且在里面衍行，而又被曾经光荣的破布遮蔽。皇殿侧便成为豫章人口头不谈之事，更不将它作为名胜古迹为外人道。

皇殿遗址是豫章的一处隐痛，一只残损的手掌，一块破布或疤痕，它甚至应该是让人不计成本地扔下万千感叹的地方，可在它跟前，只有乌桕树林里的几声鸦鸣，偶尔填充一下与长春宫的巨大空落与缺席。

事实证明，豫章不可能成为都城。南唐迁都于此虽没有留下一座完整的宫殿，却留下了一个皇城的情结和浩大的梦幻，使它总会暗生与放纵一份狂放不羁的激情，说不定什么时候就会爆发一场与真正都城的对抗性冲突。在豫章，我觉得自己也处在幻象里。

寺庙是信士的幻象，而一座诗名远扬的阁楼，也不过是一个落魄文人的幻象。她眉间的朱砂，唇边的美人痣，小小的乳晕围绕的乳头，肚脐，嫩白大腿上隐约的胎记，是僧人对观音的幻象。我——或者说诗人乃至画师寅，则有可能是豫章土地尘埃里爬行的一只蚂蚁的幻象。但蚂蚁不会幻想成一个人，很有可能将一只鞋子幻想为一座伟大的宫殿。

王府对于我来说，是一个他在之物，是豫章人心中的幻象，我因能在里面出入，也成了幻象中的影子。但充其量是一丝偶入其间的鸟影——我不属于王府，它只是我在豫章存在的一个假证。

2

当朱宸豪看到画师寅的《逸书》手稿时，仍没有对他失望。

《逸书》是画师寅在宁王府为清客时所写的另一部书，文字感觉混乱，有点像个白日梦患者的呓语。是部证伪史实，诘难艺术、声色、恩宠、与人文真相、堕落与叛逆之著，画师寅的心境与状态却是真实写照。这是个灵魂与豫章最为接近的文人。

这是一座气若游丝而又不甘屈从于命运之城，这是一座沉浸幻想和现实困顿之城。画师寅一直到最后都没有离开的意思，尽管他待得磕磕碰碰，心里疙疙瘩瘩，明里暗里也深感受到存在的危险，但他没有源于内心的惧意。潜意识里还喜欢这种惊心动魄又气若游丝的生活。

在宁王府的收藏中画师寅还看到刻于竹简上的上古诗篇、卜辞和《春秋》残简。这使他激动，他感觉豫章是离古代世界很近的一个地方。他白天饮酒，看见女人就腿软，早上做白日梦，晚上吟咏诗篇，颠倒日夜。这样的日子活得虚幻，只有到杏花楼见到娄妃，才感到真实。

虽然画师寅是宁王府专门请来教娄妃绘事的，但此时就是画师寅去教娄妃习画都几乎成了禁忌。一个风流才子，一个绝色美人，这中间的距离是宁王，一个野心勃勃的英雄。他的不快或一个暗示，都足以成为阻绝一个才子和美人的鸿沟。

他知道这个暧昧的才子与娄妃的关系或许不仅灵魂的接近，还有别的什么，这足以令他欲除之为快。清除一个懦弱的文人就像捺死一只蚂蚁，但他觉得这只性情的蚂蚁还有那么点本事。比如他读到的《逸书》，就再三赞叹，认为他能养一位这样的才子在王府是一种庆幸。

一个真正的才子不是代有人出，能够相遇就是幸事，能够同在一个地方，成为熟人、朋友，更是幸中之幸。朱宸豪是这样看待画师寅的。同时，他又为自己有这种认识和眼光而感到自得。不要说帝国的赫赫藩王，在数不清的朝廷与地方官员中，又有几人能具备这种眼光和胸襟。从识才和重才上，最能看出一个官员是人物还是草包。朱宸豪觉得自己是有王者胸怀的。

画师寅在豫章，实际上是王府有幸，而不是画师寅有幸，这是历史的判断。正如王勃赋诗滕王阁，有幸的不是那个落魄少年才子受到礼遇，而是滕王阁得以代有人瞻。

朱宸豪期待画师寅能在豫章著出一流的文字，画出传世之作。他相信自己正在创造历史，而作为同时代注定名垂青史的才子画师寅就在他身边，他用剑创造与画师寅用笔创作的一切，都是对一个新世界诞生的伟大投入。

他由此而欣赏并赞叹画师寅在豫章留下的所有诗文、绘画，称画师寅是一件银器，会越擦越亮。他关心他的谈吐和言论。如果他不关心，若干年后肯定有人会研究。对此，朱宸豪深信不疑。他亲自过问阳春书院对画师寅款待的情况，一再表明要用最好的待遇让画师寅能在豫章留下更多的笔墨。他支持画师寅对于几部看似偶记和游戏之作的撰述，写吧，让他尽情地写。对后世而言，没有文字，就没有历史。他的笔是上天赐予的，他书写的每一个字，在后人的眼里都是我们存在的依据。而我们常人即使写得再多，也留不下来。这就是一个得到天意眷顾的人的价值所在。朱宸豪对阳春书院主持说：文人嘛，都自恋得很呐！没有一个不认为诗文是自己的好，字画也不例外。在这上头，十个文人九个瞎。哈哈，天下哪有那么多好文好字儿啊——没有的事。但他特别提到画师寅，说：他的东西好，是实实在在的。

阳春书院主持听得很兴奋，也认为自己是天降大任，他定期向宁王报告画师寅的一举一动，同时对画师寅的某些看似出格的行径也透露出不满。原以为这种不满会使宁王更感兴趣，不想宁王却大度，在这种大度中还有对宁王自己的说服和一点点对有才之士的偏爱或利用。

阳春书院主持能够领会宁王的心境。他是趁画师寅外出之机，将视为大逆不道的《逸书》手稿偷来给宁王看的。宁王看过之后，要他原封不动放回画师寅的书案上。千万不要露出马脚，让他有了戒心，快去。

阳春书院位于豫章城南，距西大街的王府还有一些路。

管家老卜亲自驾马车把书院主持送走。

这天画师寅郊游，被意外的秋雨淋得像只落汤鸡，撅脚钻进了洪恩桥头的酒家，屋檐上挂的一块木招牌，又破又旧，很不要脸地在风雨里招摇，上面却是"香如故"三个字。

老板热情，像前世的亲戚，又是一副要借钱的样子。客官，来些上好的卤牛肉和李渡酒吧！你瞧我门前那口锅的卤汁，熬了三百年呢，当年洪武皇帝也吃过这汁里卤的牛肉哩。画师寅这时才闻到卤香味，一边擦脸上的雨水，一边点头。嘴里却道：那我就尝尝是不是香如故了。

还能骗你吗，客官。老板便乐颠颠地吩咐小二切肉上酒。

画师寅拣临窗的干净桌子坐下，再看窗外东湖，浮在湖面上的百花洲仿佛让阴雨逼得局促而狼藉。洪恩桥已显颓废，洪恩二字漫漶得不成样子，在画师寅眼里的这座桥上的残破之处犹如岁月的伤口，桥在风吹雨打下显出一种宿命般的苍郁与悲凉。

画师寅念叨：香如故——香如故——，使人想起陆放翁。

> 这废弛郊野的路，把一座桥的伤口取消
> 而人在旅途，从伤口中绽开的梅，正疼在湿寒深处
> 暮色怎能为它止痛，风雨又怎能把伤口包扎得住
> 春天的待遇，将它排除在外，却仍受众目的嫉妒
> 不就因为它是梅吗？即使被无情的车轮和脚
> 碾踏为泥。它高贵的香气，也会在尘埃中飞舞
>
> ——《卜算子·咏梅》（今译）

客官，酒菜来了。不是小二招呼，画师寅仍在放翁的词意和自己的感怀里发愣。

3

你是不是去过皇殿侧？

唔，去过吧。

噢！这就是了。

那次我在从皇殿侧返回阳春书院的路上，竟被一个陌生人拦住。他先是颇为礼貌地跟我打招呼，我还以为又遇到了慕名者，便也客气地点头拱手，他在确认我是画师寅后，即朝路边两个佯装干杂活的人示意，不由分说既利落又强蛮地左右挟持我踅入一条寂巷，随即蒙上我的眼，连拖带拽拐弯抹角，进一院落。我听到吱呀开门之声和低语，很秘密地。

身子被推进堂屋，屁股按落于凳。还没容我缓过神来，蒙眼被揭开。我本能

地叫：你们要干啥？我是画师寅，是有名声的王府画师！

显然我是因内心胆怯而虚张声势，想让对方不要乱来。

我知道你是王府画师寅，你的画名，我也仰慕已久。陌生人不无客气地说。这时我才注意到，明瓦漏下的光线里站了一个笑吟吟的中年汉子，略胖，白净，和气的样子倒似客商。将我挟进来的两人立在我身后。中年客商客气地为我沏上茶，并说今日能请到画师寅先生真是荣幸哩！我问：阁下是什么人？

朋友。中年客商不假思索地答道：绝对是朋友！你可叫我老纪，或纪老板。还补充道：我是你的崇拜者呐。

看着这个朋友加崇拜者，我苦笑：既然是朋友，我就不懂你们这样把我弄来是何意了？

纪老板随口道：叙叙友情，叙叙友情嘛。

为打消我的顾虑和犹疑，他挥手叫那两人出去，但我知道他们没走远，只站在门外，里头的对话听得一清二楚。

我愈急于想弄明白对方的用意，纪老板愈是显得漫不经心，他只一个劲地聊诗画方面的事，间或问我与金陵乃至豫章哪些名人有交往。尤其他很细致地问了我是怎么认识大理学家且身份特殊的阳明君的。我说文人间的交往既简单又纯粹，我的朋友中百分之九十以上是在欣赏各自的学问书画的前提下认识的，在一起所论也无非是一种艺事文典而已。说到这里，纪老板面带神秘道：据我所知，你来豫章是身负阳明君所托之事的。

我霍地站起身怒从心起，荒唐！

纪老板在一边嘿嘿地笑，好像为自己击中要点得意。我则感到好像落入了一张纠缠不清的网。纪老板反而安慰我，别生气，你们文人的交往我明白是怎么回事，阳明君要你到豫章为他办点事也属正常，只是不知事办得怎样了？

我几乎冲着那张始终挂着琢磨不定笑意的胖脸说，根本就不存在我为阳明君办事的事，我只是一介文人，从不涉及政事。这是我处世的原则，他阳明君做官是他的事，跟我毫无关系，你们甚至可以去金陵打听打听我的为人！只要不被冤枉，我什么也不怕。

别激动，别激动。纪老板感到已入正题，更显得胸有成竹，他见我情绪起伏，自己却像没事般的，他口气温和地说：我并没有指责你和阳明君什么，你们都是大名人嘛，相互的交往还是可以继续，不要意气用事，坏了你们的感情。其实阳明君的学问也是深得吾心的，实在佩服得很。只有像你这样的名人，能够随意与之交往，实在羡慕得紧呐。

纪老板一张嘴很能说，他东扯西扯又说到了王府，豫章人都知道，你是作为宁王的上宾请入王府的，宁王也是把你当作知心朋友。你想必也知道，现在有不少传言说宁王在密谋什么大事，不知你有何看法？

4

对于这种问话我开始警觉，心想这是对方在下套，千万别往他的套里钻。为了排除我的顾虑，他还说，我保证，即使以后王府有事，你也没事。对此，我不禁哈哈大笑起来。

我说，天下人都知道我是一个画家，宁王府请我来豫章也不过就是看中了我的几笔涂鸦之能，让我教习绘事，我哪有什么荣幸能够攀附宁王来做朋友，你是把我这么个书画匠抬得太高了，我又怎么承受得起。至于宁王做什么，我想他做的总该是他作为王爷该做的事，我只知道饮酒作画吟诗而已。

纪老板见我口封得紧，身上看来也真讨不出什么想要的东西，便赶紧收住话：那么，什么时候我倒真想索求一幅墨宝以作收藏。我松了口气，好说好说。

临把我送走时，纪老板再三交代，不要向任何人提起他们找过我，只当这回事没发生，若有事他们会找我，我忙说诸位我和你们之间没有什么事，也不欢迎你们来找我。纪老板厚着脸说，你不是答应赐我墨宝吗？我说：看缘分吧。

这桩蹊跷事令我心里堵得慌，难受了许久，总想找人一吐为快，总感到一个清清白白的人碰上了一件不清白的事，好像被人将烂泥糊在背上。

事后，我忍不住还是对雪姬说了这事，在豫章我已将她当成真正意义上的红颜知己了，一次饮酒中也告诉了宋之白。他只是淡淡地说这肯定是误会，不要当回事往心里去。雪姬和宋之白的反应虽各不相同，但都劝我别往心里去，的确给我受到伤害的心很大安慰。

可是，我的书房里此后还数次接到了飞刀留柬，都是要我三缄其口，不要乱说。

我也只有缄口不说。日子也就像以前一样平静了下来。我照常应约到王府或杏花楼教娄妃习画，偶尔也陪宁王饮酒、听歌、下棋、谈论艺事或其他什么，闲暇也闲逛，也去市井嘈杂处排解客居他乡的孤独，交的朋友圈子也略微大了一些，我还学会了发音很重多仄声的豫章话，尤其在酒肆茶铺与人交往时，一般人都将我当成了豫章人，这无疑给了我欣慰。

就在我已将那次蹊跷之事完全淡忘时，那个纪老板又仿佛从地底突然冒了出来，他照样客气有礼，说是来取我答应的墨宝。我发现这帮人的难缠，又不明白他们到底是些什么人，但他们秘密行事、见不得光，这使我感到一种来自对方的危险。我甚至想撕开那张胖胖的笑脸看看里面的本来面目。后来这一次，纪老板没问我什么,只是表白说自己是个丹青爱好者,一心想交我这个朋友。我一点也不松口地婉拒了。我心里说,我怎能和在阴暗里活动的人交朋友。哪怕他真是热爱丹青,我与他也不是一类人。

从此我有了更大的警惕,也有了应对一些意料之外的从容与心理承受力。

只是在以后的数月里,我还遭到了三次神秘劫持,一次是在酒店,一次是在孺子亭,还有一次是在建德观。劫持者都是将我蒙眼带到一个隐秘处问话,要点是围绕王府和阳明君,他们有的认为我是阳明君的间谍,有的认为我是宁王的密谋智囊之一,还有的认为我不是此二者的人,而是不便明示的第三者中的人。第三者是谁?我问,没有人回答。

有知情人隐约向我透露,在我身上打主意的人不外有三:一是东厂,一是阳明君,一是宁王府。我感到自己无意间居然卷入了危险的漩涡中,而且似乎不明不白就成了这个无情漩涡的另一个中心,这是连我自己也不敢承认的在豫章所面对的残酷现实。

我觉得已没有了倾诉者,许多人都变得既危险又可疑。我想到的唯有在这漩涡之外的雪姬,但我又怕我对她的倾诉会把这个更为无辜的女子也卷进来,我只有异常的痛苦和沉重。

雪姬是豫章知府夏铁一的女儿,她常去娄妃那儿,自然我们也就有了相识的机会。有时她会来阳春书院看我作画,却并不染指丹青,且说只倾心于做一个观赏者。

她的眼睛是有磁性的,其目光不仅能够赏阅丹青,而且还能看透隐秘的笔意。当她一语道破纤毫的轻重时,我不得不以另一种眼光来看她。

那双若有灵魂的眼睛,有时就是你内心的一盏灯。当世界黑暗,个人也沉溺于黑暗之时,一盏灯是多么可贵。

小心呀!别让风把灯吹熄啦。

5

画师寅停下画笔,把手搁到桌沿上,像黏在那里。雪姬审视着画师寅的手,她想触摸它,手像睡着了,安静、祥和。它醒来就能够挥洒出迷人的笔墨之菀,就能让神奇之美从看不见的地方牵引而出,仿佛无中生有。这只手不大,应该说尚很秀气,五指修长而细致,甚至有点苍白,像一只白色的鸟,一件中看的东西。她细细地打量着这件东西,好像从中看到了很多,又似乎什么也没看到。那只手如同被她的目光放在那里一样,慵懒中还透着一种乏力,却有着令她着迷的力量。

造化借这只手为人们的眼睛找了丹青,上天是怎么选中这只手的,抑或是这只手怎么触摸到了天意。雪姬的心被这只手攫住了。

她甚至感到自己的心在这只手的掌心里怦怦跳动，像是包在柔软光滑的丝绸里。她似乎能感到丝绸般的手上的温热。她微微闭上眼睛。

当她再把目光投到那个位置时，画师寅的手不知什么时候已挪开，她看到了风一般的衣袖。画纸上也有狂风卷过的痕迹。

画师寅竟将那幅画毁了，雪姬知道他不情愿为胡世安作画。她这次到阳春书院来，发现画师寅的心情很糟。

在明显的焦虑不安中夹带着无法控制的狂躁。

雪姬从画师寅的眼神里看到的是让她心痛的脆弱。她觉得在豫章的环境里，画师寅有被毁灭的危险。

数度的劫持，已证实各种势力都试图从画师寅的身上找到攻破豫章的脆弱缺口。她要拯救画师寅，她提议画师寅找她父亲谈一次，却遭到了画师寅的断然拒绝。拒绝的理由是，豫章知府夏铁一对宁王府本身就抱有看法——虽然他不是阉党的人，也和阳明君没太多过从，但秉持着他对朝廷的耿耿赤诚，他一直都试图努力使宁王府不产生异动，让豫章保持安定。他明显知道宁王异动的后果，便是被朝廷大军剿杀，他不希望豫章流血，如果画师寅将遭劫持的事告诉夏知府，不明摆着是证明宁王府有秘密，或者说是对宁王的背叛吗？他不想卷入其中，自己原本就是清白的，那样一说反而不清不楚了。

但是没有有力可靠的官方力量所倚，画师寅又觉得那些暗中的劫持者对他始终构成威胁。为此，他动脑筋通过蕊夫人向江右按擦使胡世安透露了一点求助的意思，胡世安没表态，反而提起向画师寅索要一幅丈二精品画的意思。寅看出了胡世安趁火打劫的嘴脸。

那幅画，他画了几次，都搁了笔。心里堵，画不下去。雪姬就差没有提出要他离开豫章这块是非之地，她为画师寅担心。画师寅察觉自己刚才狂躁毁画的举动有些失态，恐雪姬不安，朝她强示微笑：没事，我重画一幅。

他铺纸的手却被雪姬拦住。你能为自己画一堵墙吗？

墙？

纸上的墙是靠不住的。生活里的墙又常常是个影子，你一靠它，自己也跌入了影子里。影子和影子，有时也就是墙，或墙上的内容。画师寅觉得。

第三章

1

这场残杀是散原山一个响马在意外中看到的。

突然之间地上就溅了血，一大片，像倒出来一桶漆，红的。他后来对燕道天说。动作真的很快，我还从没看过用那么怪的兵器杀人的人，手法根本没看见。他用手搔了搔秃头，那上面是一层油似的汗。

是宁王府的人？燕道天问。

是，是宁王府的，秃子说：那个子高的就是宁王，我没看错。

燕道天：你是说他们在打猎中遭到伏击？秃子说：对，就是这样。燕道天：伏击他们的是什么人？秃子说：都蒙着脸，有三四个，不要命地扑出来把宁王围住。燕道天：宁王怎么样？秃子说：都是拼命，人马全乱了，又隔着树，没看清。燕道天：伏击的人又全被王府的人杀了？秃子说：是被一个使怪兵刃的武士杀了。

这就对了，那个武士肯定是宁王的贴身护卫残夕。还有，看到老宋没有？

秃子说：老宋？当时除了厮杀的人，一旁确有书生模样的，谁还留意他们，杀得正紧呐。

得得得，还是我去瞧瞧吧。

燕道天策马入林，赶到秃三叙述的事发现场，只看到黄土坡上几摊发黑的血迹，马蹄踏起尘土，也惊飞一群嗡嗡的血蝇。燕道天看四周，这是一片黑林。

一条黄色的土道通向黑林里，是一个剪径的地方。

当时日头刚悬上来，散原山得知有一行人马将路过此地。燕道天便吩咐，别错过了收买路钱！

一干响马便准备在这儿劫道。天干物燥，空气好像拧干了水分，林里的鸟叫声都有些干涩，风也像散了架似的晾在树梢，懒得动，黄色尘土似的阳光无精打采地撒落在树林上。黄土道上，一个手掣板刀的汉子立在道中央，光秃的头像只秋天的橘子，黄中泛红。他眼盯着鞋尖，那里有一队蚂蚁正行进着，前呼后拥的，驮着东西，中途遇到庞然大物的脚，布鞋，陈旧而满是泥垢。蚂蚁绕道，继续走，像是对那只脚很是不屑。领队的大头蚂蚁为绕道的成功得意，回来检阅它的队伍。一泡酽痰当头砸下，把它和蚁队，全泡在又黏又稠的液体里。秃三咧嘴，恶作剧地笑。

来了，来了，三当家，买卖来了——既兴奋又紧张的声音，从前面的一棵开杈的树上传来。

知道知道，别叫得屁响屁响的。秃三脚一撇，将酽痰及蚂蚁全置于布鞋底下，一脚踏了。他跑到树后，脚铆树身上疙瘩，手就掰到了那个开杈处。喽啰撩开枝叶，说：你看，有十几人，全骑马的。秃三：吾操，这买卖做不得！喽啰：啥？秃三：啥个屁，没看清么，是王府进山打猎的。喽啰：哎哟，是呐。秃三：叫弟兄们撤！喽啰：嗯。

秃三眼见一帮兄弟贼头贼脑而又很不情愿地消失在树林里，自己却不打算立即离开，他抄小径，爬到一个既隐秘又好观察的地方，盯着进山来打猎的王府队伍。

2

秋天，是个狩猎季节。

朱宸豪记得三岁那年，他第一次被祖父带进散原山打猎。祖父将他稳稳安坐在自己身前，骑着高头大马。背靠祖父的胸甲，三岁的朱宸豪有一种踏踏实实的安全感。他记不清祖父那次猎获了什么，但记得林子里回荡着狩猎画角，那声音既急邃，又浩荡，像是一匹很大的布被风扯着，扯着，就破了。又像一个人憋了屎，肚痛，攒劲屙，鼓腮帮子从鼻子里发出的声音，十分憋闷。

打完猎回来，他蹲在王府门口就屙了一通屎。祖父在一边哈哈笑。武士们抬过野猪、豺狗、獐狍，拎着野鸡、野兔之类。

朱宸豪记得那头又黑又大的野猪被两个武士抬过时，血滴在地上，野猪的两眼睁着——朱宸豪觉它还没死，其实早断了气。

祖父说西山有虎，也有金钱豹。樵夫砍柴常逮到虎崽。祖父一直总想亲手射一头虎，但印象中祖父是没射到的，据说只听过虎啸，却没亲眼见过。樵夫碰过，也是听说。看看王府进山打猎的阵势，仿佛就是冲着老虎和豹去的，还不把它们吓跑了。

七岁时，祖父送给朱宸豪一张弓，说你可得给我射一头豹哇。

豹？

对，金色的豹子。

朱宸豪当然记得自己第一次用祖父送给他的弓所射到的，是一只豺。射中的，是后腿。一拐一瘸，跑得仍挺欢，几条猎犬一窝蜂追上，才把豺咬住。朱宸豪记得当他和武士们赶到中箭的豺身过，猎犬环伺的豺负痛地缩身顽抗，眼里却是绝望的光，像是一汪冰凉的雪水。朱宸豪又朝它射了三箭，豺伏地不动。

武士发出有些夸张的欢呼，朱宸豪听得像野兽的怪叫。

祖父过来，没说什么。那次他放过了五只豺，两只鹿，一头野猪和四只獐子。但他发现了一堆老虎屙的屎，软湿的，还挺新鲜。结果，祖父的猎绩却是个零。这使七岁的朱宸豪射中的那只豺就显得很不一般，甚至有些象征意味，朱宸豪的脸上也就很有些得意。

每当想到这里，朱宸豪的脸上就会露出不易觉察的微笑，那微笑自然不是得意，而是觉得幼年的单纯是一种幸福，狩猎季节的阳光也就有些早年的灿烂。

这是第几次来散原山打猎了，朱宸豪不愿去想，他一出城门，就觉得这次进山打猎与以往有所不同，说不出什么原因，或许只是一种感觉。除了宋之白和残夕、拾夜、洛昼等一行武士，朱宸豪还带上了两个以前没有带过的人。

就是妹妹朱颜和画师寅。朱宸豪让朱颜跟着拾夜，进山别跑散了。

画师寅只随宋之白，宋之白随朱宸豪进山打猎的次数也数不清了，虽没打过什么像样的猎物，野兔野鸡，大至豺和獐是打到过的。

老宋虽是文士，一进山，骑马拎弓，身跨腰刀的，混在武人里，也就像条汉子了。朱颜也是武士装扮，背弓佩剑的，别有一番不让须眉的英武与动人之处。只有画师寅不伦不类地跟在队伍里，纯粹一个看客模样，手中还捏一把纸扇。老宋总提醒他，跟在我后面，就没事。画师寅就笑，问：不会真碰上老虎吧？

豺狗多，也吃人呐！老宋说，不是吓唬，也是提醒：不要掉以轻心。

朱宸豪只说：没事。便由那条唯一的土道，卷起一蓬黄色的灰尘入了林。马就散开来走，踏着松软的或绿或枯的草，在树当里穿。日影也就在人背和马屁股上斑驳起来，武士们驱犬纵马，放飞猎鹰，都来了精神。

画角，犹如从树梢响起。马蹄与犬吠，武士的阔声吆喝或嚷叫此起彼伏，左呼右应。有动物被驱赶了出来，在马前，在一箭之遥，在人与犬的视野和箭镞的锋端上，逃得没命似的。残夕的马，动起来很轻快，像影子一样贴在朱宸豪身边。朱宸豪猎兴很高，出手就射中一头鹿。画师寅喝了一声彩。

老宋也牛皮哄哄张弓搭箭往茅草、树丛里瞄，总不见他发射，或根本就没寻到目标。画师寅倒看见有野兔，眨眼便窜没了。他有时想向老宋借弓过来试试，看见老宋紧紧张张完全投入的样子，又不好开口，只有撺在后头：呀，跑了！嘿，在那——不停地叫，不由自主地叫，汗流浃背地兴奋。

画师寅的大惊小怪，更把老宋弄得东张西望，眼花了似的，像只没头没脑的苍蝇。穿过几片林，狗屁也没打到。

两人停下擦汗，老宋便说：寅兄，看你嚷的，动物都吓跑了。

画师寅便说，好好，我也累了，到这里歇会儿。你先去打吧，回头我追你。

好嘞，老宋一拍马，屁颠颠地跑了，好像有猎物在前头等他手到擒来。画师寅瞧着他的背影，只发笑。

3

朱宸豪策马林中，紧追一头鹿。武士们都落在后边，宁王骑的是铁青马，奔跑起来树木都成了刮过他身旁的虚像。那头鹿刁，绕着树奔，铁青马也就绕着弯子撵，阔大的马屁股在不断的转弯中，显得健硕而强悍。鹿在前面突然停住，像只木雕。大动中的骤静。宁王赶紧夹住马，一支箭直指前方。

鹿的头，慢慢侧向一边。

箭镞上的目光也跟着鹿头转。

画师寅在一抹树影后喘气，他的马随便地系在树上。

朱宸豪的箭不由转向了他，正巧是背部，衣衫还被汗洇湿了一片，箭尖瞄住他的背。停顿。

箭镞上的目光好像也蒙了一层汗，有些模糊。画师寅的脸，侧面。他在瞧什么，一副若无其事的样子。树影挡住了朱宸豪，被箭瞄准的人浑然未觉。

——王兄，射中了吗？朱宸豪猛然惊醒似的将箭调向鹿的所在，已是空空如也。跑得好快！朱宸豪回首对朱颜说，拾夜紧随其后。

我再到前面瞧瞧，朱宸豪拨马便往林里钻。画师寅和朱颜在后头搭话。

画师寅好像称赞她打的一只野兔，哈，挺肥的，一当俩。

朱颜问：你呢？

……

残夕距宁王不远，他的马时缓时急，像是有意和宁王保持一段距离，让他专心打猎。残夕看见朱宸豪的箭由一头鹿而转向画师寅，他瞄准，他停顿。便满脸诧异，心道：这书呆子怎么跟宋先生跑丢了？正焦急。见两骑朝宁王那儿去，是朱颜和拾夜。

残夕松了口气。宁王挟铁青马奔得也就蹊跷，发疯似的往林里奔，不像是个猎手，倒有点失落与仓皇。残夕觉得。林里有鸟，嘎叫着飞。宁王一拉缰绳，察觉与自己的人远了，勒马头回转，马竟嘶鸣。马的直觉比人的眼睛更敏锐地察觉已身处险境。事实上朱宸豪在这处林中坡地上，陷入了前堵后截的四个蒙面刀手的伏击里。

——残夕！朱宸豪就叫——拾夜！拾夜！

没有人应。在铁青马惊嘶的间歇，显得死静。

——你们在哪？宁王的声音有些虚，乃至颤抖。因为他感到了四把刀的嗖嗖寒气。

不远有小鸟在啁啾着，尖细、清脆、欢快，好像这里即将发出的一切与它无关，它只属于啁啾——一种好听，而显得山林空寂的声音。这种声音往往听得使人心慌，感觉到一座巨大的山林对一个渺小之人的嘲弄，像是对他说：看我怎么收拾你。

宁王发现过去进山从没注意小鸟的啁啾之音，此时听来却如此刺耳惊心。

你们……什么人……为什么要杀我？

四把刀，是朱宸豪在林中不得不面对的一个凶险事实。他本能地发问，眼里是掩饰不住的恐惧，一把弓在手上也如同无用的道具。

四把刀不答话，它们以猎杀为目的。作为杀人的工具，刀是无言的——它需要的是越过阻碍，接近目标，在天空划开弧线，让阳光预先测试一下它的冷酷与锋利——它在光芒中转身，姿势优美地将刀的意念表达出来，急遽将物体切开。如果那物体是个人，它就将人劈成两半，如果那人是朱宸豪，它就砍落他的首级。

四把刀，要用宁王的首级去回话。这也就是刀作为杀人的工具，而在突杀时不能回答被杀者问话的原因。四把刀是要用沉默的方式去拿掉一个人的声音。那样，世界或许会安静一些。刀永远是以可怕的沉默与人的声音相对的。

最快的刀，像偃卧在月亮里的一条龙，杀人的时候悄无声息，其锋利与冷酷，都是对月亮实行的一种绝妙模仿。

或许月亮与刀，它们是相互仿制，并在这种相互的仿制里完成了自己。

但是月亮可以像一把刀，杀人的刀却永远不会是月亮。

高大威武的马匹，也在刀下露出了恐慌。它踢踏着，在四个刀手的包抄中，不断扬起张狂的前蹄，试图向危险作出有效的一击。四个刀手在铁青马拼命护主的举动面前，不得不有所闪避，同时又将刀口紧绕着宁王的身子转，只是在高扬的马蹄下，他们很难准确地将刀接触到砍杀的目标。

朱宸豪也只顾控驭忠实的马匹，他甚至觉得马已成为自己此时脱险的唯一指望，伏在马背上的宁王甚至忘记了拔出腰上的剑。

小时候学剑，他也想成为一个好的剑士。

但当他将所要学的剑术都学到手时，仍敌不过师父——一位南方剑士的三招。在他第十四次被击倒，祖父将他扶起来，面对他的沮丧，祖父说：一位王者或许是一个好的剑士，但一个剑士不一定是一个王者。王者之剑，只是一个象征。他不一定要亲手杀敌，却要指挥千军万马在这把剑下厮杀，并且取得最后的胜利。剑士之剑，充其量只能对付七八个，乃至十几个人。而王者之剑，却要横扫千里。

祖父的话说得回肠荡气，令朱宸豪顿悟了一种很高的剑理。

但朱宸豪知道，祖父年轻时却是位了不起的用剑好手，他的剑技和智谋与才具一样，深得太祖皇帝的赏识。

朱宸豪承袭宁王后，剑之于他，只是一种虚设，或一个象征。他只在梦里舞剑，砍杀过数不清的头颅，那些头颅和象征性的剑其实没有区别，幻象而已。

4

四把吐着寒气的刀，不是幻象。

四个蒙面的刀手都是矢志要夺朱宸豪性命的。他们把宁王团团围住，任铁青马怎么踢踏、跳跃都不肯退。灰尘、泥土、草皮、树叶炸起来。一星泥蹦入一个刀手的眼，他左手捂上去，右手气怒地朝马蹄狠命挥斩过去。

铁青马也机灵，前蹄竖起，后蹄急退，马屁股重重撞上一棵树，树上铁硬的尖枝正刺中屁股，马负痛，全身一振，前蹄落地。

刀，照准了几乎是同时落在马腿上。两只马腿像折下的木棍，双双斫断。巨大的马身前栽，朝一边侧倒。朱宸豪的左腿压在马身下，使劲拔，再使劲。拔、拔、拔……

四把刀撂下马，剖开空气，像是平稳低飞的雁翅，朝他滑翔过来。

童年，朱宸豪看过在阳光中飞翔的羽毛，羽色和阳光接近一体，但他还是能区分出那白色的羽毛。滑翔的刀有个好听的名字，叫雁翎刀。

过去朱宸豪曾听说过，这回才真正看见并且明白了雁翎刀是什么样子。杀人的东西，总喜欢配个好听的名字。

是不是被好听的东西所杀，是对死者的一种安慰。朱宸豪此刻觉得那四把像雁翅一样滑翔而来的刀，充满了对他的嘲笑和蔑视。他闭上眼睛。腿有些疼。

白色的羽毛在阳光中飞。

残夕在不远的山冈上，平静地观看着整个过程。他一开始就听到了马的惊嘶，继而是朱宸豪在呼喊他的名字。他的坐骑影疾在马嘶的那刻就不安地动了一下，残夕却像个静物。他的表情甚至也是冷漠的，比他的心和表情还冷，像阳光下的一个冰人。

仿佛觉得自己并不存在，他不是朱宸豪眼里的忠诚侍卫残夕——他是谁？

他自己也不知道，也不愿去知道。他的躯体也是一片空无。灵魂像在他头上飞翔的一只鹰，他的躯体仅仅是一副空壳。宁王呼喊的残夕，好像是别人的名字。

　　残夕——那个名字飞过来，又被空气撞回去，他觉得坐在马上的这副躯体很不真实，不属于任何名字，也不带丝毫情感。他不知道那个曾是这身躯体所有的残夕到哪里去了。眼里所看到的宁王遭伏的情景与己无关。他仿佛还听到了另一个名字，拾夜。是两声，一声长，一声短，但这两声加起来，还不如呼喊残夕的那一声悠长急切，与期盼。后面的两声，几乎是一种无奈的呼唤。宁王知道拾夜是跟着朱颜的，这是他的亲口吩咐。

　　残夕发现朱宸豪是想射死画师寅的。他看清了什么，反而使自己的内心迷失了。他觉得宁王与画师寅，自己与宁王，这之间总一些残忍的事会发生——早晚会发生。与其在自己手上发生，不如看着它发生在别人手上。他一点也不怀疑每个人心中都隐藏着一种恶，即使在阳光下释放出来，也会使周围黑暗。

　　他不知道灵魂是什么颜色，但他是倾心于黑夜的人。

　　头顶上空的那只鹰，在青天白日里飞翔，也是黑的。

　　那只鹰在阳光里也像是窥破了人心的黑暗，它从天空中俯冲而下，发出尖厉的凄叫，像是要将一个带在高处飞翔的灵魂，还给那副躯体——它是从他肩头起飞的猎鹰。黑鹰的爪子触碰在残夕肩头的一瞬，他的大脑顿感清晰。左手抖缰，右手就去拔背上的兵器。

　　坐骑便风一般刮下山冈。

　　残夕的第一招，便挑破了一个刀手的肚子。

　　刀手的肠子从裂开的肚皮里暴出来，其本人都不知是怎么回事，他感觉宁王的脑袋已置于自己的刀下，只稍一挥就完事了。但他听到扑哧一声，像是挂破了衣服，又像是闷响的屁，转移了他的注意力。另一个同伴就看见他的肚子被风也似的冲过来的骑士挑破了，他甚至没看清那人使的是什么兵器，自己的头就被那东西卸了下来，在跌落尘土的间隙，头颅看见，失去它的身体像揭去了一个盖子，血飙溅而出。无头的身体还没有方向地迈了几步，才扑倒，正压在宁王身上。

　　其余两个刀客被突发的变故惊呆了，甚至根本没有抵抗，他们便血溅当场。四个刀手无不死得鲜血淋漓，他们怎么可能想到自己会丧命于那样一件嗜血的兵器手里，他们死也不知道那件兵器叫非戈。

　　宁王也被眼前的残杀所震骇，以致忘记了推开倒在自己身上的没有脑袋的尸体，血从那个卸掉盖了般尸身的缺口里狂喷，仿佛就是对准了朱宸豪的脸释放的。

　　拾夜和众人赶来，把铁青马搬开。

　　宁王惊奇地发现自己的腿没有被沉重的马身压伤，甚至铁青马根本没有压到他，他的腿只是被马镫绊住了。是惊恐，吓软了腿。

　　没有人注意到树林后头的一双响马眼睛。

那双眼睛只是看到了惊心动魄的情景，却永远看不见其中的真相。

5

残夕没有想到，这天晚上做了一个很怪的梦。

梦的开始，他看见宁王和娄妃坐在山下的绿荫里乘凉，坐的榻椅，绿荫中有一条从山上流下的清溪，溪水里似乎有鱼游动。宁王与娄妃的样子很悠闲，娄妃好像还在赏鱼。宁王则平和有度，两手安然地摆在榻椅扶手上。

残夕与画师寅、老宋，还有朱颜等一行人，经过他们，沿溪流边的山石往上爬。出现了枯死的古树，灰色的枝干曲折狰狞，树枝上有火红色的狐狸和拖着长尾巴的黄鼠狼。树下是泥沼，水是黑的，里面有长着四只脚的怪鱼。

好不容易越过了泥沼，爬到山腰。茅草，岩石。枯树下卧着一头虎。

残夕不由高兴地说：终于找到老虎了。宁王要找的虎，原来躲在这里。再看，茅草间还隐伏着好几头。

残夕一边接近，一边向后面的谁——好像是宋之白，要过弓箭。

他张弓搭箭瞄准那头虎时，倒惊骇了。虎爪正攫住一个女子，几头老虎玩耍似的将她拨弄于足爪之间。

残夕看那女子，心里一紧，拿住弓箭的手颤抖起来：这一箭过去射不中老虎，就可能射杀那女子。老虎肯定一箭射不死，女子却又怎样去救？他的心在痉挛，因为残夕看见了那个虎爪下的女子竟然是娄妃。

怎么是她？！

第四章

1

秋风起时，天色一阴，画师寅就生起些诗人的多愁善感来。

他一会儿思念金陵故园，一会儿无端感叹落叶飘零，人生漂泊无常——他饮酒，故园就在酒里，他夜半被秋声惊起，故园就在窗前的明月里。他想作首诗，但涌上心头的都是古人的句子，便在纸上信手涂抹，不意竟传至后世——数百年后，人们仍能从画中窥视画师寅当时的心境。

那只不过是一幅潦草的画，画师寅自己也没想到画出的竟是滕王阁，阁上站一书生，很落魄的样子，有人猜是初唐诗人子安，更多人认定就是画师寅。书生的长衫让风吹得有些夸张——其实没有那么大的秋风。阁下一条赣水流向浩茫，若有若无的淡墨，是散原山了；有些开叉且干涩的笔尖还画了远帆，不知是心思毛糙，没画好，还是果真不胜秋风；帆是往一边侧的，有倾覆之势。没有孤鹜，也没有落霞之类，纯粹是文人的感怀，构图平常，笔墨一般得很。

但这就是若干年后很有名的画师寅在豫章留下的珍贵画卷《秋风滕阁图》。

其实那天晚上，画师寅梦见滕王阁倒塌，像宏巨的月宫从天上掉下来，砸死了很多人，一地都是雪，他是冷醒的。画师寅起床，便有受伤的感觉。他坐在窗前发愣，精神是涣散的。

外面的阳光苍白柔弱，带着病态。白色菊花气若游丝，一个人在不远的一排树下走动，他走得专注而放松，经过第五棵树时，被树冠里一只奇异的鸟叫声牵住，这是棵樟树。他仰头试图寻找那只发出好听叫声的鸟，却看见了书院楼上窗口的一个书生，或许察觉到别人观看了自己一段时间，便装着没事似的很快经过了那排树。

剩下的那排树，树种不一，有三棵柳树，两棵檞树，一株银杏，一株枣树、一株桑树，和一棵樟树。樟树有几人高，最为茂盛，树身黑褐色，细而紧挨的叶子，密得看不到枝杈。一只鸟藏在里面，只当是增加了一片树叶，只有叫声才证明它确实是一只鸟。风刮不掉它，因为它以树叶的方式存在于树上。树冠茂密，是一种很可靠的安全感。

画师寅觉得自己没有那只鸟幸运，它可以选择一处茂密的树冠栖身，而自己却像待在一棵光秃秃没有遮挡的树上。风吹一下，脚底就要晃几下。一个童子从树下经过，转念之间也能对他构成重大危害。一只立在秃枝上的鸟禁不住一粒小小的出自童子之手的飞石。

他的脆弱首先来自于栖身之处，更来自于自己，为什么我是画师寅呢。朱宸豪真是想请我来做画师吗？看似一棵大树的王府，其实是一棵不设防的光秃秃的树。画师寅这样认为。风，飞石，暴雨，甚至更大的凶险，正朝这棵树覆盖而来。

宁王府没有茂密的枝叶，却要成为一棵撑起风暴的树。树上的鸟是鹰，就能在风暴中栖身，否则整棵树都势必被连根拔起。

我算什么？还老远跑来，想在这棵树上栖身。还有娄妃，杏花楼，朱宸豪的半边月饼，散原山，一次又一次的劫持，纪老板，阳明君说过的话……

画师寅信马由缰地想着，便有一种无从挽救的焦虑。这个上午他已无心著书作画，甚至读几页书的念头也没有。临近午饭，书院主持差人送来酒菜，有藜蒿炒腊肉、烧豆腐泡、炒三丝、酒糟鱼等几味豫章特色菜，他吃不起劲。只喝了盅闷酒，便踱出书院散心。

郁结、悲哀、失落与忧伤一时拥挤入怀。

画师寅的步履也便像秋风，有些凉意和踉跄。

2

一只孤鹜的楼阁。再次登临滕王阁，我不禁如此认定。

它是一座萦绕着一个早殇少年不羁亡魂的楼阁，当一剪孤鹜久久徘徊于江岸阁楼而不去，我看见了那个天才亡魂提前为自己写下的动人悼词。那是一泊包裹于表面对于客居之城赞美的伤心谎言，它使满阁的峨冠绅带、云鬟艳丽、歌舞管弦都成为永久的闲置，而令一座光阴之城蒙羞的盛景化作虚无的存在。

在破败的阁楼里，我透过朱颜凋尽的雕梁上燕子的泥巢，朽烂的板壁柱脚，无风而动的松落门窗，寻找着那些已逝成灰和变为蛛网霉斑的陈年旧事，它能否在一个不逝孤魂的凄啼与盘旋中复活？

我依稀看见一个风姿绰约的少年穿门而过，身上的翅膀证明他已羽化。

他不会再在空阁中重复那个谎言，天才的少年由此已遭天谴，而化为一羽最孤单和悲哀的赣水之鹜，每日必须随太阳升起至日落西山不停地孤飞啼转周而复始，以提醒世人对于他美丽罪证的警惕。

这只孤鹜应该是警戒光阴之城不能在谎言中沦陷而获得救赎的深刻神话与优美传说，却反被人们当成了一座城市的美好标志，从而使天才的罪孽堕入万劫不复。

> 晚霞使一只鸟的飞翔并不孤单，
>
> 秋天却加倍复印了水的颜色。

　　这只孤鹜反复啼唱着已被他窜改的旧作里的句子，他只有自欺，才不至于再度弃绝。我却能看到那只身世之悲的孤鹜所深衔的不死的少年欲望。它穿过窗口仍能看见歌舞繁弦中一个云鬟艳影的婀娜之姿，而把一座千年楼阁视为美体，怀有一展双翅而热切冲刺的愿望。他婉转的清啼只为表达对邂逅于阁中歌舞美人的眷恋，那个美人在他的啼啭中也化为了千年不死的晚霞般的舞体幻影，一次次帮他完成对滕王阁的欲望虚构。

　　然而，一只孤鹜从东窗贯入，经西窗而出，把自己的孤独淡淡地描在西山上，他才发现：千年如风，楼阁和美体的空洞如一幻象。

　　一千年来，滕王阁就是一只低回于其檐下江上的孤鹜眼里的幻象，被它误看成艳丽女体，以致不惜在新赋中虚构一座无有之城来衬托楼阁的存在是一种美妙的实有，而使一座时间中的城陷入了楼阁的千年幻象，沉湎于语词的光荣与不确定的梦中，在幻美里获取意淫的快感。

　　一只孤鹜把幻象附丽于楼阁，他迷恋阁中的翩翩丽影、高歌与低吟，一座城市在这个楼阁里陶醉。我把它看成是正午的黑暗。

　　当逝川在栏杆下波动，浮现出孤鹜的影子，那是一个天才的美少年频频招摇的手势，你应该感到幻象的危险。

　　　　豫章故郡，洪都新府，星分翼轸，地接衡庐。襟三江而带五湖，控蛮荆而引瓯越。物华天宝，龙光射牛斗之墟；人杰地灵，徐孺下陈蕃之榻。雄州雾列，俊采星驰。台隍枕夷夏之交，宾主尽东南之美。都督阎公之雅望，棨戟遥临；宇文新州之懿范，襜帷暂驻。十旬休假，胜友如云；千里逢迎，高朋满座。腾蛟起凤，孟学士之词宗；紫电青霜，王将军之武库。家君作宰，路出名区；童子何知，躬逢胜饯。

　　　　时维九月，序属三秋。潦水尽而寒潭清，烟光凝而暮山紫。俨骖𬴂于上路，访风景于崇阿。临帝子之长洲，得仙人之旧馆。层峦耸翠，上出重霄；飞阁流丹，下临无地。鹤汀凫渚，穷岛屿之萦回；桂殿兰宫，即冈峦之体势。

　　　　披绣闼，俯雕甍。山原旷其盈视，川泽纡其骇瞩。闾阎扑地，钟鸣鼎食之家；舸舰迷津，青雀黄龙之舳。虹销雨霁，彩彻区明。落霞与孤鹜齐飞，

237

秋水共长天一色。渔舟唱晚，响穷彭蠡之滨；雁阵惊寒，声断衡阳之浦。

遥襟甫畅，逸兴遄飞。爽籁发而清风生，纤歌凝而白云遏。睢园绿竹，气凌彭泽之樽；邺水朱华，光照临川之笔。四美具，二难并。穷睇眄于中天，极娱游于暇日。天高地迥，觉宇宙之无穷；兴尽悲来，识盈虚之有数。望长安于日下，目吴会于云间。地势极而南溟深，天柱高而北辰远。关山难越，谁悲失路之人？萍水相逢，尽是他乡之客。怀帝阍而不见，奉宣室以何年？

嗟呼！时运不济，命途多舛。冯唐易老，李广难封。屈贾谊于长沙，非无圣主；窜梁鸿于海曲，岂乏明时？所赖君子见机，达人知命。老当益壮，宁移白首之心？穷且益坚，不坠青云之志。酌贪泉而觉爽，处涸辙以犹欢。北海虽赊，扶摇可接；东隅已逝，桑榆非晚。孟尝高洁，空余报国之情；阮籍猖狂，岂效穷途之哭？

勃，三尺微命，一介书生。无路请缨，等终军之弱冠；有怀投笔，慕宗悫之长风。舍簪笏于百龄，奉晨昏于万里。非谢家之宝树，接孟氏之芳邻。他日趋庭，叨陪鲤对；今兹捧袂，喜托龙门。杨意不逢，抚凌云而自惜；钟期既遇，奏流水以何惭？

呜呼！胜地不常，盛筵难再；兰亭已矣，梓泽丘墟。临别赠言，幸承于伟饯；登高作赋，是所望于群公。敢竭鄙怀，恭疏短引；一言均赋，四韵俱成。请洒潘江，各倾陆海云尔。

一只孤鹜以在滕王阁前永久的飞旋，表明它坚定而直陈地与现实对质的愤怒畅想。

滕王阁无疑是最优美的辞章，也是最优美的不朽谎言。他的说辞因其优美而显现出无与伦比的魅惑力，但总有人能够从中读出一只关山难越的失路孤鹜的泪水身世和悲凉，从而将它仅仅还原为一篇天才水鬼的自挽哀唱。然而那久存于时光中不衰的美，足以让一个已逝千年而不没的少年精魂永远不散。

从孔子、屈子而降，诗人总是沿江而行，把生命和凄婉的倾诉投在虚构的水上，水便成为他们最大的幻象。那些将才气与性命付诸于水的诗人，因江流不断而不朽，凡水所至，他们的幻象就在岸边衍生出楼阁亭台，从而成为他们最好的安魂居所。但有朝一日江河断流或枯竭，他们灵魂的浮雕能否使石头和泥土沁出眼泪。

让风把天才的心事复印其上。一座楼阁，一只孤鹜，一个天才少年的亡魂穿窗而过，化为江边丽影。使我不忍卒读。

那天晚上，我梦见了水。

水上壮丽瑰奇的楼阁接纳了我，仿佛我是那楼阁的主人。我活在一个人的梦里。

我躺在床上的感觉，一如浮在水上。恍惚中一会儿是诗人子安，一会儿是画师寅。光滑的裸肩，左部。一只嫩白的手，女子的。那只手从前胸探到左肩头，轻捂着，在拇指和无名指间留着一个孔，慵懒而乏力。

男人的手，一支大拇指深入孔中。女子轻捂的手开始握紧，把男人的大拇指夹在里边。男人的手也在拇指进入女子掌心后，紧紧握住。两只手，紧密地握在一起。女子的肩头颤动着，在啜泣。男人从后部整个抱住女子，想努力抱住她所有的不能抑制的忧伤。

——那个男人是我，女子是娄妃。我们好像是在前生或是后世相抱在一起，这中间的一切都是梦，都是幻象。

3

我沉溺在美人的颜色里，那些散发着颓废气息的画，表露出一个诗人的毁灭性的激情。在《十美图》中有人指出，他从一个美女身上看到了三只乳房。也许我笔下的衣裙和色彩都无法掩藏那些意欲暴露在光天化日之下的隐秘愿望。从玲珑剔透之美到一张明朝的绣榻，乃至一顿伟大而丰富的情色盛宴。但《十美图》远不止于此，它指涉到十位艳丽的女性与一支笔的纠缠，却不能共同一赴我激情绵延的图卷。

十美中的第一女性，如果不单称女子而指涉其性的话，她是美丽性感轻浮的蕊夫人——前相国年轻的遗孀，豫章著名的友竹花园的女主人。她的第三只乳房是我对这位情色巫师般的女人的赞美之笔。她性欲旺盛的肉体无疑是不知疲倦的婚床，在一个激情匮乏的时代暗中贡献着狂热、冲动、颠覆和勃勃生机。在她充沛的床上功夫以外，竟是一副略显羞涩的至美娇颜，像一抹散发着薄荷的香气，有着清凉之甜。

在王府夜宴的灯火阑珊里，我感觉到她躲闪而大胆侵犯的丽眸。

这个貌似处女的伟大雌器，谁也不知道她的真实年龄，却永远像一位青春丽人。当其丈夫前龙渊阁大学士严宰辅韶华之年娶其为妻时，她正值芳龄。数十载岁月浮华，告老返乡退隐豫章的前相国已成墓穴枯骨，而她犹容颜如昔，迎迓着一次又一次波涛滚滚的惊艳，以娇美的姿容和艳体酬答岁月对她的最大眷顾。作为豫章上流社会的地下夫人，在前相国遗下的友竹花园里享受着豪华的堕落。她甚至是一件堕落中的极品，在毁灭之前就向我发过邀约：愿出不菲之价请我以她为原型画一幅仕女图。

这是一个不是仕女，而又比所有仕女更为仕女的女人，我把她作为十美长卷图里的第一女性。对于许多男人来说，蕊夫人的身体是一座欲望花园。她似乎什么都不缺，只缺一个好的雄伟的男性。

友竹花园堪为豫章一绝。它以隐逸、私密、别趣，甚至奢侈，挥霍性地满足了一个下野官员对于世外桃源的假定臆想。为沉迷于宣纸上几笔竹影的虚构，而将一处私家别业改造成了浩繁园林。在门檐上沉重的石雕花饰与粉白高墙内，竹影随风无处不在。据说友竹花园里竹的种类为江南第一，尤以奇竹为最，园主将竹的妙用发挥到极致。在假山、怪石、月牙桥、水榭、秋千架、宝翰楼、问影馆之间又以竹置景，筑廊，设亭，隔栏，构篱。前相国在移居园内之日亢奋之情溢于笔端，用他一手好字分别为六座阁亭题名为漏影、闲影、疏影、逸影、虚影、斜影。六影亭之外，还有一座蕊夫人经常小憩的亭阁，前相国特别为之题名为丽影阁。丽影阁无竹，只有蕊夫人的玲珑身段。

友竹花园里的竹荫幽径像无声滑进的细蛇，绕过竹叶溪之后通向一座精致竹寮，内设竹屏、竹榻、竹架、竹案、竹几，竹墙上悬挂有出自名匠之手的竹刻和竹雕。这里是前相国退隐就读的书斋，也是他在午后卧夏的竹榻上幻想一个竹精袅袅然化身为妖娆女子定时为他完成手淫的情色地点。他的恋影癖导致的最严重结果是阳痿和对美妇蕊夫人的长期闲置。于是当前相国在意淫中梦遗之时，友竹花园的隐秘曲径上就有脚步悄然而行，最终潜入宝翰楼裸卧美妇的绣榻。

蕊夫人，不是前相国单薄的身子向壁虚构的幻影，她是一点就会燃烧的雪，是肉蒲团和最好的床上用品。没有任何男人能拒绝她的邀请。

前相国去世，蕊夫人便把为她建造的问影馆彻底撂荒了。她叫仆佣将宝翰楼里相国多年的收藏全部搬到问影馆，自己一心移榻宝翰楼。相国生前藏书颇丰，又多为秘阁抄本，是花了心思的。世人称其内万卷书库。相国酷爱文字，工书法，浸淫甚深。写过不少诗文，有《石铃雅集》，城里东岳庙、佳山福地等匾额，皆为他的手笔。据说宝翰楼有多处密室，那些密室过去是前相国安置绝世宝物与孤本秘籍的地方，现在却成了蕊夫人接待不同访客和练功打坐之处。

和她在密室里待的时间最多的来客是被她尊为秘师的术士、星相学家修，据说他们共同待在一间黑暗的密室里裸体打坐练功，却没有性行为。

蕊夫人只迷恋他的催眠之术，而从来没有对他的男性之体发生兴趣。也许像相貌怪异的郦大千这种高人不是蕊夫人喜欢的类型，她甚至没把他看成是男人，只是秘师。

但是蕊夫人每次被催眠之后，都会在梦中遇到一个她喜欢的男人，那是一个在生活中她几乎从未见过的男人。那个男人不作声，只默默地挑逗她、撩拨她，使她亢奋，那个梦中的男子每次都能让她达到现实中从未有过的高潮。

郦大千传授给她的是一种秘功，其功效是令她不老，而且美颜永驻。

每次练过功后，蕊夫人会觉得无论从肉体和心态都充满年轻的活力。但每次练功郦大千都不点破蕊夫人在被他催眠后见到了什么，蕊夫人也从来不说，她能从练功中得到的正是她所愿意得到的，这就够了。她定期约见这位高人，并接受他的密授。

郦大千作为术士高人，不仅为宁王看重，让他掌控和建立宁王府收集、监控、打探外部消息的秘密机关，同时他也是不为人所知的友竹花园女主人尊重的密友。

没有谁知道，他每次定时在宝翰楼的密室里把蕊夫人催眠了，就盘坐在她对面，通过意念化身为美男进入到蕊夫人的梦里。他的目光是妖淫的。

——我活在一个人的梦里，但她随时会醒来。若干年后有人写下这般字句，似乎要告诉别人什么，却又什么也没说。事实是他在进入她之前，就把她催眠了，她在梦中感觉很好，感觉和一个她心仪已久的人亲热很好。他害怕她醒来。他怕她醒来时，他还留在她的梦中。如果她突然醒来，留在梦中的他只有死在里面。阴影中一个雪白的坐姿，是她裸身打坐于幻象之上，而神秘术士却能借助于幻象进入她裸体洞穴的淫梦，以此来印证其高超的幻术。他的幻术使自己原在的蒲团空无。术士出师前，其师一再告诫：不可趁人被催眠之机有所不轨，这是幻术士的禁忌。但他总是一再犯忌。

所幸蕊夫人在对催眠术的痴迷中毫无觉察，这使他一次次如愿以偿。

在宝翰楼里我没有见过传说的密室，却看到了王府之外的奢华，甚至有过之而无不及。

第五章

1

秋天，开门出去，如同走入一幅画。红叶白树的秋景，蓬勃、热烈而冷艳。

我是被友竹花园的管家老木——一个精瘦而有力量感的中年人用马车接到那座著名庭院的大门口的。管家貌似鸟人，陡峭的脸上一根细直的鼻骨挺进及嘴，酷肖鸟的尖喙，欲争嘴边之食，所以我担心他的鼻尖和嘴会打架。但管家人却平和，他把我引进院时说，偌大的友竹花园现在只有他、一个园丁和夫人，平日挺冷清的。在宝翰楼前，他小心、恭敬地为我推开了雕花门，说夫人在里面等你，便退到门边。

我迈过门槛，却没有被眼前宫殿般的华丽景象惊呆，倒是一个戴着狰狞黑色傩面的人吓了我一跳。我知道傩面是豫章民间用来驱鬼降妖的木雕面具，造型夸张而怪诞，貌胜恶鬼，是一种凶狠之物，否则也不能降鬼了。

在我毫无心理准备受此一吓之际，狰狞的傩面背后竟发出嗤嗤的笑声。

这笑声揭开的是一种万劫不复的美丽。这个女人如此绚丽而灿烂，她如果是在赏花，那么世上最美的花朵也将成为她的陪衬。我将惊艳的目光泼到她脸上，她竟然像个刚脱光衣服的女孩发现了偷窥者一样，噢一声又羞又急地把傩面将脸挡住，仿佛那是不该掀开的——裸脸。但那张脸确实是把它所具有的吸引人的部位——美目、俏鼻、玉颊、红唇、蛾眉及其妙到毫厘的组合，全部裸露了出来，混合着冶艳与高贵——这一切不是叫人动怜，不是让人动情，而是叫人禁不住爱欲交织。

蕊夫人几乎是以一个小小的戏剧性的手段，就让我把她的容貌深深地印在脑海里。如果在每一张狰狞的面孔背后都有着动人心弦的妖媚，我宁愿每天都与傩面相遇。

后来蕊夫人对我说，当时她正朝着镜子在试戴一个朋友刚送给她的傩面——谁知被你撞见，真是羞死了。我说，若是你的样子会吓到我，那过错肯定在我，或许是因为我便长着一副傩一样可怕的面孔。

蕊夫人说你喜欢傩面具吗?

我说自从戴在你的脸上以后我就开始喜欢傩面了。

那我们都戴傩面来做个游戏好吗？

我领略的那个傩面游戏舞台是一张巨大的床，蕊夫人说这绝对是一件国宝般的艺术品。我相信。可能，没有比这更美妙和更大气的床了。在这张床上，它的主人绝对是个游刃有余的颠覆者。我的笔墨和图画甚至难以再现那张床和床上女人的伟大。这是个在大街上会令人忘记行走的女人，她玲珑的身段有着剔透的线条，对男人具有太强的杀伤力。我以开玩笑的口吻对她说：你必须拥有一件好的衣裳来遮住太多的罪恶。

蕊夫人道：我身体如果有罪，都在你心里，因为我从来就不缺乏好的衣裳，而缺乏懂得欣赏与享受罪恶的人。

我说：所以我来了。她说：那么，我希望你在欣赏或享受罪恶时，也能尊重罪恶。蕊夫人说这话的时候既冷艳又带有挑逗的攻击性，仿佛将美酒与砒霜同时呈现于眼前。

——我仅仅是个画家，我习惯于画衣饰中的女人，我是通过衣饰的皱褶与飘动的裙带来表现女人的。这是我服膺的传统，否则我的笔便失去了捕捉的线条。

她说：如果你是男人，那就该扔掉这样的画笔。

你的笔，如果不能表现你所说的罪恶，必将是苍白无力的！蕊夫人锋芒直露，将自己的个性袒露无遗：你若画我，请画我的罪恶。

然而，在伟大的罪恶面前，我的笔落在纸上只能是一种遮盖，我为自己的遮盖而羞愧，当后人在看过《簪花仕女图》和《秋风纨扇图》之后，从《十美图》里也只能看见蕊夫人的头部、颈部和一双皓腕与素手。其余的部分我擅自大胆地将它交给了几近空白的衣裙。只是那些衣裙也不平静，以致使品鉴者从衣裙的起伏中指出，里面仿佛藏着三只乳房。这是连我自己也未曾意识到的对于蕊夫人的如此出奇强烈的欲望，但这令我欣慰。蕊夫人的出现，对别人可能是一种拯救，而对于我却像是堕落的开端。但这种堕落因永远不会彻底而折磨着我，使我痛苦。这痛苦直到一天晚上一个男人的出现，才让我有所舒缓。

那个男人在那天晚上穿一身黑衣，戴着黑色傩面出现，在友竹花园的歌舞宴饮中竟然和女人跳起了胡舞，那种舞蹈因男人之黑而衬托了女人裙裾之白，使一种白在黑上肆意渲染着，有了一种特殊的华丽。

而在那个晚上，几乎所有女人都成了他的暗恋者——那个黑色的灵魂，令女人在夜晚白得如此炫目。真是难以想象，这个世界有时候黑也能照亮白，而白在里面只可能是一种不在之在。正如一个美女和另一个美女在一起，美不是她们明显的标志，而是别的。

后来有人说那个黑色男人是朱宸豪，也有人说是郦大千，甚至有人说是蕊夫人的管家。在我眼里，这都不重要，重要的是我找到了一种游离感。

身与心的游离，有时也能成为另一种平衡。

2

我背负了才艺与好色之名。

我的膜拜者希望并臆想着我和每一个画过的女子亲热，而且试图从我的《十美图》中嗅到美酒、繁花和女性的气息。他们甚至认为我画中的簪花、纨扇、箫、牡丹，都是某种含有特殊隐喻的暗示。实质上是他们粗暴地误读了我画中的仕女和美人，这使我对后世的观瞻有一种永远的不安与忐忑。但是，我还要告诉世人，在《十美图》中，蕊夫人是一位很特别的女人。她以手掩胸或是披衣在身的时候可以是最优雅的静女，但当她裸体横陈或雪卧在你面前时，又绝对是个令人欲罢不能的荡妇。在她眼中闪烁的光芒里好像永远残存着欲退还留的芳香。然而她的特别来自于她伟大的乳房，床和身体的其他部分。我在画她的过程中造访过友竹花园七次，也就是经过七次才把她画出来。我发现在画她的过程中，也就是在学习。这种学习不止于笔墨与绘艺，我必须恰到好处地捕捉她那些细致敏感部位的每根线条，那些线条就是她的情感、思想与生命。而组成这种美的每一根线条都是我用男性目光反复揣摩过的，这种反复揣摩贯穿在七次的造访中，我由此认识到：她幻美的身体如一幅辽阔的图景，是创作的绝对想象力之母。

如果《十美图》在传世中显示出其伟大的话，我想那伟大首先来自于我经过七次造访画出来的这个女人。

至于人们在想象中认为我和她发生在绣榻、亭台、秋千架、假山甚至树间的情节都可以忽略不记。我知道没有什么比风流画师和顶着放荡之名的美妇更能激起世人大胆而无聊的情色幻想，这种幻想往往成为他们无法抵达愿望的最大安慰。

何况她是豫章城里早有艳名的蕊夫人。

而我是画师寅，对于蕊夫人，我更熟悉她身穿薄透的明纱，外披大红披风，里面空荡荡的样子，像是刚出浴，一个堕马髻随意地束着，几缕游离的发丝散乱着——我喜欢蕊夫人这种样子，她让我放松、兴奋，感受到颓废的魔力。其实蕊夫人通体雪艳，完美无瑕，丰满而不垂腴，那也应该是值得赞美的。然而那种赞美，不着一字，也尽得风流。

蕊夫人的绣榻是一座秘戏的舞台，也是黑暗世界关闭以后的另一重充满活力的世界。它大而华丽，简直就是一间屋中之屋。在粉红和叶绿的帐幔与垂帏的云遮雾罩里，榻上的木质部分均雕满考究图案。尤其床楣的红木上许多雕工细致而精美的花叶，围绕着一幅交欢的雕饰，不细看，还以为那是花叶中缠绕的藤蔓。它神秘地由暗红转向深褐色。那次当我突然发现这个隐秘的雕饰时，如灵魂里出游的闪电，烙下了很深的记忆。那交欢的图案和蕊夫人的身体仿佛融在一起，很难分辨。

在蕊夫人的身上，我充分认识到绣榻的功能。两个颓废而绝望的灵魂把那张硕大的绣榻当成了流放地。我猜想蕊夫人有朝一日会死在这张榻上，而蕊夫人的身体也会变成我的最终归宿。

我觉得蕊夫人的身体里包含三个女人，除了蕊夫人自己，还有娄妃和雪姬，一个冷艳，另一个深情绝望。但唯有蕊夫人，我感到是疯狂致命的。在绣榻的帐帏外，我将为她画好的美女图悬置起来，那是一个使承受她图形的宣纸也感到不安的女人。

我在豫章的激情，由于这个女人的出现而一半挥洒在纸上，一半留在绣榻上。

3

来到豫章至今，画师寅发现蕊夫人才是真正在这里等自己的人。娄妃只是把他牵引来的一只蝴蝶，美丽而虚幻，永远在牵引他的灵魂，但娄妃的灵魂永远在他前头，有时看似近了，实则很远很远。但唯有另一个人愿在另一个世界，甚至是来世等他，无论画师寅上升还是下沉，她都肯陪伴，可画师寅不忍让她随自己沉沦，因为她是无辜而纯洁的雪姬。《十美图》中另一个豫章著名美女是夏雪姬。

画师寅甚至无法忘怀初次见到她的情景，当时她正在骑马。豫章府衙后院有一块开阔地带，绿草如茵，知府夏铁一的爱女晴好之日都要到这里骑马。

画师寅后来回忆道，她骑在马上的姿势，正如诗人所说的，她像一朵花开放在马背上，所以我根本不担心她会从马上掉下来。而她的马就像白纸上一闪而逝的草书。在画师寅当初视觉里，骑在快马上的女子是美艳而惊险的，而这种美是雪姬自己也未曾觉察的。可他并没有把这一印象描绘到画里，《十美图》中的雪姬与动感的开放在马背的花相反，她是静的，是《十美图》中十个女子的静的总和。

画师寅曾说，她微颦羞眉，像是在对与自己的美不相称的东西表示不屑与不满，正是这种神情把很多世俗的喧嚣排除在外，使她显露出高贵。静中的动，是大动，它远比一个动姿里的动更多。画师寅无疑是透彻了解雪姬的。

雪姬对他说过，自己从母腹中开始就在随父赴官任的途中颠簸。父亲性格刚直，在为官的任上总是得罪权贵，从而不断受到排挤，频繁调任，两湖、两广之地乃至山西、陕西，父亲都在那里的州府任过职，唯独没有在安徽故乡做过官。她真希望父亲能在一个自己喜欢的地方安静下来，不再那么辛苦地在仕途中艰难跋涉。豫章虽不是她的故乡，但这里有山有水，应该是个很宁静的地方。她喜欢这儿。

当初在雪姬说到豫章是个宁静的地方时，画师寅已明显感到这里隐藏的巨大不安，但他不忍挑破一个女子心里对于宁静世界的幻象。尽管而今雪姬也深深感到豫章是一处是非重地。

但他画的雪姬仍是九个不安姿态女子里，唯一一个保持宁静坐姿的女子。那暗含着画师寅对她的祝福。后人称《十美图》里的这个女子为静女雪姬。

但雪姬从没有静过。甚至她无望的爱情，也使她像太阳下的雪女一样流着泪水一点点融化。

4

画师寅和雪姬后来有一次对话，他永远也忘不了。

那是雪姬对于画师寅的情感袒露，同时又是情感祭悼。她说：今生我遇到你时，已经晚了。

怎么晚了，我们不是朋友么？画师寅道。

雪姬任性地看了他一眼，噘着嘴说：我是说若是来世，我会在很多女人之前碰到你。

难怪呀，你嫌我太老？画师寅打趣道，一边低头作画，他的笔正勾勒一根裙裾的线条。雪姬笑，你是老了点，有四十了吧。我想有的，这不是关键，关键是在我碰到你之前，就有太多的女人抢了先。我当然只有做你的朋友了。停顿一下，她又说：所以我只有等来世，来世做第一个认识你的女人。而且希望我能美一点，你也不要比我老太多。画师寅也笑，笑出了满眼泪花。

他的笑是动情的，画师寅被这纯洁美好而天真的话语所打动。

天哪！你以为我是谁呀？我是个情感的浪子，我没有资格和人谈一生一世的爱情。雪姬，你的话，令我汗颜。画师寅说着，脸上竟湿了一片。

是啊，我这个老头，或许太伤感。谢谢你，雪姬。谢谢你对我说的那些话。他转身又说：只是没有来世，来世的人里没有我，但或许人家会谈起我们。那会说成个什么样子，也未必可知。如果你在来世出生，还能想起我，可得给我说些好话。

好话，好话还是来世你自己去说吧。我相信来世我们还能碰上。

碰上？怎么能碰上，我比你大二十岁，我老死以后你至少还要活几十年，我总不能在那里等你。

不要你等，你死了我也跟着你去，以便和你同时转世。

画师寅望着她，有一种怜惜，有一种慈爱。他说：或许今生我可以做你的父亲，你可以做我的干女儿。

我有很好的父亲，不想再要一个。我只想来世做你最亲近的人。

没有来世，来世的我们互不相认，一切也都无从说起，毫无意义；而今生只有感伤的诗怀。画师寅对这个女孩说。

在这黑暗而肮脏的世界里她是那样的单纯、率真、干净，这使他保存了独有的美丽。

一个不羁的诗客对你毫无意义，你需要一个有责任感并能呵护你的正直青年。画师寅对雪姬说：比如豫章府武尉吴明。画师寅望望门外，护送雪姬的豫章府武尉吴明正忠实地守候在那里。画师寅说，他是豫章府最优秀的武士，也是你父亲最得力的臂助。

我父亲需要的并不证明我也需要。雪姬打断画师寅的话。

可他一直都关心你！画师寅强调。

我的父亲更关心我。

对你的一生来说，他的关心更合适。

合适？你是说我一生比父亲的关心还要长吗？

画师寅一时不知如何回答。雪姬望着画师寅郁结的眉头，轻声说出一句：其实你也需要得到人的关心。

画师寅心头一热，赶紧将脸转向别处。

一滴泪落在未画完的宣纸上，把一点墨洇开，像一朵黑色的花。

第六章

1

你不要接近我的儿子！碧薇夫人说，她的声音如一把伸出来的刀，又薄又冷，仿佛一刀就要将朱颜和朱宸豪的距离劈开。

你的儿子？朱颜背朝碧薇失人，眉头倒拧，像两道精美却同样锋利的匕首。她说：我接近的是我亲爱的哥哥宁王朱宸豪。

碧薇夫人听出朱颜话里的不屑，她恼怒，从那只她一直侧卧的华丽榻椅上挺起身，硕大的粉袍如荷叶般翻卷了一下，曳地的部分仍如孔雀奢侈的长尾，覆盖着脚下很大一片艳丽的地毯。侍女御香赶紧上前将曳地袍裙的褶皱抚平。这个迟暮美人曾说过，当人们只向权利、疾病与死亡效忠的时候，我只向美和爱效忠，并以此作为对疾病与死亡的反抗。其实她向来只效忠于自己的肉体和衣饰。即使盛怒，也不容衣饰出现皱褶。

你不是宁王的妹妹！碧薇夫人说：正如我不是你的母亲。

哦，你这样认为吗？朱颜转过身来，面对碧薇夫人的脸反而显得轻松。她漾着笑意道：你确实不是我母亲，不是！——而我，却是宁王的妹妹。

朱颜的每一个字，都说得斩钉截铁。

哼！碧薇夫人不甘示弱，她欲挪步，却被顾长的袍裾绊住，说：你什么都不是。

不是？

对。碧薇夫人也一字一句地吐出：你，只是个婊子，和你死去的母亲一样贱！

贱？朱颜一扬头，她没有被刺伤，且出乎意外地咯咯笑了起来。她笑得很得意，好像抓到了取胜的利器。

朱颜收住笑声，眼光像撒出的一张网，说：谁是真正的婊子？她向碧薇夫人追问——谁是最贱的？

碧薇夫人一时竟答不上话来，好像什么都被这个刁钻的丫头看穿了。她手一指门口，摆出王府太夫人的架势——你出去！

出去？这话你已说过多少次了。朱颜不为所动地说：可宁王府是我的家。我相信，你也和我一样，没有忘掉我亲爱的祖父吧。

这个丫头反了，把她赶出我的房门。快！碧薇夫人对左右侍女说。

小姐，太夫人请你离开这里，请吧。御香上前对朱颜说。

这倒怪了，刚才不是你说，她请我来的吗？

我是要警告你这个不要脸的丫头，不要接近我的儿子！碧薇夫人再次重申这次叫朱颜来的目的。

你的儿子，没人和你争。可他也是我亲爱的哥哥！朱颜不依不饶，语气虽是轻描淡写，却想把那个老女人气死。

好。宁王是你的哥哥，碧薇夫人竟没生气似的说：只是你的哥哥却把他的好妹妹当作了婊子。

好哇，那我要叫你一声母亲，我们都是婊子。朱颜说罢，大笑，发疯似的笑。她笑出了眼泪。碧薇夫人好像受了她的感染，也笑起来。

御香站在一边，看两个女人奇怪地笑作一团。她听到那发疯似的笑声渐渐变成了哭。她听到一老一少的母女，不，是两个女人，在哭泣着，伤心地哭。

朱颜哭着，泪眼婆娑地望着碧薇夫人。碧薇夫人也在哭，她也看着哭得伤心起来的朱颜。两双泪眼相对时，二十年来壁垒般坚硬的仇怨，都被一层浮动的泪光泡得松软了，稀释了。两双曾经一直相互伤害的眼睛里，竟是彼此的同情与怜悯。朱颜站在原地一动不动，像是焊在她要坚守的生命高地上的脚——终于动了一下。

碧薇夫人也转向她，一个执着好胜，历尽艰难而矜持着永远不肯言败的女人，向朱颜慢慢张开了双手。她的曳地长袍这时充当了这特殊时候的隆重装饰，萎靡、颓废而奢华。

母亲——朱颜叫了一声，向碧薇夫人走过去。碧薇夫人的嘴唇翕动着，满脸都是泪水。

——女儿。

两个女人，两张脸的泪水，碰在了一起。

御香觉得这场长久的对峙与伤害，和解得竟是如此蹊跷。她头脑里留下的朱颜说的那句话，印象至深。

叫你一声母亲，我们都是婊子。

她和她。母亲和女儿。——婊子？

2

朱宸豪为母亲能与妹妹和解而高兴。

当朱颜告诉他这个消息时，他心里感到安慰，觉得这是近来最好的消息，他叫来管家老卜，吩咐安排一场家宴，以示庆祝。他要看到两个他最亲，也最爱的女人在一起有说有笑的情景，他觉得人在痛苦的时候，更需要笑一笑的理由。

朱宸豪问朱颜是怎么和母亲和解的。

没怎样，说了些话，就笑，就哭，就抱在一起，我叫她母亲，她就叫我女儿——她终于叫我女儿了。朱颜说，省略了很多重要东西。

不会那么简单吧，母亲是很固执的人。

没有什么固执，当人笑的时候一切都是简单和容易的。当笑过之后哭，再固执的东西也会在泪水中瓦解。当人又笑又哭，就肯定是惊喜交加了，或者不知所以。朱颜说。

这消息，倒真让我惊喜交加啊！朱宸豪搓着手说：我该怎么办？

哭吧，哭过之后就笑，为我，也为母亲。朱颜说。

朱宸豪：你和母亲就这样？朱颜：对，我和她就是这样和解的。朱宸豪：好，那我真该笑一笑，哈，哈哈……朱颜：不，你还得哭。朱宸豪：……哭，我是男人，不像你们女人，哪好意思哭啊！

朱颜犹刮他的鼻子，男人男人男人，你真是个男人。

朱宸豪就拍拍朱颜的大腿，说：我是你哥哥，别男人男人地叫。

哥哥是男人。朱颜发嗲地说，并捧着朱宸豪的头往自己胸脯里塞。朱宸豪感到自己的脸夹在温热的乳房中间。他又有一种乱伦的感觉。

王府的家宴像一场繁华而又井井有条的仪式。碧微夫人显得特别高兴，她让朱宸豪与朱颜分别坐在左右，娄妃却坐于朱颜旁边。依次是王府大家庭里的各辈人物，足有三十几个，谨严中也就有了热闹——宁王府好像很久没这么热闹过。

我们宁王府是个亲情和睦的大家庭，让那些说三道四的话在这份伟大的亲情面前不攻自破。举起你们手里的酒杯，为我们的家庭干杯——记住，你们饮下的，是浓浓的亲情。

家宴上的碧微夫人身穿华贵而艳丽的粉袍，她所说的话令在座的每一个家庭成员激动不已。

干杯。为我们伟大的亲情干杯，是王府家宴的感人主题。

朱宸豪这次喝了很多，但没有醉。他为自己伟大母亲的魅力所征服，他甚至开始有些崇拜自己的母亲。

酒宴上，他说了不少赞美母亲的话，大家也跟着赞美起来。只有娄妃没有。

今晚娄妃显得沉静安详，仿佛是置身于热情洋溢之外。朱宸豪觉察到这一点，便提醒她：喂，你怎么不向母亲敬酒？

我不是举过杯了么。娄妃说。你要单独敬母亲嘛! 朱宸豪有些不快,把个嘛字拖了很长音。

夫君! 娄妃以手抚额,说:我有些不胜酒力,想先退下。朱宸豪不知哪儿来的火,把手往桌上重重一拍,道:你这是干什么,难得大家这么高兴,你却落落寡合,知道是多么可耻!

众人都将眼光看着娄妃,又看着他。

碧薇夫人知道他们为什么如此,却装着不闻不见,只与朱颜说着什么。杯里是斟得满满的酒。朱颜的眼睛却往娄妃这边溜过来,她对娄妃心里是有歉疚的。这时,她希望有人站起来为娄妃说几句话,再看在座的众人,好像谁也没有这个意思。她心想,这就是亲情和睦的王府,表面和和气气,私底下钩心斗角。她端起酒杯,对朱宸豪说:王兄,今天大家都这么高兴,我想你更是高兴,让小妹敬你一杯如何?

朱宸豪还没缓过气来。朱颜再次道:王兄,我敬你……你瞧,我干了,该你了。朱宸豪这下明白过来,取酒默不作声饮下。

娄妃抽身欲走。只听朱颜对她说:哎哟,敬了母亲,敬了王兄,我也该敬嫂嫂了。

娄妃站定,手下意识地摸到杯子。

嫂嫂,我敬你。朱颜很诚心地将一杯酒先饮了。娄妃也举举杯,随之啜饮。朱颜趁机向娄妃使眼色。丫鬟添过酒后,娄妃把杯举起来,对碧薇夫人说:母亲,我敬你!

唉,我老喽,倒真是饮不得这许多酒,可是你敬我的这杯酒,我即便饮得醉了,也高兴。

众人见两人都干了杯,都轰然叫好。还听得碧薇夫人在说:繁华过眼,我都看得比以前淡了,只有亲情是真的……

站在宁王身后的管家老卜,也面露激动之色,他感到王府亲人间的一些恩怨在今晚的家宴上,真是有了难得的和解,同时他又看到朱宸豪与娄妃的矛盾在加深。很久以后管家老卜在回忆往事时,告诉别人:这是在我记忆中王府所有家人都到齐了的最后一次晚宴。末了,他还说:知道最后……是意味着什么吗? ……我很高兴,看到那些人在最后的晚宴上都很快乐,这是我在王府管家生涯中,同样难以见到的啊! 这才是一场真正的华宴,同时我又目睹了华宴的沉沦。管家老卜说。在王府那么多年,我站在那里,只能用狗看着骨头的神情,注视着那场永远都不能属于自己的华宴。

华宴属于王府,也属于黑暗,因为它只在晚上隆重举行。

3

管家老卜不记得王府家宴最后所有人是怎么散场的，但他记得郦大千匆匆从侧门进来，贴在宁王的耳边，说道：王爷，我们抓到一个东厂的探子。

宁王手抚酒杯，脸挂笑意朝着母亲，好像郦大千的禀报丝毫没影响他的情绪。管家老卜注意到宁王左手的食指和拇指指甲相互弹了一下，哔剥的微响是脆的。

朱宸豪起身向碧薇夫人说：母亲，孩儿有点事先告退一步。碧薇夫人流露出关注和担心，问：不会是麻烦事吧？

不，朱宸豪说：不是麻烦事。

他又将头转向大家，脸上仍带着笑意，说：喝，大家照样喝，今晚值得高兴！便随郦大千离开晚宴。

这个东厂的探子有些面熟，朱宸豪觉得在哪儿见过。他到王府表演过不醉的技艺。郦大千说。哦，对了。朱宸豪点头，他想起来眼前被王府武士抓到的人是不醉者崔久。

崔久一见宁王，便喊冤枉。

郦大千说：没冤枉你，刚才你还说，自己是东厂安在豫章的坐探，说有事要向宁王说。

崔久就笑，嘻嘻嘻嘻的，好像还有点不好意思。宁王在残夕端来的一张交椅上坐定，眼盯着崔久，你说说看，有什么事？他的脸是淡淡的，看不出内容。

崔久只是笑。宁王瞧一眼郦大千。

崔久，你应当知道，王府是怎么对付奸细的！郦大千说。

精壮的赤膊武士一手将崔久拎起，另一手倒提砍刀，仿佛只吹口风就要将崔久一刀两断。

我说我说。崔久哆嗦着表态。武士见他老实了，也就松手。崔久小心地看着宁王，用一种老鼠偷米的眼神，说：宁王，我能不能对您说实话。

王爷要听的就是实话，快说罢！郦大千道。

我说了实话，王爷该不会砍了我吧。崔久瞄瞄武士仍提于手上的刀片子。郦大千不耐烦道：啰唆！

嗳，你说实话，就没有人敢对你怎样。朱宸豪说。谢宁王不杀之恩！崔久叩头，先把话说死。宁王也以示宽大地点点头。

其实，自从上次在王府献技后，我就一直想再见宁王您，要告诉您一句话。

可王府门卫不让进。崔久说得有点忸怩，有点委屈。我想很多办法都进不了王府。

嗯，嗯……朱宸豪的头，一直在点，显得他对崔久的态度很满意。

后来我想了个法子，崔久看看郦大千，说：有人就把我真的当做东厂密探抓了进来嘿嘿……

崔久脸上还很不好意思地露出笑。

朱宸豪抬头，用既似明了又似询问的眼神看郦大千，像在说，这是怎么回事？郦大千眉头皱起，咦，明明是你招供自己是东厂坐探。

是啊，我不说自己是坐探，我进得了这儿，见得到宁王么？崔久狡黠地眨着眼说道。

你这厮！郦大千很愤怒，感到被这小子要了，想要发作。

好了。朱宸豪手一摆，制止郦大千，盯着崔久的眼睛，你说有话要对我说？

是，不假。崔久很肯定地啄啄脑袋。

朱宸豪：那现在当我的面可以说了？崔久：可以。朱宸豪：那你说吧！崔久：我是想……我是想，是想告诉王爷。崔久招呼宁王将耳朵凑近些，朱宸豪照做。只听得一个蚂蚁样的声音，在耳朵里说：王府的酒很好喝。

朱宸豪便铁了脸。

真，真的。我一直就想亲口对宁王说，王府的酒真好喝……崔久显得万分真诚地说。

朱宸豪也不说话，起身就往外走。

郦大千有些惶恐，但还是跟在宁王后头想作些解释。

宁王嘴里咕哝道：弄来弄去，原来是酒鬼——神经病。

朱宸豪不容郦大千说话解释，走得像一片移动的夜色。

郦大千止步，打算回头把崔久干脆收拾了。

他嘴里骂了一句：这个婊子养的！

第七章

1

散人无影在进入天宝楼之前不知道豫章有座酒家叫天宝楼。散人无影在天宝楼猛呛一顿出来，仍不知道那个酒家就叫天宝楼。后来他和一群乞丐厮混在一起，人问：吃过天宝楼不？他说，天宝楼是什么东西？其实那天午后，天宝酒楼的门前和平常没什么两样，在里面喝酒划拳，操爹骂娘的酒客已脚踩浓痰、鸡屎、呕吐物逐渐散去。老鳖尖声尖气一边送客，一边叫小二抹桌子板凳。苍蝇也只一晃而过，嗡叫的声音有些懒洋洋的，好像要钻到哪儿去歇息。老鳖踩了满脚酒客呕出的污秽，骂道：狗嘴里屙的，这哪里是茅房啊。小二，把地赶紧扫扫！

小二没吱声，将一条花狗踢得嗷叫一声跑出了门。

门口有个拖鼻涕的童子在扑苍蝇，他守着一泡鸡屎，苍蝇对那东西十分眷恋，童子双掌一扑，总是个空，苍蝇绕了个圈，又落在鸡屎上。童子眼里也就燃起两坨很旺的苗子，如是而再地掌扑鸡屎上的苍蝇。

这一刻是真实的，黄尘般的阳光到处弥漫，慷慨得缺乏节制。每个人都在自己的位置，其行动、动作，在这一刻都不可修改，不能重复。这一刻是真实的。两匹马，一大一小，从天宝楼门口经过。大马是母的，尾巴夹住肥硕的阴部，几只蚊蝇拼命往上叮。小马跟在屁股后，一副馋奶吃的样子。主人牵母马只顾走，他影子淡淡的，像路上的灰，又轻又薄，一吹就会扬起来。对面屋檐下的三个女人，一个老，两个还年轻。老的只向年轻女人身上瞅，年轻女人的胸部鼓得老高，像藏了两只柚子。拐角处是茅厕，有人轻松出来，有人闷头进去。出来的人，手摆弄裆部，有尿湿印子，模样大大咧咧，全不把几个女人当东西看。往里钻的人手忙着在腰上抓，一副屎急了的神情。一架驴车碾过，人吆喝着，车轴辘响，一些灰尘。

老鳖刚将鞋底在门槛上搓鸡屎，就听有人在里面嚷：上酒肉来！

老鳖应声，赶紧过去，没留神当中一张大桌上就坐了一位爷，散发、长衫、寸须，面皮红似关公，不饮自醉的那种。他就是散人无影。

拣好吃的全管摆来！散人道。老鳖懂，就吩咐厨子张罗。这一桌酒菜，没什么特别，都是结实的东西。两鸡，一烧一炖的。四只猪蹄，鲜红油亮。大盘牛肉，糖醋鲤鱼，东坡肉，半边卤猪头，烧豆腐，油焖茄子，炒青菜，三鲜汤，十几只大馒头，一坛灌城老窖。老鳖和三四个伙计，很吃惊地看着散人居然把这一桌东西吃了个精光。小二上去结账，散人摸摸身上，一个屁也没有，很不好意思地看着小二，一副欠定了债的神情。

吃白食啊？！小二一声叫，立马拥过来几个伙计。小二很不客气地说：这账，如何结法？散人无影打着响嗝，翻着酒足饭饱的眼皮，用油乎乎的指头剔着牙说：随便。

小二下巴愕一动，伙计上来便是一通老拳。

散人不动。众人就气，觉得是小瞧了这揉面的拳头，有人就去拎门杠来抡。

散人泰然受之，至众伙计打累了，也同时惊住了手，他才睁开微闭的眼睛，说：账结完了。

老鳖此时，发现自己走了眼，边扇嘴巴子，边上前赔不是，小人有眼无珠，竟不识庐山真面目，得罪师父了，该死该死！又急叫小二取银两来给师父赔不是，权作汤药费。

散人不言，只将银子收下，缓缓起身离开酒楼。

小二对老鳖耳语：这人有金钟罩铁布衫功夫。众伙计更是吓傻了，看看扔在地上的棍棒、凳子腿，有的都打断了。

然而，他们谁也没看出来，散人跨过门槛时，手略微扶了一下门框，险些摔倒。他已真实地感到一身伤痛，所幸是肚子不饿了。

散人离开天宝楼不久，豫章就传说有个高人到了。

其实散人无影在豫章出现，只是为了寻找一个速度快得不见影的人，或者最简单的还有一个目的，他要寻食。

2

有人曾经对着影子练剑，他每次出剑，影子总比剑还快地闪过剑锋。他苦练数十寒暑，有一天终于用剑刺中了影子，那个时候已辨不清是日照还是月光，也许正是两者交替的黄昏。他把影子一剑钉在旷野上，眼里便只有鸡毛在飞，仿佛影子击散了，化成了满眼纷飞的鸡毛。此刻他什么也看不见，但影子告诉他，你的剑练成了，却不是杀人的剑，只能杀影子。你要杀的目标是影子，影子不会死，却比杀死一个人更难，你明白我的意思吗？也就是说有时一个人并不重要，消除这个人的影子比杀死这个人更重要。

影子、鸡毛，黑时间。这的的确确是一个黄昏，他从此没有影子，由于出剑速度之快，人称他为无影。无影在旷野中将他与之厮杀数十载的影子灭了之后，流落江湖，成了一个人们所说的散人。

仿佛也就由此，无影开始了他的寻找。他在臆想中完成了对于目标的初步确认，因为他设定为对手的目标是凭空臆想的，他也就可能将遇到的任何人都当成对手——一个以一厢情愿的方式认选对手的人是最危险的。他的危险来自于他对人群如临大敌般的臆想，甚至他正是以大敌如临的姿态进入豫章人群的。

天空出现日食，黑暗像一把无形的巨镰，收割大地。青色稻田和翠绿芦草波涛汹涌般一片片匍匐在阴影里。影子，被黑暗收缴，独立旷野的无影陷入日蚀的黑暗中。他的脸上布满乌鸦之翼，如同一种上天的暗示与召唤。他要找到一个速度快得不见影的人的影子，以便向它发出挑战，这是他的宿命乃至全部生活意义。无影到处打听，他相信这样一个人存在。

在臆想中他一百次虚构出这个无由的对手——无论他是谁，只要他的剑比自己的影子更快，就是他的敌人。他不承认所寻找的或牵着自己走的是一种幻象。作为一个没有影子的人，他好像从影子失去的那一刻起，就踏上了找寻之途。

他像乞丐一样流落，忍受了最无耻、最下贱的生活的百般嘲弄。他觉得在找到影子对手之前，自己就是要接受嘲弄的。他从没有为此而沮丧。生活就是在他人的嘲弄里，体会生活的真义与存在的真实。

无影沿着河流行走。他的行走往往在人看来如同漫游。但天空和大地又完全取消了无影作为漫游者的权利，因为他抵达了豫章。他必须把一身的本领和寻找在这里付诸现实。河流从地面经过，它的投影在水下——一个潜泳者包裹在它的影子里。日蚀消失，河流是太阳的投影。赣水像一个巨大的影子在大地上伸展、漫延，豫章的城郭清晰地投映在这个影子里。

没有人知道散人无影的身世。此后他从豫章销声匿迹，坊间才出现有关他的支离破碎传说。无影居然是僧人之子。僧人自号孤影，曾是隐居豫章飞鸿山洪崖的一位大师。孤影大师出家前是豫章市井里喜欢滋事打架的暴徒之流。只是这个肮脏的人的心里却有纯洁而粗野的爱情——他强奸了自己喜欢的女孩，又悔恨交加，请求用一生来向女子弥补过错，女子对他鄙夷万分。自己躲开他生下一子，没有名字，便是后来的无影。

无影少贫，与母要饭途中，母病故于破庙。暴雨之夜面对死去的娘亲，孩子惊痛交加。在闪电中，他的哭声引进来一个斜入庙门的影子——他被影子带走了。

僧人孤影将孩子带上飞鸿山的洪崖，却没有以真实的面目与之相见。他绝迹于人群后，已成了一个武功超绝的影子。相传洪崖为当年黄帝乐臣伶伦隐居炼丹、创制音律之处，一泓流泉从崖上蹦跳而下，静石有声，万籁生灵。孤影隐居于此，过去的一切依稀变为遥远而虚无的回忆与前尘。唯有流泉、清风、山林比什么都真实，也更契合他孤独的内心。

如果说人生是一种煎熬，当这种煎熬需要逃避，甚至对自己曾有的人生也要作出遗忘时，最好的方式是选择与山林相处，学会与石头、流水、树木和山交流，逃避的出路与方式是对另一种方式的进入与选择，必须找到另一种形式的入口，才能完成对现实的逃避。否则，纵然逃到天山极顶，也逃不脱内心的喧哗。隐士之难，不在于隐藏身形，而在于难于隐心——将心藏于万物之中，而不暴露于人前，是最难的。多少年来，没几个隐者能真正做到这一点。

孤影不是什么有境界的隐士，他的隐只为遗忘，只为对以往生活喧嚣的颠覆与洗刷，这是他出家的强烈心念。他隐得了身，但还是将一个孤独的影子暴露给了世界。那个孤独的影子是心念的外衣。后来有人说，妄使之隐，隐使之对念愈深，导致被念所杀。被杀于他，看似赎罪或另一种救赎，在别人却是弑父，是新的罪行。这就是孤影与无影父子的双重宿命。

3

无影第一次摸到剑时，就产生了杀人的念头。他要杀的不是别人，而是父亲，这也是他平生的第一次杀念。他没有见过父亲，父亲只是母亲嘴里诅咒的一个名词。开始他不明白母亲为什么那么恨父亲。终于有一天，通过母亲嘴里的述说，父亲成了他脑中的恶魔，母亲临死之前也没放弃对父亲最后一次诅咒。

母亲死了，他庆幸师父教他学剑，好像是上苍的一种安排，让他从此接受对于弑父的训练。师父之于他，只是一个声音。那个声音严厉，而又柔弱，像风，洪崖上四时不同的声音。他以风为师，在风中的石崖上拔剑起舞。

他每天对着自己的影子练剑，他很孤独。风声帮助了他的成长，让他缩短了复仇的距离。他有时觉得那个声音甚至是慈祥的。他对着风喊：师——父——

终于有一天，那时他已经长大了，他对着风喊：师父，我想见见你。风声突然消失，只有他的声音在山谷回荡——见见你，见——见——你——

他哭了。风，也好像躲在什么地方伤心。

他搞不懂师父为什么对他避之不见。他知道师父是高人，师父用声音教他学剑。他甚至可以瞬间拔剑刺死一只飞蝇，这已是一种高妙至极的剑术。师父说：还不行，你若能在快到刺死一只飞蝇的速度里刺中自己的影子，你才算成功了。无影似乎听懂了师父话里的另一层意思，那就是自己的剑能练到刺中疾速飞舞的影子时，便能见到师父了。这甚至是一种许诺。

风，也会有许诺的，无影觉得很高兴。

无影每天聆听师父的教诲，和影子厮杀。从石崖上，杀到飞流下；从竹林中，杀到古树旁；从山冈上，杀到旷野里。不分晨昏，不计寒暑。是影子在对他进行仿制，还是他在被影子牵动肢体。

师父说：与高手对决，别人都要尽量隐藏自己的影子，把影子藏到身体里，藏到剑里，变成一道光，变成一缕风，这其中只有一个字：快。

只有当人和剑与周围的环境——空气、树木、落叶、尘土、颜色舞在一起时，影子几乎是零。这时候你发出的一击才是真正致命的。

无影和影子练剑，他感觉到有时候对练的是自己的影子，有时候是师父的。

一日他心血来潮，练到兴起，突施凌厉的一击。他听到了如光之剑的破空之声。一个人影被他的剑牢牢钉住。风止。叶静。人定。

那人影溅血，扑然倒地，沉重地震起尘埃。

无影俯下身发现，尘埃里那张死亡的脸上竟然带着笑意。他说：孩子，你可以下山了。

是师父的声音，无影终于见到了师父，但已死于己手。

无影弃剑，跪倒在师父的尸体旁。那把弃于尘埃的血剑，再也没有拾起。无影下山时随手折了一根竹子，他以竹当剑，走下了飞鸿山。此时的无影已有了一种天然不惊的气度。他弑师弃剑后，已从无道中获得了有道，无意而成了一代宗师。

他放下了有，而选择了无，乃至弃剑择竹，完成了一次人生的涅槃。

那个深山苦苦练剑的毛头小子早就不存在了，他在师父尸体前守了七天七夜，才将师父下葬。当他从坟堆的泥土里抬起脸，已是面目苍苍，看不出岁月在他脸上爬了多少个来回。他散发敞衣，手持竹杖，迎风落泪。对苍郁山野长啸一声，弃影而去。从此，才有一个叫无影的人，随着他所到之处的荒诞行径，人们开始了传说。

有关无影的传说，民间尚有多种，人们嘴里最爱说的还是他的大逆——也就是他刺杀了影子练成无影剑的那一刻。他，一剑下去，既弑了师，也弑了父。既然师父和父亲都能杀，还有什么不能杀呢？津津有味的坊间谈论中，往往不乏无端的愤懑乃至争执。有人说，他的师父不是他的父亲，而是一个有自杀倾向的疯僧，他训练徒弟，就是为了完成借他人之手实施自杀的预谋。无影恰恰充当了他的工具。据说无影杀了师父之后，有些神志不清，才到处寻人作对。好像他一出生，就落入了一个预先为他设计的圈套，他要寻找逃出圈套的出口，有时看似找到了，但一剑下去，又让人跌入了更深的圈套。于是无影的传说也就离奇而荒诞，为述说者增添难度的同时，也增加了随意杜撰的成分。

当无影接近豫章的那一刻，太阳像只金壳虫趴在灰蒙蒙的天空，须爪似的光芒爬动着，柔弱且无力。宁王府匍匐在秋日的玄黄里。落叶滂沱，仿佛大雨扫过豫章的大街小巷。风中，隐隐传来刀的啸响。大地上掠过的树叶，片片如刀。

卷陆

玄黄

　　如火如荼的宁王大军挥师疾进，没有人清楚地知道会有怎样的结局，而已经屡次与死亡相见的军人的内心却是荒凉的。当一个声音在高声呼喊他的名字，他听到那个声音，便把自己与人群隔开，感到崇高和神圣。追随那个声音而去，那个呼喊名字的声音就是死神……

第一章

1

夜色使世界增加了深度，黑暗令人产生恐惧，深夜的恐惧让人敬畏，而唯有又高又小的月亮才是想象中最值得信赖的安全凭恃。巡夜的武士就是王府的月亮。武士拾夜像只黑暗中活动的动物，他在王府逡巡，像是忠实于黑暗的夜。

夜。是母亲对他的称呼。他是母亲临产痛苦挣扎的第十个夜晚才分娩出来的。那是一个黑暗的夜晚，母亲失血的脸却苍白如月。看见呱呱降生的婴儿，母亲只叫了一声：夜。便永远合上了双目，她是嘴角上挂着一丝惨淡的笑容被黑暗收走的。那个晚上没有月亮，母亲死亡的脸，便是唯一的月亮。夜。就是他的命，他的母亲生命的延续。只是这母与子的生命交接仪式太苦痛，要熬过十个夜晚。拾夜。所有的人都这样叫他。他知道这个名字有着生命的痛苦含义，有着母亲的牺牲与他推拒不了的黑暗。十个夜晚的叠加，把他推到了比黑更黑的深处乃至尽头，他忠实于黑夜，就像忠实母亲。他是王府的夜武士。他叫拾夜。他的盔甲是黑暗的颜色。他的脸，如同残月，有着锋利而冷峻的轮廓，他年轻的生命是如此苍白而黑暗。只有他的刀，带着血色。黑色的盔甲，苍白的脸，血色的刀，这就是武士拾夜。

他身上披挂的是寒冷、沉重与职责的甲胄，是对于危险与死亡的阻挡，这看似保护他自己生命的墙，实质上是对于死不和摧毁的巨大引诱，而在这里面的血肉之躯才是为他人挡箭避刃的安全屏障。他的黑色头盔从不拒绝光明，但在太阳下，却是接受明枪的理由与标靶。刀的寒光和锋刃跟脸部的血色作出的慷慨对换，是一种庄严的错位，还是一种荒诞的抵押。它使生命的温度降低到零，而刀却时时滚烫、灼热。这是一个标准的武士。他以自己的标准来巡视或衡量王府每个夜晚的黑暗。他关注夜晚中黑暗的事物，却也无意间留意到黑暗里的一星烛光之艳，是那星烛照使他的脸感受到生命的温度。

那是一个秋燥难耐之夜，黑而无风。拾夜像往常一样在王府里巡视，当他经过黑暗的廊道时，发现一扇雕花窗格里漏出的光亮。他放轻脚步，挨近窗户，竟窥视到窗格后朱颜雪艳的裸陈，白瓷般的乳房惊人而耀眼，鲜润的乳头如同窜入眼眶的火苗，直抵内心之黑的底层。雕花窗格里的烛焰划破一道黑夜的伤口，依稀的光芒是黑夜之血。他竟然第一次像个贼在王府里游荡了一夜。那个夜晚他眼里只有通体雪艳着裸陈的王府千金的影姿。如雪的感官，在万籁俱寂中成为他平生邂逅的一个白夜。

正是在这个夜晚。残夕在圣剑堂逮住了盗剑者。

2

黑暗里伸出的一只手，很白的一个动作。神坛般剑案上的太阿剑不见了。夜行人手身利索而轻敏，那样一把看似神圣又无比凝重的宝剑，在一只对它充满蔑视的手里，居然无足轻重。它被一个影子背走，像风托住的一片枯叶。太阿剑在夜行人身上惊讶于自己的虚弱缥缈。它感到重归物质本身时真实与无能，在普通人的手里，它失去了主宰意志的力量。它离开了供案与奉若神明之所，便可能沦为凡物。

不，别将我拿走。夜行人听不到剑的呼喊，只感觉背上的剑被自己奔跑的力量所振动。别走！一股大力将背上的剑拽住，夜行人回手一剑，想把那股力量截开，但那股力打了个回旋，反到前面将夜行人堵住。此时，太阿剑仅被夜行人盗离圣剑堂十步之距。十步，两个武者开始争夺一把剑。若是盗剑者将太阿剑带出十步之外乃至更远，它便还原为了凡物。护剑者将太阿剑护住在十步以内或置还圣剑堂的供案上，那它还是宝物与神奇的主宰。这样一种争夺似乎超越了争夺的意义本身。

黑夜仿佛也遭到两人武力的撕扯而破碎，如飘在空中的黑色布片。两人的打斗，把夜晚撕成一块块破布。武者的脚下是夜的黑色血肉。不知是出于对黑夜的破坏，还是对黑夜的敬畏，他们的打斗没有声音，却又充满捣毁对方的力量，其姿势如同一对大鸟在夜晚不停扇动着黑翅。那是一种一方想把另一方覆盖在自己翼下的暗影。暗影的相互纠缠与交接，使夜色显得暧昧不清，可见两人的目的不似欲置对方于死地，而是在一把剑的取舍之间。

双方的手，在太阿剑上此起彼落。一把收藏着天下轰轰烈烈的宝剑，一个庄严的静物，在争取者手中如儿戏之物。太阿剑感到强烈的嘲弄与无奈。护剑者的手在周游于太阿剑柄时突然离开，疾似电闪地揭去夜行人的蒙面黑纱。

君枝！残夕不由叫道：怎么是你？

是我。君枝脸上浮现一缕不屑的笑意。趁残夕惊愕之际，抹身欲行。残夕的手又将她搭住：为什么是你？！

为了娄妃娘娘。君枝坚决地说。

娄妃？残夕皱眉，甚为不解。是的，君枝攥剑的手不放，也是为了挽救王府。不能都毁在这把剑上！

剑，残夕在君枝话音未落之际，已用揭去她面纱般速疾的手法将太阿剑夺回。以残夕的武技一开始要夺剑也是易如反掌，他只是觉察到盗剑者的迹蹊跷，想试试对方身手，才有一番较量。

这是王府之剑，你以为你能拿走吗？

好，那你等着。君枝知道要想再从残夕手里取剑已是万难，只有恨恨扔下一句：我还会再来。她的眼睛在黑暗中幽怨闪烁，消失于夜色。

娄妃？残夕脑中也浮现出另一双幽怨的眼睛，娄妃。他看看手握的太阿宝剑——王府。

娄妃是武士残夕在王府里最深的系情者，但那份情也只能像黑暗一样，隐藏在夜晚的深处，这是一种抵消或自虐，他甚至没有在意念中虚构娄妃裸身而藏匿于黑暗中手淫的勇气。他手中的太阿剑是王者的利器，他的责任与使命，只是让它归王者拥有。此时的残夕忽然感到一种若受情伤的苦痛和遭到的愚弄之耻。他跃身而起，挥剑朝黑色的圣剑堂做了个猛力击刺的动作——假如那是一个女子。或者，是娄妃。

3

很久以来，残夕就想梦见娄妃一次。即使他睡在宁王的书房外，残夕知道里屋那个男人很久没与娄妃共榻，而是另有所好了。残夕感到悲哀的是，他的梦里从来就没有出现过女人。仿佛遭受过精神阉割，他很痛苦。他是窥破过情事，也窥觑过朱宸豪与娄妃性事的。他听过娄妃的床笫呻吟，那是残夕生命里至美至疼的梵乐。那种梵乐带给他的不是兴奋，而是紧张与寒冷。第一次偷听到娄妃与朱宸豪共度性事的呻吟，令残夕出了一身冷汗，他几乎病了。此后，他发现那最美的往往对人伤害最深。

宁王和娄妃分居后，残夕窃喜，但随着画师寅的介入，很快使他产生双倍失望。当有关娄妃的暧昧传说不胫而走，他感到心中的偶像轰然坍塌。现在他弄不清自己对娄妃终究是什么感觉，爱还是别的。

他可能是用一种恨专注地默默深爱一个女人，用一种复仇的欲望或渴念在梦里对娄妃实行一次生命的冲刺和突围。他觉得自己有些卑鄙，有些肮脏。娄妃不是也如此吗，但一个美貌女子的肮脏更容易挑起男人的性欲。在这样一个夜晚，残夕终于梦见了女人。他在梦里为自己找到了作为男人的感觉喜极而泣。梦里的女人不是娄妃，而是娄妃的侍女君枝。君枝不是来跟他亲热的，却是来向他挑战的。他在和这个女子的交战中，一直没有放弃在肉体上对她征服的念头，甚至发现自己的绮念已从娄妃身上转移向了君枝。然而他梦里遭受的却是羞耻。

可那毕竟是个不失美艳的梦。冷冷的月光下，嘴角咬住发丝舞剑的女子在周围划出最纯洁的诱惑，这一幕在武士的眼里美到了极点，也残酷到了极点。

她剑术华丽，虽不伤人，剑气却将对手身上的衣服片片逼碎，像一场同样华丽的碎舞。这个顽皮而任性的女孩就这样和对手开着如此令人难堪的玩笑。

她大风舞剑之姿把身边的一切都旋转起来。她的裙袂也使其下半身在一样的开放中裸呈无遗。仿佛世界如花飞逝，只有月光成为她唯一的羽饰。在她剑气的催逼下，武士衣衫破碎，甚至露出了身体。武士感到羞辱，她却咯咯嬉笑不止，让人愈加尴尬，恨不得横剑自尽，女孩偏挡住人寻死的剑锋，接受她无情戏弄。武士觉得自己所有的私密都被女子撕开，暴露于月光之下。武士在凛冽剑气的月光下跌跌撞撞。女子咯咯的笑声忽前忽后，武士不顾一切地拥抱——光滑的裸美人如冰冷的月光。武士拥抱的竟是自己的血——自胸腔喷溅而出。武士幻觉中的女子，化成了血。

——君枝！

残夕在惊呼中睁开双眼，户外的月色浸入了花窗。

4

拾夜没有想到王府的千金小姐是个梦游者。她总是被梦牵引着半夜梳妆打扮，光着身子在衣柜里挑拣，总是找到一件深红的袍裙，随意披着，赤足踱出闺房，穿越长长的廊道，向后花园走去。起初拾夜以为朱颜是偷偷去赴幽会，他脑里首先反应是，朱颜要和一个怎样的人幽会？心里像堵住什么似的难受。拾夜想不管她，甚至打算避开。正当他扭头欲走，朱颜竟出现在面前，一副浑然不觉的神情，把拾夜吓一跳。朱颜好像根本不知道他的存在，只顾走自己的。拾夜感到奇怪，暗暗尾随于后。起风了，王府后花园树影婆娑，唧唧的秋虫把月色吟得斑斑驳驳，仿佛夜晚是吟虫统治的世界。万物的色彩只有黑白之分，变得既神秘又简单。一架秋千被风轻轻推动，月光坐在上边。

枝叶扶摇，廊庑勾连，庭院相衔，翘角飞檐的王府，月色就像秋虫邀请的贵客。朱颜像是被风托着腰，她纤细的腰，是否感觉到那样一只不怀好意的手。

因为那只手正不断将她腰际的袍裙撩开。那只手抚着滑腻的肌肤，她丝毫也不在意。她如同接受神秘力量的召唤，行走的姿势像是踩在软绵绵的云上，她穿过曲径、假山，步下台阶，若受暗示般地张开双臂，身披的长袍随风飘展，如鸟的翅膀，羽毛被风扬起、扇动，她的柔媚面容宁静而安详，像是含有笑意，又似毫无表情。

她的姿态如在轻缓展翅飞翔。她身披临风而开的长袍，驾着白色的大腿像月光下走动的花。拾夜看到朱颜在银杏树下冰凉的石凳上躺下，一条腿架在石头上，另一条腿搭垂于地。柔薄的袍裙半掩半开，圣洁的雪峰与隐秘的花园时隐时现。她像受到幻术的引诱，身不由己，在迷离状态，发出呻吟。风吹抚她的袍裙，月光照亮她的容颜。银杏下石凳上的女子仿佛被施梦者奸淫，她自己却不为所知。夜武士过去，把她抱离了诡秘之地。

白天，朱颜一点也不晓得夜晚发生在身上的事。她知道自己总是做相同的梦。梦见蒙面武士从那扇精致花窗逾入，武士的样子看不出是要保护她，还是强暴她。她从床上爬起来，光着身子，她习惯裸睡。和衣而眠她觉得不舒服，裸身睡觉她很快就能入梦。梦里她总感觉自己裸体在街头行走，毫无安全感，她担心被人强奸。她急于找一件衣服，左寻右寻，似乎没一件可以遮住全身的衣服，干脆披上袍，每次她总能找到这件深红的袍裙。她要逃出房门，逃出这个梦。她逃到走廊，蒙面武士跟在后头。她逃到后花园，逃到银杏树下，她累了，她摸到石凳，好像已逃脱了蒙面武士的跟踪，她要躺下，像躺入一个男子的怀抱，哥哥朱宸豪的怀抱。

5

流星闪逝，他在一颗星的梦里。在悬浮的宇宙中。他在一把剑的梦里，和另一把剑对抗。所有的剑都是有灵魂的，它们短促而又快速地飞动、起舞、闪回。他看不到别的，只在剑的缝隙里寻找血。

一把剑，不以将另一把剑击断为胜，而以饮血为光荣。他有时在剑尖上，有时在锋刃上，有时在剑身上，时躲、时藏、时避、时进、时欺、时逼、时抢。他听到碰撞撕咬的声音，剧烈、尖锐、刺耳。

两把剑，乃至更多把剑碰到一起，相互毫不避让地撞击、喊叫、挑开、突刺、拍打，发出响动。有时剑锋咬住剑锋，都想咬缺对方一口，结果却是各自被所咬的硬物硌疼。剑在穿梭，他在剑上，经过落叶、空气、羽毛、皮革、布、肌、肤、肉和器脏。他尝到了血。先是剑尖舔了一下，甜的，继而伸长舌头，张开口。他发现血不是咸的，好喝。他有些眩晕，他在眩晕中跟跄旋舞。

他摸到的风，是自己的忧伤。泪一般湿的，是情人的血。

残夕没有料到，美丽的君枝会在如此一个梦幻般的夜晚死去。他甚至不能饶恕自己的过错与大意。他以为第二次来盗剑并二度与自己交手的仍然是君枝一个人。在君枝再次从圣剑堂取得宝剑后，他只象征性地和她交了几下手，连他自己也不相信，竟让她将剑盗走了。或许他此刻的心已不在这把剑上。君枝从他眼皮底下，或者说手下留情里一溜而过。他竟在原地愣住。心里的另一个自我好像在对他说：让她走吧——

走，君枝走得不见影了他又如梦方醒，飞步追去。

然而他追上的影子，已不是君枝。而是将君枝杀死在一旁夺剑在手的步七。

在君枝盗剑成功逃出残夕的视线时，她遇上了伺伏在侧——对太阿剑窥伺已久的步七。步七的七步一杀之剑，是君枝无法逃脱的宿命。看见一个女子死于自己的利刃之下。步七竟有些多愁善感地怜惜起剑上的血，那溜血在剑锋的光芒上滚动，至剑尖滴落，像是一种莫名的哀痛。步七欲收剑，又心念一动，人和剑仍保持在一个杀的姿势里。他知道真正的高手到了，取得宁王府的太阿剑岂会这么容易，否则也就用不着要他出马了。

来人并没有很快与他动手，而是俯身抱住死去的女子。他感到那是一团悲哀覆盖了另一团悲哀。

残夕掰开君枝的手，她手里没有剑，仅有一根孔雀翎。月光下的孔雀翎，浸含着忧伤，吐露出无语的情殇与绝望的荒凉。那是人世间最伤心的信物之一。如果插到武士的头盔上，就是长在孤冢上的一枝勿忘我。君枝！残夕似乎从孔雀翎上读出了一个多情女子名字的真义。或许，在这个女子的全部爱恋里，他只是一副冷酷而威严的盔甲，真正的他却空空如也，然而这竟是一个少女情爱的不归之路。

6

拔剑吧。请为令你伤心的女子复仇！

步七说。他的声音不大，有些干涩，像是做错了事而又愿意承受责任的感觉，同时又带有自视甚高的矜持。

你有两种选择，一是把太阿剑留下，但你不能走，我和你打。残夕出乎步七意料的平静，他说：另一种是我把你杀了，再从你身上取回太阿剑。步七笑，他笑得有些冷。将从君枝手里夺来的太阿剑，放回到君枝的尸体旁，说：我把太阿剑还给这位女子，让她做我们的裁判，谁赢谁将剑拿走。

残夕面无表情地点头——你不该杀她。

不。你错了，步七说：是她不该撞到我的剑下。

可她手中无剑，残夕举起那根孔雀翎——你能向一个手持羽毛的女子下手吗？

我只知道她另一只手上，拿的可是天下无双的太阿宝剑。步七一字一句道。

那是杀人的剑吗？残夕双眉倒拧。步七：岂止是杀人……！残夕：所以你要杀人取剑？

步七：难道错了么？！

残夕：你错就错在杀了一个无辜女子之后又遇上了我。步七：好，我就是要你为使你伤心的女子复仇的，还等什么？残夕：等？如果你觉得脑袋在肩上戴得太久，我很快就可以帮你摘下来。

我一般在和人动手前不太说话。步七阴鸷地说。

哈，你已说得够说了。残夕对之不屑，语带挖苦。

多？是吗！步七脸上露出不好意思的笑，他的笑很羞涩。他的剑很无情。

无情的剑指向有情的人，残夕觉得这是对自己的讽刺。这样的夜晚不该是血腥的，也不该有死亡，他甚至认为这种种的不该都莫过于不该有打斗。因为他体会到了冰冷的盔甲里还有着柔情。柔情通过死传递到他的手中，令他猝不及防。这个夜晚对于残夕意味着接受了柔情，也就接受了柔情的死亡。柔情在他生命中如此残酷地到来，居然与死并行。他的眼里也就像是看到了两具尸体。情是君枝，而死不属于她。残夕要把死亡送给杀死君枝的人。

七步之距，被步七的剑量过后，就是他人之死。他说死于他剑下的人，没有一个能超过七步。那个女子在第二步的时候，她的生命像发丝一样断于其剑下。随之被割断的，还有银质的月光，柔软的丝绸，与细薄的肌肤。

他的剑很少遇到这样的事物。当月光在剑上化成一泊血，他的心也有一丝隐痛。步七从来没有为被所杀者产生这种感觉。多少条性命从剑上消失，只给他带来陶醉，他陶醉于七步必死的声名中，像是迷恋一种毒药。七步，他只记住那一杀的快感。看着对手萎地，他会凝立在自己出剑一杀的刹那里，接受死神的喝彩。他把对手临死前的痛苦惨叫，当作是对自己剑术的最高礼赞。然而，这个命若琴弦般断在剑锋上的女子，竟没有发出一点声息。像是月光的轻覆，犹如丝绸滑落。

一根琴弦会发出崩断前的绝响。

一根发丝没有喊叫，只是沉匿于断落时万劫不复的忧伤。

这种忧伤使步七止步，他的剑黯然无光。

7

步七至死也不能理解，七步之距不是他为别人定的生死距离，而是上天给他安排的最后几步，是一种神秘天谴。

他一向认为，别人在他的剑下逃不过七步。他的七步剑是别人的生死符。自己只永远站在七步之外，以胜利者的姿态对别人的死亡进行嘲笑。步七没想到七步是他人的地狱，也是自己逼仄的生存空间，他走出七步，第八步就是死。世界如此广大，他只有七步的空间，七步之外都是他的地狱。步七垂死之际，甚至不能忘怀于月夜里曾有过的一次打斗。是的，那不是打斗，而是步七生命里的一次豪华之舞。

两个剑士，起舞于月下。羽毛般美妙的月色，与精妙剑术相融，挟巨力和致命之击，彼此的剑尖一触即避开，像是不忍碰落对方剑上的月或者雪。那个豪华的夜晚，在两个剑士挥霍的剑术中，他第一次在七步之外翩翩起舞。因为与他对舞的剑士，恰恰是以不计较自己脚步而慷慨浪迹大地的行者。那个夜晚的剑舞，是一个行者对一个仅仅来回于七步空间里的存在者的昂贵赠予。此外，在一个剑客的意义上，他从没有走出过七步。七步以内，他只为别人圈定死亡。第八步，仅仅是在七步头上再往前迈出一步，就是他的死。

在与残夕的交手中，步七没有感觉到那七步是怎么过来的，兵器与兵器相遇，把人的兽性从铁中释放出来，是狮的猛力与豹的敏锐动作的叠加，没有月夜剑舞的华美与潇洒，凶狠的野兽是嗜血的。豹子，玫瑰与痛楚。

仿佛曾经死于步七剑底的亡魂都附于残夕的兵器上，它们要从步七的剑上讨回自己的惨叫。那刺开筋肉的声音。那割裂喉管的声音。那骨骼斫断的声音。那狂血飚射的声音。那负痛闷哼的声音。那身首离异的声音。步七的最后七步，每一步都能听到一个极其惨烈的声音，是上天特地为他收集的属于他自己的招魂曲。当招魂的声音响起，他悚然地感到最后时刻到了。

步七在迈至第八步时，听到了自己胸腔被剖开的声音。那种声音很奇怪，他有些不相信是发于自己的身体。他栽倒在地，仍扬头问对手：你用的是什么兵器？

残夕回答，不是兵器的兵器。

那是什么？

——死亡。

次日，宁王府太阿剑仍在圣剑堂原处供奉着，好像什么也没发生。仿佛没有谁知道，围绕这把剑发生在黑暗中的杀戮与毁灭。或许昨夜已经死亡。

武士要做的，就是将血包裹在黑暗里，再把黑暗隐藏。

8

有关著名剑士步七之死，若干年后江湖才出现传闻，但与那个夜晚毫不相关，就像两码事，说的却是一个人的两个不同结局。也许发生于黑夜的事都被黑暗所覆盖，白天的传闻也便如另一种真相。甚至夜晚发生的是一种假想，而传闻里的才是事件本身。江湖之事，谁说得清。或许残夕那夜杀死的不是步七，或许步七那之前就离开了豫章，根本不可能在那晚出现，或许那晚的事只是残夕的一个梦。对，有可能是梦。那么，这与传闻里的步七之死有什么关系呢？

步七肯定不是他的原名。他原来的姓名人们好像不知道，或知道的也忘了，自从他在七步之内杀人成名，人们只叫他步七。名气大的人，人们也难见到，于是在传说中就有些名不副实。他和当年的曹子建都是才子。一个是做诗的才子，一个是杀人的才子。杀人于他是一种技术，更是独特才华的演绎，据说他的手段能使对手感觉不到痛苦，而头已落下，他的剑上竟没有一丝血。七步成诗的才子和七步杀人的才子相比，世界更重视后者，它更能为铁腕者实现自己的企图所实用，据外省谣传，一位客居豫章的诗人就无辜地死于他的剑下。他杀一百个同样懂得武技的对手，都是才能的显示，唯独杀死一个诗人是赤裸裸的杀戮。

一个做诗的才子被一个杀人的才子所杀。这不奇怪，但杀人者又被权利所杀，也在预料之中。当他失去了利用价值，杀人的才华既多余又显然是触目惊心的罪恶，何况他还以武犯文，杀死了一个诗人，这成为他的死名。他的名气和诗人的名气此时相加，足以让他死一百次。据说当步七面对自己的结局时，怎么也不可能想到，身为一个玩了一生兵刃的武者，最终竟会背负一个斯文的名目而死。行刑那日，以用刀麻利著称的老刽子手宿醉如泥，只有他的徒弟，一个瘦弱的后生替师父用刀。当刀落下时，听刀风就料定这是个没满师的生手。刀接触皮肉：疼。

第一刀下去，根本没找到骨节空隙，力薄，又硬生生落在骨上。后生咦一声，口道：这脑壳还挺硬。不顾步七痛得死去活来，从刀把上腾出右手，狠啐一口唾沫，复握刀，左手也如法炮制。深吸气，再举刀。步七心里喊：快他妈的了结吧。第二刀下去，骨头斫断，步七未死，头还连着筋在肩上。他不得不再补一刀。第三刀终于连皮带筋处理了头和身子的关联。后生吐了口气。

步七的头滚了几滚，停顿在一堆狗屎边，后生听到那颗头骂了句：他妈的。

像是对他表示不满，又像是针对那堆狗屎。

事实上七步杀人的才子根本不可能与七步成诗的才子相遇，他们只是被传言安排到了一起，以致造成了诗人的血灾，人们希望让不幸者作为自己传言的理由或虚构的假证。于是口头的谋杀从来没停止过。事实上客居豫章的诗人之死与步七无关，而对一位著名剑士的斩杀，则是宫步门外一个无聊杀猪佬的荒诞臆想，都是没影的事。

第二章

1

天麻麻亮，有剪剪风。屋瓦上撒豆般过了一场雨。雕花窗牖和朱木门缝便有丝丝缕缕的寒意往里钻，帷幕帐幔竟也有些牵动，里头像躲了魂灵，布就活了。帐帷的线条使阴影在恰到好处的柔姿里不失妖娆与艳乍。谁？朱宸豪警觉地叫一声，从榻上仰起身，手就摸到了枕边的剑。几卷或翻或折的旧籍带着昨夜之温散乱于侧。

主公，是我。郦大千道：宋，宋先生遭害了。

啊？！一道闪电击中屋内的梁柱。朱宸豪的魂都要落出来：这是什么时候发生的？

宁王朱宸豪的密友，实质上是他的重要谋士宋之白，这天清晨被人谋杀于王府客房。当朱宸豪闻讯赶来时，他还没咽气，只用瘦且细的手指，指窗牖。牖外是一树柚子，很多头颅似的垂挂枝丫。朱宸豪感到那只手仅剩一丝力气和血温。宋之白的喉咙里咕哝着浓痰似的，有话说不清。朱宸豪耳贴老友嘴边，才隐约听出三个字：偃、卧、者。

他的手，指着虚空，如秋天里的一截树枝。他的眼睛惊恐地瞪视着，绝命而逝。

他的手像在死命指证着什么，气绝也不肯放下。朱宸豪不禁念叨：偃卧者，什么意思？郦大千和众人面面相觑，皆不解。

残夕赶忙将一件外衣披到宁王身上，朱宸豪赶得急，顾不上穿外衣，光着的脚还趿着鞋。衣落在肩头，却响亮地打了个喷嚏，眼泪鼻涕滂沱而下。

密友知交的死陷入到他的泪水里。那似乎是一条为死者送行的河流。悲哀与痛苦的深度，就是河流的深度。

偃卧者？

残夕也不解地问，落入眼中的是一个个皱紧的眉头。偃卧者三个字，便像鬼魂一样困扰住宁王府。宁王着令郦大千设法查明偃卧者。找出其中的答案，也就是宋之白的死因。

其实死因对宁王和他的僚属来说都很明了，近期宋之白一反过去低调，积极主张尽快举清君侧之帜，直趋京师。宁王几乎同意了他的建议，正紧锣密鼓厉兵秣马。宋之白的死，无疑是对宁王动兵的一种阻抑。环顾宁王府内，谁还能替代宋之白的位置。

即便没有谋士宋之白，难道朱宸豪就不会起兵吗？

宋之白的位置在朱宸豪心里只能是从友情与相知的角度无人可替。但宁王幕后还有的是谋士李、谋士刘或谋士张呢，有的是前都御史、举人或进士，皆为宁王广纳的人才，没有一个不希望朱宸豪登高一呼而天下云应，他们就是宁王旗下忠实的拥戴者。

谋杀宋之白，首先是对箭在弦上的朱宸豪的心理打击。朱宸豪不幸被击中了。死是什么感觉，宁王这时就是什么感觉。鼻孔堵塞，嘴巴发出疑惑和惊骇的声音后，就被封住。喉咙里的东西上不去也下不来，中止在最难受的部位。太阳穴晕眩，眼里的事物突然被拿走，体内的血凝固。当眼泪和鼻涕都出来时，那种感觉就消失了。朱宸豪面对的才是密友、知交、谋士宋之白死亡事件本身。

他是被暗杀在王府书房里。那是宁王为他安排的住处，也是王府数个书房之一。谁能在如此严密防卫的王府书房里下手呢？

谁？还是朱宸豪一早惊醒时脱口叫出的那个词——这成为王府潜在的最大危险。暗杀者难道就是宋之白临死前说的偃卧者？

偃卧者。偃卧。卧者。

朱宸豪踱步于明经馆反复念叨着，他对郦大千说：哪怕杀人者真是藏在梦里，也非要揪出来不可！

梦？郦大千善于梦幻术，但杀人者不可能藏在梦中，宁王只是比喻。

梦中杀人，即使能够实施，也往往是一种意念，或许那只能在意志薄弱者身上奏效。宋之白是何等人物，不仅是个智士，意志坚定者，还是深谙江湖之道的人，玩弄意念的术士伎俩如何摧毁得了他。他必是死于比梦更黑暗更可怕的力量。

2

朱宸豪近来梦频。只要入睡，很少不做梦，不知道是中年以后的生理原因还是心理原因，总之，他睡不踏实。他甚至认的，人也许就是一半活在现实中，一半活在梦里的。这两种生存空间，他最近更倾向于后者。梦里有杀戮，却不必付出鲜血。梦里有情爱，却只真正属于个人，也就是说只有在梦里一个人才能实现最私密的性接触，更不必承担后果。他开始回味一些梦，也开始忧惧一些梦。他试图将梦当一面镜子来观照自己的生活，他有些恍惚，他觉得自己不该是个这样的人。梦里有人在提醒他——你是武士，你是王。

他醒来时，才觉得自己是在王者和武士的梦里，他和幕僚们讨论军队与兵器，对地图上的虚拟构想指指点点，对别人的慷慨之言沉吟，对被宝剑的意志唤起的激情与热血持以坚信不疑的姿态。他在校场检阅三卫骑兵，训话，咳嗽，打喷嚏，大声地说：勇士们，去开辟梦想的道路吧，去用伤疤收获光荣，去用刀剑证明勇士的身份，去用征服来告诉女人们你是男人……

他说，他觉得自己有时也是胡说八道，但他好像被风中的声音指使着，张开嘴，他心里没想到或根本想也不用想他就说，他说出的是一种默默中主宰者的意思，他在兵士们的眼里已接近一个伟大者。

只有自己清楚，他是一副躯壳。他被什么推着在这么干，在充当一个王者和武士。他有着一副王者的伟大面孔，那副面孔要勇士为之献身，并把这种献身当成光荣的必由之路，他不能说那是欺骗，因为他自己也如此被激励着。他搞不清梦里的自己或现实中的自己，哪一个更真实。他甚至不想考问这种真实性。他觉得或许这就叫历史，历史在塑造他，他在历史塑造成伟大者的过程中必然如梦。伟大者的生活谈不上真实性，他本身就是被梦催生的产物，也必然活在梦里，梦比现实更逼近一切事物的真相。一个伟大者缺的就是主宰自己的梦的能力。他在梦里是卑微的，甚至是淫秽而渺小的，但现实中他从不拒绝别人张扬其伟大。

他便成了一个伟大的卑微者——朱宸豪。

朱宸豪在现实中开始与一些女人放纵，他甚至淫乱了自己的妹妹，又爬上了茶商南宫迁养女的床头，还和在王府做客的堂弟宜春郡王年轻漂亮的老婆私通，乃至向王府的几个好看丫鬟下手。

朱宸豪唯独在自己的正妃娄氏帐前腿软，娄妃比所有他遇上的女人都美，可他就是会在娄妃那里泄气。他弄不清是什么原因，他的放纵仿佛是对娄妃的一种疯狂报复，又似一种对自己男性力量的证明。

是的，我是男人，男人就要挥戈上阵。即使遭到再大的障碍，他也一定要起兵。他在梦里跃马挥剑，冲啊！勇士们，杀——

所骑的却是一个光裸女子的肚腹，她咯咯直笑。宁王便发出勇士般的呐喊，他的汹涌激情向女子的体内喷薄而出。

3

这晚朱宸豪又梦见那个手心有痣的女人，她坐在一只凳子上，像是在和那只凳子亲热。没有情节，然后才是他们在薄烟似的帐帏里抵死纠缠。他能感受到对方的乳房，呈三角形，饱满而坚挺，以及极有贴近感的柔软与弹性的女人腹部。还有亲热时那只有痣的手和他掌心相贴握在一起的感觉。使劲，使劲，双方都在使劲，仿佛一场较量。

在这样的梦中，他好像既是动作者，又是观看者。

当他真切地在梦里与女人亲热时，他的另一个自我似乎又置身事外地在旁观。他能看见自己忘乎所以的样子。看见女人光滑雪亮的背和大腿。烟似的薄帏，里面的动作似真似幻，女人的存在若有若无。他似乎看到薄烟把床帏上的景象收卷。女人在街上，一件裙子使她身上的每个部位行走时好像都在动，她是一种欲望，也是一种拒绝。这个梦令宁王陶醉。帐帏忽然被一只抓奸似的手揭开：谁？

接着就听到了宋之白被暗杀了。

数天后，郦大千告诉宁王，他弄清了偃卧者是怎么回事。

郦大千的叙述，使朱宸豪身上渗出一层密密麻麻的冷汗，并从心底冒出一种寒气，这种寒气是自宋之白遭暗杀以来一直笼罩王府的，像不散的阴魂或符咒。那不散的阴魂与符咒就来自宋之白死前吐露的偃卧者三个字。

偃卧者是东厂机关内设的一个阴魂似的组织，其唯一首脑是提督东西厂和锦衣卫的总管司礼太监瑾公公。偃卧者的神秘却不来自东厂，而来自东厂机关之外，来自那些更为幽秘而黑暗的魂灵。

偃卧者如化装成人的鬼魅，是瑾公公安插在各处暗杀者的统称。他们精心潜藏于很多大人物身边，有的本身就是大人物的亲信，他们把这种潜藏视为睡眠，谁也无法察觉与辨识，连偃卧者与偃卧者之间也彼此不知，有的偃卧者或许一辈子也没有被唤醒，那么他也必须像个失忆者一样永远被遗忘在沉睡里，这就是偃卧的深度。

偃卧，是对黑暗的绝对忠诚。他们一旦被唤醒，必然带来死亡。

偃卧者要将死亡的恐惧隐藏在更深的死亡里，死便成了他们效忠的神祇，无力反驳与抗拒，令他们矢志而一，便获得死亡所赋予的冷酷、隐逸、无常、和爆发之力，他们乃是死亡的使者或勇士，把死扛在头顶，送给别人，并且自己也随时准备接受黑色的赠礼。

在你们睡眠的时候，必须睁开一只眼睛，或保持清醒的灵魂——每个偃卧者都记得这句话，都将此作为信条。一个终身未被唤醒的偃卧者像一条狗一样老死在肮脏而又不为人知的角落，这句话也贯穿其一生。

偃卧者是背叛，危险，潜藏在你身边的恐怖代名词，瑾公公曾说过：它可能无所不在。尤其对于那些朝中大臣和地方官员而言，它是司礼监瑾公公手里的一张王牌。偃卧者们个个都是优秀分子，他们克制、律己、忍耐、服务于忠诚——瑾公公说:我不要你们忠诚某一个人,但你们必须忠诚于黑暗与死亡。

偃卧者最忌的就是背叛——对黑暗与死亡的背叛,他们还其于黑暗与死亡——这是偃卧者的规矩。一个偃卧者在接到诛杀令时,如果没有及时向目标施以突杀,他必然遭到另一个偃卧者的突杀,他们的恐惧和迷惘同样在于不知道哪一个是危险的偃卧者,正是这种恐惧构成了坚实的死亡之链。那最后的黑手,只要稍微抖一抖这根链子,有人便会不寒而栗。此刻位于豫章的宁王府便在不寒而栗之中。

宁王朱宸豪听罢郦大千的叙述,几乎要发疯了——你听好喽,我不要等偃卧者来取我的头。他当即召集三卫骑兵部将、僚臣及打算追随其起兵的地方势力头领来王府议事。

王府门前,落叶、灰尘与垃圾在风中打旋。杂沓的马蹄与武步在尘土飞扬中起落,赶来王府的人们无不行色匆匆,他们三三两两进入府门,把喘息和疲惫留给了坐骑。拴马石上,系的一匹匹马不安地踢着蹄,喷着气,打着响鼻,在秋风中嘶鸣着,惊得王府屋檐的麻雀叽叫着飞开,像一把抛于风中的碎纸屑。没有人在王府大厅里看见怯弱者。他们眼里的朱宸豪镇定、沉稳、深思熟虑,言谈举止间充满王者的辉煌大气,他的决断与话语有着振奋和激动人心的魅力。龙正广觉得他似乎看到了一个新世界的缔造者。叶知秋感到朱宸豪是诗人,他足以在诗中为人们构造一个新天地,伟大的时代或许要在这秋天到来。

为国靖难,清君侧!人们热血沸腾,跃跃欲试,感到等待的那个时刻终于不远了,那样一个时刻或许要他们交出鲜血和生命,但他们急不可耐。朱宸豪说:你们听到了战马的嘶鸣吗?它在催我们起程呢!

宁王的话犹如金属之声,就像刀锋掠过阴霾的天气,在风端发出啸响。

王府门前的马,在悲凉的秋风里叫。它们穿透物质的眼睛所看到的无一不是死亡。它们痛苦,它们叫。没有人听懂马的叫声,包括它们的主人。马,正是为主人而悲。

4

这是死亡的季节。宋之白遭暗杀,朱宸豪感到威胁,梦见了杀手。他不怕死在清醒中,而担心死在梦里。他要在醒着的时候死,以武士和勇者的方式死,他不得不发动叛乱。梦境的真实与清醒时的惊悸,使他很难把二者分开。他梦见了娄妃,梦见了马、尸体、一截树枝似的手,还有狼,一只鹰。鹰是他喜欢的灵禽,突然俯冲下来便变成了一柄刺来的黑匕,是杀手的化身。残夕策马前来施救,但总距他一箭之遥。只看到他焦急飞马而来的身影。他甚至觉得关键的时刻,残夕也救不了他，正如每个人只能独自接受属于自己的宿命。

他想到了妙叶，已有一段时间没去她那儿了。他今天非去不可，便叫残夕备马车，他看了一眼榻上的乱衾，像一堆零乱的梦，扭头出门。

女人最好看的时候是被摆在床上——朱宸豪说的话，实质上是对恋床者妙叶的一种赞美。妙叶这个早上依然赖在床上，磨磨蹭蹭着不愿起来。她似乎发现人身体各部分的感觉是可以分开的，比如现在她的手揪着柔发，是和头在一起的，肚腹摩着棉布，是和罗衾在一起的，慵懒伏卧的身子，是和床在一起的。这三个部位有三种感觉，她明显觉得可以脱节，乃至分开存在，身体的各个局部尚可再分。比如乳房压着枕头的感觉，裸足触碰床框的感觉，左腿搭在右腿上的感觉等等。这些感觉在这个不冷不热的早上都很舒服，也很无聊。

若是一把刀将这些感觉分开，让身体的各个部位脱节。疼，就或许是唯一的感觉了。妙叶想到这里，觉得很没趣，也打消了往下再想的念头，她一盘腿坐了起来，侧头盯着案上一把暗红描金的酒壶发愣。她有些犹豫，不自觉地将手在床沿边摸索。她的手在床布上滑过的时候，像一条白蛇，犹如刚才还是美女的白素珍，突然恢复了蛇精的真身，从被子里钻了出来。

白色的手触摸到床布下冰冷的硬物，它的手指停住，能够感觉到锋利。

妙叶的头歪向一边，从对面的镜子里看见一个性感而冷漠的女人。她觉得那个女人是丑的。她心里不承认镜子中的女人是自己，她不知道坐在床上的女人和镜子里的女人，哪一个是真的。她闭上眼睛，试图回归到床上的肉体，从而对镜中的那个人作一次否定，但脑子里尚有着清晰的镜像。

镜子要迫使她承认里面的女子不是别人，她觉得镜子也很讨厌。镜子肯定看穿了她的一切。看到她和男人光着身子在床上翻滚，丑态百出。看到了一条白蛇多次在布上滑动，既将触及布下的硬物时又缩回或停止。

那床布下的东西既像一种诱惑，又似一种拒绝。令她又喜又怕，欲罢不能。

朱宸豪再度光临妙叶的裸体，根本没有料到自己并非这张床的真正占有者。他从登上这张床的那一刻起，就被这张床所忽略和蔑视。他太注意这张床上的身体，却毫不留意于一个身体对于床的归属，甚至一张床对外来者的仇恨与敌对。

一张床是一个人的天堂，或另一个人的地狱。天使喜欢在床周围环绕飞翔。死神静静守候在床下的黑暗里。朱宸豪一直把妙叶的身体当成一张床，在他一次次抵达极乐之时，没有想到床下的忘川之水正在泛起危险的死光。

酒壶里的春药是抵达极乐世界的通行证。床布下一把随时准备启封的刀，正窥伺着他的每一次亢奋。这把刀才是床的主宰者，它同样主宰着妙叶的身体。妙叶每次是在黑暗中和一把刀亲热。她贪恋的是那种危险的刺激，死亡边缘的性事，使她抵达一种疯狂的高潮。

与她上床的人要格外小心，只有将自己当成一把刀的人，才能同她上床，否则绝对要远离她——首先要远离她勾魂摄魄的眼睛，其次才是她的绣榻，靠近她无异于与死亡为伴。美丽的女人是可疑的。或许她是上天为男人制定的戒条，她能让你一瞥其乍泄的春光或干脆领略其巧夺天工的妙处，然而小心了！她不是老天为常人准备的礼物，而是魔鬼派遣的美艳勾魂密使。

朱宸豪哼哼唧唧快活得要死的时候，骑在他身上的女子悄悄摸起床布下的刀。她看着闭目享受的宁王，脸上闪过一丝轻蔑，蛇信似的舌尖暗舐刀锋，轻轻的，被刀刃割了一下，她将滴血的舌头缩回，狠狠吐了一口血痰。

她的舌头像藏在嘴里的刀。

5

朱宸豪若有察觉地睁开眼睛。他看到了一把刀，妙叶的脸色也像刀一样苍白且冷。他要死于这种冷白里。

他没想到残夕会破门而入，把妙叶骑在他身上的躯体推开，使他逃出刀的锋芒——残夕来得真及时。朱宸豪几乎是被残夕拖下那张床的，他夺门而逃时，碰翻了案上的酒壶，暗红飞金的碎片在地板四散，迸溅的酒，证实着朱宸豪的仓皇。他自楼梯滚落而下，像只木桶般摔散了架。阁楼上传来残夕与妙叶的格斗声。妙叶必死于残夕之手，宁王想。

唉，他似自责又似怜惜地叹了口气。

垂死的妙叶尚裸着身子，像一条白花花的鱼。她掰住残夕的手，不肯断气，声音已是缥缈，她说：你要知道……本来我要杀的人……是你，因为……因为你没有按……按指令，杀……杀……杀宁王。我，我只有……替，替你——

最后一个字，是杀，还是死。

妙叶没说出，就被极度的苦痛拿走了声音，却没有立即就死，她只定定地看残夕，仿佛如释重负。

残夕心里是清楚的，他不忍，还是补了一刀。一滴泪，落在妙叶的乳房上，像晶莹的眼睛。残夕将妙叶垂下的手心情复杂地拿起来，手心有痣。

他将这只有痣的手掩在乳房上，与另一只手搭在一起。

第三章

1

暮雨，泥泞路滑。几骑人马从散原山而下，冒雨向豫章进发。山色湿蒙蒙的，空气里是潮霉和腐烂植物的气息，雨下得发出嘶嘶之声，像毒蛇吐信，好像要吞没这个世界。到处灰暗一片，只有雨碰着雨，雨挨着雨。雨，甚至把暮色也阻挡了，分不清晨昏。

这场雨，似乎是从散原山一直不停地下到了德胜门，进了城门，又把豫章下得一塌糊涂，成了一座黄汤泥浆之城。街道行人稀少，载满货物的马车陷在泥坑水洼里，伙计卖力地挣扎着想使马车逃出大雨带来的窘境，但他们再使劲也近乎徒劳。车轴断了，一车货物几乎把车压死在水洼里，几个伙计已成泥人，仍在心有不甘地嘿哟着。一个浑身湿黑、肮脏不堪的女人蹭到德胜门边的酒家躲雨。她尽量小心地蜷在屋檐下，以便不多占地方，也不被人注意。

嘿！疯子，白虎星快滚开，别带来晦气！店里小厮眼尖，便嚷。

疯女人缩了缩，没离开的意思。肮脏的脸雨淋过，略现眉目。眼里闪着惊恐和迷茫。她的头发乱如身上又黑又破的布条。店家吆喝，将白虎星打走。几个汉子便摸来柴棍动蛮。疯女人不动。棍子先是朝她捅了捅，快走哇！女人把身子蜷缩一团，宁可承受一顿柴棍也不走开。店家见别人手软，一把抢过柴棍朝伙计身上敲了两下，骂道：没用的东西，不敢操白虎星，还不敢打呀！你不打疼她，她还以为棍子是肉做的哩。

店家嘴里不干不净地说着，柴棍也不含糊朝疯女人招呼过去——还不滚，不滚，滚。棍子在女人身上发出闷响。另两汉子也抢棍打将上去。小厮在窗口尖叫助威，嘴里不停地骂：白虎星，害人精，不长毛，真要命……

疯女人承受不住棍棒乱击，飚入雨中。店家不放过，领伙计撵入雨地。

灰色灰雾中，女人被恶男打翻，在烂泥里滚动、号叫。店家只嚷：打死白虎星，打！

雨兜头而下，呈不歇之势。几匹马从德胜门过来。马上骑者穿着黑色的蓑衣，戴偌大斗笠。人和马沾满泥浆，脏乎乎辨不清颜色。马蹄溅泥浆而来。

为首的骑者拨马奔至追打的人跟前勒住。马打着响鼻，在雨中喷吐白气。骑者一溜而下，腰刀与马鞍发出铁质的碰响。店家和伙计住手，知道是个多事的。手里的棍棒握得更紧。

为什么要打这可怜的女人？骑者喝问。

她，她是白虎，白虎星，一个疯子。伙计说，样子气鼓鼓的。

骑者：还有呢？

她是贼！店家强加一条。

我不是，不是贼！疯女人可怜兮兮地抗辩。

店家：这女人晦气，真的，晦气得很哩。

哼！骑者愤然道：一个可怜的女人再怎样也没有被几个男人痛打的道理。

嗨，过路的，这儿可不是你多管闲事的地方。店家口气很硬，拉开架势，一副地霸的神情。

这地方的闲事我就爱管！骑者飞起一脚，把一股大力踹到店家身上，店家挨不住，一屁股跌入泥坑，泥水溅得老高。伙计见店家挨揍，欲舞棍齐上。

骑者撅腿，前后各一脚，疾似电闪。两个伙计棍子撒老远，东倒西歪。骑者逼向店家。店家坐在烂泥里，惊恐地往后挪屁股。骑者伸手从店家腰上取下钱袋，扔给愣在一边的疯女人，这是他赔你的——走吧。

女人抓住钱袋，也不敢吱声，跌跌撞撞消失在大雨里。

骑者上马，向跌在泥水里的店家和伙计咧嘴一笑，露出很白的牙齿，拨转马头，走了。

店家以手拍打水坑发泄，该死！泥水溅了满脸。

夜色降临的时候，几骑人马投宿到城中的厚福客栈。却被蒙汗药麻翻了，醒来时已在脯爷的杀猪棚里，周围还站了几个陌生人。

东厂？这些人心道怎落入了东厂的手里。

2

宋之白死了，燕道天几乎不敢相信。而且是死在宁王府里，燕道天闻讯从散原山冒雨赶到豫章，就是想弄清这事，并为朋友手刃仇人。前几天他也进过一趟城，那次他是对朋友宋之白挟着怒气而来，要向老宋兴师问罪，痛揍他一顿，然后断交。

燕道天听人说宁王府把他招安了，仿佛被人当头泼了一身屎，就火了。他早已言明自己即使做反贼，也永远不会和宁王同伙，怎么就被人搅到一块了。他放不过宋之白，当初只有他替宁王开口，有招安的意思。照样约在天宝楼，燕道天一见老宋，就揪他胸口。宋之白平静如水，只说：早料你有这一手，却是揪错了对象。

错，错得了吗？燕道天气呼呼的。

当然。你可以去王府打听打开，他们承认不承认招安了散原山的人，就知道这话与我有没有干系。

燕道天将宋之白往座上一按，让秃三出去打听。他的手仍揪着宋之白衣襟不放，好像一放手，他就飞了。宋之白便不睬他，摸桌上瓜子没事似的嗑起来。

时间不长，秃三回到天宝楼，燕道天一看秃三眼神，就知道自己冤了老宋，便往嘴上扇了个耳光。还要扇第二下，宋之白赶紧挡住，喂，你揪住我的手还没放下哩！燕道天满脸通红，怨我！怨我！宋兄，小弟鲁莽，对不住你。

嗳，千万别这么说。没有恩怨，就不能算朋友。不知道我的话讲得对不？宋之白说。燕道天和秃三都点头，哪有不对的哩！

老宋就握燕道天刚才揪住他胸口不放的手说，如果我们之间只有恩，那么就是施与被施者的关系。假若仅有怨，那就只可能是敌人。这恩怨交织的——才是打不散、拆不开的前世注定的朋友。宋之白拍拍燕道天的手，提高了声音：这样的朋友，一个人一生不会有太多。这样的朋友，我老宋只有你这样的一个。

这祖露肝胆的话，说得燕道天眼睛都湿了。来，喝酒。他将两只碗各自倒满，说：有你这话，我今天醉死在天宝楼也是快活！

死。老宋真的死了。燕道天记得，那次分手前，自己还推心置腹地说了些人生感叹，他说：宋兄，想想看，如果我一直蜷在宫步门那条破巷里，只能做个屠户，还不如脯爷，也不会当财主，不会当，就那样干到死。宋之白看了他一眼，反而说：干吗说到死。

唉，我燕道天这辈子就是把脑袋拽在裤腰带上过的。

裤腰带？宋之白瞧瞧燕道天的那颗大脑袋，笑道：拽得住吗，万一断了呢？

断了，就脑袋掉地上啰。燕道天大咧咧地说。宋之白摇摇头，抿嘴笑。又收住笑容，脸一紧。别这么说。一说，人就伤感了。燕道天：也没什么伤感，这活法是我自找的，我快活。

宋之白又打起趣来：哦，你以为你是谁。不当屠户，不当财主的。

我？强盗呗。燕道天答得直爽。强盗？宋之白一愕。——如果你是强盗，那么这年头的强盗便是英雄。

燕道天：英雄。哈哈，你宋兄笑话我了。这个年头可没人想当英雄。宋之白：但你是！燕道天：我只是个落草为寇的响马，不折不扣一强盗，我没啥后悔的!

不。宋之白很坚决地说，你的行为告诉别人你是英雄。燕道天：我，我不知道英雄是什么东西。它可能是个屁！

你说对了，英雄就是个屁。——他要为别人去牺牲自己，要把自己的性命看得比别人低，要用痛苦去为别人换取一些好处，他要用血肉去换义气。

这话啰里啰嗦，我不爱听。你这读书人的臭毛病，还是这么讨厌。

——酒呢？再来一坛。燕道天大喊。小二应声不迭。

那一次，燕道天和宋之白都醉做一团，像摊烂泥。燕道天的头塞在宋之白的怀里，宋之白又趴在燕道天背上，两个人让秃三、麻脸俩哥们费了老劲才拽开。一人一个扛下天宝楼。老鳖跟后头照应，口叫：当心喽，下楼梯当心喽！

楼滑，尽是痰和呕吐物，秽气冲天。

3

好汉的血是酒。我和老宋还没喝够呢？燕道天和秃三、麻脸、瘦子在雨暗灯昏的厚福客栈全喝歪了。他们打算明日一早先去王府，老宋不能就这么不明不白死了。到底是谁把老宋杀了，谁？谁就欠命。

我就，就得宰……宰他还老宋，老宋的命……命，命，命。

燕道天嚷着这话时，几兄弟已在桌上醉趴了，他咧嘴，想做个嘲笑的样子，发现脸部肌肉有些硬，不听使唤，嘴里念叨命，他的舌头有发麻的感觉。他的脑袋一会儿清楚，一会儿糊涂。妈的，该不是着人家道了。燕道天心里说，腿一弯，竟栽倒。从散原山赶来为宋之白报仇的燕道天，事没闹明白就让使蒙汗药的主儿给麻翻了。待他睁开眼来，看见一副胡子拉碴不无邋遢的肥面孔，在眼前抖动。那张嘴嗫嚅着——我只会杀猪，不会杀人，我只会……

是膊爷。燕道天挣身要起来，发现自己竟被牢牢捆在杀猪凳上。

你他妈！他环眼圆睁，就看见周围还有几张不怀好意的脸，嘿嘿阴笑着。燕道天嚷道：膊爷！你他妈这是——

我不会杀人，只会杀猪。我只会杀猪，不会杀人……

膊爷仍精着身子，围了条油光水滑的皮围裙，一身肉筛糠似的抖动着，像是冷得很，嘴里反复嗫嚅那句话。膊爷手里还捏着那把杀猪刀呢。

喂，诸位是哪条道上的朋友！燕道天朝周围的人喊。一个面白客商道：鄙姓纪，纪老板便是在下。你燕大侠该记得我们几个，天宝楼那一架不是没打完嘛，嗯？

哦，没卵蛋的东厂狗贼。燕道天不由记起来，反倒哈哈大笑起来。

正是正是，嘻嘻……，纪老板也笑。说道：今儿个我们要做的，就是想把燕大侠的卵蛋掏出来。他嘬嘴嘬嘬两声唤狗。

燕道天斜睨，瞅到杀猪凳下脯爷家的大黄狗正摇尾巴欢快地在等着什么。

纪老板道：这可是条母狗啊，它等不及了，想尝尝燕大侠卵蛋的味道。

我操你妈，日你祖宗……

燕道天骂，拼命挣动，脸涨得紫红。

嗳嗳，嗳——别急着骂，听我说完骂也不迟。纪老板不恼，像是挺有耐心，道：我们想请这位杀猪佬把大侠的卵蛋阉了，再用杀猪功夫，嘻嘻，将大侠这身东西——头头脑脑收拾一下，哟，多肥的臕哇！他以两根指头捏了捏燕道天的肉。好，我说的就这些，你骂吧，骂完了杀猪佬就开始露手段，他若伺候不好燕大侠，我的伙计自会伺候他。

爷，求求你老几位了！脯爷丧着脸，对纪老板他们，又是打拱，又是作揖。嘴里不停道：我只会杀猪，不会杀人，爷几个开开恩哪，饶了小的。

嚷啥嚷啥？杀人不会是吧，照猪杀！再嚷，把你的卵蛋也摘来喂狗！一东厂恶声恶气地说，脯爷声音就吓小了，却仍在作揖——我只会杀猪，只会……

好！我要的就是你这杀猪手段。纪老板喝道：下手。

脯爷就提刀战战兢兢转向捆绑扎实的燕道天，口呼燕大哥，燕大侠，兄弟，你可别怪我，你可是我家的恩人哪，千万别怪我，谁叫我学上这门子手艺呢！你别怪，是东厂的爷要我这么干，不然，我老婆孩子怎么活，燕大哥，你忍忍，忍忍，忍忍，忍。

燕道天不愿看脯爷丢人现眼的可怜样，闭上眼，不吭声。脯爷拎来一桶水，手到桶里撮些水，洒在燕道天喉部。燕道天突然想到什么，撑开眼——我几个弟兄呢？他们在哪儿？

喏，纪老板努努嘴，他们在前头等你哩。燕道天侧脸看见秃三、麻脸、瘦子的尸体，几乎像破麻袋一样扔在一起，麻药未醒他们就遭害了。

纪老板见燕道天的双眼要喷出血来，却淡淡地说：这活儿是我们的手艺，燕大侠别记到旁人账上。燕道天虎吼一声，也不知哪来的劲，连人带凳竖了起来，像一位神。纪老板吓了一大跳，几个强悍手下旋即持刀扑来。

燕道天嗷叫着，将绑在身上的凳子当家伙，朝一干人撞去。纪老板首当其冲，腰部结结实实挨了凳子一脚。

这场打斗，力量悬殊，东厂的人都是高手，燕道天纵然有天大本事，被捆绑的杀猪凳束缚着，根本无法施展，他状如疯虎只是拼命，东厂高手开始也就没捞到便宜，被撞得东倒西歪，手忙脚乱。

几只装满猪血的木桶被碰翻，一地血红。

漆似的又浓又稠的血，像满地着了火，血在烧。

燕道天和东厂高手在血地打斗，很滑，人在地上滚一身湿乎乎的红色爬起来，都成了血人。

燕道天身中数刀，努力不被滑倒，他背负凳子，一倒就爬不起来。也有被他撞到要害的东厂，栽到血里便直哼。燕道天哈哈大笑，两个东厂高手从后面猛推一把。燕道天连人带凳笔直倒地，人朝下，凳朝上，再无挣扎余地。

纪老板从血里爬起来，说：燕道天，怪不得豫章人都把你当英雄，你，你确是英雄。他招呼手下把凳子翻过来，恢复原状。口里还在说，英雄，英雄往往是死得很难看的。

几个东厂七手八脚把燕道天掰过来，再捆牢，抬到原先的地方，纪老板两眼骨碌碌转——杀猪佬呢？

藏身杀猪盆里的脯爷被拎了过来。嘿，该你呐！纪老板说。有人将杀猪刀强塞入脯爷手里，沉声喝道：再不下手，莫怪我向你下手了。

是是，脯爷哆哆嗦嗦拿住刀，向燕道天挨过去。

——我，我不会杀人，只会杀猪……

4

英雄一世的好汉燕道天竟然在一个屠夫发出婊子般的哼哼唧唧中当猪宰了。东厂的杀人老手见屠夫将燕道天的尸体剁得头是头脚是脚，内脏归内脏，肉归肉的几大类。也自叹弗如，只默然摇头。屠夫脯爷几乎是很敬业地肢解了恩人，然后双手习惯性在皮裙上蹭。对着纪老板只唯恐活儿干得人不满意，一脸不太好意思的神情，嘴里仍是那句话。

——我只会杀猪，不会杀人。

还说不会呀！东厂的人都想跳起来，却都没吱声。

漂亮！纪老板阴笑着鼓了一下掌，朝手下使了个眼色。东厂的人好像已等不及了，一拥而上，不由脯爷分说，便将他塞进了一条麻袋。

麻袋蠕动着，发出垂死前猪似的哀嚎声。直到扔进屎尿喷溢的茅厕。

看着麻袋沉落到粪坑里冒起一串泡，脯爷的哀号变为了咕噜咕噜的气泡，纪老板突然想撒尿，他示意手下走开，好像生怕别人看到他没卵蛋的鸡巴。

尿撒出来很细，像条线，他想到脯爷并没先割燕道天的卵蛋，完全是按杀猪步骤下手的，他若有所失。那条线也就不成样子，淅淅沥沥，中断多次，才尿完。裤裆，还洇湿一片。

这是没卵蛋的人的毛病。纪老板步出茅厕，舒了一口气。

脯爷在一次闲聊中曾对燕道天说过，我杀了一辈子猪，手都杀软了，真怕下辈子转世投胎变一头猪哩。

燕道天在最后那一刻仍相信脯爷不会向自己下手。但是，他错了，一个癫狂的屠夫终究还是在不情愿与情愿中哼哼唧唧地剐了他，像剐一头猪。

一个民间传说中的英雄竟死得如此狼狈，没有刀枪相见的厮杀，他的一身武功派不上用场，不要说保护别人，就是在最后也不能为自己做点什么。上天在最后都没有给他一丝尊严的机会，他的刀早已被扔在茅厕里，蒙汗药解除了他和同伙的武装。一个向来靠他撑腰活命的杀猪佬，像摆弄一头猪一样彻底摆平了他。

燕道天的死讯传出，豫章很多人落了泪，他们真的没有准备，心就空了。

也有人在茶肆酒楼里议论，一个从小在宫步门拖鼻涕长大的汉子说：燕道天，唉！一个挺聪明的人，我记得他小时候不糊涂，怎么老大一个人了，自己什么也没捞着，净做蠢事。难怪死得难看，可惜啊，可惜作践了一条命。

操！你这是人说的话么，不怕风割了舌头，怎么不就让人把你和脯爷一起淹死在茅厕里。

拍案而起的是城东张大户，那人顿不吭气。张大户翘大拇指说：人家燕道天是这个，挺直了的一条鸡巴。

人就在笑，有窃声道，这以后张大户的大拇指可以帮脯爷填空了。张大户见人叽喳又尖笑，就插嘴过来，说谁呢说谁？人脸上，也就暧昧。

第四章

1

他开始跟她干。不像上次那么毛糙，而是从容不迫，进退有度，这使她感到惊喜。在芙蓉院，她很久没有这种感觉了。他甚至有些缠绵起来，令她突然觉得像是在乱伦。他们默不作声将近干了一个时辰。你这是怎么了？还是辛追打破了沉默。洛昼停下来，几乎是用柔情缱绻的眼光看着她，以手拨开她脸上被汗水黏住的头发。如果我是利苍就好了。辛追吃惊地望着他。又十分伤心地对他说：没有利苍，只有你。洛昼摇头，他从辛追脸上看到了自己的绝望，一个男人对他钟情女人的绝望。那是利苍，而不是我。

可这有什么关系，我们不是以姐弟相称吗？

有关系，今晚有关系。洛昼好像喃喃地说，今晚是我和他的生死对决。

他又在辛追身上疯狂地动起来，仿佛要把那个辛追产生快感时就会叫出来的利苍以巨大的粗暴取代掉、清除掉，乃至干掉。这就是他与利苍的生死对决，它首先发生在一个女人的肉体上。辛追只有忍受着，眼角沁出了泪水。

你一定是疯了，她说。在她稀里糊涂地睡着以后，洛昼恭恭敬敬坐在她身边，为她盖好被子，呆呆地凝望着她熟睡的脸，一动不动，坐了很久。

很久之后，洛昼起身，他拿好剑唯恐惊醒床上的女人，小心地出了门。

今晚，他将面对一场生死之战。

次日，在皇殿侧遗址后的树林里，残夕和归无骥找到了洛昼的尸体。

没有头颅，只有身子，四肢及其余部位皆完好，衣衫也无破损，好像没有经过什么厮杀，颈部的口子齐刷刷的，异常平整、划一，可见杀人者剑器之利，手法之快。残夕在十步开外捡到了洛昼的剑，显然是被对手击飞的，可见昨夜之战悬殊太大。

洛昼几乎是遭到了屠杀，但却没有找到他的头，归无骥一见洛昼的死状，就料定是死于书空剑下。残夕痛心疾首，他把洛昼的尸身驮上马带回王府，待寻到头颅再安葬。归无骥牵着风奴跟在后头，一路无语。

辛追醒来，她发现身上留有洛昼的汗和精液的气息，却不知他昨晚是何时离开的。她的头隐隐作痛，该死的头痛又犯了。她使劲拍拍脑门，下了床，她觉得今天有很多事要做，必须打起十分的精神，她将一件湖蓝色的锦袍随便披在光着的身子上，一头蓬发泻满了肩胛，她觉得先梳一个好看的发式是重要的，可梳妆台上一件物体，使她尖声惊叫。那是一颗头颅，干净的头颅，面如白纸。

那是昨夜和她做过爱的男人洛昼的头颅。天哪！怎么会这样？

她根本不知道发生了什么事。

2

辛追和利苍最后一次合二为一的时候，有了一种罪与爱交混的感觉，陌生、新奇、犯规的刺激，带来隐秘的兴奋。这是她从未有过的体验，这种体验使她像在沉溺中抓到了一片苇叶，不顾一切而又忘乎所以地放纵起来。她隐约觉得这种感受稍纵即逝。但她需要紧紧抓住并放纵一下自己。我会带你走的。利苍说，他很少开口。

真的吗？辛追没有多大惊喜地问。

利苍只说：我会。仍面无表情。或许他累了，撒开双腿肆无忌惮地躺在那里。他要休息，眼皮也奋拉起来。她明显感到他的疲惫与沧桑，仿佛他的心都布满了皱纹。她抚摸他的脸，那曾经的刀锋，也似变了形。抚摸他的颈，他的手指和胸膛，当利苍终于向她承认这样一份感情时，她发现往日的激情已从这些地方消逝了。一种说不出的忧伤，使她突然想紧紧抱着这个裸身的男人痛哭一回，把满腔积蓄已久的柔情还给他，全部给他，然后可以有个交代，她就能——可是她又怎么能。

这个裸身的在她身边毫不设防的男人，是她满腔激情的托付。此时辛追面对他，就像面对一座万丈熔岩喷薄后的雄伟废墟。在废墟的疲惫与沧桑面前，辛追悲从心出。

他的手摸到了刀，隐藏在床角的刀，很锋利。

她的手指从刀身，滑到刀把的过程很短。一把短刀的长度，就是她作出决死念头的过程。细腻、柔软的手，握紧了刀把，像是握住了抱死的决心。

后来，豫章芙蓉院传入市井的说法是：那一刀，辛追没要利苍的命，而是将他硕大的男根割了下来。为的是替另一个男人报仇，也为祭奠自己的情爱。据说利苍发觉东西被割，两眼是空洞的。辛追将那条血物顺手扔入了栏外东湖，便抱住利苍大哭。湖里的鱼绕着血腥而又陌生的东西打转，继而开始啄动。

利苍感到男根丧失之痛时，一剑刺死了辛追——他颁封的王后——婊子——

情人。自己便像条狗一样躲到角落里舔舐伤口去了。他确实是条从头到尾都受了伤害的狗。他多么厌恶这副躯壳。在黑暗里，他再也不能见到另一条母狗湿津津的目光了，他想哭，为那条母狗痛哭一场。

师父死的时候他没有哭，为什么要哭？师父死得很男人——一个一生都有些女气的男人，在死的时候找到了自己男人的位置，应该是值得庆幸的。利苍为师父的死高兴。但是他现在是个无父、无根的人。他作为男人的证据毁在一个深爱的女人手里。那个女人，她梦中的男人，是一个讨厌的王——宁王出现在她梦里的时候，把她吓坏了。

她不相信自己的情人会像王一样有朝一日把她带走。

她不拒绝，甚至服从于情人带来的死亡。

如果我不是利苍，却能遇上她，即便和她一块儿过狗一样的日子，也是快活的。如果她不是辛追，她会是个好女人。利苍想到这些，哭了。他觉得自己像粪便，散发着臭气，这个世界就是一个大粪坑，臭！臭！臭极了。

他哭。这种哭像是对自己的一种安慰。在泪水里，他有见到师父的感觉，他喊着——师父啊师父！

3

剑和风。

他的剑像风一样，你看不到，但能感觉到，我对你说。但当你感觉到时，他的剑已经使完了，你却永远没有机会说出。

这是什么剑？你不禁问道。书空剑？它把世界之空给了你，空穴来风，是要命的。作为职业剑士，你只见过最凌厉与最锋利的剑，却没有见过如此飘忽的剑。怎么个飘忽法？当你意识到使在眼前的剑像风的时候，已来不及发出惊叹。因为身子已被他的剑削为了两半。而且因剑之快，削为两半的身体一刹那还停留在各自的时段里，在剑经过的瞬间，两半身体来不及反应和下落。

你感到在身体两半被削开的缝隙里，有一丝特别凉的风吹过。就是那丝风，将一个剑士的魂带走了。一分为二的身体，只是两截肉。削开身体的剑上却没有血。我在告诉你书空剑时忘了提示——书空剑在那一瞬间，不仅看不到，也不能去感觉。因为谁感觉到了剑，谁就是死。

其实，当一个人最初选择剑时，他就把命交给了剑。无论他怎样琢磨杀人的剑术，无论他掌握了多么高明的杀人剑法，他的智能和生命一道，都是对剑的一种抵押。这种抵押由于人对剑的疯狂痴迷而从不计成本，直至他死于剑下。

剑士的宿命，莫不如是。从这个意义上讲，真正的剑士没有胜利可言，即使一次又一次侥幸战胜对手，却也永远战胜不了自己手中的剑。剑，才是一个剑士的真正对手。一个剑士之所以注定是悲剧式的，乃是因为剑是他的敌人，他一辈子钻研、潜修、苦练，都是试图更好地驾驭剑。一个剑士与剑的搏斗，是从他一接触剑时就开始了，而不是他以剑与敌人交手时开始的。

但一个剑术最高超的剑士，也是被剑在调动着身体，而不是在真正使唤剑。

剑在一次次浴血中变得越来越能看清人的弱点，直到剑尖一点，就能指定人的死穴。没有一个剑术高手不是敬剑、畏剑如敬畏鬼神的，即便对随身佩带的剑，也总是小心翼翼，丝毫也不敢懈怠。他嘴上不说，心里却清楚剑中有鬼。

一把像风一样的剑，你能说它是铁质的吗？你不相信它是铁的，那就最好不要碰上它。因为你的剑只能对付铁，却不能对付风。因为风的缘故，那把剑才是无孔不入的。乘在风上的灵魂也是凉飕飕的。你是剑士。他的剑就是追命的。我是陈述一个剑士被剑所杀。这是发生在豫章城外的一桩血案经过。其结果告诉人们，准确地说是告诉宁王府及其武士：书空剑利苍又出现了。

洛昼就是死在他的剑下，在皇殿侧的废墟里。等着吧！还有你——

残夕第一个反应是，对手到了。命中注定的对手。像鬼魅一样的对手。就是他。残夕甚至说不准对他的敌意，也许他们是同道，但他来了，也就管不得那么多。残夕和利苍，是注定有一战的。

强烈决战的欲望里甚至还掺杂一种不计胜负的赴死快感，残夕没有把这种感觉对谁说，归无骥也想不到他的心思。残夕的心因为激动、亢奋而嘭嘭嘭地跳着，像擂鼓。在擂鼓般的心跳声里，他明显意识到自己会在与利苍的一战中死去。但那一战分外精彩，他就是为那精彩的一战而死的，他死得也会分外精彩。对此，残夕有的只是作为一个武者的亢奋。

一个武者的一身所学，不就是为了尽情发挥出来痛痛快快地和一个真正的对手战一场吗。

只要可以拼尽所能，胜败、死亡的意义都是相等的。

在这世界上，一个跳出十八般兵器之外，使用非戈的武者，其对手何其难找，而一旦遇上了，也就认了。这与其是他的选择，还不如是兵器的选择。

非戈。

书空剑。

第五章

1

我不走。不。不走!

画师寅见到娄妃差翩跹送来的两样鲜果——枣和梨,完全明白娄妃要他早离豫章的用意,也知道自身处境,但他一时反倒犟住了,好像是与两样鲜果赌气,把它们扔到地上。翩跹回禀娄妃,娄妃脸仰苍天,只道:由命吧。

苍天如晦,雨在上头,大面积云动,仿佛浩壮的工程,却没有丁点响声,谁能揣得透天意。谁?揣透不了天意的人,又怎能顺应天意。听天由命,无非是等待上苍来愚弄。上苍有心愚弄一个人,谁又有本事逃脱得了。这些日子以来,随着王府的气氛越来越紧张,娄妃的心也越揪越紧。

在这个灰暗萧索的秋天,她感到了死意。

从宋先生的死开始,她预感一切都会结束于这个秋天。过去,娄妃甚至是喜欢这个季节的,由绿而黄而灰而黑的叶,将神示的色彩演变得极有层次,世界只有在此季才会把很多真实的东西让眼睛看到,让耳朵听见,让心感受到。娄妃觉得秋天是神在向人抒情,是万物在吐露心事。这天人感应的时节未有设防,也就敏感脆弱。

好像人也是上天撒在大地上的一把叶子。

飘起来和落下时的样子,都是伤感的,谁来悲悯你,上天也要人来悲悯呢。

娄妃在临水轩凝视着一片湖上的叶子。飞不起来了,嫩黄的,还没有枯萎,是一具小小的很美的秋天的尸体。

她仿佛看见湖水里一个裸泳女子像一条白花花的大鱼,在水草间穿梭。湖水有点昏暗,衬得女子的白与丰腴格外耀眼,那种刺目来自于动人心魄的丰美身体。水是多好的墓床啊,它有一种完美的归宿感。如果生命结束的时候,允许作出选择,娄妃觉得一片选择安息于水上的落叶是幸运的。这种幸运,使一片落叶的感恩也无比动人。

翩跹,你看见吗?娄妃说。看见什么?娘娘,我什么也没看见。翩跹朝湖上观望,满眼苍茫。娄妃说:一只船。翩跹:哪儿有船呐?娄妃说:一只很小的,神的渡船。翩跹笑道:娘娘作诗呢!娄妃认真地选:不,你看,上面坐着一个灵魂。

翩跹瞪大眼睛看看栏外的湖，又看看娄妃，眼睛笑了，说：娘娘那分明是一片叶子呢。

死掉的叶子在水上，就变成上天遣到世上来渡人灵魂的船了。娄妃说，很长的睫毛使她的眼睛有了一丝丝阴影。

翩跹看娄妃的眼睛，里面有条灵船。

一只船在湖上无风而动，船上的女子白衣乌发忘情而歌，船不像被水推动，是歌在推动。

2

雨下来的时候，画师寅在天宝楼以酒浇愁。

他需要麻木自己，觉得内心像个巨大的泥沼，而且很多脚在里面乱踏。好像什么人都可以在他那里踏上一脚，他却奈其不何，只能逆来顺受。他从来没有主宰过自己的命运，也没有主宰命运的能力。一直被什么推着走，从那里到这里，虚名里面是个多么卑微且苍白的生命。他叹息。

想的自己哭。哭吧！他说。

眼泪却像烧酒一样在眼角徘徊，灼痛，他感觉到自己的眼泪竟是灼痛的，犹如伤口里流出来的血。一种自己都没听过的声音，在鼻腔和嗓眼里传出，像是撕裂了喉管，撕裂了肉。

画师寅很怆然。他发现自己嗓子里的声音，又似气若游丝的呻吟。

他为这种声音难过。他觉得这种声音就是心里的声音，仿佛是无意间听到了隐藏在心里的为自己预备的挽歌。每个人的心里都有自己的挽歌，那可能是一种人人都难以觉察的秘密，但谁都不可拒绝——早晚都会听到。

酒已冷了，心已黯了，还能再饮一杯吗？我们
夜路被驿车碾开，薄冰在脚下碎裂，此行何处？
梅花于断桥边零落。那风里无依的花朵
正在作最后一场蝶舞

——《遣怀》（今译）

听到了自己挽歌的画师寅，倒平静下来。他想到《十美图》已完工了，那册札记式的书原本就写得断断续续，随处都可结尾，还有一批乱七八糟的画和字——皆可由它而去。

《十美图》是朱宸豪请他画的，画好后竟不想给他。甚至有毁掉的念头。但

画上的十个女人的姿态和面容让他不忍。也许他向朱宸豪交画之时，也就是死期。画师寅认为朱宸豪还是不会放过自己。他不交画，不是因为怕死，而是觉得为什么要交给他，是向死亡献媚吗？将如此美好的东西呈送给死亡，就像是一种出卖。他把生命在豫章中最美好的部分画在《十美图》里，也把自己的宿命与悲欢都画在里面。那有可能是他作为一个画家的最后绚烂。

画师寅清楚，有权势的人总是把有才华的人作临时性工具使用的，用你的时候把你当人才，用完后弃如敝屣。正因其临时性，历来的才子便少不了颠沛。何况朱宸豪对他与娄妃的忌惮已是满城皆知了。

画师寅觉得自己不是圣人，是个有毛病的文人，但很多事他还看得清。看清了，有焦虑，也有坦然，可焦虑总是大于坦然的。如果一场大雨能够把他的焦虑带走，他是愿意坦然接受这场雨的。他将一碗一碗酒浇到心里，就像要在内心制造一场大雨。

那场雨是有着尿臊味的。天宝楼卖的酒，有可能是当年一位将军的尿催酿的。画师寅几乎喝了一整天，走下楼时，已然醉得天昏地暗。老鳖叫小厮送他。画师寅说：不妨事。我走得！把小厮拼命推开。小厮就说寅先生真是酒仙，天宝楼还从没见喝过这许多酒能走出门去的。

画师寅硬是在老鳖和小厮的注视下走出了门。黑暗：狂雨如鞭。快活！画师寅大声在雨中高喊——快活啊，天！他分不清脸上的是雨，还是泪。泪和雨，都在画师寅脸上滂沱。他跌了几次跤，又爬起来，泥淖满身。快活，他说。我不怕你们，不怕！他走得歪歪扭扭，泥水直把他往下拽。他恨自己的脚走得不成样子——我是酒仙！不会醉的……

他的身子趔趄得厉害。快活，他力不从心地叫一声。

他的脑袋晕眩，被雨抽得晕。整个世界都像一只烂泥坑。

快——活——画师寅一头栽到污水里。在醉死的最后意识里，他终于觉得可以把一身泥淖洗个干净了。

著名画家寅在一摊污泥浊水里，告别了这个污浊的世界。雨还在下，仿佛在施洗着死亡。施洗着一个怎么洗，也难洗净的身子。是施洗么？不，天在哭。

豫章宁王府画师寅死了，后人考证：《十美图》里十个女子，分别为娄妃、蕊夫人、雪姬、君枝、朱颜、御香、翩跹、辛追、烟罗、青衣。也有人说，画师寅在豫章与辛追、烟罗、青衣并无接触，根本不认识。但考证者认为，烟花之地，是画师寅所去的场所之一，他画笔下出现烟花女子的身影一点也不奇怪，只是那些女子在他画中都成了仕女，表露了画师寅对女性的赞美与同情，以及画家心地的圣洁。

这都是后话。

3

一场大雨可能是一场预谋。它遮蔽了杀戮，血喊，与死亡，它使一切化为滂沱的交响，使那进行着的命运惊心动魄，而地上流淌的血则成了它的注脚。

当残夕的血喷溅而出，把悬空的雨珠染成红色，最终落到地面，像铺开的红毯。他的身子沉重地摔在上面。

残夕的血提前在泥泞的地上为他的死亡作了昂贵的铺垫，以接受他遭到致命伤害的躯体。残夕的灵魂仍在大雨中狂舞。他只看见，利苍突然定住不动了，像一截木桩。残夕喊怎么了？我们还没打完呢！他挥舞手里的兵器拨击着布一样裹挟而来的雨，发出撕扯与呼啸的声音。

利苍根本看不见残夕狂暴躁动的灵魂。

他和残夕打了一夜，最终仍为对手死于自己的剑下而吃惊，他认为自己是不可能击败残夕的，最多也只是平手，怎么也不会料到他会被自己从雨珠上拖过的一剑而杀死。

残夕护胸的皮革被锋利的剑刃切开，整个胸部像是大坝开了一道口，血喷出几米远，几乎要喷尽了，他栽倒。

利苍为意外地杀死了一个难得的对手悲哀，就像失手伤害了唯一知己，他脑中是空白的。

残夕的灵魂却没有意识到自己已死。

他为对手突然收剑不打而震怒，觉得那是对他的侮辱，可任他怎么喊、叫嚷甚至咒骂对方，利苍皆浑然未觉，好像他们所处在的不是相同空间。残夕于是不叫了，他好奇地望着利苍，俨然是个旁观者。

利苍却在注视着那倒在雨血交流的泥泞里的对手，让一场大雨作为他沉默的哀悼和送行仪式。雨使他身上的铁甲闪着寒光，他的面孔也像铁一样冷，他突然又能注视血而不晕眩了，他觉得自己变成了铁。

他以木然的静默，向对手表示最后的敬意。

残夕顺着利苍的目光看去。他觉得躺在地上的死者很熟悉，但记不起是谁，心里咯噔一下，难道我的哪位朋友被利苍杀了，他握紧兵器，冲上前两步。

残夕看清了死者的脸，沾着泥浆和血污。

死的不是我，我怎么能死呢？！他大叫着发足狂奔而去。

一株开满白花的树，也变成红色，又被雨淋得滴下血似的水珠。残夕的兵器，也就是那件非戈，在泥地里被疾雨拥抱。一只手缓慢地伸过来，它有些迟疑和惊讶地捡起这件古怪的兵器。此时，天已现黎明之色。

雨，也渐弱。

4

朱宸豪在书房读书，天将破晓，仍无倦意。他读的是祖父晚年所著的《史断》。窗外雨打芭蕉，十分热闹，这也是他毫无睡意读得起劲的原因之一。祖父的才智与识见是过人的，书中的不少段落他读过不下十余遍，但每过目一次都好像有新的发现，令他心里温热而光荣。一个影子在案前晃了一下。他略抬头，哦，是残夕。天快亮了，你去睡吧！他说。残夕给他续上茶，站在案前，不吱声，也没走开的意思。

朱宸豪有些奇怪，残夕不是黏糊的人，他有事，像是有颇重的心事。怎么了，你有什么话？

残夕嗫嚅片刻还是开了口。

——我从到你身边的那一天开始，就是要杀你的。

——哦？那可没有比你更合适和更有机会杀我的人了。朱宸豪说着竟忍不住笑了起来，他觉得这太滑稽了，连这么忠心于他的人，他的贴身护卫都是要杀他的人。——你为什么要杀我？

——可能什么也不为，也可能只为我手里的这件兵器，它跟随我就负有一个杀人的使命，一个亡灵的嘱托。但这都不是最根本的原因。

朱宸豪霍地站起来，像是受了侮辱般气愤地说：你以为我不配被你的兵器所杀？还是那个亡灵在我面前就根本抬不起头！

——我知道你不会和一个亡灵的不死之身过不去，所以我没有为这件兵器而向你下手，但这件兵器却是杀过它的主人的，并且在杀主之时让我作出了赋予它一个同样高昂代价的生命承诺。我没有用它杀你，却杀死了一个要杀你而又用性命来保全我的女人。

朱宸豪若有所悟，盯着残夕：你是说妙叶。残夕难过地说：她是为我，却是替你向我的兵器作出了昂贵而郑重的牺牲。朱宸豪用低沉的声音说：那你为什么要一直拼命保护我？残夕如实说道：可能就是为了更好地杀你，或在最后杀你时不再犹豫。朱宸豪脸上闪动一丝冷笑：你说犹豫？残夕说：是犹豫。我的犹豫或许就是为了找到说服我来杀你的理由。朱宸豪：你这么难找到杀人的理由，为什么还要杀人？残夕说：这可能就是我最终要告诉你的一桩事——我是偃卧者。

残夕为终于吐出这句话而感到轻松，连他也没想到自己会说得如此平静。

——宋先生是你杀的？朱宸豪敏感地反应过来。

不。残夕说。朱宸豪问：那是谁？

残夕回答：不知道。朱宸豪相信他不会说假话，他顺手合上桌上的祖父的《史断》，似乎疲倦地闭上眼睛，不无平静地说：

你看，天快亮了，你也该动手了。

朱宸豪没有注意到残夕已单膝跪下，只听得他说，主公，你要保重，有很多人想杀你。只是，只是我不能再保护你了。后一句他的声音很小，似有不堪的痛苦。朱宸豪在睁开眼之前还听到最后三个字：我走了——

残夕！朱宸豪不自觉地追赶几步。他醒了，

朱宸豪发现自己是在书房里读书打起了瞌睡，刚才的一切只是一个短促的梦，被一阵窗外吹入的风刮跑。

残夕呢？他问拾夜。

5

与此同时，归无骥也见到了残夕。但却是一个浑身带血的残夕。怎么了，兄？归无骥几乎失手得酒杯落地而碎。他知道不好，残夕伤得如此之重，焉有命在？他知道自己见到的是好友前来告别的不死之魂，他的泪水夺眶而出。

他哭着问，兄，你这是怎么了，啊？！残夕也不说话，只看他，也流泪。

残夕流出来的眼泪是血。脸上便有两条触目的血痕。

是谁？兄，你要告诉我，是谁？我会替你去找他！归无骥几乎是号啕。残夕不语，对归无骥的问话，只摇头，希望他不要报仇。

归无骥更是大哭。他忽然想起什么，赶紧一抹泪，到酒桌上倒来两碗酒。兄，说好了，今晚你到这儿来喝酒的，你是跑去哪儿了？喝，喝，这是我要和你喝的酒，你就喝了这碗，喝了这碗，上路吧——

残夕接过酒，面对归无骥，竟露出了笑意。两只酒碗碰在一起。碎了。

归无骥急忙跪下磕头相送，他知道自己的好兄弟去了，永远地去了。他听到门外传来马的哀鸣声。

天才蒙蒙亮，早起的人看见，武士残夕的黑马在空旷的巷道奔跑，马上空无一人，它边跑边嘶嘶悲鸣，一直冲出宫步门。绕过水塘和阡陌，最终消失于白茫茫的晨雾里。有人说，他在城门迎面撞上那匹马，马上坐着一个浑身是血的武士。武士的面孔，挂着两行紫红血泪。那人惊恐万状，赶紧跑开，回头，人和马都没了踪影。暗忖：撞鬼了。

　　王府证实残夕之死后，派人在豫章城内外寻找，却怎么也没找到他的尸首。残夕的爱驹也不见了，只发现那匹马挣断的剩在马厩围栏的一截缰绳。对此，朱宸豪叹息着说了声：马，是通灵的。

第六章

1

据说残夕与利苍的对决是在那个晦暝之日进行的。他们决斗之前，有人说相约去过青楼，没别的，只是干男人的事。而且是同室操戈。他们的兵器放在一边。兵器与兵器在厮杀之前，相互保持着沉默和敬意。两个男人边干，边似乎轻松闲聊着。他们可以肯定这是二者中一个人的最后一次，却没谈这个，只胡扯，像两个纯粹来寻欢的兄弟。据说他们的决斗是从床上开始的。

那只能算一种较量，在一间房子里，各自骑在女人身上，看谁先落马。一种古老又寓意明确的战法，一个玩笑。战争是有性别的，但一切战争都是性。

可能传说者不知道利苍与残夕对决时已是阉人，他们也耳闻利苍和芙蓉院的女子有着传奇般的阴阳之合，也许利苍遭受辛追挥泪去势的一刀本来就是无聊的编排。因此，传说也就附会。甚至与真相差之甚远。两个男人，真正决斗的主战场，怎么可能是床。尤其如残夕这般的动物，他甚至是蔑视床的，那么传说中他们位于任何地点的决斗过程都令人置疑。于是传说便只能是不问真实，姑妄听之。

在豫章他们的决斗便就有可能发生于皇殿侧废墟，灌婴亭，乃至任何一个适宜打斗的地方。

听说你是王府第一武士？利苍说，语气并无轻蔑之意。残夕道：你信吗？天下从来没有第一之说。

残夕对这个对手予以了足够的重视，居然在利苍的剑未出鞘前，就已将他的兵器——非戈，执于手中。残夕知道书空剑的速度，他目睹过书空剑瞬间取人性命的经过。利苍似乎不忙于动手，却满怀交谈的欲望。除了和对手，他在这个世界上几乎没有了可以交谈的人。像这样的交谈少之又少，——天下对手有几人？

你是王府第一武士，就是我杀宁王之前，必先杀的人。你是为宁王而死的。利苍说这话的时候，手却在裤裆上搔了一把，好像那里不太舒服。

我只知道书空剑很快，没想到使书空剑的人嘴皮子比剑还快。残夕不无挖苦地说。利苍笑，有点厚颜无耻的样子：过奖过奖……。残夕说：那就让我来领教你的书空剑吧！利苍说：领教？不敢当，我一向是把这事当打架看的。残夕嘿嘿冷笑：想不到哇，一个杀手在杀人之前也挺客气。利苍问：是么？残夕答：嗯。利苍说：我倒不觉得。残夕问：你一贯都这样？利苍答：一贯？我，不！少，很少。利苍边说，边开始用一条黑布蒙上眼睛。他做得很小心，也很慢。为的是扎牢，把眼扎严实——有很多人没见过我的眼睛就死在我的剑下，他说：我真惋惜他们。

你有晕血症，残夕道，一个杀手怎么会既如此残忍又如此脆弱呢？

利苍说：脆弱？我出剑的时候，很少有人不见血，而一见血的人，很少有人不死。

残夕问：所以你不敢看血，你怕死？

不，我只怕看见你的血。残夕听利苍这样一说，感到愤怒——你这是对我的蔑视吗？

利苍很平静，他答道：我恰恰是对对手的尊重，对血的尊重。

残夕右手持戈，左手直指利苍，大声说：你没有机会看到我的血。如果你不害怕自己的血，就请扯下布。但如果你是怕血，那么出于对你的尊重，我允许你蒙上眼睛。

嘿嘿嘿……利苍又笑。边笑边扯下黑布，说道：还没有人敢对我说这种话，那我就用眼睛看着和你来战一场吧。

决斗中两人同时见血。

果然是一笔绝妙书法，残夕赞道。他一膝跪地，一手以戈支撑。

果然是一把非同一般的兵器，利苍也说，一阵血晕。残夕收戈，道：我不乘人之危，下次再战吧！

慢。你以为你赢了吗？嘿嘿，我是有晕血的坏毛病，利苍有些不好意思地承认。他说：但你是个跛子，不会比我好多少。这样的架，打得痛快。一定要打下去，来吧！

恭敬不如从命，残夕道：我也难得碰上你这样的对手。

雨，近乎和夜幕同时降临。两个武者提足精神，立于雨中。多么熟悉的雨，多么熟悉的黑暗，利苍眼看着雨和夜幕，仿佛身处在一个记忆的场景里。雨水滴在各自的兵器上，像是神在用手指抚摸或试探兵器的锋刃。风，把狂发吹乱，雨又把它贴于武者脸上。利苍咬住一束吹到嘴边的乱发，他的耳边隐约听到了师父的吟哦——壮士拂剑，浩然弥哀。

今日一战没有光明，只有黑暗，残夕的声音。他说：只有在黑暗中的真正武士，才能听到天堂的悲歌。

大雨。黑色的雨，谁也无法推开，仿佛两个武者的决斗只是对这场充满暴力行径的大雨进行无效的反抗。雨不是鲜血，然而一夜的雨中狂战，却要生命之躯用鲜血来和雨作出有力而鲜明的对应。

在天亮到来之前，残夕死于这场黑暗的大雨中。死在利苍书空剑所书——壮士拂剑——浩然弥哀的哀字最后一划里。利苍的剑也在那最后一划里凝住。雨经过那把剑，滑落，像是一种诉说。

残夕临死时嘴里发出毫不连贯的话语，他的嘴唇机械地动着：……尽信……书，不如……不如无……无……

黑暗在他眼眶里陷落，他看到了巨大的虚无与不在。神的泪水，滴在剑上。

2

当朱宸豪的手，从豫章宁王府圣剑堂正中央的供案上庄重托下太阿剑时，心里竟咯噔一下——那久已期待又害怕到来的时刻，居然毫无预兆地来了。他的心对这把太祖皇帝的遗剑早就有了感应，没想到此时却是莫名的茫然。

他甚至有些慌乱，剑托在手上不知如何是好，又赶紧放回原来的位置。朱宸豪第一次在王府的宝剑前有了做贼的感觉，心虚。他要好好想想——好像内心还没准备好。但他不得不考虑豫章几个举足轻重的人物。如果要有动作，这几个家伙是绕不开的。

他首先想到江右按察使胡世安。可以说这是个就其内心不论对皇帝还是对朋友都毫无忠诚可言的人。在豫章官场，表面上他和谁都是朋友，却处处在利用别人或准备借别人之力为己所用，他上上下下都打着哈哈，对不危及自身的事，可能会援之以手，但他绝不会和你成为神圣同盟，他没有道义，也就没有神圣。他不会为神圣作出任何牺牲，而希望神圣变为自己有用的光环，但为了自己他随时可以背叛神圣和出卖朋友。他的行径虽不完全等同于小人，却比小人更危险，害处更大，因为他具有伪善的欺骗性。这种人不仅没有用，而且要极力提防。胡世安好色，却无能，总是一脸谦虚而又抱愧的笑，好像欠了世上所有人的，样子腼腆且暧昧。江右布政使汤慎吾，是搁在豫章过渡而候升迁的，他的心思不在于此，只在于朝中大员的交往中，对豫章宁王府他亦无心开罪，敷衍得过就是，考虑到自己的利益，他不希望在江右布政使的任上豫章出事，他对宁王府谋变的动静是对内采取息事宁人，对外采取辟谣的方法，心里只求即使宁王要闹出乱子来，也要等他离任后才好，那就与己无关了。所以当豫章宁王府动向愈见明显时，他拔腿开溜了。

豫章指挥使龙正广主控一地兵权，他是朱宸豪极力要抓住的，可喜的是，龙正广父祖辈都是宁王朱权的旧部爱将，他本人对当今皇帝的荒淫嬉戏、任用权阉，也极其不满，如果宁王一声号令，他随时愿意起兵为王前驱清君侧。豫章知府夏铁一是朝廷的刚正之臣，他对朝廷很多事也有看法，但反朝廷的事他便视之为谋逆行径，是臣子肝脑涂地也不能为的。他得知宁王府似有异动，便将制止动乱作为他在豫章任上的主要责任。然而，以他之力能阻挡宁王府的谋逆吗？

所以豫章根本就不是他这个知府想如何处置朱宸豪，而是朱宸豪想如何处置他这个知府的事。朱宸豪从内心钦佩夏铁一，朝廷之所以不振，就是夏铁一这样的官员太少，即使有那么几个，又受到极力排挤，与其说这是廉吏直臣的不幸，还不如说是朝廷的悲哀。这样的官员本该是为我所用的啊，竟不能与我同道，如果要让我朱宸豪真的向他动刀，那也是我的悲哀呀！思至此，朱宸豪不禁长叹。但，不杀夏铁一，又当如何？

以他的清誉，一旦拼死反对宁王，必然产生对王府起兵不好的影响，那天下还有谁敢随之拥帜。夏铁一虽区区一人之力，他挡在宁王面前，却也不亚于万马千军。正因为他是个令人敬仰之士，才必须不动声色地在起兵前夕解决掉他。宁王考虑再三，得出这个答案。他手里真正所能依靠的本钱，是宁王府的三卫骑兵。

3

按察使胡世安人也见不到了！副使唐锦跟了宁王。布政使汤慎吾逃亡，左布政使梁宸也进了宁王府。现在王府的人已等在花厅里！豫章府武尉吴明见夏铁一不语，提醒道：大人，怎么办？

夏铁一心里难受。痛苦，像荒蛮粗糙的石头堵在胸口，使他无言。无言令他的反应有些迟钝，一下子仿佛他就老了。不是被岁月所催，而是现实的残酷击打。他的肉身和精神都难以承受，甚至逼近极限。夏铁一这时深刻感到朝廷出卖了他，把他撂下，他只有等到最后糟糕时刻的降临。他的正直和忠正，朝廷并不欣赏。他的谏言和直陈，朝廷并不需要，他对国家的忧戚与悲患，朝廷觉得多余——他只有接受自己的宿命。夏铁一的内心哭了笑了疼了乐了。

他的笑声里透着无比的荒凉。笑过之后，竟是满脸凝重。外面的雨在刷刷地下。

相信我，大人！我能保护你们杀出去。望着夏铁一满脸的凝重之色，豫章府武尉吴明坚定而恳切地说。

你带小姐从后门走，夏铁一看看雪姬，又看看忠诚的武士吴明，郑重托付道：替我好好照顾她。

父亲，我不走！雪姬说。夏铁一急，喝道：干吗不走？他的眼神不客气地瞪着女儿。

我要和你在一起，雪姬拉住父亲的手。夏铁一面带愠怒，又尽量语气温和地说：现在都什么时候了，还说傻话！雪姬倔，只说：我说不走就不走。

真不走？夏铁一脸板得十分难看。

雪姬说：不！

好，吴明你给我把她扛走！夏铁一斩钉截铁地说。

大人……吴明面有难色。夏铁一怒喝：还等什么！

你要保重啊，大人！豫章府武尉吴明扛起雪姬，不管她如何挣扎、捶打，转身遵命离开。三步两回头，拖着哭腔，保重啊！——大人。

见吴明扛着雪姬出了后门，夏铁一稍稍平复心境，从容踱至花厅。

宁王奉太后密旨，起兵靖国难，清君侧，请夏大人随军出征！拾夜对夏铁一传谕，言语毫无感情色彩。

夏铁一瞥一眼门口，廊道上都是手执刀剑的王府武士，雨下起了烟，心里默祷吴明能带雪姬顺利逃出去。

密旨何在？取来瞧瞧！夏铁一往椅上一坐，大大咧咧地说。拾夜上前一步，恭敬一揖，道：只要夏大人到王府见了宁王就能瞧见了。

屁话。夏铁一一拍案，怒道：你们把我夏铁一当什么了！拾夜笑，说：夏大人息怒，宁王没别的意思，敬你是堂堂正正的人，希望你能有一个选择。

选择？选择什么，夏铁一朗声大笑，说：要我选择和朱宸豪一道反朝廷？做千古罪人？

拾夜朝左右随从示意，一名随从双手端上托盘，上面是一束白绫。另一名随从的托盘里是一壶酒。

夏大人，我不会说话，只是将宁王的意思转达给你。你自己看着办。

夏铁一的手伸向酒壶。拾夜见状，有些遗憾地摇头，嘴里说：大人何苦如此选择呢。夏铁一回头看拾夜，脸上的笑就像孩子似的开心，对他说：你知道我为官到过多少地方，离家有多远吗？有时我真想回去，回家乡去。

夏大人，你是个好官儿，拾夜说。

好？有什么好。受命朝廷者，自当忠于职事，夏铁一叹息一声，道：我无能啊！现在，我该回家喽。

拾夜问：回家？夏大人你的家在哪儿？夏铁一想了想，哪儿？现在近了，一步就能到。他晃着提起来的酒壶说：我早已打点好了。

走那条道是永远回不了家的呀，大人！拾夜说。夏铁一笑：说啥呢！我知道回家的道怎么走，虽然离开老家很多年了。

那路可黑着呢！拾夜说。

是夜路吧，夏铁一仍笑着说，我小时候常走夜路回家，赤着脚，在田埂上，穿过坟地，哈哈！

拾夜问：没有灯笼？

夏铁一答：没有——我习惯摸着黑回家。

他说罢，举起酒壶，将毒酒饮尽，嘴里边呛着酒边发出哈哈大笑……

身子一趔趄，夏铁一在笑声中栽倒，是个扑地吹灰的比较难看的样子，他几乎没有挣扎，否则样子更难看。

他是我唯一见到笑着死去的人——拾夜回禀宁王时如是说。宁王只摆摆手，示意拾夜走开，一副不太好的神情。

豫章府武尉吴明扛着雪姬没跑出多远，就有一队王府骑兵从后面追来，兜头把他们截在雨中的巷口。

喂！想挟持知府小姐私奔嘛？一骑士抹着脸上的雨水，坏笑道。吴明放下雪姬，拔剑在手，喝道：让开！灰色的雨，劈头盖脸，下得人几乎睁不开眼睛，雨中的骑士却异常亢奋。

让？你以为你们跑得了么。骑士以兵器挡道，好像要用兵器和大雨联合组成屏障。吴明急吼：那就别怪我大开杀戒了。

他的剑在腰际一闪。身手、机变、爆发力。把王府骑士搅成一团，马溜溜直打转，骑士的刀剑碰撞着，如同打铁的声音和雨喧哗成一片。逼仄的巷口，有些腾挪不开。也把逃亡者逼得严实，除了马的身子、屁股、尾巴。马上骑士的盔甲及刀剑之声和雨声混合外，看不到围在里面的人。

巷里人家的门，丝开一条缝，又赶紧合拢，雨里什么也看不见。仄巷里一阵乱。马蹄，砍杀，铁器碰铁器的响动逐渐平息。巷口，铺街的乱石，雨血乱跳。有砍死的人被拖过的一溜扫帚似的血，让雨在舔着。是马拖拽的新鲜痕迹，被杀者肯定砍得不成人形了。

雨水冲刷的血里，逐渐显出一根女子的金钗。

4

大雨如万马千军压至，翻江倒海，鱼龙曼衍。豫章宁王府被雨罩得密不透风。府内，宁王朱宸豪和他的幕僚们皆端坐，像是在作出重大决定前的最后沉默，又像在等待上天的意旨。人们都静听门外的雨声。雨中会有什么抵临？马蹄在雨中突然传来，骤驰暴走的马蹄落在青石板路上，掩盖了雨。蹄声比雨点还急。

一个人闯入门来，像从水里捞出来的。湿淋淋的水从他身上往下滴，站的地方很快就一片水渍。说话的声音也像雨一样急。

——主公，刚刚截获阳明君一份传檄，言朝廷已遣都督许泰率京军四万南下，两湖都御史秦金，两广都御史杨旦，与阳明君会兵，共十六万之众，正在向豫章趋集。朱宸豪嘴里只吐出两个字：再探！

是。探子转身而去，所经之地皆湿漉漉闪亮。马的鸣叫和粗重的雨声混合在一起，显得淫湿而短促。紧接着又是一阵马蹄响起，瞬间淹没于大雨中。

众幕僚的眼光齐看坐在上方的宁王，他脸色阴鸷，有些举棋不定。

主公，与其坐等阳明君来攻打豫章，不如主动出兵，直捣金陵！郦大千站起来心急如焚地说，这也是宋先生的意思啊。

宋先生主张直趋京师，龙正广道，不到万不得已不打金陵。

京师所处北地，距我何止千里，郦大千说，现在就是事急之时，我们只有兵出长江，顺流东下，克取金陵，尚可与京师对峙。若是专据豫章，他日朝廷之师齐集，四面夹攻，巨石之下，焉有完卵。郦大千语言忧切，充满期待地看着朱宸豪，身子在欲坐未坐之时，把屁股虚着，等宁王决断。

宁王朱宸豪的双眉上像是悬着巨石，又仿佛让一双看不见的手揪住，像马缰一样被谁拧着。阴鸷的脸色里是犹疑，疲惫和茫然。他开口说，目前只知阳明君在吉安，集结临江、袁州、赣州、端州、新淦、太和、宁都、万安等地兵马共八万，会抵丰城。这么快，京师、两湖、两广又发兵了。这会不会是阳明君虚张声势？抑或我们还是按兵不动，再等一等……

不！郦大千道：主公，若是我们再等，良机尽失！宁王盯着郦大千，说：那么你的意思是立即出兵？

郦大千：出兵！越快越好。宁王又转脸看着众幕僚，询问：诸位以为呢？他只听到大多数声音在回答：我们听主公号令。

烛光照亮着等待朱宸豪决断的额头，那额头似乎从未有过这般的庄重，散发出青铜的光亮。洪武皇帝赐遗的太阿剑像一道闪电，在朱宸豪面前打开了一个世界。在这个世界里，仿佛苍茫的天底下什么都消失了。他自己反而是个剩余者，孤立而无援。这使宁王看到了现时的混沌与巨大的不在之在。他左手摸到的右手，就是世界的全部。他隐约触摸到了古老而永在的旷世忧伤。

你是王者，你是武士——当宝剑的神谕再次闪电般击中他时，宁王朱宸豪看见了兵马，旗帜，火，盔甲，枪林与刀阵。剑的意志左右着他，它就像一支如椽之笔要把他再摹画成伟大人物，这把剑曾经为世界描画出了一位伟大的君主——太祖皇帝。因此，与其说是朱宸豪在运思自己的未来，倒不如说是太阿剑的意志在谋划他的命运。他说：是时候了，出兵。

他的话是轻轻吐出的，像是吐出的一口气，但大人物看似轻描淡写的一句话，就可能影响历史。

决定终于作出，命令下达后，朱宸豪反而感到一阵轻松。现在终于到了这一步，也就没有什么顾虑了。他手握到腰上的剑，就有一种莫名的亢奋，一种不计后果，不顾死活的快感——当年太祖手握这把剑是什么感觉。朱宸豪在体会和摸索一个救世主的心灵。他要从摸索中找到勇气和力量——那是对一把剑的体会——从而对自己身份作出再次的验证与确认——你是武士，你是——王。

亡。

他隐约听到一个不祥的谐音，只是一闪，但马上在内心予以纠正，是的，我是王！

后来有个参与者回忆起当时的情景说：我目睹并亲历了历史上的一段黑色史诗，兵器在人们手中兴奋而紧张地传递着，像是在传递一种命运，人们只接受，没有谁问好坏，却都知道它在把大家连到一起。血，作为火的燃料，把刀剑打成。人们从豫章一些不为关注的巷落里出来，武装起来，然后弥集到德胜门。宁王在武士的簇拥下走着，很多人跟他打招呼，满脸崇敬，每根血管里的东西都在骚动不安。他看似严肃而又随意，话不多，拍拍那个的肩膀，摸摸那个的头，奇迹一般，那些狂暴的灵魂顿时安静了下来。好，现在听我说！宁王站在台阶上亮开嗓门，他接过一碗血酒道：今天，我的血和你们的血流在一起了，不，不是今天，在这以前，当我和你们在一起时，我们的血就在一个碗里。太祖皇帝的血和他臣民的血，是骄傲与光荣的标志。先帝的血流在我身上，今天又和你们淌在这个碗里，就是骨肉兄弟。知道这个碗里代表着什么吗——天意。天意将赋予我们天神的力量，去反对罪恶的逆行……这个回忆者道，我当时热血沸腾，感到自己在历史里，对此，我毫不怀疑。宁王朝被武装起来的人们高喊：请跟我一起用热血去收获荣耀吧！我们便高喊荣耀二字，拼命跺着脚，用手中的武器拍打着盾牌，让一切可能发出声音的东西都响起来，以对宁王朱宸豪的话作出热烈的回应。

一支浩荡而阴鸷的执戈前趋的大军逶迤出城。灰暗的天空，黑色的城楼，在为这支军队送行。

宁王的太阿剑所指之处，九江、南康等城被攻破，大江南北皆震。

如火如荼的宁王大军挥师疾进，没有人清楚地知道会有怎样的结局，而已经屡次与死亡相见的军人的内心却是荒凉的。当一个声音在高声呼喊他的名字，他听到那个声音，便把自己与人群隔开，感到崇高和神圣。追随那个声音而去，那个呼喊名字的声音就是死神。

5

一场战争落到军人身上——就像一种出卖，他们被一个个扔到无援的战场，把战争的浩大以个体为单位分解，那是一块死亡的蛋糕，每个军人都有一份。你必须为自己的生存而战，再大的战争到了士兵手上也仅仅是一个人的生死之战。如果战争一方的每个人都把自己保住了——这种自保是建立在杀死敌人的前提下，那么，他们就是赢家，就赢取了战争，否则便相反。战场上互相害怕中相互指认的敌人彼此都是无辜者，而真正的敌人却在自己一方的最高阵营里，是那躲在最后、站在最高的人使他们致命。

战争，在美丽的土地上展开，屠杀，在美好的生命里进行。

鲜花开过的草地上都是尸体，丰收后的庄稼地里都是鲜血。战场就是屠宰场，没有一把刀是不杀人的。这里没有诗意，只有丑陋。军人既是屠手也是被屠戮者，伟大的将军不过是杀人最多者。

看看将军的手吧，看看！他的手上或许没有一点血迹。那是所有的血都害怕这双看似洁净的手，都如遇恶魔似的退去。战争里的军人是在杀戮中求生的。杀，在战争中也就变成了痛苦、艰难，乃至罪恶的挣扎。即使是胜利者，也像是从屠宰场下来的血人。然而后世的典籍记载，宁王起兵时是混乱的，缺乏历史的仪式感，就像一伙乱臣贼子聚起乌合之众，他的军队成分是流氓无赖，湖匪水寇及山贼。典籍记载者并没有见识过宁王的起兵经过，也没有接触过朱宸豪其人，这使他写下的文字貌似铁板钉钉又疑窦丛生。马蹄，奔窜的影子，武士，号角与口令，几乎把一座豫章城要搅翻了，到处都是尘土飞扬，人们呼吸紧促，对话都简短而匆忙。开始不知发生了什么事，听说朝廷派大军来打宁王，且要血洗豫章，石头过刀，草木过火，没有不惊惶的。这种场景典籍史书里都见不到。男人各寻武器到德胜门集合守城。男人！男人！风中有个声音好像在满城喊男人，那声音有些凄厉——风鸣鹤戾。

不是所有男人都随宁王出征，朱宸豪令宜春郡王留守豫章，亲自率兵六万，号称十万，分五路东进。据说碧薇夫人在圣剑堂亲自向儿子朱宸豪授予了太阿宝剑，又以衰朽之躯身着华丽照眼的粉袍登上德胜门城楼送行。当浩浩荡荡的大军开拔，碧薇夫人老泪纵横。黑色城楼上，围观的百姓只看到一片云霓，它不一定能使这个晦阴秋日大放异彩，却也令人的眼睛一亮。

于是，有人看着这支军队热血滚沸。有人看着这支军队愁云满面。

一匹白色的马于灰暗中出现在城墙上，马的主人默默注视着远去的军队，面无表情。苍凉的豫章古城楼，颓废如宋版木刻画，隐约着被岁月雕蚀的美丽。历史在这种时刻需要见证。但见证者，往往都是沉默的，他只听到风的声音。

风，像一种传说，把许多事物都吹歪了。天玄地黄。

第七章

1

天浑黄，像个有病的汉子撒的尿。

十一月的秋肃之日。久藏于万物中的杀气已发出金戈之声，众木凋敝，仿佛被金属之刃所伤，落叶是秋天的尸体。王府后花园也好像一夜之间便成了杀伐后的疆场，一派草木狼藉之象，显现了残山剩水的荒凉。昏黄的豫章城里，空旷而冷清，街头偶见几个穿得臃肿起来的行人，也有些迟钝与麻木，杏花楼下的东湖却秋白茫茫，岸柳已呈鹅黄之色，在风中飘舞，凄凄然的神情，试图款住那一片片逐水而逝的柳叶。

雨，细如牛毛。大地像是在牛毛上，唯有雨在提示着它无限可能的存在空间。我骑在马上，马蹄如雨。我伏在马背上的姿势与随风前倾的蓑草呈同一斜度。混沌的细雨天，狂奔在旷野的骑者与蓑草都在风中倾斜，好像已失去了时间，大地也没有方向，只有骑者心中的一个地名成为他狂奔的理由，骑者只是想把它踏在脚下，这就是一切看似心急火燎的狂奔者的最大目的之所在。谁也没有注意到，我骑着风奴跟随宁王的军队到了吴城，据说随军抵达的娄妃，因身体不适也就留在这里。

吴城是鄱湖入口处，径通长江，宁王大军主力在此登船东下。看着蔽江而下的桅樯远逝。站在望江亭上的娄妃的身影显得异常单薄，像一条风中的绸子。那条绸子飘动，把江尽头的帆影化为虚无。她便在虚无里游荡，仿佛再飘一下自己也会消失。

我不明白自己为什么会在宁王的军队后面跟了这么久，我很茫然。也许是出于一个行者的本能，或别的什么。我知道这支队伍里没有残夕，没有洛昼，没有宋之白，没有燕道天，他们或许可以说在此之前正是为此作出了生命的祭献。我是不是为他们送行？或是他们的灵魂尚在这支队伍中，抑或这支队伍本身就在接受亡灵的指引。

我勒住风奴，从娄妃苍白的身影里看到了一种不祥。她是那么苍白。飘动的绸子，是她的长袖。挥别的手势，如同亡魂的舞蹈。不。那不是我的宿命之地，我的灵魂不在这里。每个人都有属于自己的宿命，谁也不能替代，只有独自去面对。

一种强烈的预感，促使我驱马赶回豫章。

铁青色的江流，像一把在岸边石头上反复磨砺的刀。我预感：

刀，要开口了。

2

宁王大军水陆并进。

娄妃的马车驶出豫章的时候，她掀开车窗回首朝德胜门城楼望去，那是很多年前她初次见到夫君朱宸豪的地方——那个风华正茂的英武少年在城楼上指点江山。他的手势像两只放飞雄心的鸽子，在翩翩飞舞。那么明朗的天气，阳光多好呀！人，都英俊美丽——难道就像车帘一样揭了过去。

只有旌旗在努力展现风的形状，枯黄的瑟瑟衰草，黑褐色的城砖，古老的雉堞，戍城士卒凝立冷风的身躯。大块阴云从城头缓缓经过，如诡秘的禽翼，袭上娄妃的心头。

她放下车帘，马车加快了行进速度。这些日来，腹疼一直未断，也诊不出原因。朱宸豪要她留在豫章，她却执意随军出征——尽管她不赞同夫君起兵，但他既已作出了决定，她还是希望夫君成功，她甚至还为大军壮行作了一首诗：鸡声忽叫五更月，马足先追十里风。欲买三杯壮行色，酒家犹在梦魂中。朱宸豪看罢，只一笑，他不喜欢这首诗，觉得太虚，不像他写的——莫向西风问彭蠡，盘涡怒欲起苍龙！

朱宸豪的字不错，狂草如风。

有其祖父朱权的早年之气，线条缠绕萦回，姿态张扬，不可羁勒，有种令人心神不安的美感。娄妃偏爱夫君一手狂草。见他的诗，只道：字好。

娄妃觉得骨子里与夫君朱宸豪还是两种人。

疾行的马车，不知究竟要带着她，带着宁王和他的军队奔向哪里。他们所去的是否是个物理意义上的空间？娄妃感到怀疑。她隐约觉得前途无限迷茫。马车是什么？它真的是血肉之躯的马和木制的车吗？马车真的是掌控于驭者之手？驭者真的是听从宁王的号令和指向吗？宁王又指向何处，他又听命于谁？他倒真有可能是听命于驭者，而驭者又听命于驰骋的马，马又听命于蹄下的路，路是顺命于天吗？上天有道，它的道谁又看得见。马的眼睛能够看见吗？看得见的只有地上的路，它泥泞、坎坷、不好走。坐在马车里的人更多只感到车在动，道路去向不明。

娄妃感觉很不真实，像在一个幻觉里。马车、军队，仿佛都是一系列的幻象。

抵达吴城，娄妃有些吃不住了，马车的颠簸，使她又有早年身子颠散了的感觉，十六岁时正是这种感觉——她随父从成都回饶州便大病一场。朱宸豪强行将她暂且安顿在吴城。战事紧急，大军不得不前行。娄妃在望江亭目送宁王乘船远去，泪珠像从刀割的伤口里滚出，跌到地上，碎了。

痛。

3

秋风萧瑟中，江边年久失修的滕王阁也很萧瑟。照理这是诗人登阁吟诗做赋的季节。江天一色了，人也就渺小而茫然，孤鹜一叫，心便酸楚，就有话想说，觉得自己与天地接通了，说出来的东西带着天意，是背负上苍在对河流说话。河流，仿佛只接受文人骚客投下的身影。水没有记忆，一段是一段，管你怎么聒噪。游人便把话说到水边的石头和木柱上，让流水长记性。秋天的剑客登上滕王阁，见到刻着一些语言不详的话语的石头和柱子，也想说点什么，想把心里的东西用剑刻画在别人身上。

剑客登上秋日的滕王阁，周围都带着杀气。这座楼阁就成了萧瑟的中心，凄美而荒凉。

黑与白两个剑客，从不同方向，踏着石缝中枯黄毕露的台阶，在楼台上相遇。

多么揪心的景色呀，身着深色衣裳的利苍说。

大概你很喜欢吧？一袭白衣的归无骥道，语气很淡。利苍不看他，像在专心赏景，脸上表情有些古怪，仿佛天色流水在不断涂改他的面孔。也许正如其所说，是景色使他揪心。

知道为什么会选在这里吗？归无骥的语气由淡转冷，逐渐逼近最后的主题，像风踏在落叶上步向冬日。利苍扭头，咧嘴笑道：不会是为看风景吧。他回过身，以手指点——滕王高阁临江渚，佩玉鸣鸾罢歌舞。我喜欢这里，很不错！只是不会做诗。

我追了你很久，归无骥说。

我知道，真的。我到一个地方你就跟一个地方。利苍道，有些不以为然。

归无骥说：好了，我想这该是你到的最后一个地方了。

最后？利苍哈哈一笑：谁的最后？我不愿听你这么说，但豫章倒的确是个蛮好的地方，我喜欢，你呢？归无骥不屑：我不相信世上有诗赋堆起来的坟墓。

利苍说：我们不妨来造一座。归无骥说：造？利苍说：对，用你我的剑。归无骥说：哈，这两把剑是注定要相遇的。利苍说：我很庆幸。

应该说这是期待已久的一场战事。动起手来，彼此都觉得对方的剑路一点也不陌生。一个不是诗人却用书空剑来阐释诗意的剑客和一个诗人剑客较量，简直不像是对决，倒像对诗。

剑意是从李白《侠客行》开始的，剑风也就狞厉。各不相让，都欲占先机。迅猛、悍烈、霸道、狂荡、激扬，如天风骤起，鱼龙曼衍。滕王阁翘角飞檐雕梁画栋间藏身的鸟雀扑棱棱而惊起，像射向天空的一支支箭，四散而飞。多少年来，滕王阁上演过多少佩玉鸣鸾之舞。有多少美人的肢体裙袂与江边的飞云共蹈。那舞女低腰、仙人啸树的景象，如花蕊飘雪，回风乱舞，机迅体轻，绰约闲靡，无不华丽而虚幻。然而这场比剑，却是一场死亡的舞蹈。在充满诗意的剑法中，两个剑客互赠死亡。他们的剑不像握在自己手中，而似掌控于死神之手。他们是在和死神夺剑，那看似刺向对方的剑，一次次落在虚处，击出空洞的回响。

他们要掰开死神的手，把剑夺回。死神却抓住他们两把剑互击，要在击刺中将两人同时洞穿。没有人能发现，高超剑术的较量者手中从来就是无剑的。

他们已作了死神的替代，乃至剑的肉靶。他们用自己的剑术把剑奉送给了死神，便成了死的听命者——真正的剑客与剑客交手时，才发现手中空无一物。

因为他们的剑术太高妙，已经与死神同步。死神便挥舞他们的剑杀人，在这样的剑下，谁能幸免？

杜甫在观公孙大娘弟子舞剑时，他从中好像看破了什么——昔有佳人公孙氏，一舞剑器动四方。观者如山色沮丧，天地为之久低昂。

——那是神在发威。在神舞动的剑面前，观者沮丧，天地低昂。

张旭从剑舞里所悟的草书，竟是一笔八法，形成一字，一字就是一座建筑。由此还原到剑，那已融入汉字古拙构形里的剑意，一剑八法，是坟墓。

书空剑——只有诗人和了悟书法的剑术高手才能对舞，然而，这样的舞蹈危险而华丽，是按死神的节奏来进行的，如同预设的阴谋。残夕之所以死在书空剑下，是因为他尽管领教了书法和剑法，但他不是诗人。书空剑的内核是诗、书、剑合一。

利苍之所以与归无骥打得几成平手，那是因为他虽为书空剑的传人，在书与剑上能得到师父真传，但在诗上还有所欠缺，他只能阐发先人的诗意，并无自己的独创，归无骥也便能从中摸到他的剑路。可若要拿下他，却越打越没底。

两个人的剑也只在诗意中纠缠，早已离开了他们自身。彼此的心也就空落，愈加的悬。他们觉得好像都把握不住那剑，剑却在围着他们旋转。他们被罩在凛冽的剑光里。

一支笔，以一个人的身体为目标在书写。

另一支笔，以另一个人的身体为目标在作出对称的演示，看上去就是如此。他们彼此看不见被对方书写在身上的是什么字，很草，很迅急，也很缭乱，像狂舞的蛇，像带着舞的声音脱手飞来的一道光芒。

舞。舞。舞。舞。舞。是声音，也是动作。

舞！

归无骥和利苍都感到手腕如受电击，各自的剑脱手飞出。

两把剑像光，又像很薄或很细的一根线，从对方身上拦腰而过，几乎没有感觉地掠经了他们的肉躯。

剑失手，两人都一愕。

归无骥眼尖，先看到利苍的腰部在渗血，笑道：神不在你那一边。忽然感到身有异样，低首，见自己的腰也在流血。已吃力，勉强说：神，也不像在我这一边……

利苍笑着仰头，灰色的天空里竟然裂出了红色，他说：神在天上——我们都不曾拥有它。

有歌声隐隐传来，是师父在怪声怪调地哼唱，一副龇牙咧嘴的样子，很难看。

> 啊，浪子，永不回头是你的信条
> 不要把我的错误当作你的荣耀
> 江湖渺远，山水迢迢
> 你若回头我就是你的尽头
>
> 啊，浪子，伤心不是你唯一的借口
> 拳头是你疗伤的好药
> 你早已为一场刀光剑影，提前预订了门票
> 浪子，我不愿看见你在风中回头
> 浪子……

嘀！利苍笑着，真他妈难听死了。他又有点幸福地摇摇头，像是承受不起师父的歌唱而害羞。

归无骥此时看到了青衣、烟罗两姐妹出现在滕王阁上，他答应过，事完之后，带她们离开豫章——事完了，他要带她们走，把地平线作为行走的目的地。他迎向美丽的姐妹——上身至腰部与下身错开。被削成两半的身体在一刹那间停留在

空中，因为当剑经过的一瞬，两段身体来不及反应和下落。

归无骥和利苍的上半身脱离他们下半身的腿，一种失重与落空，让他们跌入深渊。两人的身子齐腰断落。

好快的剑！什么人能用它把两个剑客的腰身削断。

一个影子像条野狗逡巡于归无骥和利苍的尸身旁。蓬发垢面，形如乞丐的散人无影游魂般出现在滕王阁上。一切都像预先安排好的。一切都没有安排，只是命运的谜底与答案就是这么翻开的。即使是有心接受自己宿命的人，宿命的结果也出乎其意料。

时已黄昏了，挂在翘角飞檐上的光线被暮色仔仔细细地收回，厚重如幕的灰暗开始降在江面上，像阴凉的裹尸布，它要包裹一条江。

无影眼里觉得有鸡毛在飞，很多影子，渐渐形成一片模糊和混沌。他知道可怕的时刻降临了，他逃不过这样一个时刻，只有盘腿坐下，等待这个黑暗的时刻过去。他什么也看不见了，近乎盲者，也不能感觉任何事物，仿佛为世所遗。

次日。有人在滕王阁上见到三具怪尸。两具拦腰截断，一具无头。

豫章人传言，那具无头尸是个常在洗马池一带出没的疯乞，净做些怪诞举动，搅局、扰民，让人既讨厌又奈他不何，甚是头疼。没料到他竟在滕王阁上杀了两人。

据说，当时一个泼皮吃罢饭，闲逛到破旧空寂的阁上正想屁股朝赣江里屙屎。见疯乞杀人，惊得转身欲跑。谁知那疯乞居然若无其事般大大咧咧地坐了下来，泼皮原先吃过疯乞的苦头，一回被疯乞抹了一脸猪粪，是有奇耻的。这回疯乞像着了道似的，坐在那儿，不疯了，像截木头。泼皮麻着胆、侧着身悄悄移过去。咦！这疯乞真个僵尸一般，泼皮挺脚尖，试探地踢他屁股，竟不动。再踢，仍没反应。胆便壮大起来，心想老子报复的时候来了。就要找把猪粪往他脸上抹回去。朝地上看，映入眼里的是触目的血尸和弃剑，泼皮中了邪似的，有了跃跃欲试的杀人冲动。天也蒙着脸地黑了，泼皮的心也跟着狠起来，他操起剑，哎，觉得挺顺手，好像自身天生就是个剑客。妈的，这辈子不杀个把人，似乎亏了。他将剑一撩，咕嘟！疯乞的脑袋竟从肩上掉了下来，好像那头本来就让人割了，只是放在肩上。

泼皮有些诧异，难道杀人就这么容易？还不知是怎么回事呢！就把人首级给取了。为了把刚才不经意完成的杀人经过重温一遍，他把剑在无脑袋却依然坐着的疯乞肩上又挥了一下。剑似一道风，顺风顺手得很呐，他娘的，看来杀人是桩挺过瘾的事。泼皮有些莫名地亢奋起来，他索性一脚踢翻疯乞的尸身，抓起那颗让自己割下的脑袋，一甩手，脑袋竟像个轻飘飘空瓢的瓜，在浓重的夜色里咕咚一声落入阁下的江水。泼皮听到水响，心里倒一紧，赶紧走人。有人依稀看到泼皮，说是游手好闲的呢。

世上的事，就这么蹊跷，没有谁相信三个武者会死得如此不明不白。

也有人说，滕王阁上死的三人不是归无骥、利苍和无影，他们在宁王起兵前便离开了豫章。那三具尸体是三个赌徒，也许吧！

第八章

1

阳明大军环伺城下，如黑色激潮突然凝固于岸沿。天空现出淡淡日晕。马队与军阵显得很安静。有探卒跑出一溜黄色灰尘，汗涔涔奔过来禀报：豫章城头不见守军，只飘着很多旗帜，像一座虚张声势的空城。只见旗一个劲被风吹得乱动！停马眺望豫章城的阳明君道：不是旗在动。他手抚着胡须，像是自言自语：也不是风在动。他突然眼露神光，朝身边将领说：是心在动。

探卒一脸迷茫，他似乎听不懂主帅的意思。阳明君身边的武史却心领神会地不住点头。探卒转身吧嗒吧嗒跑开，又是一溜灰尘。阳明君咳嗽几声，仿佛被秋天干燥的灰尘呛的。入秋以来他就不停地咳嗽，痰中时见血丝，人也时刻闻到疾病的气息，像是随时会躺到病榻上，但眼下时局是容不得他病倒的。只有在追逐着他不放的疾病气息里打转。他知道是摆脱不了这场病的，能阻止它晚些到来就好。而豫章是他的故地，他的夫人还是豫章人啊！这一仗他有心是不打的，只要豫章能降，便是完胜。但可能吗？他已得到情报，为朱宸豪守城的多是死士，不战何能降其城。

武史护卫着阳明君亲自到城墙前察看虚实，武史面孔上一圈络腮胡子像城墙一样围着脸，有猛悍之气。

从城楼往下看，指头大小的两骑在绕墙而动，像脱掉裤子从云里露出屁股的太阳屙出的两节粪便。忽忽作响的大旗下，一双手张弓搭箭朝骑者射过去。

骑者的马一惊，跳了起来，武史为阳明君用身体挡了一箭。

怎样？阳明君观武史伤势，老农般的脸上挂满关切。武史的眼睛竟是忧郁的，像有一个幽灵在瞳孔里舞蹈。他从胸部拔出那支箭，将它血淋淋地搭在弓上，血珠张嘴叫啸，箭的血翅展开，飞向城头。城头旗杆绳断，大旗像登山者失足，从高处张皇地掉下来。

阳明君在军前下令：攻城。

从一幅明代豫章府治图上，能够完整看到当时的豫章古城，以及城内所有建筑和街道，还有那蜿蜒而结实的护城墙。只是没有人，也没有任何生物，正如当年围城的官军主帅阳明君手下的探卒所说，像是一座空城。可在那座纸上的空城里，由线条构成的黑白图像开始动了起来，这大静中藏着的大动，是从阳明大军的放箭攻城开始的。

箭矢如群鸦发出不祥的尖叫，自天而降。众多守城的百姓中箭，他们身上溅起的血狂喷到天上，仿佛是对天箭的悲壮回应。

把城里百姓都赶到前面去！守城官员一再对他的士兵喊，他和兵士都躲在后面。以伺他人死亡后的出击，前面的百姓在排箭中倒下，利镞接触布衣里的血肉毫不客气，百姓在死的时候也找不到一个战士的名义，他们的手失神而又徒然地在空中捞取着，抓住一把同样的空无而死掉。

据说多年以前朱元璋与陈友谅争夺天下在豫章几进几出，展开拉锯战。陈友谅攻城，守将把全城百姓赶到阵前替他的部队挡箭，等到对方的箭射光了，他指挥部队拔下百姓尸体上的箭反击侥幸得胜，而后朱元璋重赏把百姓推向前面受死的守将。有人不平，在殿上痛陈：危难时刻，总让百姓受死，好日子来了，为什么不想到他们？！朱皇帝怒，严惩此人，然后对左右说，这人蠢，不懂得博弈之术，怎么能跟我坐天下。

大江苍茫，乌云后的夕阳像一道伤口，显露溃烂的肉，触目惊心。

薄雾与烟尘中的城池以其庞大的巨影在江岸上呈示出它的嵯峨与不驯，阳明君的军队不得不付出相应代价，才取得登城的成功。豫章城门洞开，仿佛一个武士的腹部被捅开了口子。

黑暗之刀，在它的血腹里狞笑。

豫章城民的拼死抵抗，换取的是一场不及约束的血屠。

城池在雾里变得虚幻起来，像晕染在宣纸上的淡墨，有着看似虚拟与暗示的性质，令人对城中发生的一切产生是否真实的质疑。此时，豫章的城楼与古阁都成了纸上墨迹般缥缈的意象。当你再度接近它时，攻防之战后城墙上散乱着垃圾般的尸体，已成破布的旌旗，以及从石头里渗出的黑色血迹与熏烟，不容置疑地提示着它的残酷存在，仿佛把虚幻的假象揭穿，而以真实反证它并非是历史中的蒙面之城。它的街道在刀锋逼视下空旷而荒凉，地上有匆忙与慌乱中择路而逃的脚印。倦怠古旧的房屋收藏着惊恐和被一次次掏出的厉声尖叫。

一具身首异处的尸体在街头。尸身居然是跪在地上弯着腰的，两只手向头颅滚落的方向趴地，像是临死前双手试图抓住自己脑袋，不让它滚走。又似在为自己的死亡虔诚祷告。

杂沓马蹄与刀剑碰击声又从街的另一头传来。

2

豫章城昔日的闹市洗马池。四五个官兵嘻嘻哈哈地笑着围住一人。

那人吓得蹲下身，蜷缩着发抖，官兵们掏出鸡巴对着人的脑袋撒尿。又黄又臊的尿滋得热雾腾腾，脸上额上尽是，还挤出尴尬的笑。官兵一脚把人踢坐在尿里，那人是卖烧饼的刘老二。刘老二向官兵团团作揖求饶，已脸不是脸头不是头了。侥幸官兵收拾裤裆拎刀走开。

刘老二跪在尿里仍磕头不止。继而哭，干号，像焦旱的土地龟裂了。

阳明君原计划，城破，直取宁王府。在第一时间里俘尽宁王豫章余孽。

谁知付出血价入城的官兵眼红了，见人就杀，见物就抢，遇女就淫，简直约束不住。何况这帮官兵多是从赣州、奉新收降的盗寇，本身就匪性难改。

端坐于王府大殿的碧薇夫人华衣丽服，像一朵硕大的牡丹。

当她得知率军守城的宜春郡王战死，预感最后的时间要到了，她劝朱颜扮成丫鬟赶紧和仆佣一块逃出去，朱颜哭得稀里哗啦，死也不肯逃。碧薇夫人怜惜地拭着朱颜脸上的泪，说：颜儿啊，我若有来生，一定会好好待你，听话，快逃吧！几个仆佣硬拉着她从后门离开了王府。

碧薇夫人施施然，拖着曳地长袍，在侍女御香的搀扶下走向那具紫檀木椅。

她在椅上坐好，御香帮她将宽阔的袍裾摆开、抚正。这是碧薇夫人的习惯，她要将华丽袍服上的每一朵花饰、每一点亮丽，乃至每一条优雅的线条都完美地展示出来。

她爱惜自己的华丽衣饰，犹如爱惜自己雍容华贵的地位与尊严。

看着御香像往常那样细心地为她整理袍裾，她面露满意之色，自己将手在脸上轻轻擦了擦——那是两颗泪，一颗是给朱颜的，一颗是给御香的。

御香若有觉察，碧薇夫人强装笑脸，掩饰性地说：我还不会太难看吧？

御香没有马上回答，她避过脸去，因为她的脸上也有泪。唉，我真不想让人看到我是这么老，又这么的难看……碧薇夫人说道。

哪儿呀！御香转脸来说：在我眼里夫人永远是世上最美的人呢，真的！御香用很诚恳的眼光盯着碧薇夫人。

你呀，就知道哄我高兴，可是，我真要谢谢你，谢谢！

夫人，我还从没见你这么客气呢。御香又有些恃宠而骄道。

现在还有时间，孩子，你也快逃吧，快！碧薇夫人突然急切地对御香说。

夫人，我怎么能离开你呢！御香像是很受委屈，噘着嘴看着碧薇夫人说，夫人难道要撒下御香了？

碧薇夫人心疼万分，她摇着头说：别说傻话了孩子，现在到了该离开的时候。不要耽误了，快走吧！孩子。去找汪一行，去找他，找他！

御香倔强而不为所动地说：不，我不会离开夫人的。

碧薇夫人又是惊喜又是悲痛：孩子，你——

御香平静的脸上洋溢着盈盈的亮光，她说：是的，我愿意永远伺候着夫人。夫人到哪里我就到哪里。

武史带兵前来抓捕碧薇夫人的时候，看见一老一少两个美丽的女人庄严地在王府大殿里，好像已等待有时。

碧薇夫人端坐的姿势从容而优雅，她打算以拼出老命来的美，接受自己的死亡和宿命。站在旁边的御香美丽冷艳，如玉雕。她们的坐立之态构成了一幅华丽忧伤的画面。

她们平静、安详，仿佛在迎接一个仪式。

众官兵都被这种美丽与庄严慑住了，他们在十步开外站住脚。

主仆二人对视了一眼，心有灵犀。

御香举烛，跪在碧薇夫人面前，从容点燃了拥裹着她衰朽身体的硕大裙袍，华丽袍裾上燃起的火焰居然有一种雍容华贵之象。将一朵花、一种图案，慢慢焚化，那些花，那些图案，便在空中舞蹈，花和图案都唱起了歌。

有人看到引火自焚的碧薇夫人在那一刻，她的目光沉静如水，看着火势从裾袍边缘燃起，慢慢烧着一朵一朵的花，她看见御香以沐浴般的姿势将火像水一样燃遍全身，她似乎一直看到自己整个心爱的华衣丽服烧完，一场从未有过的华丽的火焰，她没有觉出一点生命焚毁的疼痛。

当她随同袍裙一起化为一朵硕大的华丽火焰之花时，人们听到了她的声音，仿佛是一种轻松的解脱和愉悦的呻吟——死亡如此美丽。听到这句话的人，即使平常恨她，也感到了一种巨大忧伤，眼睛蒙上了薄明的泪水。

火焰中的碧薇夫人和御香被花朵和图案的美丽歌唱托举起来，像凤凰一样在高空飞舞。

阳明君在马上看到王府冒起的黑烟，他问：怎么回事？

朱宸豪的母亲自焚了，武史黯然道。

为什么不扑救？阳明君怒。

来不及……武史谎称，一点也来不及了。

3

天色向晚，雨像石头一样砸在豫章城内的街道上。满街仿佛滚动着石头，那是一种沉重而杂乱的响声。谭木匠在惊恐中坐立不安，从雨声里隐隐传来奔逐的脚步、吆喝与呼喊。那声音开始还在巷头，很快就近了。

有拳头擂门板，夹杂仓皇的求救——开开门，救救我，开门！

谭木匠的手刚摸到门插，就听到外面凶狠的呵斥：反贼，往哪儿跑！谭木匠丫开一条缝，夜雨中官兵正在追杀逃窜的人群。那个想到他家避难的人，还不及门开，就被凶狠的官兵揪住后襟，一刀捅入后心。谭木匠只看清被痛苦扭曲的脸，绝望的眼神，嘴里喷出的鲜血。掰着门缝的手，用最后力气塞入一样物件，才松开。血自门缝溅到谭木匠身上，赶紧合拢门，一屁股坐在地上。

门外杀人的官兵，捶门，不见动静，嘴里骂着都死绝了，才转身走开。

惊魂稍定，谭木匠捡起那样物件，竟是一把出于自己之手的木梳，已成血梳。他麻着胆开门，死在门外的是一女子，女子的面容有点像表妹。

谭木匠头脑一片空白，血腥的杀戮与死亡使他神经错乱了——他对眼前与过去所经历的一切都猛然失忆了。

此时，在另一条巷落，从王府逃出的宁王的妹妹朱颜和几个仆从也遭到官兵追杀。跑到石头街，脚一软，瘫倒在地，再也跑不动。仆从急，拽她，拼命喊：小姐，快跑啊！要不就没命啦！

后面追兵的脚步如催命之魂。

朱颜小姐大口喘着，上气不接下气，说：让我死吧！我——跑——不——动——了。

官兵转过一个巷口，见到石头街上的人，鬼一般叫：在那！

一串妖魔鬼怪的影子，纷纷举着乱晃的刀，狂呼怪叫冒雨冲过来。

在这个血屠之夜，尽管豫章全城骚动，却有一个地方宁静如偃，那就是城西的友竹花园。友竹花园的女主人蕊夫人，这一夜也没有睡，她知道城里正发生什么。蕊夫人站在高大的轩窗前，在黑暗中怔怔地望着外面的雨。雨是如此之大，如此之密，如此之紧，像一只无形的巨手攫住如砚的豫章，用百般的暴力把它研出瓢泼墨雨，让黑暗不仅充塞天空，也布满天地。那是一把把黑色的剑在砍伐，在收割死亡。蕊夫人嘴里喃喃地说：雨。——雨是天地交合的精液。

一阵风吹过，掀动她的衣袍，那件衣袍竟是随意搭在身上的，风一下就把它拿了下来，她光滑如玉的身体剖开黑暗。她身后的绣榻上有个影子蠕动了一下。

今晚，你还睡得着吗？蕊夫人头也不回地向那个影子发问。

在没有听到唤醒的声音之前，沉睡是我唯一的使命——回答的影子竟然是豫章旅行家汪一行。

说罢，那个影子又回归于黑暗，和黑暗融为一体，仿佛是黑藏在黑暗中。

藏身于东湖灵应桥孔里的豫章府武尉吴明与雪姬，心跳、喘息和痛苦相揉。他们脱下血衣，美丽的裸体与触目惊心的伤口同时呈现。

窄小的船舱两人用生命的最后温度相互取暖，相互交缠的身体蠕动着如同在绝望中挣扎的舞蹈。倾城的动荡，竟成了他们爱情喷薄的残酷背景，他们以亲热抵抗或迎接死亡。他们所做的一切，又是以死亡的悲歌来吟颂爱情。

——致命的伤口使他们共同死在一条船上。他们逃脱了叛军的刀刃，阳明大军的到来却也没有让他们获得拯救。

桥孔下一条静舟，将他们渡向死亡。

残枝败荷，在雨中奏响黑暗的绝唱。

秋深之夜屠戮的次日，豫章在漫天杀气里醒来。

阳明君纵马踏过石头街，到处是死尸和血迹。可见黑暗中的杀戮放纵而疯狂，令人不忍目睹。阳明君没有丝毫内疚与自责。一个随从年轻书记官突然很失态地哭起来。阳明君勒马，回头破口怒骂：浑蛋！他鞭指死尸道：死去的人需要你的眼泪吗？

他一鞭抽在年轻书记官头上，像发泄，又像自我申辩：只有失败者才蒙受耻辱，成大事者就得有承担罪孽与责难的勇气。

可是，我们……年轻书记官嗫嚅着。

可是什么？没有可是！告示四方，昨日官军入城，受到豫章倾城欢迎。宁王贼巢己覆，百姓拍手称快，军民同庆，亲如一家。

年轻书记官迅速起草文告，泪珠不断滴在纸上。蘸着泪书写的纸，一笔一个窟窿，恰似漏洞百出的弥天谎言。漏洞里是年轻书记官不胜凄惶的脸，像一朵湿漉漉的黑色之花。

传闻有二十名王府武士骑着受伤的战马在城外阻挡强大的阳明君前锋千余骑兵的进攻，全部战死。阳明君得知，半晌无语，最后下令收拾好他们的尸体和他们战死的马一道厚葬于城外，这座武士冢一直保存了几个朝代，后来被一伙盗墓者以考古之名扒了。

豫章血屠的第四天，翘步街的谭木匠永久地关闭了梳铺，前往扬州。

一路上有人向他打探豫章是否发生血屠之事，谭木匠满脸诧异，头也摇得茫茫然然——有这事吗？我怎不明白……

人们不知道所问的是一个失忆者。

朝廷诏告豫章之乱是以和平方式解决的，没流一滴血，其后典籍史书也如是说。对于谭木匠而言，过去发生的一切在大脑中化为空白，是一种步向新生活的标志——失忆，已使他内心没有任何负担，以及在场者的包袱。与过去时间和世人的凝望互不相干，失忆虽是欺哄，也使悲哀者幸福。历史没有证人，好像证人总是历史的缺席者，其原因就在于历史在场者的失忆。在人们将豫章血屠完全忘记后的许多年，有个老者也隐约想起当年豫章的繁华与热闹，他没提及瓦子角、洗马池、皇殿侧，也没有说滕王阁、绳金塔，对宁王府和杏花楼更是只字未提。他只记得芙蓉院与兰心坊，尤其关于后者更是津津乐道：兰心坊有十二个房间，却有二十四位小姐。四十八盏八角琉璃灯比豫章夜晚的任何地方都繁华热闹……

第九章

1

亡！亡！亡！亡！

这种叫声开始出自一个从激战中退下的兵士嘴里，在久攻不下的安庆城下，我转身夺过拾夜的刀，不由分说，便劈了这个发出哀音的人。那兵士还在懵懂中，脑瓜成了两半。见我气急败坏的样子，拾夜替那个受死的兵士解释，主公，你错杀了，他是称你为王。

王？为什么我听得像亡呢。

这时有人飞报：豫章失陷。

我内心顿觉空落而荒凉，甚至有一种坑坑洼洼的凹凸感。那坑洼的心里骤然腾起一股悲怆，我咬牙闭住眼睛，而灼热之泪仍然大颗大颗滑落下来，经过脸上就成了一溜伤痕。怔怔地，我立在那里，真想就此变为石头——豫章失陷，是我所不能承受的。我默默祈求神的庇护，但神似乎也离得很远。我不得不下令去夺回豫章，那儿可是我一切的根本之所在呀！

撤离安庆驰返豫章的路上，我耳边的旗帜、风声和呼啸的行军队伍，都发出王、王、王的声音。我不知道那声音是否就是由旗上发出的，因为我的军队的千百面大旗上都黑底飞金地绣着一个硕大的王字。

王与亡谐音。为什么我听得终究还像是亡。难道一把带有天意的剑，会把我和这成千上万的热血儿郎指向死亡？

亡。难道那就是来自天空的属于我的悲歌？

急如星火的军队，黑压压的铁、盔甲与浩壮里面，包裹的会是灰烬吗？那一个个扛着血前行的人，铁和皮肤是不是与脆弱相等。我的目光像冰一样从这支军队身上掠过。我心里一紧：冷。这是一种不好的预感。但又不能把军队刹住，它启动了，它奔赴，它的命运只能由上苍来决定。

在樵石与阳明君的部队交锋是意料中的事，没想到竟是如此惨烈。水上和岸上，死亡之花在不断开放。这时，我才明白秋天开得最热烈的是什么样的花朵，死亡原来也能以花朵的形式绽放。那些花朵是伤口、呐喊、呼号，或惨叫的一张张嘴。是倒下去永远不能瞑目的空洞的眼神，是把泥土、草木、石头涂红的液体，是零落满地的绝响。

冷铁的碰撞，击在皮革上沉闷地剁开，惨烈、尖利、刺痛的号叫。

刀剑刺入各自的身体，血向彼此身上狂飙猛溅，相互砍断的臂膀不能互补、连接，各自把对方砍杀得残缺不全，只剩肉身的残块。滚动的头颅也会像车轮一样旋转，它的速度甚至超过了脚步和马。破体残肢上再也找不到任何姓名的标示，它不属于那一个人，而只是庞大的死亡，断枪折戟支撑着死亡的穹顶。

声音在空中被乌鸦衔走。

死亡来临，死寂。奔马的声音也被砍断，刀剑嵌在风和骨头里，像是被沉默咬住，发不出音。

死亡游戏在战场上没有太多的规则，两军相遇，就是人对人的杀戮。彼此抢刀争取在最短的时间里把对方砍成肉块，土地是最大的砧板，尘埃吸血若渴。将军只是那些杀人更多的人，士兵只能砍倒对方。但将军在砍倒别人的同时，自己也难自保。他握刀的手被敌将砍落泥土，又被自己的战马踏过，他的头颅和身子在马背上惨呼血喊，最后被一道血光把身首分开。战马在奔腾中它的四足被排刀收割，奔蹄离开自己的身体——没有腿的马像飞了起来，但只一瞬间悬空之身便似失去支撑的重物一样砸在地上，昂扬的马首却无法摆脱自身的坠倾。

血在高处飘扬，风是一面巨大的血旗，无数灵魂在旗里尖叫。

亡亡亡亡。

生命像布一样被扯碎。死亡的花瓣，如破碎的布片，纷纷扬扬。

我茫然、悲痛，乃至悔恨自己见到了这幅情景，它是神的杰作，要我强迫接受自己梦想的毁灭。但我知道在这种毁灭过程当中，另一个人的光荣却在上升，它注定要建在我的毁灭之上。

我不得不这样认为：战争就是人杀人，不是别的，谁最后没被杀死，或谁活到最后，谁就是胜者。

四面八方的喊杀向我合拢过来，要摘取最后的果实。我的军队只遗下拾夜一人守护在我身边。这位忠勇的武士一手拎着滴血的长刀，一手将我紧紧护在身后。他就地三百六十度旋转着身子，三百六十度都是敌人。

我看见了阳明君，那个貌似忠厚老农般的狡诈的家伙，我记得多年前他在九连山剿讨山贼曾专程拜访过我，并有过相谈甚欢的宴饮，他也感叹宦官专权，世乱如此，和司礼监瑾公公的矛盾甚深，对少帝屡次南巡寻欢多有看法，数次谏阻的结果，都换来遭杖刑后贴满屁股的狗皮膏药。但少帝叫他咬人，他也总像一条疯狗，特别起劲。没有想到我最终还是毁在他的手里。

其实在樵石交战的，是两支颇为奇特又极为相似的军队，像是彼此的仿制，以此来互相消解——阳明君兵马里多是收来的降盗，与之交锋的军中更有响马、豪客，如剧毒相对。皇帝肯定在京师设想着这样的阵仗发笑——一切都好似预先设计的。朝廷是让他骑着一头猛虎去猎虎，他猎杀了林中之虎，自己也难免不被所骑之虎吞食——这是少帝和瑾公公的周密算计。

骑在美人屁股上累得气喘吁吁的少帝一定在豹房里做着无耻下流的模拟之态，瑾公公跟在后头助兴。然而他们唯独算错了这个老农的才能，他将一支由剧盗、地方游勇组成的队伍，训练成了猛虎之军。

在滚滚烟起的黄尘里，阳明君眯着眼早瞧定了我，有一种如同见到了皇帝颁封的感觉。

一匹马迎面冲来，马上武者显然是要在阳明君面前建功，他缩在高昂的马首后面，像一堆发黑的大粪，一把剑闪耀白光。

我杀人，但不杀牲口。不杀！拾夜双手握刀，面孔绷紧，眼光如利齿般咬住直奔而来的马说。他整个人形也似刀般，无比锋利。

马不听拾夜的话，也听不见，听不懂他嘴里的嘀咕，只顾挟带着黄色烟尘扑向拾夜。

一匹马。一头狮。一只豹。在我眼里同时变化三种幻象。

马飞驰的身影被迎风而立的拾夜一刀劈成两半——是马的冲击力帮助完成了这一过程。武士拾夜立地挥刀，他自己也化成了一把刀——把奔马和马上的持剑武者——一劈为二。

一匹马和骑者通过武士的刀，像分了岔，从两边呼啸而过。两爿马像剪纸般被刀释放了身子，变得无比轻松，朝前冲了十几米，各自栽倒，溅起尘埃和血雾。

一分为二的马，纸一样的两爿身子，半边脑袋的骑者——这是鬼神的杰作，也是马的最英勇的死亡。

拾夜站在原地，成了一个刀劈怒马的血人。

我闻到了热烘烘的血腥气息。他的盔甲上有着马或人的内脏，这是我见到的最英勇的武士。我想那匹发狂似的奔来的马，在骑者的促使下是欲将拾夜和我就地踏为肉酱而后快的，没料到其行为反而成就了自身的惨死。口呼不杀牲口的拾夜，也不得不将马及其主人一刀中分。马的眼睛应该从拾夜的刀锋上看到了死亡之路，那条路将它完整的躯体劈开，死亡的道路早就被神安排在活生生的身体里，这是多么可怕的潜藏与偃卧，只是等待他人之手的打开。

我还来不及为我的勇士喝彩，却见拾夜腿一歪，整个人也从头至双腿中间分成了两半，我甚至看见他分成两半的脸上都挂着古怪的笑意，像一种对自我的嘲讽。

后来我才知道，遭拾夜刀劈的马上骑者竟然是阳明君帐下的第一武士，他在几乎被拾夜连人带马劈开的同时，另一半身子上的剑还凌空划出一道优美的弧光，像一位书法大师的绝笔——听说他名叫武史。

那一剑是书空剑的精华——日寒草短，月苦霜白。

是唐人李华《吊古战场文》内的变句。

2

小时候我听说有一种鸟，秋收时节，见农人在田地里躬身埋头收割，便在田埂矮树上不停地叫：忙忙忙。

我先是听到一个士兵叫王。看到军队血战，忙啊！忙一超出就是死呀。

现在想起来小时候听到的鸟叫，不是别的，还是叫亡。亡亡亡。收割过的田野，血拼后的疆场，死亡从内部上升。啼亡鸟从我眼中飞过，它早在很久以前就给过我暗示，再却没有会意，此时，我才清晰看清鸟的样子。它形似黄雀，竟有五彩的羽色，嘴细而是尖，倒是一种很美丽的鸟儿，却给我带来了黑暗的挽唱。

拾夜的身体在这场厮杀中已经破得无法弥合，我还来不及抚摸，数不清的剑戟就密匝匝把我围住，如同一个刀枪剑戟筑成的铁笼。我想：属于我个人的时候到了。

亡亡亡……我听鸟在叫。我的手自然摸向腰际，太阿宝剑——你一直指引我，现在我终于就要抵达你所指向的终极。太祖皇帝，祖父，还有母亲，你们应该在天上看见我了！

哦，苍天，我一直以为自己是在秉承你的意志，难道我错了吗，这是你错了。

此时，我甚至想到了项羽——那位兵败江东不肯回头的高傲霸王，他也是一位天意的执行者，最后不得不亲手用剑把自己的头摘下来交给苍天。该轮到我了，我为自己的竟然沦为一个末路英雄模仿者的结局而尴尬。

我还没有抽出过太阿剑，我根本没看过鞘内收藏的宝剑是什么样子，祖父说——宝剑一出，过去和现在都会见血。

血，怎么能成为一把宝剑的禁忌？面对遍地血流，我觉得这个长久以来封存宝剑的理由是多么可笑，它充其量是一直在提示我对于血的恐惧，所以我一直不敢真正接触这把剑。好，现在我要让太阿剑来见见我的血。我要用它将颈部割开，让头颅——也就是人们常说的首级，那是人身上最重要的标志——与身体分离。在这两部分分离的过程里，中间或颈部会飚出浓烈的血——就让它成为过去（首级：我的思想在头被割下后只能算过去了）与现在（身躯：我想努力让身子和头部分开时再立久一点）都会见血的一种仪式。我觉得祖父的话，最终应该用我的自刎来诠释。太阿剑也应该用一个王者的血来洗刷尘封已久的锈迹，让锋芒在血光中崭露。这是一把宝剑问世应有的仪式。

有位意大利传教士此后来到豫章，他经过多方了解最终找到了我与阳明君交战落败的实地，在那个霜浓雾重的早晨，他站在已经湿冷的泥土里，仿佛看到了我当时的情景，他在寄回意大利的书信中这样写道：……当朱宸豪的眼里布满了刀剑时，他的面孔像冰山一样闪着寒光，散发出绝望的气息。那些围困者也仿佛感到冰山倒塌或一场雪崩似的荒凉。他转过头，四周都是如雪般枪刀剑戟的耀眼光亮，好像听到了来自天穹的悲歌，那是献给他或一个失败者的歌唱，如同圣咏。悲歌传来是为了迎接壮丽的生命，死亡的力量就在不远处闪烁。他知道自己最后的时刻已经来临，然而往事前尘却突然浮现眼前，如跳动的火焰，挡住了视线。他的眼里空洞而荒凉，只有火焰与刀光才懂得空洞的价值，只有冰山才知晓荒凉的意义。他拔出宝剑，毫不犹豫地横向脖颈，天哪！谁也没有料到，那把剑竟是一截断剑。甚至没有人相信自己的眼睛，相信苍天对一个末路王者的冷酷戏弄。围困中绝望的宁王求死不能，他比死更绝望——

唉，我相信这个意大利传教士的叙述是真实的，他忠实于当时他到实地时突然涌上心头的感受和浮现于眼前的场景，但——这正是我的悲哀和我最终见到的自己的失败。我败在宁王府世代供奉的出自伟大开国君主太祖皇帝御赐的太阿剑上。我像个小丑一样在万军之前，居然挥舞着一把断剑来进行自以为可以成为历史一幕的悲壮千古的自杀。

由柄及身的断剑，握于手中不足一尺，其他部分都断在鞘里，我闭眼将剑往颈上刎去，才发现这场自刎的荒诞与羞辱，它在众目睽睽之下嘲笑了死亡，把我捉弄成了千古以来一个试图仿效霸王悲壮之举的笑掉世人大牙的浑蛋。我承受着天大的羞耻，我笑这荒谬的一切，我发疯般地狂笑。

我笑太阿剑。我笑太祖皇帝。我笑亲爱的祖父和我的母亲，苍天！我笑你呐。我笑这个世界的男人是不是都像我一样欺人被欺和自欺。我眼前出现与娄妃共行性事的那个春天的早晨——我的不举是个事实，其余都是臆想和幻觉。我笑，我为什么不笑？我疯狂地笑。我是在狂笑中被一拥而上的敌人扭住的。

一双手很快取走了断剑及剑鞘，他们几乎将我捆缚成了一个既可怜又可笑的粽子。我预想过今日的这副模样，但我已不在乎自己是多么的狼狈与难堪了，我在笑声中接受了我的失败。别人不明白我在笑什么，他们断定我疯了。以至阳明君的审讯，我全以笑声作答。

看着那个家伙皱着老树皮似的额头，一脸困惑，这个自命不凡的智者与哲人，居然弄不懂我的笑，我要骂一句他妈的，接着还是笑。如果他们不宰了我，我还会笑下去。

一个狼子野心谋反作乱的逆贼，在强大的帝国面前终因美梦破灭而发疯——这是他们对我做的历史性结论。

我笑，是的，笑个不停。

3

娄妃自尽了。

她像断了线的风筝，不是越飞越高，而是从高处，从吴城悬崖上的临江亭掉落到水里。凭栏一跃，她的衣裙飘荡着，像五彩缤纷的羽毛……

阳明君说：她是得知你被俘后死的。他边说边将一幅写在白色丝绸上的血书递到我的面前，那是我熟悉的字体，却是触目的红色，像是干枯的溪流。

——你可以看看，这是她临死前写的诗。

噩耗是阳明君再度提审我的时候，不慌不忙，而又带些惋惜之意说出来的。他想以此来遏止我的疯狂笑声。我笑着读娄妃绝笔诗，那自然不是伪作，而是她的真迹，是一个绝望而悲伤的美丽女人刮心写就的，她在用心中血与我的笑声和泪水作最后的诀别。

我笑——画虎屠龙叹旧图，（泪）

我笑——血书才了凤眼枯。（泪）

我笑——迄今十丈鄱湖水，（泪）

我笑——流尽当年泪点无。（泪）

我狂笑着把娄妃绝命之诗里的每一个字，都读成了自己脸上的泪，那些泪痛得锥心钻骨——泪。泪。泪。泪。

阳明君用奇怪的眼神看着我笑声不断地哭着，像看一个怪物。

他在我的笑声中感叹：你啊！要我怎么说呢，辜负了一位如此有义有情的女人哪——你以为你是谁？后羿呀！真有本事把天上的太阳给射下来，让女人冷在月宫里。告诉你，你啥也不是！这么好的女人为你而死，摸摸心看，愧不愧啊！嗯——？

这家伙有意将嗯一声拖得音老长，想让我在自责中掏出一些对反叛之举供认不讳的话来。我说什么，我即使对娄妃有愧，也只是笑，以笑表示对自己最大的蔑视。

不会再有别的女人了，她天鹅般的颈项，那么洁白高贵。不会再有别的女人了，她似水的柔情，淹没过我也淹没了她自身。不会再有别的女人了，她的美貌与才艺，最后的姿影与诗句，都是写在水面和纸上的绝笔。我的世界在娄妃从临江亭跃下的瞬息而消逝了。西方《圣经》第四章说：我的佳偶，你甚美丽，你甚美丽……

据说娄妃投身江流时，只把她最珍爱的花梨木梳，那雕凿精美的鸾凤，留在岸上。那是她曾经得到和拥有的，现在又失去。也许她无意把它带入江流，鸾凤只能在空中飞舞和鸣，而天空也像巨大的河流一样，一对鸾凤是在天空自由泳动的鱼呀！那是一个水逝女人不死的强烈欲念与幻象。

娄妃，我的灵魂将永远驶着孤舟在泪水中打捞你美丽的影子。

我肩头会栖落着一只好看的鸟。它看着我如受天谴般忙碌着，细长的嘴尖在梳理过一番羽色后，发出刺耳的鸣叫：亡亡亡。

我是王，我在逝川上打捞我的亡妃。

我是亡，我的船将划入皇帝的梦。你会在黑夜见到我，一条江像一把宝剑的形状，我的船如同剑身上断掉的一节。我是王，亡是我的宿命。我要告诉你死亡的颜色，只对你一个人说。记住，它无所不在，也就没有颜色。

亡。王。

第十章

1

水上的鸟，水下的鱼。

鱼在想一次飞翔，鸟在想一次潜游，这样地想，是很美的，但如果二者两相对换，便会死在各自互换的角色里。水上的鸟和水下的鱼都在叫着同一个名字：娄妃。

我笑了，我甚至想说我喜欢你们这么叫我，真的，你们叫得比人好听，没有聒噪的感觉，很纯很纯。我的前世可能是鸟，那些飞翔的经历和记忆留在我灵魂里。我的灵魂有鸟的翅膀，翅上羽毛如阳光，一片一片的，我感觉到羽毛的美丽与温煦。或许那副高蹈的翅膀在一次轮回中退化。

我的身体接近鱼，鱼是有着优美线条的生命。水塑造了鱼的形体，鱼以骄傲的姿势拒绝岸，那种拒绝如此毅然决然，没有回首余地。临江亭，我跃身而下时竟然那么轻松，好像那个姿势早为我熟悉。冲天而起的灵魂，化成了一只鸟。坠落的身体在疾速滑降中，逼近一尾鱼——我的另一次前生与来世之躯。在自悬崖投向水的短暂过程，我双臂张开，我只是放弃而不是拥抱什么，以鸟的飞翔姿势完成入水为鱼的转化。飞鸟从水中看见自己是游鱼，二者彼此观照，把水当作镜子。一次决然的变身，是优美之死，也是黑暗里能够照亮黑暗的美丽轮回。

后来有人描述过一个女子的自沉。

——她跃入水中，像从水中看到了自己。

那个自己在朝她笑着，像一面镜子，说：快来，快来。她贴着那镜中人下沉，以尽量接近对方的姿势，如同对死亡的一种模仿。她的长发在水中墨汁似的洇开，由拢而散，丝丝飘忽，恍若墨色由浓到淡，她整个人也就在这个过程里下沉。她的身体像白色的鱼，却没有划动，只有身上的裙带被水拨动，飘似游姿。然而她在下沉，在让水接纳，从婀娜的躯体到所有感官——在下沉中与她的灵魂离开。

她睁着眼睛下沉，仿佛看见水中的世界是翡翠色的。

我想我必须告诉你们——我死了。

我死的时候几乎是被宁王遗忘的王妃。

关于我的死——投水自沉，后世有不少说法。有人认为我是死于夫君宁王朱宸豪起事之前，以死相劝，让他不要发动叛乱。有人以为我是死于宁王叛乱未遂的悲哀，还有人认定整个起事经过我都追随宁王左右，是死于兵败的绝望，更有人推断我是以死殉情，等等。我想那首绝笔诗里，已经写得很清楚，懂我的人，一望而知。不知我者，说也多余。

有关我的生前传闻，我也不愿解释。总之，投身入水，才发现水是多么的清白而无辜。站在岸上的人指指戳戳，说水是绿的、黑的甚至黄的，是说不清水的，鱼知道水的颜色，鱼不说。

在水中我仿佛才找到了自己，我生前说过，我是水命。

我的尸身逆流而上，漂行三天三夜，才接近了豫章——这座在我生命里铭心刻骨却又转眼变得依稀恍惚的城——我的梦幻之地，情爱之所，生命的遗址。

我在波浪中捕捉它的影子，在云霓中假设它的幻象，在风波浪涌中呼喊它的名字，他的名字，他——的——名——字。

我已死去，我的身体在波浪的推搡和拥挤中仍然保持着美丽的尊严。

快到豫章了，一场雨却加大了江水的凶蛮。风浪像青筋毕露的暴爪，撕拽着我的薄裙，苍茫赣水上那些灰云里的眼睛争先恐后地窥伺着我无助的美丽。当我的身体在岸边栖止的时候，豫章城里变乱的杀戮已停息，而从剑戈上滴下的鲜血正在点燃一座黑暗之城的灯火。

天见亮时，雨息云散。

章江门外，一对父子扛着网具走向江边。身后的城墙经过一宿大雨正由黑变黄，赣水对岸的西山雾霭蒙蒙。一只灰鸥划过视线，贴水皮飞，把一个漂浮物带入渔夫的眼帘。哎呀，是人呐！

两父子扔下网具，一前一后赶忙下了水。从齐腰深的水里捞上一具女尸。

父子二人江边讨营生，已记不清捞过多少浮尸了。他们将尸体拖上岸，嘴里骂骂咧咧的，这倒好，鱼没捞着，先捞起个死人，呸！晦气不？

晦气！

儿呀，咱赶紧打个坑把她埋了。

埋？爹啊，你看，这死人跟活的一样，埋了可惜哩。

咦，我看看……

栩栩如生的女尸，通体雪艳。渔夫两父子连这么美的活人都没见过，更别说这么美的尸体。

我从他们的眼中看到了人性最阴暗丑陋的东西在闪射出诡黠的幽光。但我不能站起来威严地正告他们，我是娄氏，是大明帝国王族宗室藩王朱宸豪的正妃。即便我说，他们欲火攻心也听不见，即使我努力再三地重复这个昔日显赫无比的名分，他们也好像充耳不闻，只管自行其是。

难道我以逆流之身艰难漂行了三天三夜，就是为了抵达豫章来送给一对丑类糟蹋的吗？这是一种怎样的讽刺和嘲弄啊！即使我死了，也仍是大明帝国的皇族宁王的正妃。往昔的日子虽然已随水东流，可我仍有逆流而上的记忆。

2

后来豫章民间口头流传，娄妃死后遭受奸尸。但也有人说，那对父子的兽行并未得逞，一队巡逻官军予以了及时制止。阳明君得知即派人请王府管家认尸。管家请求由他来处理女主的后事，阳明君念其忠心事主也就应允，交代好生安葬。据说正是这个姓卜的管家将娄妃尸体藏于冰窖，他早就暗中贪恋女主美色，总想一泄积压已久的欲火，其行迹让一隐姓埋名的义士所察，他结果了管家。娄妃美艳的尸体几经曲折终得以安葬，但安葬是悄悄进行的，世人皆知娄妃之美，而又有传说中其死如生的艳名，义士恐歹人盗尸，故将娄妃葬在一个鲜为人知的地方。数百年后，人们发现娄妃墓葬，已是几块烂朽棺木。地点是豫章城德胜门外光华寺侧柳林里。后人感念，将其墓移至距杏花楼不远的百花洲，刻石立碑，墓道两侧，塑石马石狮。游人凭吊，岁月苍茫，风中依稀刻画着一个美丽女人的身影，于是，产生一些诗文，豫章也就多了一处名胜。

奇的是杏花楼鬼事。娄妃自尽多年，一位姓张的前相国买下杏花楼作林泉之隐。某日夜半醒来，看见镜前有个披头散发女子借月光梳妆，他悄悄叫醒身边小妾，都看得明白。

一个女子，头发又黑又长，脸色美丽而苍白，对镜自梳。

还有人说在水边也看到过那个美丽自梳女子——她是娄妃的不去孤魂。

张相国烧罢纸钱，吓得搬出杏花楼。杏花楼从此在闲置中荒废，后来有人来祀娄妃，也就渐渐将这里完全归改为了水观音亭。娄妃也就成了豫章百姓供奉的女神。

宁王府倒了，瓦子角满嘴污言秽语的段子王喜佬一张嘴搬弄的更是肆无忌惮，他添油加醋地数落着王府的丑事，如数家珍，把王府中人都说成是狗男女，没一个好的，只有门前那对石兽干净，他甚至还把自己曾引以为荣，数次到王府卑躬屈膝只为博得老夫人一笑的行径，说成是如何地大义凛然、单刀赴会、智斗群丑。有人听着听着暗地就骂，喜佬还是屎佬，只会满嘴喷粪。没几日，人们就发现喜佬从瓦子角消失了。

后来有人碰见喜佬，他竟成了哑巴。听说喜佬如簧之舌，一次说完书如厕，被人硬生生割了，扔在屎里。有人猜是同行相忌，买通人做了喜佬手脚，也有人说是喜佬成天喷粪，自找的，怨不得谁。喜佬一张嘴不聒噪了，瓦子角倒寂寞起来。豫章第一嘴的位置也就空着，等来日又出现一张臭嘴来填充。

少帝得知阳明君平了宁王之乱，又找到了南巡理由，让人暂不把朱宸豪押赴帝京，他要亲自以胜利者的姿态驾临豫章。阳明君硬着头皮几次上急奏，借口路上恐遭宁王未肃清余孽作博浪沙之伏，或荆轲之谋，请圣上留在京师，以待宁俘押至，听候发落。少帝不予理睬，径自南来。

通往豫章必经的一座古桥上。

几日来有一个又老又残的乞丐。从早到晚蹲在桥头行乞，苦苦守望微服南巡的少帝。

那个久已期待的目标终于进入视线，距数丈之遥，他便用久蓄的力量和武功，将残废的身体及暗藏于打狗棍的利刃送了出去——少帝和随从没有料到，一个几乎连双腿都失去的废物，竟会像只乌鸦一样展翅飞来。眼瞧着刺客的利刃准确无误地击中了目标。

公子打扮的那个少年死于行刺者刃下，一摊血，连刺客也没想到，少年的体内竟有那么多的血，桥上流到桥下。无腿刺客肉桩似的打坐在少年公子的尸身上，因一击得逞而仰天狂喜大笑，涕泪在笑里滂沱。他沙哑着嗓子尖厉呼喊：主公！我们成功了。

笑声未已，便被刀剑架住了脖子，一颗脑袋像刀丛上的芋头。他无意反抗，面带从未有的满足与安详。当少年皇帝潇洒而轻松地跞上桥来，刺客如见魑魅，满是惊恐与惶惑。皇帝，他没死？

不错，死去的是一个替身。

刺客欲作挣扎，招致乱刀加身。

他的头颅奇迹般滚到了桥下的草岸，一个聋子渔翁发现了它——那双睁开的眼里透着彻骨的绝望与忧伤。

消息传到豫章，有人说遭乱刀所杀的刺客是王府仆役老忠。

老忠本姓钟，其死后，豫章人都叫他老忠。

3

很多人都知道我是一匹跑得很快的马，像被风驱使的精灵。

作为行者，人们提起我的主人就会想象我和他在一起，出没于江湖，疾驰于夕阳古道，让黄尘烟起，衰草低头。不，不是那样，再也没有那样的情景了，说实话，我怀念那样的时刻。我的主人化为了风，每当我奔跑，我就能感受到他，他在我扬起的长鬃上，在我高昂的头颅上方，他在喊：风奴，快跑。

风奴，他对我的命名，是对生命与灵魂的一次再造。跑快些！他总是这样对我说，在奔跑中我和主人的灵魂合二为一。

跑啊，大风传扬死亡的歌声。

跑，行者的生命被速度拿走，风中的果实注定要让风摘取，留下剔肤见骨的伤痛，我的马背上也就盛开了两朵鲜花，像是同一种忧伤的两种表达，却不能相互替代，她们是一对美丽的双胞姐妹，人称她们为青衣与烟罗。上天造就这对姐妹，好像只是纯粹让她们来承受悲伤的。世上没有什么悲伤是美的，但却要通过美丽的人来表达，于是所有的悲伤都带来无限怜悯，让人不忍，然而又岂止是不忍。

面对人间惨剧，我的眼里充满了悲悯，是神让我看到这一切。

看到人间的丑恶、卑微、仇恨、欲望、忠贞、背叛，乃至杀戮的本性，也许所有的生命都可以饶恕，唯有人不能，为什么不能？我看见无论是行者、武士、王或者刺客，以及碰触过刀剑的每一只手，生铁般粗糙的，还是花一样柔美的，都在死亡中挣扎——一个个都表演着向死而生的舞蹈。他们的杀人是一种挣扎，为了摆脱自身黑暗困境而不得不杀。残夕、拾夜、司空朔、宋之白、燕道天、洛昼、我的主人，甚至利苍、无影、步七、妙叶、武史、辛追，乃至娄妃、碧薇夫人、雪姬、吴明、夏铁一、御香，没有谁能决定和主宰谁的生命，没有谁能真正或最终把谁杀死，他们是被历史所杀，他们是死在时间里，犹如天亮时分，黑暗在太阳下化为灰烬。

我将在每一个黎明，在地平线上，以奔跑的姿势祭奠我永远的主人。我们有过太多的异乎寻常而又惊心动魄的回忆，在那些回忆里，我的四蹄腾空而起，没有沾到地面，甚至连灰尘也追不上我们，仿佛已经跑在了死亡的前面——然而，我们的起点是从哪里开始的，又要奔向哪里？

也许上天为我安排了一位主人，他是侠士、武者和诗意般的浪漫情人。大地，也为他安排了一座城。行者进入这座城，就像一个影子消失于幻象。

当我在大地奔跑，感觉他就在天上骑着一朵跑得最快的云，他说：风奴，跑啊！你可别落到后边。

在奔跑中，天上的行者一定看见马背上的两朵花，是那么的美丽、忧伤，而深情。

第十一章

1

九爷是在唏嘘不已的叹息中离开豫章的。当王府冲起一股黑烟，九爷拎两只木桶就要去救火，慌乱出逃的府役对他说：人都散了，你老也赶紧撒丫子逃吧。

咋？咋能这样哩！九爷见人皆作鸟兽散，心里气愤，又不得不接受这一现实。没有谁留意到九爷是如何出了城门的。当时官兵忙着抓王府余党，没小心王府里还溜了这么个老头，其实九爷也不是宁王的亲戚，一丝瓜葛也牵不上，他不过就是块跌进王府的土块，又从王府跌了出来。

深秋暖阳黄澄澄洒在土场上，干燥的稻草秆也像散落一地的金条，这时猫腰蜷身缩在朝阳的草垛下，就是黄金的拥有者。与其说满足，不如说惬意，唉，就是做皇上也不干了。

两老头眯着眼，各背一干草垛享受胜似黄金的秋阳。

九爷是路过，见这儿舒服，就蹲下了。他要眯一会儿，眼屎糊住的眼角很快把中间那条缝也收了，歪咧的嘴也便挂些涎水。

九爷老了，过去人叫他老九，其实不老，师父还叫他九儿呢，而今是老成一坨粪便了。

咕咕，咕咕咕……鸡在叫，叫开了九爷的眼皮。两只公鸡各挺着骄傲的脖子在争执，有花鸡婆在旁边兴高采烈追逐一只金甲虫。操！九爷嘴了吐出一字，发现被很黏的涎水糊了嘴，便抬壳硬的衣袖去擦。浑浊的眼光竟一亮，惊得背脊发麻。

黑牯，这老乌龟，屎样的缩在这里。老九瞄明白另一堆草垛下打盹的老汉不是别人，正是自己寻了一辈子的对头黑牯。先是一怯，本能地想退。几乎将身子缩进了草堆，同时又仔细打量这个数十年不见的师弟——也老成一坨屎咯。别看当年是怎样精壮，勇武，唉，都禁不住岁月的打熬。师妹呢？想到这，九爷的胆陡然壮了，我是受先师之命寻黑牯要人的，喂，黑牯！老黑——

黑牯被太阳晒酥了。软绵绵的，就梦见了师妹柔嫩的身子，光屁股，白奶，温热热的。

黑牯！谁在叫我的土名，谁知道我这个鸡巴叫法。黑牯嘀咕着，仍不肯睁眼从美梦里出来。九爷拧黑牯的耳朵，嗨，我看你还装孙子，还装。

哎呀！怎么是——是你哪，师兄，我这不是在做梦吧。

哦，你还认得我这个师兄哩！

认得认得，可是好多年没见了。哈，你可老多喽。

老？我看你这做师弟的也不怎的。

是哟，是哟！都老咯，老咯！

没想到我们这两个老东西今生还能碰上，老天有眼呐，老天有眼！嘿嘿……

黑牯从师兄浑浊甚至有些肮脏的小眼睛里还能看出仇恨，他心有些虚，尽力回避。只说：师兄，还好不？

好？好啥？九爷不客气，一副要债的模样——师妹呢？

你还惦着呢？黑牯像被人提及那笔要躲的债，既尴尬，又想懒。

咋的啦？九爷眼冒凶光，露出杀人拼命的架势。

师兄，你莫急嘛，听我说，黑牯撅撅屁股，想对师兄作点解释。

呸！我急，我还急，你现在说啥都晚喽！九爷嘴里唾沫横飞，撩胳膊撸袖子，就要动手。

黑牯有些无奈，只道：这一架我早惦着你要打。怎么打，你划个道吧。

道？还有啥道，我这一辈子都给你毁了。我找你就是为了让你把我几根老骨头也拿了去！九爷蛮狠，专讲蛮理。

师兄，这是说啥话哩？我也不……黑牯也有苦衷似的，欲言又止。算了，你看该怎么着就怎么着吧，反正已这样了。

好，兄弟，咱哥儿俩别再多说，开打！

两老汉，两把老橛头，就像土里刨坑一样在场上折腾起来。

应该说年轻时这是两个敏捷出众，身手了得的武者，然而此时在土场上较量的，仅仅是两个老得本身零件都快要散架的东西。但他们仍严格按照当年师父所教的一招一式相互比划着，像是对年轻时自我的一种模仿，又似一种回忆。两人你一拳我一腿，打得既缓慢又认真。仿佛在各自证明着师父几十年前所教的一切都没有忘却，而这样的证明不仅是为了找回一种师门的身份，还在找回一种彼此曾经的遗漏或缺失。

土场上，两个老汉在演绎岁月。

两个老迈的孩童，在拳脚上依稀寻找飞扬的影子。他们是在模仿自己的少年、青春、壮岁，追忆与演示已往的流金时光。敏锐、矫健、雄强、豪壮，这些东西再也无法回到他们的身体内、行动中，以及比划的线条里，他们感到了悲哀。

2

两个同年老庚，又是同门师兄弟，却是一生的对头。

年轻时的仇怨在最勇武的壮岁没有机会了结，大好年华在寻找交锋的机会中悄悄流逝。人老了，腿、脚都硬得像木头，已成了和土地一样沧桑的老农，居然相遇于土场。然后展开一场旷古未有的老者对决。但使出来的招式已力不从心，慢慢腾腾好不容易打出的拳脚，也不太像样。打来打去，几十年的功夫已被岁月化成了愚笨。

打一阵就累得不行，各自歇手，捶手拍背，大口喘白乎乎的气，鼻涕搭在嘴上。九爷就跺脚，就骂：黑牯，你没种，好勇斗狠的年纪你，你躲到阴间去了，哦，现在都老成了不中用的东西，偏来出乖卖丑？你没种啊黑牯。

我，我……黑牯弯着腰，想辩几句，又不住咳嗽起来，只有说：我不跟你计……计较……

九爷又发疯似的扑过来抢拳踢脚的。黑牯忙不迭地应战，舞两个拳头如棒槌去抵挡。七八个来回，又累得打跌。边喘气，边翻着白眼珠相互咒骂。骂得气不过，又打。打不动了，再坐下，口吐白沫。

黑牯突然狠命抽自己嘴巴子，每一下都响亮得很，没肝没肺似的骂自己胆小鬼，为什么早不打这一架，明知躲不过还偏要躲，真是个没种的东西。

见黑牯如此诚恳地自责，九爷先是一愣，接着干脆脱下老布鞋，也自顾往脸上抽。抽得灰头土脸，眼冒金星，嘴里也骂得凶——你这没用的鸡巴，没用没用没用！

师兄，说谁的鸡巴没用哩？黑牯停手，伸嘴过来问。没用没用，鸡巴没用！九爷像陷入深深的自责中。黑牯反觉得过意不去，就安慰：师兄啊，你老人家可得看开些。

看？咋看哪！这一身的鸡巴功夫，到这该用的时候就都不尿了，你说这鸡巴还有啥用头？

那，你看，该咋办？

咋办？把师妹交出来，别再藏着掖着，师父生前就交代我找你要人哩！

师兄，你这话我可不爱听。

你还不爱见我哩！

好，好，咱再打，再打……

两老汉的打斗，和旁边两只剧斗公鸡形成有趣对比，但公鸡显然在迷狂中失去了本性，各自把对方啄得鲜血淋漓，仍豪战不休。那引起公鸡争端的花鸡婆竟若无其事自管寻食，冷不丁被一只芦花公鸡大大咧咧上了身，踩其双翅，啄其颈背，屁股下坠，一颠一翘的，运动有加，显得极尽快活。

九爷与黑牯躺在地上，既累得打跌又垂头丧气。沾一身草屑、土粒、鸡毛、鸡屎。

咋？黑牪没弄明白，眼神有些诧异。便见九爷从草堆里摸出一把刀，朝天上就抛，一点也不含糊。那是把砍刀，类似砍柴削竹的那种，刀片子宽大且沉，在两人身体上空孙悟空一样净栽筋斗，一闪太阳似的往下掉——他娘的，真是休命东西。黑牪闭上眼睛听天由命。九爷睁大眼看最后的时刻来临。

刀在第三个筋斗后直朝二人栽下来，笃的一声，硬生生插在两人间的缝隙里，谁也没伤着。

命大。

九爷很不情愿地坐起身，样子仍气呼呼的。黑牪打开眼，见那只芦花大公鸡得意洋洋地从花鸡婆背上下来，嘴里咯咯叫着如哼小调，像个心满意足刚从窑子里出来的嫖客。

两鸡公因斗得皮塌毛落而沮丧之极，各自灰心泄气地垂下肢膀。花鸡婆仍一副无辜模样，在一边忙着抓虫子——我操！黑牪不知哪来的冲天怨气。他用平生最怨毒、最粗俗的方言俚语咒两只骚鸡公：为一只毫无情义可言的花鸡婆打得死去活来——不值啊！不值。是公鸡骚瞎了，他吼：我操那只无情无义的花鸡婆，操！

啥？九爷这回听明白了，他腾地爬起来问：你说啥？师妹她——

黑牪也慢悠悠爬起来，望着老哥，苦涩地笑。

师妹没跟你？跟了别人？老九迫不及待地说。黑牪叹道：不管跟了谁，没准也早成了白骨精——一把白花花的骨头。

嗨！九爷的眼泪和鼻涕就出来了——师弟呀师弟，你咋不早说哩！

说罢，一对老兄弟、老冤家抱头痛哭。胡子哭歪了，鼻涕、口水、泪水糊到对方脸上、衣襟上，又彼此用黑乎乎的袖子为对方擦。然后破涕为笑，呵，这辈子我们都他妈是怎么啦？瞧，我们俩，这，这，这，唉！皆舒畅地吐一口长气，九爷说：总算——可以放心去死喽。

黄昏，附近有村人看见两个奇形怪状的老汉勾腰搭背的，像天真烂漫无拘无束的童子，消失在混沌的天色里。

3

朱宸豪押解京师并没有被他的皇侄少帝随即提审，而是关押了一段时间。据有关人员说，即使是在监狱里放风，他仍然像在自家院子里似的闲庭信步，有大人物派头，怪不得敢犯那么大个事。

他不疯了？——不疯。也不笑了？——不笑。阳明君得知朱宸豪的情形自己倒犯了一阵嘀咕，最后他笑了。

属下搞不懂他为什么笑，这个上司有很多令人搞不懂的地方，也只有跟着笑。在阳明君的笑声里，人听出有几丝像朱宸豪的感觉。

当姜茂将太阿剑恭敬地托送到瑾公公面前时，瑾公公大喜过望，激动得浑身颤抖。

公公不舒服吗？姜茂关切地问。不，我好得很！瑾公公说，我高兴。他几乎像捧婴儿一样把剑接过来。仔仔细细地端详无比精美的剑鞘，脸因狂喜而变形。太阿剑在瑾公公手上显得过大、过重，远不似捧婴儿那么轻松。瑾公公甚至觉得有点吃力。对，就是它，就是这把剑，他说，我一直在找哇，我终于得到了。瑾公公又看看姜茂，似对他说，又像自语：原来它这么巨大，比我想象的要大。

瑾公公用劲掂掂那把剑，由衷赞叹：好一把王者之剑，这是我的，不是么？他做了个佩在腰上的姿势，对姜茂道，你看，我佩着它多么合适……啊？太好了……好！我要赏你。你终于把它给我弄来了，我要好好赏你。

瑾公公边说，边开始拔剑。他要赏姜茂，心里却是要挥剑把他宰了——我要赏，他说：赏你。他是要用一个知情者——也可能是皇上派在他身边的偃卧者，来试试太阿宝剑的锋芒。此时，少帝已诏令——将朱宸豪枭首示众。

押赴菜市口行刑的路上，宁王囚车仿佛要被围观者的咒骂、臭鸡蛋、浓痰、烂菜叶子、破鞋底等等淹没。歪斜的囚车在拥挤着诅咒的万夫所指中走得很慢，很艰难。

反贼！野心家！叛徒！流氓！无赖！臭狗屎！坏蛋！乱臣贼子！——宁王朱宸豪的囚车在汹涌而至的咒骂声里慢慢行进着，在生命的最后一段路途中接受着世人对他一一颁封着身后的头衔或臭名。他咧咧嘴，想对那些热烈颁封的人众笑一笑，以示不怨他们，自己对他们的浓痰与臭鸡蛋乃至各项封号都接受了，然而一坨包在烂菜叶里的东西热乎乎打到脸上，发出闷响。熏然臭气和粪便沫子四溅而开。

宁王想骂一句，嘴唇上已有粪屑。他的喉结痛苦地蠕动了一下。

满目的不堪，是他生命最后看到的风景。人们像过节一样亢奋不安，又对那即将到来的不可知的死亡怀揣敬畏，好在那死亡是属于别人，他们只有以尖叫来以示自己的庆幸。疯狂的人众，如一堆堆挂在街道两边五彩斑斓的破烂，他的眼睛有些发涩。其实他没有足够的心理准备来迎纳这些，他认为自己会死在那把剑下。这时候他应该就死了的，只是老天还要让自己看一看这路风景——这是一个反贼押赴死亡的末路风景，看吧，看！我看你们，你们看那个家伙啊——看！那反贼。这不是天意，而是皇帝之意，也许作为天授之子，天子是秉承了天意的。那么，你们就看看我吧，我这个流氓、恶棍、阴谋家、背叛者、败类，你们看吧，我已钉在耻辱柱上，你们可以放箭了，射穿这颗心吧！用你们的舌尖，万箭齐发，我死一百次，我生来就是受死的。你们要知道，一个人只能死一次，而一百次的死，在众人的舌尖上，无异于公开的谋杀，我死过一百次之后，是否有人会这样想，是否会？！

面对万众的嘈杂与咒骂，他的目光突然澄澈起来。

仿佛又隐隐听到了来自苍穹的天籁——悲歌响起。只有苍穹的悲歌才是志士的最终安慰。

他从围观的人群中看到了一个无比熟悉的丽影。在拥挤中挪移，像乌云后的月亮，时现时隐。又一个熟悉的身影，还有一个。她微笑——那是娄妃，她招手——那是朱颜，她歉意地颔首——那是妙叶。朱宸豪知道这几个女人来接他。

他变得平静，人也淡定而从容，周围的其他事物似乎都不存在了。他的目光只随着乌云后月亮的导引，走向和缓——无声——寂静——消失——

那月亮是三个女人的丽影，她们重叠在一起，最终的月亮还是娄妃。

是她。

朱宸豪安详地闭上眼睛，世界对他而言已不存在。

在朱宸豪整个身心追随月亮而去时，他回首，看见了自己的最后一幕：

刽子手把死囚押到了刑场，他们将灵魂出窍般的死囚挪下车，粗鲁地推上行刑台，踢其后腿，死囚机械地跪下。一双冰冷的手帮死囚把头摆好，那是准确挨刀的姿势，然后对那个紧密配合的脖子满意地拍两下，像是示谢。其实被安排就范者对此已没有感觉。他的灵魂在别处看着自己受死，如同围观者。

一刀下去，万众仿佛异口同声地发出哎呀一声惊叫，接着是大宁静。

一切都是结束，一切都是开始。刽子手在收拾尸首时念叨着，他身上很干净，没有一星血。这是他杀人生涯引以为傲的职业特征。

朱宸豪头颅落地的同时。瑾公公从精美华丽的鞘里拔出了那截断剑。他几乎不相信自己的眼睛，失神、疯狂而又茫然。——这是太阿剑吗？他问姜茂，不敢承认这一事实。

是的，公公，这就是那把真正的太阿宝剑。姜茂清清楚楚地作答。

怎么会？怎么会！怎么会是，是断，断的呢……姜茂听到瑾公公的声音渐渐带有哭腔。

它早就断了，公公。姜茂说，没有丝毫表情。

我，我，我，我，瑾公公喉咙发硬，吐字沙哑，好像难过得喘不过气来，他绝望地惨呼一声：我的命根子呀！

姜茂背过身，走出瑾公公府的大门，听到里面传出尖厉，刺耳，像硬物划刺玻璃的声音，那是瑾公公的哭声——疯狂、伤心而绝望的哭声，仿佛夜枭在黑暗里的阴冷之啼。

剑，给他了？少帝不无矜持地问道，脸上掩饰不住一种得意而又古怪的神情，好像他期待已久的时刻终于来临了，他是兴奋的，却又尽量掩饰着，这是一种孩子似的恶作剧的兴奋。

是。姜茂回答，语调是平静的，显得波澜不兴。

他怎么样？少帝看着忠实的武士，眼里透出玻璃体的亮光。

……他，哭了。

嗯，少帝转身，背负双手，说：我想他也只能哭喽。

是。武士恭恭敬敬退下。少帝的背影在宫殿里仿佛突然高大起来，两只宽大的金黄色丝绸衣袖负在后背腰下，均匀而对称。只是两只藏在衣袖里的手在激动不安地绞动着，汗津津的。

空荡荡的浩大宫殿里，少帝回头，猛然发现龙椅上坐着一人，那人不是别人，竟是皇叔——宁王朱宸豪。他面孔威严地逼视着少帝，杀气满脸。少帝陡然一惊，心道：

难道他叛乱得逞了？

4

一片瓦，两片瓦，中间是个白小姐。你猜是什么呢？

——老掉牙了，不猜我也知道，是王后。

数百年间在豫章城里仿佛都回荡着一男一女两个猜谜的童音，它们隐约从风中传来，像渐渐擦亮的银子，声音很纯、很纯。

——哇，你错了，我说的可是瓜子呀！

——算你坏。猜我的……麻屋子，红帐子，里面躲个白胖子。是什么？

国王。

不，花生。是花生。

你赖你赖，你赖皮！

2003.12.2午12时25分初稿于豫章南昌桃苑

2004.7.5改于北京

2016.4.1修订于豫章南昌

335

跋：一座城的虚构证词

没有人相信，这是真的。甚至，不用去想。

落幕的时候，一切很快都会成为记忆。在记忆尚未走远，我要说：先生，请留步！此时可能在下雨，一场很大的雨，事情结束的时候都这样，把一切曾经发生的痕迹都冲洗掉。你打着黑雨伞，站在大雨里，回过头来，那正是我的城门欲关闭之时，我要告诉你，我是被虚构的，当城门合拢，一切便化为乌有。

你或许会笑笑，并不很当真地点点头，然后走进大雨里。

我看着你的背影在雨里消失，还想告诉你一句，却已来不及——那场大雨也是虚构的。我和你或许就这样被双重虚构相互消解着，如同一种假设的对称。如果我真能在虚构里存在，那么虚构是伟大的；虚构里的人和事也是伟大的——这就是世界，而我是王。

宁王府是我的一部分，它是一个幻象，那些出没于幻象里的人物，充其量也只是一些意象化的符号，他们的存在目的在于对宁王府这个幻象母体的解构。这样的解构过程，可能是一场华丽而肮脏的盛宴。谢谢每一个赴宴者，你们在接受无辜的同时，也就接受了鲜血，接受美丽的时候，也接受了剧毒。它或许是罂粟，却不能将美从毒性中拿开，正因为它又美又毒，人们欲罢不能，才甘愿就范。虚构我的人，深谙此道，我也欲罢不能而就范，作为一座城池，以同谋者的身份为一场如此的盛宴提供了发生场。既然我是虚构的，那么城中的一切人与物皆难逃虚构。

作者似乎言之凿凿说我在某年三月接纳过历史上一位著名画家，那人也是子虚乌有。

王者、妃、武士、幕僚、剑客、诗者、艳妓、术士、宦官、行者、散人、官吏、飞贼、响马、市井之徒、商贾者流，无不是杜撰。他们存在于虚构，而又消失于虚构。

作者虚构一场乱事，如同虚拟一场大雨。有人看得像雪，有人看得像血。

其假设的前提让人们看到类似于真实历史下的一次宏阔的情境虚拟，它是伟大的，不仅是一个时代的，而是有史以来全部真实与内在的收藏，在一个画卷里骤然共同呈现。《皇帝不在的秋天》——是思想之戟对于丝绸之薄的戳穿之疼。是狂飙式的地下阴谋史诗与阳刚之炬。是华丽与凄婉的曳地之碎舞。是黑色阴谋与粉红狂乱、庙堂权变与江湖以远的暴力构合。是纯洁与肮脏、崇高与邪秽的迷乱拼图。是狂野激情与天地的华美合奏。是从秩序之外介入的对秩序冲击和试图重建的双重阴谋。

或许一个人的出现是天意，一座城的出现也是天意，而一部造就了一座城和一群人出现与灭亡的生死之书，更是天意中的天意。

我可能确实存在过，在另一重空间或时段里，但我现时的存在空间就是纸上——你阅读，你就能看到虚构的奇迹。

你可以忘掉我的名字，忘掉在城中出没过的所有人的名字，因为我们都无法逃脱空白的宿命，仅仅作为幻象与符号，是你在看的时候有感觉或无感觉的文字。

但我请你记住虚构者的名字。他真实地存在，并且接受着天意的伟大眷顾。

如果我存在，我的城民存在，那么——请感谢天意！

后记：致昨天

> 我爱十字架，爱绸缎，也爱头盔
> 我的灵魂呀，瞬息万变

这是俄国女诗人茨维塔耶娃的诗句，仿佛道出了我时有的写作冲动。

在此书十年前出版的后记中我曾写道：我还没有如此看重过一本书的写作，它几乎是我生命中的一个重大仪式，甚至每一天伏案、提笔、在白纸上落下文字，都是仪式。我喜欢并且敬畏这种仪式，对它又爱又恨，既放纵又节制。是它要我干什么或怎么干，我知道自己渐渐已沉浸在这样一个仪式中，既迷狂又执著，它让我写下的仿佛都是前世的经历。我是回忆，一件事、一处场景、一个人物，我此生与他们不熟，但我前世认识他们，或就是其中的一个。一部小说的写作，一个那么热闹张扬迷乱狂荡的世界，怎么会是无中生有呢？不可能的，它肯定发生、存在，并与我有很大关系，我梦见的一切都是存在的，它出现，我看到，它真实——我用写作告诉别人。你信，它就是真的。我们也是活在后人的回忆里，只要你精彩，世人就会想起。书中的每一个生命都是精彩的，你想那样，就把他当成是你吧。但你不一定要那么去活，它仅仅让人看到，有一帮人那么活过，活得隆重、昂贵而又惨烈。

这个世界上很多人有古代情结，这不奇怪，现代人就是从那时候一代代过来的，连接生命的血脉和记忆的纽带没断，再这样又一代代下去，我们的现时代在后人的记忆中，也会成为古代。是的，古代——过去——记忆——积淀——思考与想象。

看你的脑容量有多大——在时空的间距里，看清了事物的本来面目。

也许在一个生活当中的人看来，时间中并无历史，只有今天。历史只是为这部书提供了一个语境而已。

2016.4.6于豫章南昌